Die kommunale Wahlprüfung

Schriften zum deutschen und europäischen öffentlichen Recht

Herausgegeben von Steffen Detterbeck

Band 16

PETER LANG
Frankfurt am Main · Berlin · Bern · Bruxelles · New York · Oxford · Wien

Jens Mischak

Die kommunale Wahlprüfung

Dargestellt unter besonderer Berücksichtigung der hessischen Kommunalverfassung

PETER LANG
Internationaler Verlag der Wissenschaften

Bibliografische Information der Deutschen Nationalbibliothek
Die Deutsche Nationalbibliothek verzeichnet diese Publikation in der Deutschen Nationalbibliografie; detaillierte bibliografische Daten sind im Internet über <http://www.d-nb.de> abrufbar.

Zugl.: Marburg, Univ., Diss., 2007

Gedruckt auf alterungsbeständigem, säurefreiem Papier.

D 4
ISSN 1438-4388
ISBN 978-3-631-57399-0

Printed in Germany 1 2 3 4 5 7

www.peterlang.de

„Etwas ist nicht recht, weil es Gesetz ist,
sondern es muss Gesetz sein, weil es recht ist."

Charles de Montesquieu (1689-1755)

Vorwort

Die vorliegende Arbeit wurde im Sommersemester 2007 vom Fachbereich Rechtswissenschaften der Philipps-Universität Marburg als Dissertation angenommen. Die Darstellung befindet sich auf dem Stand von Januar 2007.

Mein herzlicher Dank gilt meinem Doktorvater, Herrn *Prof. Dr. Werner Frotscher*, der die Anregung zu dem Thema gab. Er hat mich während der Bearbeitungszeit auch mit kritischen Anmerkungen stets gefördert. Danken möchte ich ferner Herrn *Prof. Dr. Steffen Detterbeck* für die zügige Erstellung des Zweitgutachtens sowie die Aufnahme in seine Schriftenreihe beim Peter Lang Verlag.

Ich danke meiner lieben Freundin *Tina Liese* für ihre herzliche Unterstützung. Sie hat durch ihr Verständnis und ihre Ermunterungen zur Fertigstellung der Arbeit beigetragen. Bei meinen Freunden *Michael Apel* und *Matthias Falke* bedanke ich mich für ihre umfassenden Korrekturhilfen. Michael gilt aber auch deswegen besonderer Dank, da er mir während meiner gesamten juristischen Ausbildung immer wieder wertvolle Hinweise geben konnte.

Besonders herzlicher Dank gebührt meinen Eltern, denen ich diese Arbeit widme. Ihre uneingeschränkte Förderung meiner Ausbildung hat die Anfertigung der vorliegenden Arbeit erst ermöglicht.

Lauterbach, im Juli 2007 Jens Mischak

Inhaltsverzeichnis

Einführung

Am 10. Februar 2005 trat im Zuge der Novellierung unterschiedlicher kommunalrechtlicher Vorschriften auch eine Änderung des Hessischen Kommunalwahlgesetzes (KWG) in Kraft[1]. Von Bedeutung ist dabei insbesondere der neu gefasste § 25 I KWG. Nach der nunmehr geltenden Fassung ist für die Erhebung eines Einspruchs gegen die Gültigkeit einer Wahl auf kommunaler Ebene die Unterstützung durch ein Prozent der Wahlberechtigten notwendig, soweit nicht die Verletzung eigener Rechte geltend gemacht wird.
Die Neufassung gibt Anlass dazu, sich grundsätzlich mit der Wahlanfechtung auf kommunaler Ebene in Hessen auseinanderzusetzen.

A. Eingrenzung des Gegenstandes

Dabei ist zunächst festzulegen, was unter dem Begriff der Kommunalwahl, welcher den Gegenstand des Wahlprüfungsrechtes bildet, zu verstehen ist. Stellt man Art. 28 I 2 GG an den Ausgangspunkt der Überlegungen, so könnte man vermuten, dass unter diesen Begriff nur die Wahl der verschiedenen pluralistischen Vertretungsorgane in den einzelnen Bundesländern gefasst werden kann. Insofern würde es sich dabei aber um ein sehr *enges* Verständnis des Kommunalwahlrechts handeln.
Demgegenüber zeigt bereits § 29 I HGO, dass sich die Möglichkeit der „Volksbeteiligung" auf gemeindlicher Ebene in Hessen nicht allein in der Wahl der Gemeindevertretung erschöpft, sondern dass die Bürgerinnen und Bürger einer Gemeinde darüber hinaus durch die Wahl des Bürgermeisters sowie durch Bürgerentscheide an der Verwaltung der Gemeinde teilnehmen. Diese umfassenden Beteiligungsmöglichkeiten sah die Hessische Gemeindeordnung aber nicht von Anfang an vor. Erst 1976 wurden in die bis dahin rein repräsentativ-demokratisch geprägte Hessische Gemeindeordnung Vorschriften aufgenommen, die der Förderung einer stärkeren Beteiligung der Bürger am kommunalen Geschehen dienen sollten[2]. Auch die Direktwahlen der Bürgermeister und Landräte sind noch jüngeren Datums und erst im Jahre 1993 in die Hessische Gemeindeordnung (HGO) bzw. Hessische Landkreisordnung (HKO) aufgenommen worden[3]. Damit ist auch das Bundesland Hessen dem Beispiel und dem Trend anderer Bundesländer gefolgt, deren Städte und Gemeinden ihre Bürgermeister und Landräte ebenfalls per Direktwahl bestimmen[4]. Vor diesem

[1] Vgl. Gesetz zur Änderung der Hessischen Gemeindeordnung Drucksache 16/2463; GVBl. I vom 9. Februar 2005, S. 54ff.
[2] Vgl. Gesetz zur Änderung der HGO vom 30. August 1976, GVBl. I S. 325 sowie die umfassende Darstellung von Spies zu Bürgerversammlung, Bürgerbegehren, Bürgerentscheid.
[3] Vgl. Gesetz zur Einführung der Bürgermeister-Direktwahlen in die Hessische Gemeindeordnung vom 1. April 1993 (GVBl. I, 354).
[4] In der süddeutschen Ratsverfassung, die schon immer in Baden-Württemberg und Bayern die Grundlage für die Kommunalverfassung gebildet hat, wird der Bürgermeister seit jeher

Hintergrund kann auch von einem „Siegeszug der süddeutschen Ratsverfassung“ oder dem „zukunftsweisenden Modell“ der süddeutschen Ratsverfassung gesprochen werden[5].

Das Kommunalwahlrecht im *weiteren Sinne* umfasst daher nunmehr auch in Hessen zwei Elemente: zum einen die Wahlen der Mitglieder der Vertretungsorgane der Gemeinden und Landkreise, zum anderen die (Direkt-) Wahlen der Bürgermeister und Landräte[6].
Die Wahlen, welche durch diese Organe selbst vorgenommen werden, sind dagegen nicht zum Kommunalwahlrecht *im weiteren Sinne* zu zählen. Dazu gehört beispielsweise die Bestimmung der Mitglieder des Gemeindevorstandes (Magistrates[7]) durch die Gemeindevertretung (Stadtverordnetenversammlung)[8] oder die Bestimmung der Mitglieder des Kreisausschusses durch den Kreistag[9].
Kennzeichen der Kommunalwahl im *weiteren Sinne* ist daher jene Wahlhandlung, bei der die jeweils wahlberechtigte Bevölkerung selbst zur Abgabe ihrer Stimme aufgerufen ist, es also um die unmittelbare Wahrnehmung von Wahlrechten geht. Mittelbare Wahlen oder Organwahlen gehören hingegen nicht zum Kommunalwahlrecht *im weiteren Sinne.*
Ausgenommen sind ebenfalls die zwar in § 29 I HGO aufgeführten, aber nicht zum Komplex der Wahlen gehörenden Bürgerentscheide. Diese fallen vielmehr unter die Kategorie der Abstimmungen, einer Ausprägung des Gedankens direkter bzw. unmittelbarer Demokratie[10].

---

direkt gewählt. Unabhängig von der Zuordnung zu den anderen traditionellen Kommunalverfassungstypen werden die Bürgermeister mittlerweile aber auch in allen anderen Bundesländern direkt durch das Volk bestimmt: in Niedersachsen mit Gesetz vom 22.8.1996 (GVBl. 382); in Nordrhein-Westfalen mit Gesetz vom 14.07.1994 (GV NW, 666); in Rheinland-Pfalz mit Gesetz vom 5.10.1996 (GVBl., 481); im Saarland mit Gesetz vom 11.05.1994 (Amtsblatt Saarland 1994, 818); in Schleswig-Holstein mit Gesetz vom 22.12.1995 (GS Schl.-H. II, Gl.Nr. 2020-20); auch in den neuen Bundesländern wird in den dortigen Kommunalverfassungen der Weg der Bürgermeisterdirektwahl beschritten: in Brandenburg mit Gesetz vom 15.10.1993 (GVBl. 398); in Mecklenburg-Vorpommern mit Gesetz vom 18.2.1994 (GVBl. 249); Sachsen mit Gesetz vom 21.04.1993 (GVBl. 301); in Sachsen-Anhalt mit Gesetz vom 05.10.1993 (GVBl. 568) und in Thüringen mit Gesetz vom 16.8.1993 (GVBl. 501).

[5] Birkenfeld-Pfeiffer/ Gern, Kommunalrecht, Rn. 50ff.

[6] In diesem Sinne auch: Weber, Grundfälle zum Rechtsschutz im Kommunalwahlrecht, in: JuS 89, 902 [902].

[7] Gemäß § 9 II 2 HGO führt der Gemeindevorstand in Städten die Bezeichnung „Magistrat“.

[8] Gemäß § 9 I 3 HGO führt die Gemeindevertretung in Städten die Bezeichnung „Stadtverordnetenversammlung“.

[9] Diese Organe des Kreises werden in § 8 HKO genannt.

[10] Die Abgrenzung der Begriffe der „Wahlen“ und „Abstimmungen“ erfolgt unten im Zusammenhang mit der Darstellung der verfassungsrechtlichen Grundlagen des Kommunalwahlrechtes

B. Rechtliche und politische Brisanz des Themas

Aufgrund dieser Neuerungen in der Hessischen Gemeindeordnung ergeben sich die rechtlichen Auseinandersetzungen neben den Wahlen zu den Gemeindevertretungen, Stadtverordnetenversammlungen, Ortsbeiräten und Kreistagen in Hessen nunmehr auch im Hinblick auf die Besetzung der Verwaltungsspitze, des Bürgermeisters und des Landrates.
Darüber hinaus ist durch die Einführung des Kumulierens und Panaschierens[11] das geltende Wahlrecht erheblich komplizierter geworden, was die Brisanz und Relevanz der Wahlprüfungsverfahren noch verschärft hat.
In nicht wenigen Verfahren gewinnt man dabei den Eindruck, dass die rechtliche Auseinandersetzung vor Gericht letzten Endes nur die Fortsetzung der politischen Auseinandersetzung im Wahlkampf darstellt. Dies scheint der Wahlprüfung als Institut wohl immanent zu sein, da auch auf Bundes- und Landesebene – zu denken ist hier etwa an das Wahlprüfungsverfahren hinsichtlich der hessischen Landtagswahl 1999[12] oder der Bundestagswahl 1994[13] – nicht selten politische Motive zumindest eine mitprägende Bedeutung erlangt haben.
Die jeweils unterlegene Partei bzw. der/die unterlegene Bewerber/in haben dabei ein nachvollziehbares und legitimes Interesse daran, dass die Wahl auch rechtlich ordnungsgemäß durchgeführt und das Ergebnis der Wahl rechtmäßig zustande gekommen ist. Dass die nach wie vor vorhandene politische Motivation eine große Rolle spielt, ist nicht von der Hand zu weisen und lässt sich auch nicht von der bloß rechtlichen Bewertung trennen. In diesen Zusammenhang ist wohl auch die oben angesprochene Änderung des § 25 I KWG einzuordnen, die die Möglichkeit der Einspruchseinlegung gegen die Gültigkeit einer Wahl erheblich eingeschränkt hat.
Trotz dieser prägenden politischen Motive enthalten viele der verwaltungsgerichtlichen Fälle und Entscheidungen auch sehr interessante juristische Probleme. Nicht selten verbergen sich hinter zunächst formellen Fragen des Wahlverfahrens verfassungsrechtlich schwierige Wertungen, deren richtige Beantwortung auch in Fällen der Wahlprüfung auf Landes- und Bundesebene zu finden sein könnte.

C. Gang der Darstellung

Die vorliegende Arbeit stellt die Prüfung und Anfechtung der Kommunalwahlen unter besonderer Berücksichtigung der Rechtsprechung der hessischen Verwaltungsgerichte dar. Dabei sollen mögliche Rechtsfehler aufgezeigt und diese im Hinblick auf formelle und materielle Rechtmäßigkeit systematisiert werden.

---

[11] Eingeführt durch das Gesetz zur Stärkung der Bürgerbeteiligung und kommunalen Selbstverwaltung vom 23.12.1999 (GVBl. 2000 I S. 2).
[12] Vgl. dazu die Ausführungen unten, S. 174.
[13] BVerfGE 95, 335ff.

Im 1. Kapitel wird daher zunächst die Materie der Wahlprüfung, das Kommunalwahlrecht als solches, näher erläutert. Einzugehen ist hierbei auf den verfassungsrechtlichen Hintergrund der Kommunalwahl sowie die einfachgesetzliche Ausgestaltung des Kommunalwahlrechts in Hessen.

Das 2. Kapitel bildet dann den eigentlichen Schwerpunkt der Arbeit. Es umfasst den Inhalt der Wahlprüfung und das Verfahren der Wahlanfechtung. Im Kern wird es dabei zunächst um die geltenden Anfechtungsgründe gehen. In diesem Rahmen soll dem Anliegen nach einem Überblick und einer Systematisierung des derzeitigen Standes der verwaltungsgerichtlichen Rechtsprechung in Hessen zur kommunalrechtlichen Wahlprüfung nachgekommen werden. Die wichtigsten und interessantesten Fälle für die Wissenschaft und Praxis werden in vier Fallgruppen kurz dargestellt und einer rechtlichen Bewertung unterzogen. Soweit sich dabei Unterschiede im Hinblick auf die obergerichtliche Rechtsprechung der anderen Bundesländer ergeben, wird auch darauf eingegangen.
Behandelt wird im Anschluss aber auch die formelle Ausgestaltung des möglichen Rechtsschutzes im Kommunalwahlrecht, ebenfalls am Beispiel des Landes Hessen. Dabei muss unterschieden werden zwischen dem Einspruchsverfahren und dem sich möglicherweise anschließenden verwaltungsgerichtlichen Verfahren. Hierbei wird auf die oben bereits angesprochenen Änderungen im KWG eingegangen. Dargestellt werden sollen in diesem Zusammenhang vor allem die gesetzgeberischen Motive für die Neuregelung, welche eine Erschwerung der Überprüfbarkeit der Kommunalwahlen im weiteren Sinne mit sich gebracht hat. Zu denken ist dabei auch an die verfassungsrechtliche Problematik der nunmehr geltenden Anfechtungstatbestände.

Im 3. Kapitel der Arbeit wird der Blick auf die anderen Bundesländer sowie die Bundes- und Landesebene gerichtet und danach gefragt, wo die Unterschiede in der Ausgestaltung des Rechtsschutzes liegen und insbesondere, welche Vor- und Nachteile die verschiedenen Regelungen mit sich bringen.

Am Schluss der Bearbeitung steht eine Zusammenfassung der gewonnenen Erkenntnisse. Insbesondere wird hier der Frage nachgegangen, inwieweit sich das (bisher) vorhandene Wahlprüfungssystem bewährt hatte und wie sich die gesetzlichen Änderungen nunmehr auswirken werden.

Kapitel 1: Der verfassungsrechtliche und der einfachgesetzliche Rahmen für Kommunalwahlen

Die Grundlage der Wahlprüfung und Wahlanfechtung auf gemeindlicher Ebene bildet wesensnotwendig das Kommunalwahlrecht. Fragen des Rechtsschutzes in diesem Bereich können daher nicht beantwortet werden, ohne dass zunächst das Recht der Bürgerinnen und Bürger auf Wahl ihrer kommunalen Vertretungsorgane untersucht worden ist. Dabei sind sowohl theoretische Fragen des verfassungsrechtlichen Hintergrundes des Kommunalwahlrechtes von Bedeutung (A.) als auch die eher praktisch orientierte und einfachgesetzlich normierte Ausgestaltung des Verfahrens selbst, die am Beispiel des Landes Hessen kurz dargestellt werden soll (B.).

A. Die maßgeblichen verfassungsrechtlichen Prinzipien einschließlich der demokratischen Wahlrechtsgrundsätze

Am Beginn der Untersuchung ist folglich nach dem verfassungsrechtlichen Rahmen, der dem einfachen Gesetzgeber für die Regelung des Kommunalwahlrechtes gezogen ist, zu fragen. Zwei Bestimmungen des Grundgesetzes bilden in diesem Zusammenhang den Ausgangspunkt, nämlich Art. 28 I 2 GG und Art. 28 II 1 GG. Aus diesen beiden Normen lassen sich recht schnell jene verfassungsrechtlichen Anknüpfungspunkte herausfiltern, die für das Kommunalwahlrecht von entscheidender Bedeutung sind[14]. Art. 28 I 2 GG legt unmissverständlich fest, dass in den Kommunen das Volk eine aus allgemeinen, unmittelbaren, freien, gleichen und geheimen Wahlen hervorgegangene Vertretung haben muss, die allerdings gemäß Art. 28 I 4 GG auch durch eine Gemeindeversammlung ersetzt werden kann[15]. Art. 28 II 1 GG normiert hingegen das Recht der Kommunen, alle Angelegenheiten der örtlichen Gemeinschaft im Rahmen der Gesetze in eigener Verantwortung wahrzunehmen. Zusammenfassend gilt daher für die kommunale Ebene gemäß Art. 28 I 2, II 1 GG das Leitprinzip der demokratischen Legitimation auf der einen Seite und der kommunalen Selbstverwaltung auf der anderen Seite.

Auffällig ist in diesem Zusammenhang, dass die Begriffe der Selbstverwaltung und der Demokratie nicht selten in einem Atemzug genannt werden, die Bürgerinnen und Bürger vor Ort die Begriffe selbst wohl in gewisser Weise als Synonyme verstehen[16]. Dabei sind ihre Inhalte - wie im Folgenden aufgezeigt wer-

[14] Auf gemeinschaftsrechtlicher und europäischer Ebene garantieren Art. 19 EG sowie Art. 3 der Europäischen Charta der kommunalen Selbstverwaltung das kommunale Wahlrecht.

[15] Vgl. etwa § 53 brandenb. GO.

[16] Vgl. Püttner, in: HbdkWP, Bd. 2, S. 3, der dies v.a. auf die im wesentlichen identischen Prozesse in den Volksvertretungen von Bund und Ländern auf der einen Seite und Städten und Gemeinden auf der anderen zurückführt, die dem Betrachter den Eindruck vermittelten, dass zwischen der staatlichen Demokratie und der kommunalen Demokratie kein „Wesensunterschied" bestehe.

den soll – verschieden und können je nach Betonung für das Verständnis des Kommunalwahlrechts unterschiedliche Auswirkungen haben[17]. Zunächst muss daher geklärt werden, inwieweit diese Prinzipien für die hier zu behandelnde Materie des Kommunalwahlrechts prägend sind. Insbesondere ist nach Überschneidungen zwischen diesen Grundsätzen zu fragen und deren Verhältnis zueinander zu beleuchten.

I. Das Prinzip der repräsentativen Demokratie

Der griechische Ausdruck „Demokratie" bedeutet - wörtlich verstanden - Volksherrschaft[18]. Seine Wurzeln reichen bis ins klassische Altertum zurück, wobei die inhaltliche Ausfüllung des Begriffs rückblickend weit reichende Veränderungen durchlaufen hat, auf deren Darstellung an dieser Stelle verzichtet werden muss[19].
Entscheidend für den weiteren Gang der Untersuchung ist das heutige Verständnis dieses Begriffs. Er findet sich an mehreren Stellen des Grundgesetzes, wobei die Art. 20 I, II GG sowie Art. 28 I 1 GG die zentralen Anknüpfungspunkte dieser verfassungsrechtlichen Leitentscheidung[20] bilden[21]. Zu fragen ist daher zunächst nach der generellen Bedeutung des Demokratieprinzips in seiner grundgesetzlichen Ausgestaltung (1.), bevor auf dessen Relevanz für die Wahlen auf kommunaler Ebene eingegangen werden soll (2.).

1. Das Demokratieprinzip des Grundgesetzes

Art. 20 II GG bestimmt, dass alle Staatsgewalt vom Volke ausgeht und dass die dem Volk zugeordnete Staatsgewalt durch Wahlen und Abstimmungen ausgeübt wird. Dieses Prinzip der Volkssouveränität fasst Art. 20 I GG unter Hinweis auf den *demokratischen* Bundesstaat zusammen[22]. Es ist gemäß Art. 79 III

---

[17] Insbesondere die in der Vergangenheit kontroverse Diskussion um ein Ausländerwahlrecht auf kommunaler Ebene, die mittlerweile zumindest für EU – Bürger normativ in Art. 28 I 3 GG entschieden ist, hängt von der Einordnung des Kommunalwahlrechtes im Hinblick auf Demokratie und Selbstverwaltung ab. Fraglich ist hier, ob der Begriff des „Volkes" im staatsrechtlichen und damit demokratischen Sinne des GG verstanden werden soll, so dass nur wahlberechtigte Deutsche nach Art. 116 I GG darunter fallen (Gemeinde als „Teilvolk") – vgl. etwa Waechter, Kommunalrecht, S. 284 Fn. 471 – oder ob die Selbstverwaltung im Vordergrund steht und damit auch ausländische Einwohner wahlberechtigt sein sollen – vgl. Schmidt-Jortzig, Kommunalrecht, Rn. 66. Darauf wird noch weiter unten einzugehen sein.
[18] Degenhart, Staatsrecht I, Rn. 6; Stein/Frank, Staatsrecht, S. 55.
[19] Ein kurzer Überblick über die historische Entwicklung findet sich bei Stein/Frank, Staatsrecht, S. 55f.; sehr ausführlich: Bleckmann, Staatsrecht I, Rn. 258ff.
[20] Hesse, Verfassungsrecht, Rn. 130.
[21] Vgl. darüber hinaus etwa: Art. 21 I 2, II 1 GG; Art. 23 I 1 GG oder zum Begriff der „freiheitlich - demokratischen Grundordnung": Art. 10 II GG, Art. 11 II GG, 18 II GG, 87 a IV GG, 91 I GG.
[22] Vgl. Maurer, Staatsrecht I, § 7 Rn. 18, der im Hinblick auf das Zusammenspiel von Art. 20 I GG und Art. 20 II 1, 2 GG verschiedene *Konkretisierungsstufen* des Begriffs der Demo-

GG der Verfassungsänderung entzogen und gehört folglich zum nicht antastbaren Kernbestand der Verfassung.
In Art. 20 I, II GG kommt das für den Ursprung staatlicher Gewalt wesentliche Prinzip der Legitimation und Verantwortung[23] zum Ausdruck. Danach muss sich die Ausübung staatlicher Gewalt auf eine „ununterbrochene Legitimationskette vom Volk zu den mit staatlichen Aufgaben betrauten Organen und Amtswaltern" zurückführen lassen[24]. Das Demokratieprinzip steht dabei in einem unmittelbaren verfassungsrechtlichen Zusammenhang zur Garantie der Menschenwürde in Art. 1 I 1GG und den sich daraus ergebenden Grundrechten[25]. Aus der Achtung und Anerkennung der Menschenwürde folgt zugleich, dass die Menschen das beherrschende Element des Staatswesens bilden müssen. Von ihnen müssen die Äußerungen der Staatsgewalt ihren Ausgangspunkt nehmen. Staatsgewalt, die sich nicht auf den Willen des Volkes zurückführen lässt, ist daher nicht demokratisch legitimiert.
Das Grundgesetz nennt dabei selbst in Art. 20 II 2 GG diejenigen Möglichkeiten, mit denen eine Legitimation von Staatsgewalt in einem demokratischen Gemeinwesen grundsätzlich erfolgen kann. Das Volk kann zum einen durch Wahlen, zum anderen durch Abstimmungen Staatsgewalt legitimieren. Darin kommen die beiden generell möglichen Gestaltungsformen der Demokratie zum Ausdruck: Die durch Wahlen ausgeübte *mittelbare* oder auch repräsentative Demokratie und die sich in Abstimmungen vollziehende *unmittelbare* oder auch direkte Demokratie.

a. Formen mittelbarer Demokratie

Mittelbare oder auch repräsentative Demokratie vollzieht sich durch Wahlen, also durch die Entscheidung des Wählers zwischen mehreren zur Wahl stehenden Personen. Die Wahl ist daher in Abgrenzung zur Abstimmung eine reine Personalentscheidung. Repräsentative Demokratie bedeutet daher nicht die wirkliche Selbstherrschaft des Volkes, sondern die Herrschaft durch gewählte Repräsentanten, die in der Theorie spiegelbildlich das Volk im Parlament abbilden sollen. Insofern löst die repräsentative Demokratie das Problem der Unmöglichkeit ständiger Identität von Herrschenden und Beherrschten im modernen Massenstaat[26].

---

kratie im Grundgesetz unterscheidet. In diesem Sinne auch: Pieroth, in: Jarass/Pieroth, Art 20 GG Rn. 1.

[23] Brockmeyer, in: Schmidt-Bleibtreu/Klein, Art. 20 GG Rn. 12.

[24] BVerfGE 47, 253 [275]; vgl. auch: Böckenförde, HdBStR Bd. I, § 22, Rn. 11.

[25] Maurer, Staatsrecht I, § 7 Rn. 18; vgl. auch BVerfGE 7, 111 [119]; 27, 71 [81]; 69, 315 [345ff.]: Das BVerfG spricht in diesem Zusammenhang von bestimmten Kommunikationsgrundrechten, deren Kerngehalt vom Demokratieprinzip umfasst sei, um in einem demokratischen Staat die Willensbildung vom Volk zu den Staatsorganen und nicht umgekehrt zu vollziehen. Vgl. dazu Scheuner, VVDStRL 22 (1965), 1 [19].

[26] Vgl. zum Begriff der Repräsentation: Leibholz, Die Repräsentation in der Demokratie, S. 26; Schmitt, Verfassungslehre, S. 208ff.

Repräsentation in diesem Sinne darf aber nicht als Stellvertretung im herkömmlichen Sinne angesehen werden[27]; dagegen spricht bereits der Grundsatz des freien Mandats, der im GG in Art. 38 I 2 GG seine Entsprechung gefunden hat. Die Repräsentationsidee[28] geht vielmehr davon aus, dass die Volksvertreter den hypothetischen Volkswillen für die Dauer der Wahlperiode durch die Orientierung am Gemeinwohl im Parlament abbilden[29].
Obwohl dies vom Ausgangspunkt des Art. 20 II 2 GG her (Wahlen und Abstimmungen) gesehen nicht zwingend gewesen ist, hat sich das Grundgesetz zumindest auf der Ebene des Bundes sehr eindeutig für die repräsentative Demokratie entschieden[30]. Diese verfassungsrechtliche Grundentscheidung ergibt sich aus der systematischen Auslegung des Grundgesetzes in seiner jetzigen Form. Gemäß Art. 38 I GG werden die Abgeordneten des Deutschen Bundestages als Vertreter des ganzen Volkes gewählt und beschließen gemeinsam mit dem Bundesrat nach dem in Art. 76ff. GG geregelten Verfahren über die Bundesgesetze. Aus diesem Zusammenspiel der Art. 38ff. GG mit den Art. 76ff. GG ist zu folgern, dass die Gesetzgebung in erster Linie im Parlament, also im Bundestag, stattzufinden hat. Dieser Befund lässt sich auch aus einem Umkehrschluss aus Art. 29 GG, Art. 118 GG gewinnen, die einzigen Vorschriften des Grundgesetzes, die den Begriff der Abstimmungen aus Art. 20 II 2 GG aufnehmen und diese für Maßnahmen der Neugliederung des Bundes vorschreiben. Auch daraus ergibt sich, dass Demokratie im Sinne des Grundgesetzes – in erster Linie – repräsentative Demokratie bedeutet[31], bei der das Parlament für das Volk handelt.

b. Formen unmittelbarer Demokratie

Die möglichen Formen unmittelbarer demokratischer Elemente[32] sind vielgestaltig, was dazu führt, dass der vom Grundgesetz in Art. 20 II 2 GG verwendete Begriff der *Abstimmung* noch nicht viel zur inhaltlichen Konkretisierung beitragen kann.

---

[27] Stern, StaatsR I, § 22 II 5, S. 961.

[28] Vgl. zu den unterschiedlichen Repräsentationslehren: Badura, in: BK, Art. 38 GG Rn. 1 – 22.

[29] Herzog, in: Maunz/Dürig, Art. 20 GG Rn. 62.

[30] Böckenförde, FS Eichenberger, 301ff.

[31] In diesem Sinne auch die ganz h.M.: Grundlegend BVerfGE 8, 104ff. „Volksbefragungsurteil"; Herzog, in: Maunz/Dürig, GG, Art. 20 I Rn. 43f.; Sachs, in: Sachs, Art. 20 Rn. 21; Stern, StaatsR I, S. 605; Schnapp, in: v. Münch/Kunig, Art. 20 Rn. 18; Degenhart, Staatsrecht I, Rn. 14; Ipsen, Staatsrecht I, Rn. 62; Krause, HdBStR III, § 35 Rn. 18ff.; Maurer, Staatsrecht I, Rn. 52, ders., Plebiszitäre Elemente in der repräsentativen Demokratie, S. 8ff.; a.A. wohl Jarass/Pieroth, Art. 20 Rn. 7; Pestalozza, Der Popularvorbehalt. Direkte Demokratie in Deutschland; Stein, in: AK – GG, Art. 20 Rn. 39f.; einschränkend zumindest für Volksbefragungen: Stein/Frank, Staatsrecht, S. 123.
Inwieweit daneben auch unmittelbare demokratische Elemente möglich sind, siehe unten.

[32] Als Synonym wird in diesem Zusammenhang auch der Begriff der „plebiszitären Demokratie" (Maurer, Staatsrecht I, § 7 Rn. 31) verwendet.

In Abgrenzung zur repräsentativen Demokratie, bei der es um reine Personalentscheidungen über die Zusammensetzung von Repräsentationsorganen geht (vgl. oben), stehen bei Abstimmungen Sachentscheidungen im Vordergrund[33]. Deren Beantwortung wird dem Volk unmittelbar übertragen. Insoweit ist diese direkte Mitwirkung der stimmberechtigten Bevölkerung aus demokratietheoretischer Sicht die reinere und ursprünglichere Form, ermöglicht sie doch größere Mitwirkungsmöglichkeiten der Bürgerinnen und Bürger und beschränkt sich nicht auf die Stimmabgabe zugunsten einer bestimmten Person, Partei oder sonstigen Wählergruppe in relativ großen zeitlichen Abständen. Man kann in diesem Zusammenhang daher mit gewisser Berechtigung von einer größeren demokratischen Legitimation der durch die Abstimmungen hervorgebrachten Entscheidungen sprechen. Das demokratische Potential eines Volkes wird weitgehend ausgeschöpft.
Unter Volksabstimmungen im weiteren Sinne können jene Verfahren erfasst werden, die in Art. 29 GG – bezogen auf die konkrete Materie der Neugliederung des Bundesgebietes – Eingang ins Grundgesetz gefunden haben, also Volksentscheid (Art. 29 II 1, III GG), Volksbegehren (Art. 29 IV GG) und Volksbefragung (Art. 29 V 1 GG)[34].
Zu Recht wird aber in diesem Zusammenhang auf die praktischen Probleme solcher direkter Mitwirkungsmöglichkeiten im modernen Massenstaat hingewiesen, in dem es nahezu unmöglich ist, der stimmberechtigten Bevölkerung die vielschichtigen und komplexen Fragen unterschiedlicher Politikfelder letzten Endes wöchentlich zur Entscheidung vorzulegen[35]. Daher wundert es auch nicht, dass sich nahezu alle Demokratien für die repräsentative bzw. parlamentarische Demokratie entschieden haben[36].
Das Grundgesetz selbst schließt eine solche direkte Mitwirkung des Volkes dennoch nicht grundsätzlich aus, indem es in Art. 20 II 2 GG formuliert, dass die Staatsgewalt eben zum einen in Wahlen, zum anderen in Abstimmungen ausgeübt wird. Seit jeher ist daher die Frage umstritten, inwieweit die grundsätzliche Entscheidung des Grundgesetzes zugunsten einer repräsentativen Demokratie (vgl. oben), der Einführung von unmittelbar – demokratischen

---

[33] Degenhart, Staatsrecht I, Rn. 13; Mauer, Staatsrecht I, Rn. 30.
[34] Vgl. zur begrifflichen Erläuterung die Darstellung bei Maurer, Staatsrecht I, § 7 Rn. 31: *Volksentscheid* ist die rechtlich verbindliche Entscheidung des Volkes über eine Sachfrage; *Volksbegehren* ist der aus dem Volk kommende Antrag auf Durchführung einer Volksabstimmung; *Volksbefragung* ist die offizielle – aber unverbindliche - Befragung des Volkes über eine bestimmte Angelegenheit. Daneben kann noch unterschieden werden: *Referendum* als Entscheidung des Volkes über ein vom Parlament beschlossenes Gesetz und *Volksinitiative* als aus dem Volk kommender Antrag auf Behandlung und Entscheidung über eine bestimmte Angelegenheit im Parlament.
[35] Böckenförde, in: HdBStR III, § 34 Rn. 2f.; 13f.
[36] Vgl. aber zur Ausnahme des Modells in der Schweiz: Böckenförde, in: HdBStR III, § 34 Rn. 14.

Elementen entgegensteht[37]. Unproblematisch erscheint dies für jene Fälle, in denen das Grundgesetz selbst bereits die Öffnung für die unmittelbare Mitwirkung des Volkes konkretisiert hat, wie etwa in Art. 29 GG für Fragen der Neugliederung des Bundesgebietes.
Die Diskussion konzentriert sich daher auf die Frage, ob diese Normierung des Grundgesetzes abschließend ist[38] oder es darüber hinaus auch dem einfachen Gesetzgeber freisteht, „Volksabstimmungen" per Gesetz einzuführen oder schlichtweg Volksentscheide über einfache Gesetze durchzuführen, ohne dass die Verfassung dies in einem eigenständigen Verfahren regelt[39].
Richtigerweise muss in diesem Zusammenhang auf den Konkretisierungsgrad der Verfassung für die unterschiedlichen Formen der Demokratie abgestellt werden. In dieser Hinsicht konkretisiert das Grundgesetz nur die Anforderungen und das Verfahren an die repräsentative Demokratie, indem die Wahlen zum Deutschen Bundestag in Art. 38 I GG normiert und detaillierte Kompetenz- und Verfahrensbestimmungen[40] in den Art. 72ff. bzw. 76ff. GG geschaffen wurden. Eine vergleichbare Konkretisierung in Bezug auf die „Abstimmungen" lässt das Grundgesetz dagegen vermissen[41]. Daraus folgt, dass dem einfachen Gesetzgeber die Einführung von direkt-demokratischen Elementen auch nicht offen steht. Allein durch Verfassungsänderung können daher für die unmittelbare Demokratie die notwendigen Voraussetzungen im Grundgesetz geschaffen werden[42]. Der Art. 79 III GG steht dem aufgrund von Art. 20 II 2 GG nicht entgegen. Auch die Entstehungs- und Entwicklungsgeschichte des Grundgesetzes stützt dieses Ergebnis[43].

---

[37] Vgl. insbesondere zur aktuellen Diskussion um die Einführung von Volksentscheiden auf Bundesebene: von Arnim/ Kriele, in: ZRP 2002, 491; Wieland/ Albin, in: ZRP 2006, 76ff.

[38] Pieroth fragt in diesem Zusammenhang nach dem Erfordernis eines „Verfassungsvorbehalts" für diejenigen Fälle, in denen Volksabstimmungen durchgeführt werden dürfen, vgl. Jarass/Pieroth, Art. 20 Rn. 7.

[39] Zustimmend: Bleckmann, Staatsrecht I, Rn. 348; ders. JZ 1978, S. 217ff.; ablehnend: die ganz h.M., vgl. bereits oben unter Fn. 22.

[40] In Bezug auf die Verfahrenbestimmungen sehr streng: Dreier, in: Jura 1997, 252f.

[41] Maurer, Staatsrecht I, § 7 Rn. 32, spricht in diesem Zusammenhang von „normativer Zurückhaltung" des Grundgesetzes.

[42] Ausdrücklich in diesem Sinne: Löwer, in: v. Münch/Kunig, Art. 28 GG Rn. 19; Kunig, in: v. Münch/Kunig, Art. 29 GG Rn. 6.

[43] Im Parlamentarischen Rat wurde die Frage von plebiszitären Elementen im GG gestellt, allerdings mit dem Verweis auf „schlechte Erfahrungen" in der Weimarer Republik abgelehnt.; vgl. dazu ausführlich: Frotscher, in: DVBl. 1989, 541ff. Auch bei der Verfassungsreform 1992 – 1994 hatten entsprechende Anträge keinen Erfolg. Vgl. die entsprechenden Fundstellen bei: Wehr, in: JuS 1998, 411 [412f.] und mit Blick auf die Verfassungsdiskussion im Zuge der Einheit: Pestalozza, in: Jura 1994, 561ff.
Darüber hinaus zeigt ein Vergleich zur Verfassungslage in der Weimarer Republik, dass dort Art. 73 WRV entsprechende Volksbegehren und Volksentscheide explizit vorsah, was das Erfordernis einer Regelung der zentralen Problematik der Volksbeteiligung in der Verfassung ebenfalls stützt.

Mittlerweile sind die juristischen Streitigkeiten um das richtige Verständnis von Art. 20 II 2 GG weitgehend rechts- und verfassungspolitischen Argumentationen um die Vor- und Nachteile plebiszitärer Elemente im Grundgesetz gewichen. Eine Verfassungsänderung zur Einführung dieser plebiszitären Verfahren wird von den Entscheidungsträgern als weitgehend unumgänglich angesehen. Eine ausführliche Darstellung dieser Erwägungen kann hier unterbleiben, so dass insofern auf die Ausführungen an anderer Stelle verwiesen wird[44].
Insgesamt kennt das Grundgesetz folglich beide möglichen Spielarten der Demokratie, entscheidet sich aber nach derzeitigem verfassungsrechtlichen Stand eindeutig für die repräsentative bzw. parlamentarische Variante.

2. Art. 28 I 2 GG als Ausgangspunkt des Kommunalwahlrechts

Art. 28 I 2 GG überträgt die demokratische Grundentscheidung des Grundgesetzes auf die Ebene der Länder, Kreise und Gemeinden, indem er vorschreibt, dass auch in diesen Gebietskörperschaften das Volk eine Vertretung haben muss, die aus allgemeinen, unmittelbaren, freien, gleichen und geheimen Wahlen hervorgegangen ist.
Daraus ergibt sich zum einen, dass auch die kommunale Selbstverwaltung[45] eine repräsentativ-demokratische Struktur aufweisen muss[46], zum anderen, dass die Kommunalwahl im demokratischen Sinne jenen Akt darstellt, durch den die Gemeindeangehörigen die Ausübung staatlicher Gewalt bezogen auf ihr Gemeindegebiet legitimieren[47]. Demzufolge gilt auch auf kommunaler Ebene, dass eine „ununterbrochene Legitimationskette" vom Volk zu den mit staatlichen Aufgaben betrauten Organen und Amtswaltern nachvollziehbar sein muss[48]. Auf die Frage, welche Rolle es in diesem Zusammenhang spielt, dass nicht das Gesamtvolk, sondern nur die Gemeindebevölkerung diese Legitimation bewirkt, wird unten im Zusammenhang mit dem Verhältnis von Demokratie und kommunaler Selbstverwaltung einzugehen sein.
Demokratie auf kommunaler Ebene erschöpft sich aber – in Abgrenzung zur Bundes- und Landesebene – nicht in der Wahl des jeweiligen pluralistischen Vertretungsorgans; in den Gemeinden tritt vielmehr die Wahl des hauptamtlichen Bürgermeisters (in den Kreisen des Landrates) durch die wahlberechtigte Bevölkerung neben die bereits im GG angelegte Wahl der Vertretungskörperschaften. Diese Direktwahlen sind in den vergangenen zehn Jahren in allen

---

[44] Vgl. etwa Maurer, Staatsrecht I, § 7 Rn. 39ff. m.w.N.
[45] Zum Begriff der kommunalen Selbstverwaltung: siehe unten S. 32.
[46] Stern, in: BK, Art. 28 Rn. 30f., 47; Frotscher, in: ZParlR 1976, 494 [497]. Anders aber Pagenkopf, Kommunalrecht Bd. 1, S. 205, der die Entscheidung des Grundgesetzes für die repräsentative Demokratie nur für den Bund und die Länder nachvollziehen will, hingegen für die Gemeinden keine grundsätzliche Bestimmung des GG zugunsten der repräsentativen Demokratie erkennen will.
[47] Saftig, Kommunalwahlrecht, S. 18.
[48] Tettinger, in: BK, Art. 28 GG Rn. 96.

Bundesländern eingeführt worden, unabhängig davon, welcher Typ von Kommunalverfassung die Grundlage gebildet hat[49]. Ein wesentliches Element der Unterscheidung zwischen den Kommunalverfassungssystemen in Deutschland, nämlich die Wahl der Verwaltungsspitze durch das Vertretungsorgan oder die Bevölkerung, ist daher weggefallen[50].
Bereits ein kurzer Blick in die Landesverfassungen der Bundesländer lässt darüber hinaus erkennen, dass dort keineswegs von einer „normativen Zurückhaltung[51]" gegenüber direkt-demokratischen Elementen gesprochen werden kann[52]. Erst Recht die vergleichende Betrachtung der Kommunalverfassungen gibt Aufschluss darüber, dass plebiszitäre Elemente hier eine viel wichtigere Rolle spielen[53], als das Grundgesetz dies zunächst vermuten lässt.
Fraglich bleibt daher im Hinblick auf die Regelungen in den Ländern, Kreisen und Gemeinden, inwieweit die für die Bundesebene erörterte Entscheidung des Grundgesetzes für die repräsentative Demokratie und die Zurückhaltung hinsichtlich plebiszitärer Elemente auch auf die unteren Ebenen übertragen werden müssen. Unter Umständen könnte die fehlende Konkretisierung direktdemokratischer Elemente im Grundgesetz auch Folgen für die Entscheidung über die Einführung entsprechender Verfahren im kommunalen Bereich haben. Bereits oben war aber darauf hingewiesen worden, dass das Grundgesetz lediglich in der derzeitigen Ausgestaltung keine Volksbeteiligung über die in Art. 29 GG hinaus verankerten Möglichkeiten vorsieht, es aber grundsätzlich über entsprechende Verfassungsänderungen zur Einführung von „Abstimmungen" im

---

[49] Ein guter Überblick über die unterschiedlichen Typen der Kommunalverfassungen und die Entwicklung hin zu Mischformen findet sich bei: Birkenfeld-Pfeiffer/Gern, Kommunalrecht Hessen, Rn. 33ff. und Tettinger, Besonderes Verwaltungsrecht/1, Rn. 67ff.

[50] Vgl. Knemeyer, in: JuS 1998, 193ff., der den Wegfall dieses Abgrenzungskriteriums hervorhebt und herausarbeitet, dass die Unterschiede zwischen den einzelnen Kommunalverfassungssystemen nur noch in der Stellung und Stärke des Bürgermeisters im Einzelnen zu suchen sind.

[51] Maurer, Staatsrecht I, § 7 Rn. 31.

[52] Inzwischen haben alle Bundesländer entsprechende Mechanismen auf Landesebene eingeführt: Eine gute und übersichtliche Zusammenstellung über die Verfahren in den einzelnen Bundesländern findet sich bei Ipsen, Staatsrecht I, Rn. 133. Literaturübersicht bei: Mayer, ZRP 1993, S. 330, Fn. 1.
Vgl. etwa für Hessen: Art. 124 HV ermöglicht ein Volksbegehren, soweit ein Fünftel der Wahlberechtigten einen ausgearbeiteten Gesetzentwurf vorlegt. Stimmt der Landtag diesem Gesetzentwurf nicht zu, kommt es zu einem entsprechenden Volksentscheid, in dem die wahlberechtigte Bevölkerung mit der Mehrheit der abgegebenen Stimmen den Gesetzentwurf annehmen kann. Art. 123 II HV setzt bei einer vom Landtag beschlossenen Verfassungsänderungen eine Zustimmung des Volkes (Referendum) sogar zwingend voraus.

[53] Auch auf kommunaler Ebene haben alle Bundesländer Elemente unmittelbarer Demokratie in ihre Kommunalverfassungen eingeführt. Vgl. in diesem Zusammenhang die Übersicht bei Spies, Bürgerversammlung, Bürgerbegehren, Bürgerentscheid ,S. 83ff.
Vgl. wiederum für Hessen: § 8b HGO, durch den auch in den Städten und Gemeinden Bürgerbegehren und Bürgerentscheide ermöglicht werden. Vgl. die ausführliche Darstellung von Spies, Bürgerversammlung, Bürgerbegehren, Bürgerentscheid. Lediglich auf der Ebene des Landkreises fehlt eine entsprechende Regelung.

Sinne von Art. 20 II 2 GG kommen könnte. Aufgrund dieser Öffnung des Grundgesetzes stuft die ganz h.M. direkt-demokratische Mechanismen auf Landes- und Gemeindeebene auch als weitgehend unproblematisch ein, soweit die „besonderen Organe“ des Art. 20 II 2 GG und die Volksvertretung gemäß Art. 28 I 2 GG ihre grundsätzliche Funktion nicht verlieren[54].
Dies bedeutet für die Landesverfassungen, dass die unmittelbare Volksbeteiligung die „Staatsleitungsfunktion“ von Parlament und Regierung nicht umgehen darf. Die Einführung von Volksabstimmungen ist daher weniger generelles Surrogat der repräsentativen Verfahren als punktuelle Ergänzung zu den parlamentarischen Mechanismen[55]. Mit Blick auf die Gemeinden ist zu beachten, dass auch dort die Rolle des gewählten Vertretungsorgans nicht umgangen werden darf, wobei insoweit vor dem Hintergrund der kommunalen Selbstverwaltung aus Art. 28 II GG ein weiterer Aspekt hinzutritt, der zu einer entsprechend anderen (pro-plebiszitären) Wertung führen könnte[56].
Auch der in Art. 28 I 4 GG enthaltene Zusatz, dass in Gemeinden an die Stelle einer gewählten Körperschaft die Gemeindeversammlung treten kann, wird vielfach bereits als Indiz dafür gewertet, dass das Grundgesetz selbst bereits die weitgehende plebiszitäre Zurückhaltung auf Bundesebene für die kommunale Ebene nicht strikt nachvollzieht[57]. Allerdings dürfte der Sinn und Zweck, den die Verfassungsgeber mit Art. 28 I 4 GG verfolgt haben nicht auf die Ergänzung, sondern vielmehr auf die vollständige Ersetzung der repräsentativen Demokratie vor Ort gezielt haben, so dass für die Frage eines Nebeneinanders der beiden Systeme noch nicht viel gewonnen ist[58].
Insgesamt kann aber die normative Entscheidung für die parlamentarische Demokratie im Bund keine Auswirkungen auf die Regelungen in den Kommunen haben, denn das Homogenitätsgebot aus Art. 28 I GG postuliert nur die grundsätzliche demokratische Struktur in Land und Gemeinden ohne Festlegung auf eine der in Art. 20 II 2 GG zum Ausdruck kommenden Gestaltungsformen der Demokratie.
Diese bleiben weitgehend den Landes- und Kommunalverfassungsgebern in den einzelnen Bundesländern vorbehalten, die dabei natürlich an die sonstigen

---

[54] BVerfGE 60, 175 [208]; Dreier, in: Dreier, Art. 28 GG Rn. 71; Löwer, in: v. Münch/Kunig, Art. 28 GG Rn. 20; Maunz, in: Maunz/Dürig, Art. 28 GG Rn. 34.; Leibholz/Rinck, Art. 28 GG Rn. 17; Bothe, in: AK-GG, Art. 28 Rn. 8.
[55] Die Einzelheiten sind weitgehend streitig: vgl. Bugiel, Volkswille und repräsentative Entscheidung, S. 453, und Püttner/Kretschmer, Staatsorganisation, S. 97.
[56] Vgl. dazu unten: Zum Verhältnis von Demokratie und kommunaler Selbstverwaltung, S. 41ff.
[57] In diesem Sinne: Schneider/Dreßler/Lüll, § 8b HGO Anm. 2; v. Arnim, in: DÖV 1990, 85 [91]; ders., in: DÖV 1992, 330 [333]; Meyer/Stolleis, Hess. Staats- u. VerwR, S. 171; Püttner/ Jacoby, in: HbdkWP II, S. 27, 31; Waechter, Kommunalrecht, Rn. 271.
[58] Vgl. Spies, a.a.O., S. 56, die zu Recht darauf hinweist, dass Art. 28 I 4 GG wohl den vielen kleinen Gemeinden galt, die es zur Zeit der Schaffung des Grundgesetzes noch gab.

Staatsstrukturbestimmungen gebunden sind und die Kompetenzverteilung der Art. 72ff. GG zu beachten haben[59].
Insgesamt kann mit Blick auf die Ausgestaltung der Demokratie durchaus von einer Diskrepanz zwischen der derzeitigen Regelung im Bund und den vorhandenen Erscheinungsformen in den Ländern und Gemeinden gesprochen werden. Während im Bund die unmittelbare Demokratie weitgehend ausgeschlossen wird, tritt sie auf den unteren Ebenen – in unterschiedlicher Betonung - neben die mittelbare Demokratie. Diese Diskrepanz stellt aber aufgrund der oben herausgearbeiteten Gründe kein verfassungsrechtliches Problem dar, sondern wird vom Grundgesetz sogar ermöglicht.
Daneben sprechen angesichts der Überschaubarkeit der Verhältnisse auch sachliche Gründe für eine stärkere direkte Beteiligung der Bürger in den Städten und Gemeinden.

II. Das Institut der kommunalen Selbstverwaltung

Art. 28 II 1 GG statuiert für die Gemeinden das Recht auf kommunale Selbstverwaltung. Diese Gewährleistung nehmen die Landesverfassungen auf[60], indem sie die im Grundgesetz enthaltene Mindestgarantie ergänzen und erweitern.

1. Geschichte des Begriffs der kommunalen Selbstverwaltung

Ebenso wie das Prinzip der Demokratie kann der Begriff der kommunalen Selbstverwaltung auf eine lange Tradition und Geschichte zurückblicken. Auf eine umfassende Analyse der unterschiedlichen Ursprünge und Auffassungen, die zum heutigen Begriff der kommunalen Selbstverwaltung geführt haben, soll an dieser Stelle verzichtet werden[61].
Lediglich auf eine Quelle und deren Entwicklung soll kurz eingegangen werden, da sie für das deutsche Verständnis kommunaler Selbstverwaltung von ganz entscheidender Bedeutung gewesen ist. Zu Beginn des 19. Jahrhunderts kam der Gedanke der bürgerschaftlichen Selbstverwaltung (wieder) auf und fand seinen gesetzlichen Niederschlag in der mit der Person des Freiherrn vom Stein verbundenen und im Wesentlichen auf ihn zurückgehenden preußischen

---

[59] Löwer, in: v. Münch/Kunig, Art. 28 GG Rn. 19; vgl. ausführlich zur Systemgerechtigkeit der §§ 8a und 8b HGO in der repräsentativ angelegten Hessischen Gemeindeordnung: Spies, a.a.O., S. 68ff.
[60] Vgl. für Hessen: Art. 137f. HV; für die anderen Bundesländer: Art. 71ff. bd.wtt.Verf., Art. 10ff., 83 bay.Verf., Art. 97ff. brandenb.Verf., Art. 72ff. m.v. Verf., Art. 57f. nds.Verf., Art. 1, 78f. Verf. NRW, Art. 49f. Rh.pf.Verf., Art. 117ff. saarl.Verf., Art. 82 II 84ff. sächs. Verf., Art. 2 III, 87ff. s.anh.Verf., Art. 2, 46ff. schl.h.Verf., Art. 91ff. thür.Verf.
[61] Vgl. dazu: Tettinger, in: BK, Art. 28 GG Rn. 126ff.; Waechter, Kommunalrecht, Rn. 042ff.

Städteordnung vom 19. November 1808[62]. Ihm ging es mit dieser Städteordnung in erster Linie um die Mitwirkung der Bürger an der eigenverantwortlichen Staatsverwaltung, um so die öffentlichen Aufgaben bürger- und sachnäher bewältigen zu können[63]. Die Verwaltung der Städte und Gemeinden sollte dabei Teil der Staatsverwaltung bleiben, d.h. die Eigenständigkeit sollte nicht so weit reichen, dass von einem „Staat im Staat" gesprochen werden konnte. Im Mittelpunkt des Steinschen Modells der Selbstverwaltung stand folglich die Partizipation der Angehörigen einer Gemeinde an der Verwaltung ihres Gemeinwesens[64].
Insoweit wird bis heute von einem politischen Verständnis der kommunalen Selbstverwaltung gesprochen. Im politischen Sinne erscheint kommunale Selbstverwaltung in erster Linie als ehrenamtliche Mitwirkung des Bürgers an der Wahrnehmung öffentlicher Aufgaben[65], um so die Identifikation zwischen Staatsgewalt und Staatsvolk zu fördern.
Liberale Kräfte Preußens erkannten den Nutzen der kommunalen Selbstverwaltung aber recht schnell für ihre eigenen Vorstellungen vom Staat und veränderten Steins Verständnis von der kommunalen Selbstverwaltung, indem sie diese zu einem Abwehrrecht der Bürgerinnen und Bürger gegen den monarchischen und absoluten Staat formten[66]. In diesem Sinne entwickelte sich die Selbstverwaltung zu einem dem Staat antithetisch gegenüberstehenden Instrument der Freiheit, in dem die jeweilige Selbstverwaltungskörperschaft in Unabhängigkeit vom Staat die eigenen Angelegenheiten und Aufgaben selbständig erledigt[67]. Eine solche Vorstellung hatte Stein mit dem Selbstverwaltungsgedanken ursprünglich gar nicht verbunden, da er die Selbstverwaltung als Teil eines weiterhin bestehenden monarchischen Staates angesehen hatte[68].
Jedenfalls entstand in dieser Folge aber das neben der politischen Dimension weitere Verständnis von der Selbstverwaltung, nämlich die Selbstverwaltung im juristischen Sinne[69]: Im juristischen Sinne ist sie als eigenverantwortliche Wahrnehmung öffentlicher Aufgaben durch verselbständigte juristische Perso-

---

[62] Vgl. den bei Frotscher/Pieroth, Verfassungsgeschichte, Rn. 217 abgedruckten Auszug aus dieser Ordnung.
[63] Hendler, Selbstverwaltung als Ordnungsprinzip, S. 11.
[64] Hendler, in: HdBStR IV IV, § 106 Rn. 4.
[65] In diesem Sinne auch: Birkenfeld-Pfeiffer/Gern, Kommunalrecht, Rn. 70; Gern, Deutsches Kommunalrecht, Rn. 48; Pagenkopf, Kommunalrecht, S. 42f.
[66] von Rotteck, in: v. Rotteck/Welcker, Staatslexikon, Bd. 5, S. 476ff.
[67] Vgl. auch Spies, a.a.O., S. 48, die darauf hinweist, dass in den Verfassungen von 1849 bzw. 1919 die gemeindliche Selbstverwaltung jeweils in den Grundrechtsteil der Verfassung (Art. 184 RV bzw. Art. 127 WRV) integriert ist, was den Charakter der Selbstverwaltung als dem Staat gegenüberstehendes Instrument der eigenverantwortlichen Erledigung kommunaler Angelegenheiten verstärken sollte.
[68] Frotscher/Pieroth, Verfassungsgeschichte, Rn. 219, 222.
[69] Pagenkopf, Kommunalrecht, S. 42ff., spricht hinsichtlich des Begriffs der Selbstverwaltung von einer Januskopfigkeit: Selbstverwaltung im politischen oder juristischen Sinne; so auch: Nierhaus, in: Sachs, Art. 28 GG Rn. 31.

nen des öffentlichen Rechts aufgrund gesetzlicher Ermächtigung oder Zuweisung zu verstehen[70].
Die kommunale Selbstverwaltung selbst ist dabei lediglich als Ausschnitt des Selbstverwaltungsgedankens insgesamt einzustufen, der uns auch in anderen Bereichen des öffentlichen Lebens begegnet, etwa bei der Selbstverwaltung der Universitäten, der Rundfunkanstalten, im Kammerwesen verschiedener Berufsstände und der Sozialversicherung.

2. Inhalt und Umfang des Begriffs der kommunalen Selbstverwaltung

Nachdem nun eine historische Annäherung an den Begriff der Selbstverwaltung unternommen worden ist, soll dessen Inhalt und Umfang nach heutigem Verständnis unter der Geltung des Art. 28 II 1 GG erörtert werden. Die Väter des Grundgesetzes haben die kommunale Selbstverwaltung im Unterschied zur Weimarer Verfassung nicht als Grundrecht normativ festgehalten, sondern als institutionelle Garantie ins Grundgesetz eingefügt[71]. Demzufolge findet sich der Art. 28 II 1GG auch nicht am Anfang des Grundgesetzes im Abschnitt über die Grundrechte, sondern im zweiten, organisatorischen Teil der Verfassung wieder[72]. Diese Verortung ist auch unter systematischen Gesichtspunkten berechtigt, da Grundrechte grundsätzlich als Abwehrrechte des Bürgers gegenüber dem Staat gelten und keine internen Gewährleistungen darstellen. Die kommunale Selbstverwaltung steht aber zwischen der rein subjektiven Berechtigung und der nur objektivrechtlichen Verbürgung, denn sie garantiert sowohl die Einrichtung als solche, verleiht aber auch den aus der objektiven Einrichtungsgarantie Berechtigten eine subjektive Rechtsposition zur Abwehr von Eingriffen in den Garantiebereich[73].
Unabhängig von dieser normativen Fixierung als Institution haben sich insgesamt drei verschiedene Gewährleistungsebenen der Selbstverwaltungsgarantie unter Geltung des Grundgesetzes entwickelt: die institutionelle Rechtssubjekts-

---

[70] Wolff/Bachof/Stober, VerwR II, § 18 IV Rn. 34; Gern, Deutsches Kommunalrecht, Rn. 49 m.w.N. insbesondere zum Verhältnis des politischen und juristischen Verständnisses der Begriffe.

[71] BVerfGE 1, 167 [173]. In der Weimarer Verfassung war die Selbstverwaltungsgarantie in Art. 127 WRV und damit im Grundrechtsteil verankert. Nur eine ältere Mindermeinung stufte den Art. 28 II GG auch weiterhin als Grundrecht ein, vgl. die Nachweise bei Pagenkopf, Kommunalrecht, S. 58.

[72] Gegen eine Einordnung als Grundrecht spricht auch das herkömmliche Verständnis vom Schutzzweck der Grundrechte als Abwehrrechte des Bürgers gegen den Staat sowie das Fehlen einer Bestandsgarantie für die einzelne Gemeinde (dazu unten mehr), vgl. Stern, in: BK, Art. 28 GG (Zweitbearbeitung), Rn. 68-70; Tettinger, Besonderes Verwaltungsrecht/1, Rn. 30; a.A. Maurer, DVBl. 1995, 1037 [1041f.], der das subjektive Recht auf Selbstverwaltung betont.

[73] Stern, in: BK, Art. 28 GG (Zweitbearbeitung), Rn. 65.

garantie, die objektive Rechtsinstitutionsgarantie und die subjektive Rechtstellungsgarantie[74].

a. Die institutionelle Rechtssubjektsgarantie

Art. 28 II 1 GG gewährleistet im Rahmen der institutionellen Rechtssubjektsgarantie, dass es die Gemeinde als Element des Verwaltungsaufbaus überhaupt gibt, d.h., dass die Gemeinde als Typus einen Teil der deutschen Rechts- und Verwaltungsordnung darstellen muss und dieser Teil auch funktionstüchtig ist. Daraus folgt, dass den Gemeinden von der Rechtsordnung auch die Fähigkeit zuerkannt wird, Träger von Rechten und Pflichten zu sein[75]. Mit der Garantie nicht verbunden ist aber der individuelle Schutz und Erhalt einer einzelnen Gemeinde in ihrem jeweiligen Zuschnitt, also ihrer Größe, ihrem Umfang und ihrer Existenz. Konkret bedeutet dies für die Gemeinden, dass sie sich nicht gegen ihre Auflösung, ihre Eingemeindung oder ihre Zusammenlegung mit anderen Gemeinden wehren können[76]. Der individuelle Schutz beschränkt sich darauf, dass die einzelne Gemeinde vor der Durchsetzung von Neugliederungsmaßnahmen gehört werden muss und entsprechende Veränderungen gemeinwohlorientiert veranlasst sein müssen[77].

Zur Rechtssubjektsgarantie gehört schließlich auch das Recht der Gemeinde am eigenen Namen[78].

Zusammenfassend kann daher formuliert werden, dass die institutionelle Rechtssubjektsgarantie die Gemeinde grundsätzlich nur institutionell, nicht aber individuell gewährleistet[79].

Zu beachten ist schließlich, dass selbst dieser institutionelle Schutz nicht von der Ewigkeitsgarantie des Art. 79 III GG umfasst ist und auch Art. 19 II GG mangels Grundrechtscharakters des Art. 28 II GG nicht einschlägig ist. Folglich könnte durch eine entsprechende Verfassungsänderung die Gemeindeebene vollständig abgeschafft werden[80]. Wenngleich dies selbstverständlich nicht

---

[74] Erstmals entwickelt wurde diese Aufspaltung in drei verschiedene Gewährleistungsbereiche von Stern, in: BK, Art. 28 GG (Zweitbearbeitung), Rn. 66, 78ff. Dieser Einteilung folgt die ganz h.M.: Löwer, in: v. Münch/Kunig, Art. 28 Rn. 41; Schmidt-Aßmann, in: Schmidt-Aßmann/Badura, Rn. 9; Birkenfeld-Pfeiffer/Gern, Kommunalrecht, Rn. 72; Waechter, Kommunalrecht, Rn. 052ff..

[75] Wolff/Bachof/Stober, VerwR I, § 32 Rn. 5f.

[76] Die im letzten Jahrhundert mehrfach zu beobachtenden Neugliederungswellen der Gemeinden belegen diesen fehlenden individuellen Schutz. In Hessen reduzierte sich etwa die Gemeindezahl in den Jahren der kommunalen Gebietsreform zwischen 1968 und 1975 von zunächst 2684 Gemeinden auf nunmehr 426.
Von überaus großer Bedeutung waren auch die zahlreichen Gebietsreformen in den neuen Bundesländern, die zu einer Flut von Gerichtsentscheidungen geführt haben; vgl. nur beispielhaft: Thür.VerfGH, NVwZ-RR 1997, 639.

[77] Ständige Rechtsprechung: BVerfGE 50, 50; 195 [202]; 86, [90].

[78] BVerfGE 59, 216 [225ff.]; Bethge, Jura 1985, 44ff.; Pappermann, DÖV 1980, 353ff.

[79] Scholz, in: Maunz-Dürig, Art. 28 GG Rn. 29.

[80] Vgl. Waechter, Kommunalrecht, Rn. 056.

ernsthaft in Erwägung gezogen wird, so zeigt sich für den Fortgang der vorliegenden Untersuchung doch ein Wesensunterschied gegenüber dem oben dargestellten Demokratieprinzip, welches einer Verfassungsänderung nicht zugänglich ist.

b. Die objektive Rechtsinstitutionsgarantie

Bereits aus dem Wortlaut des Art. 28 II 1 GG kann man den Inhalt der zweiten Gewährleistungsebene der kommunalen Selbstverwaltung ableiten. Aus der Formulierung, dass die Gemeinden „alle Angelegenheiten der örtlichen Gemeinschaft in eigener Verantwortung zu regeln" haben, ergibt sich die objektive Rechtsinstitutionsgarantie. Sie stellt den zentralen und wichtigsten Gewährleistungsbereich des Art. 28 II 1 dar.

Er besteht aus zwei Elementen: zum einen der *Universalität* des Aufgabenbereichs der Gemeinde (Allzuständigkeit, „alle Angelegenheiten"), zum anderen der Garantie der *Eigenverantwortlichkeit.* Allerdings macht die Verfassung bereits in Art. 28 II 1 GG deutlich, dass diese weite Gewährleistung nur „*im Rahmen der Gesetze*" möglich ist. Damit umfasst die objektive Rechtsinstitutionsgarantie, um einen Vergleich zur Grundrechtssystematik heranzuziehen, nicht nur den „Schutzbereich" der kommunalen Selbstverwaltung, sondern gleichsam auch den dazugehörigen „Gesetzesvorbehalt".

Aus der Universalität des kommunalen Aufgabenbereichs folgt zunächst, dass die Gemeinde grundsätzlich für alle Verwaltungsaufgaben zuständig sein soll, soweit sie einen örtlichen Bezug aufweisen. Der Wortlaut des Art. 28 II 1 GG schränkt die universale Verbandskompetenz dahingehend ein, dass Anknüpfungspunkt für die Allzuständigkeit eine räumliche Komponente ist: Es muss sich um Angelegenheiten der „örtlichen Gemeinschaft handeln"[81]. Im Bemühen um eine definitorische Erfassung dieses Zuständigkeitsrahmens hat das Bundesverfassungsgericht in der berühmten Rastede-Entscheidung (BVerfGE 79, 127ff.) erstmals eine Formel entwickelt, nach der unter die Angelegenheiten der örtlichen Gemeinschaft jene „Bedürfnisse und Interessen" fallen, „die in der örtlichen Gemeinschaft wurzeln oder einen spezifischen Bezug zu ihr haben, die also den Gemeindeeinwohnern gerade als solchen gemeinsam sind, indem sie das Zusammenleben und -wohnen der Menschen in der Gemeinde betreffen"[82]. Dadurch wird die kommunale Kompetenz von den Zuständigkeiten anderer Gemeinwesen geschieden[83]. Auf das Kriterium der Leistungsfähigkeit stellt das Bundesverfassungsgericht explizit nicht ab[84]. Dies erscheint insofern logisch, als die Frage, ob eine Gemeinde zur Erledigung einer Aufgabe fähig ist, gerade in Zeiten der Finanznot der Kommunen nichts mit der Frage zu tun haben kann, ob die Aufgabe historisch und tatsächlich in der Gemeinde

---

[81] Birkenfeld-Pfeiffer/Gern, Kommunalrecht, Rn. 74.
[82] BVerfGE 79, 127 [151f.], in teilweiser Anknüpfung an BVerfGE 8, 122 [134].
[83] Stern, in: BK, Art. 28 GG Rn. 86.
[84] BVerfGE 79, 127 [152].

wurzelt[85]. Die Frage der Leistungsfähigkeit kann vielmehr erst im Rahmen der Rechtfertigung von Eingriffen in die Selbstverwaltungsgarantie Bedeutung erlangen[86].

Anhand der bundesverfassungsgerichtlichen Formel lässt sich herausarbeiten, dass die Außen- und Verteidigungspolitik oder auch Fragen der wirtschaftlichen Gesamtsteuerung nicht in den Aufgabenbereich der Gemeinden fallen. Demzufolge ist es auch richtig, wenn Rechtsprechung und Schrifttum davon ausgehen, dass den Gemeinden kein uneingeschränktes „allgemeinpolitisches Mandat“ zukommt, welches ihnen die Möglichkeit zur Behandlung und Erörterung jeder welt-, bundes- oder landespolitischen Frage erlauben würde[87].
Jenseits von diesen klaren Fällen ist eine Abgrenzung der Angelegenheiten, die tatsächlich zum örtlichen Wirkungskreis zu zählen sind, schwierig. Das Bundesverfassungsgericht bedient sich hier des Rückgriffs auf den jeweiligen status quo gemeindlich erfüllter Aufgaben und vergleicht diesen mit der geschichtlichen Entwicklung der kommunalen Selbstverwaltung[88]. Demnach sind „institutionell nicht etwa schon die Betätigungen garantiert, die die Gemeinde in einer günstigen Stunde besaß, sondern nur diejenigen, die nach einem historisch nachzuweisenden Erfahrungssatz das Bild der deutschen Gemeinde prägten, also nicht die zufällig akzidentiellen, sondern die typisch essentiellen“[89].
In diesem Zusammenhang muss auch die von der Rechtsprechung entwickelte und von der Literatur konsequent aufgenommene Differenzierung zwischen einem unantastbaren Kernbereich und einem sich davon unterscheidenden Randbereich kommunaler Selbstverwaltung berücksichtigt werden[90]. Zwar hat dies letzten Endes erst Auswirkungen im Rahmen der oben bereits angesprochenen Frage der Begrenzung der gemeindlichen Selbstverwaltung in Abhängigkeit von der Intensität des Eingriffs, jedoch geht dem die Frage voraus, was diesem unantastbaren Kernbereich zuzuordnen ist und was demgegenüber dem Zugriff des Gesetzgebers ausgesetzt bleibt. Genau diese Antwort, die demzufolge beim „Schutzbereich“ der Selbstverwaltung ansetzt, konnte bis heute je-

---

85 Beispiel: Die Frage, ob sich eine Kommune ein Freibad leisten kann oder nicht, hat nichts mit der Frage zu tun, ob die Schaffung, Errichtung und Unterhaltung dieser Einrichtung als Element der Daseinsvorsorge in den örtlichen Wirkungskreis fällt.
86 So auch: Waechter, Kommunalrecht, Rn. 069.
87 Birkenfeld-Pfeiffer/Gern, Kommunalrecht, Rn. 77; Heberlein, in: NVwZ 1992, 543; Lehnguth, in: DÖV 1989, 655; Jarass/Pieroth, Art. 28 GG Rn. 15; Waechter, Kommunalrecht, Rn. 073.
Vgl. dazu nur ausschnittsweise die Entscheidungen des BVerwG zur Erklärung einer Gemeinde zur „atomwaffenfreien Zone“: BVerwG 87, 228ff.(München) und 237ff. (Fürth); dazu: Schoch, in: JuS 1991, 728.
88 BVerfGE 1, 167 [178]; 7, 358 [364]; 8, 332 [359f.].
89 Stern, in: BK, Art. 28 GG (Zweitbearbeitung), Rn. 88.
90 BVerfGE 1, 167 [175f.]; 56, 298 [312]; 91, 228 [238]; Birkenfeld-Pfeiffer/Gern, Kommunalrecht, Rn. 79; Blümel, VVDStRL 36 [1978], 241, 247, 270; Tettinger, VerwR BT/1, Rn. 63; Stern, HdBkWP I, 204 [209]; Waechter, Kommunalrecht, Rn. 136ff..

doch nicht befriedigend gegeben werden, da eine klare definitorische Abgrenzung auch hier nicht möglich erscheint[91]. Letzten Endes soll auch bei der Beantwortung dieser Frage eine historische Betrachtung helfen, indem nach den Inhalten gesucht wird, die schon immer Teil der gemeindlichen Selbstverwaltung in ihren unterschiedlichen Erscheinungsformen gewesen sind[92].

In den Rahmen dieser geschichtlichen Entwicklung fallen seit jeher im Wesentlichen folgende gemeindliche Hoheiten: die Gebietshoheit, die Organisationshoheit, die Personalhoheit, die Planungshoheit, die Finanzhoheit, die Satzungshoheit und die Kulturhoheit.
Unter der **Gebietshoheit** ist zunächst die Befugnis zu verstehen, gegenüber allen Personen und Gegenständen, die sich im Gemeindegebiet aufhalten, die verliehenen Hoheitsrechte auszuüben und damit rechtserhebliche Handlungen vorzunehmen (sog. Territorialprinzip)[93].
Die **Organisationshoheit** umfasst das Recht der Gemeinden, ihre innere Organisation selbst zu ordnen, d.h. „für die Wahrnehmung ihrer Aufgaben Abläufe und Entscheidungszuständigkeiten im einzelnen", nicht aber die „äußeren Grundstrukturen der Gemeinde" zu bestimmen[94]. In diesem Zusammenhang sind insbesondere die in der Praxis aktuellen Fragen der Ausgliederung und formellen Privatisierung von Aufgabenbereichen einer Gemeinde zu nennen, etwa durch die Schaffung privatrechtlicher Organisationsformen (GmbH oder AG), über deren Einrichtung die Gemeinden weitgehend frei entscheiden können. Einen Eingriff in die Organisationshoheit könnten aber die in den Kommunalverfassungen vorweggenommenen Entscheidungen über die äußere Struktur der Gemeinde darstellen, in denen etwa vorgeschrieben wird, welche Organe in einer Kommune vorhanden sein müssen und wie das Zusammenspiel zwischen diesen Organen zu funktionieren hat. Darauf wird noch weiter unten mit Blick auf die konkrete Bedeutung der Kommunalwahl als Ausdruck der kommunalen Selbstverwaltung einzugehen sein.
Zur **Personalhoheit** gehört die Befugnis zur Auswahl, Anstellung, Beförderung und Entlassung des in der Gemeinde benötigten Personals[95]. Sie umfasst das „Ob" und „Wie" des Einsetzens von personellen Kräften.

---

[91] Vgl. nur Püttner, HdbStR Bd. IV, 1178, der darauf hinweist, dass eine Definition des Kernbereichs bisher nicht gelungen ist.
[92] Brockmeyer, in: Schmidt-Bleibtreu/Klein, Art. 28 GG Rn. 9. Problematisch an der historischen Bestimmung ist allerdings die Tatsache, dass diese Methode bei neuen Aufgaben und veränderten Anforderungen an die Gemeinden nicht weiterhilft. Waechter, Kommunalrecht, Rn. 139ff., stellt weitere in der Literatur vertretene Ansätze zur Bestimmung des Kernbereichs zusammen: vgl. „Subtraktionstheorie" und „Typustheorie".
[93] Löwer, in: v. Münch/Kunig, Art. 28 GG Rn. 66.
[94] BVerfGE 91, 228 [236, 239]; ausführlich zur kommunalen Organisationshoheit: Frenz, in: VerwArch 86 (1995), S. 378ff.
[95] BVerfGE 9, 268 [289f.]; 17, 172 [182]; vgl. auch Birkenfeld-Pfeiffer/Gern, Kommunalrecht, Rn. 86.

Zur **Planungshoheit** im weiteren Sinne können alle Vorgänge gerechnet werden, durch die die Gemeinde im Wege von Prognoseentscheidungen Verwaltungsaufgaben gestaltend erfüllt[96]. Darunter fallen die Haushaltsplanung, die Personalplanung oder auch die planerische Wirtschaftsförderung und Umweltschutzplanung[97]. Im engeren Sinne wird unter der Planungshoheit aber im Wesentlichen das Recht zur eigenverantwortlichen Entscheidung der Gemeinde über die Nutzung ihrer Grundstücke in der Bauleitplanung verstanden[98]. Die örtlichen Flächennutzungs- und Bebauungspläne gemäß den Vorschriften des BauGB (§§ 5ff. bzw. §§ 8ff. BauGB) erscheinen in diesem Zusammenhang gleichsam als unterste Ebene der Raumordnungsplanung insgesamt. Zu dieser Planungshoheit gehört daher auch das Recht, in die überörtliche Raumplanung in Entwicklungs- und Regionalplänen durch Einräumung entsprechender Anhörungsrechte eingebunden zu werden[99].
Die **Finanzhoheit** beinhaltet die eigene Haushaltsführung, Rechnungslegung, Vermögensverwaltung und selbständige Erschließung von Einnahmen sowie die Entscheidung über die Verwendung der gesamten Finanzmittel[100]. Die Finanzhoheit ist mittlerweile durch das GG selbst besonders hervorgehoben, indem in Art. 28 II 3 GG der Schutz der finanziellen Eigenverantwortung explizit normiert ist[101]. Dabei bedeutet diese normative Fixierung inhaltlich keine Neuerung, sondern ist vielmehr als Klarstellung einer ohnehin bestehenden Rechtslage zu verstehen[102].
Vor dem Hintergrund der derzeitigen Finanznot in den Städten und Gemeinden ist die Frage eines Anspruchs der Kommunen auf eine finanzielle Mindestausstattung aktueller denn je und hängt v.a. mit der Auslegung des (neuen) Art. 28 II 3 GG zusammen. Vor der Schaffung dieser Vorschrift hatte das BVerfG die Frage bewusst offen gelassen[103]. Doch auch nach Eingliederung dieser Regelung in den Art. 28 II GG ist das Bestehen und der Umfang eines entsprechenden Anspruchs noch immer strittig[104]. Angesichts der drängenden Probleme in den Städten und Gemeinden ist eine Klärung dieser finanziellen Problematik allerdings schnellstmöglich geboten.
Mit der **Satzungshoheit** ist die Befugnis verbunden, in örtlichen Angelegenheiten Recht zu setzen, indem entsprechende Satzungen durch die zuständigen Organe einer Kommune erlassen werden. Aufgrund der Wesentlichkeitstheorie

---

[96] Jarass/Pieroth, Art. 28 GG Rn. 13; Löwer, in: v. Münch/Kunig, Art. 28 GG Rn. 74.
[97] Vgl. etwa. Waechter, Kommunalrecht, Rn. 097.
[98] Vgl. ausführlich: Brohm, Baurecht, § 9 Rn. 1ff.
[99] Birkenfeld-Pfeiffer/Gern, Kommunalrecht, Rn. 99.
[100] Seewald, in: Steiner, VerwR BT, Rn. 65.
[101] Gesetz zur Änderung des Grundgesetzes vom 27.10.1994 -BGBl. Teil I, S. 3146.
[102] Brockmeyer, in: Schmidt-Bleibtreu/Klein, Art. 28 GG Rn. 11.
[103] BVerfGE 71, 25 [37]; 83,363 [389ff.]; dafür: Dreier, in: Dreier, Art. 28 GG Rn. 145; Hoppe, in: DVBl. 1992, 118; Meis, Verfassungsrechtliche Beziehungen zwischen Bund und Gemeinden., S. 76.
[104] Vgl. zum Streitstand: Jarass/Pieroth, Art. 28 GG Rn. 14; Löwer, in: v. Münch/Kunig, Art. 28 Rn. 89ff.; Tettinger, VerwR BT /1, Rn. 55; Waechter, Kommunalrecht, Rn. 231ff.

des Bundesverfassungsgerichts ist mit dieser Hoheit allerdings nicht das Recht verbunden, in die Grundrechte der Bürgerinnen und Bürger (insbesondere in Freiheit und Eigentum) einzugreifen[105]. Dazu bedarf es schon allein aufgrund von Art. 20 III GG spezieller Ermächtigungsgrundlagen, welche entsprechende grundrechtsbeschränkende Regelungen ausdrücklich zulassen[106].
Im Rahmen der **Kulturhoheit** bzw. der „Daseinsvorsorge" im weiteren Sinne steht es den Gemeinden frei, Schwerpunkte im kulturellen und sportlichen Bereich zu setzen aber auch entsprechende private Initiativen zu fördern. Dies kann beispielsweise durch die Einrichtung von Musikschulen, Theatern oder Museen erfolgen. Genauso können darunter aber auch die Vereinsförderung und der Aufbau von Städtepartnerschaften gefasst werden. Die möglichen Spielarten und Formen erscheinen hier als nahezu unbegrenzt.

c. Die subjektive Rechtsstellungsgarantie

Fraglich ist abschließend, was sich hinter dem Begriff der subjektiven Rechtsstellungsgarantie verbirgt. Darunter zu verstehen ist die subjektivrechtliche Abschirmung der objektiven Rechtsstellungsgarantie durch Einräumung entsprechender Abwehrrechte an die Kommunen[107]. Zu nennen sind hier die bundesrechtlich verankerte kommunale Verfassungsbeschwerde gemäß Art. 93 I Nr. 4b GG i.V.m. § 91 BVerfGG und die landesrechtlich normierte kommunale Grundrechtsklage nach § 46 StGHG. Soweit also der oben umschriebene objektive Garantiegehalt des Art. 28 II 1 GG reicht, kann jede Gemeinde eine Verletzung ihrer subjektiven Rechtsposition rügen.

3. Einordnung der Kommunalwahl als Teil der kommunalen Selbstverwaltung

Nachdem der Inhalt und die Reichweite der Selbstverwaltungsgarantie aus Art. 28 II 1 GG geklärt ist, bleibt die Frage zu erörtern, in welche der oben herausgearbeiteten Gewährleistungsbereiche das Kommunalwahlrecht einzuordnen ist. Bezug nehmend auf die Begriffsbestimmung in der Einleitung wird hier an die Kommunalwahl im weiteren Sinne angeknüpft werden, so dass auch die Bürgermeister- und Landratswahlen erfasst sind.
Erkennbar ist dabei recht schnell, dass das Institut Kommunalwahl weder unter die institutionelle Rechtssubjektsgarantie noch unter die subjektive Rechtsstellungsgarantie subsumierbar ist. Es geht vielmehr um eine eigenverantwortliche Wahrnehmung der in den Kommunen und Kreisen wurzelnden örtlichen Angelegenheiten, so dass nach Anknüpfungspunkten im Rahmen der objektiven Rechtsinstitutionsgarantie zu suchen ist.
Ausgangspunkt könnte in diesem Zusammenhang zunächst das Ergebnis und Ziel der Kommunalwahl im weiteren Sinne sein: An dessen Ende steht im Hin-

---

[105] Seewald, in: Steiner VerwR BT, Rn. 76.
[106] Vgl. etwa die spezialgesetzliche Ermächtigungsgrundlage zum Erlass von örtlichen Verbrauchs- und Aufwandsteuern in § 7 II Hess. KAG.
[107] Löwer, in: v.Münch/Kunig, Art. 28 GG Rn. 41; Pagenkopf, Kommunalrecht Bd. 1, S. 59.

blick auf die Bestimmung des pluralistischen Vertretungsorgans die Auswahl mehrerer Personen, die die kommunalen Rechte und Pflichten repräsentativ wahrnehmen; ebenso steht am Ende der Bürgermeister- oder Landratswahl die Auswahl derjenigen Person, die an der Spitze der Gebietskörperschaft die Geschicke ihrer Angehörigen lenkt. In dieser Hinsicht könnte die Kommunalwahl als Ausdruck der Personalhoheit der jeweiligen Kommune zu verstehen sein. Letzten Endes wird nämlich durch den Wahlvorgang ein wichtiger Teil des in den Gemeinden, Städten und Landkreisen benötigten Personals ausgewählt und „angestellt".
Eine solche Einstufung ist freilich so explizit in der rechtswissenschaftlichen Literatur nicht erkennbar. Dort wird die Personalhoheit weitgehend nur als „Dienstherrenfähigkeit" im Sinne von § 121 I Nr. 1 BRRG verstanden, die es den bereits verfassten Organen einer Kommune ermöglicht, die Kommunalbeamten, aber auch die (Tarif-) Angestellten und Arbeiter auszuwählen und anzustellen[108]. Eine Einstufung des originären Aktes „Kommunalwahl", durch den diese Organe personell überhaupt erst konstituiert werden, unter die Personalhoheit wird dagegen nicht vorgenommen. Dabei ist diese Frage gerade deshalb von Wichtigkeit, um herauszufinden, ob die Kommunalwahl nicht nur demokratischen Ursprungs ist, sondern gerade auch in der Selbstverwaltungsgarantie des Art. 28 II 1 GG wurzelt.
Die Antwort darauf fällt eindeutig aus: Auch die „Rekrutierung" desjenigen Personals, welches durch die Gemeinde- oder Kreisangehörigen selbst ausgesucht wird, ist Ausdruck von Personalhoheit. Diese Auswahl ist in diesem Zusammenhang eben nicht nur mittelbar demokratisch legitimiert, sondern unterliegt (sogar) einer unmittelbaren demokratischen Legitimation. Dies ändert aber nichts an der Tatsache, dass die Angehörigen der jeweiligen Selbstverwaltungskörperschaft das benötigte Personal selbst (aus ihren eigenen Reihen) aussuchen und damit die Besetzung gerade nicht von außen, also von staatlicher Seite, erfolgt. Gerade diese Erkenntnis ist aber Wesensmerkmal der als Teil der gemeindlichen Selbstverwaltungsgarantie verstandenen Personalhoheit. Wenn schon die Besetzung und Anstellung des von der Körperschaft benötigten Personals durch die verfassten Organe unter die Personalhoheit fällt, dann ist erst recht die unmittelbare Bestimmung eben dieser Organe durch die Angehörigen der Körperschaft als Ausdruck der Personalhoheit zu werten.
Des Weiteren könnte die Kommunalwahl aber auch als Element der Organisationshoheit verstanden werden. Dies erscheint nahe liegend, wenn man in ihr grundsätzlich nicht nur die Befugnis gewährleistet sieht, die Personalauswahl für eine bestimmte Position eigenverantwortlich zu treffen, sondern vorgelagert auch das Recht, die zu vergebenden Positionen überhaupt erst zu definieren. In diesem Sinne beinhaltet die Organisationshoheit die Entscheidung über die Einrichtung verschiedenster Organe, welche durch die gemeindeangehörige Bevölkerung zunächst bestimmt und im Anschluss besetzt würden. Umgekehrt

---

[108] Löwer, in: v. Münch/Kunig, Art. 28 GG Rn. 67; Waechter, Kommunalrecht, Rn. 095.

wäre damit auch das Abwehrrecht verbunden, von der Einrichtung und Besetzung selbst nicht gewollter Organe verschont zu bleiben.
Die Tatsache aber, dass die Landesgesetzgeber in den jeweiligen Kommunalverfassungen sowie den dazugehörigen Kommunalwahlgesetzen definitive Vorgaben über die einzurichtenden Organe und das zu ihrer Besetzung führende Verfahren machen, zeigt, dass die Organisationshoheit nicht in dem oben beschriebenen umfassenden Sinne verstanden werden kann. Hinsichtlich der Einrichtung einer Volksvertretung ist es bereits die Verfassung selbst, die in Art. 28 I 2 GG unmissverständlich fordert, dass ein entsprechendes repräsentatives Organ in den Städten und Gemeinden vorhanden sein muss und durch ein relativ exakt definiertes Verfahren bestimmt werden muss. Insgesamt ist daher recht schnell erkennbar, dass den Kommunen die äußere Organisationsgewalt weitgehend entzogen ist[109].
Wie dieser Befund dogmatisch begründbar ist, wird unterschiedlich beantwortet:
Zunächst erscheint es mit der Rechtsprechung dogmatisch nahe liegend darauf abzustellen, dass die Organisationshoheit als Teil der Selbstverwaltungsgarantie – wie oben bereits beschrieben – nur „im Rahmen der Gesetze" gewährleistet ist und dementsprechend einem Gesetzesvorbehalt unterliegt. Insbesondere die Kommunalverfassungen, welche die äußere Struktur der Kommunen determinieren, stellen daher vom Gesetzesvorbehalt ermöglichte Eingriffe in die umfassende Organisationsgewalt der Kommunen aus Art. 28 II 1 GG dar[110]. Allerdings fällt nach Auffassung des Bundesverfassungsgerichts die Entscheidung über die äußeren Strukturen in den einzelnen Kommunalverfassungen nicht in den Kernbereich der Organisationshoheit, so dass die Bundesländer in der Gestaltung relativ frei sind und die organisatorischen Regelungen keinem spezifischen Rechtfertigungsbedarf unterliegen. Das Übermaßverbot ist daher aus Sicht der Kommunen nicht anwendbar[111].
Demgegenüber wird insbesondere von Schmidt-Jortzig die Ansicht vertreten, dass die Entscheidung über die äußere Struktur und Verfassung der Kommunen a priori nicht in den Schutzbereich von Art. 28 II 1 GG fällt, weil Art. 28 II 1 GG die Kommunen als organisierte Rechtsträger mit eigener Struktur bereits voraussetzt[112]. Dies hat zur Konsequenz, dass die Landesgesetzgeber auch hier nicht rechtfertigungsbedürftig für die Ausgestaltungen und Regelungen in den Kommunalverfassungen gegenüber der Eigenverantwortlichkeit der Selbstverwaltungskörperschaften sind. Begründet wird diese Ansicht darüber hinaus

---

[109] Löwer, in: v. Münch/Kunig, Art. 28 GG Rn. 70. Vgl. in diesem Zusammenhang insbesondere die Problematik im Hinblick auf die gesetzliche Verpflichtung zur Einrichtung der Stelle einer Gleichstellungs- bzw. Frauenbeauftragten: BVerfG, DÖV 1995, 419ff.
[110] BVerfGE 91, 228 [238].
[111] Kritisch zu dieser Rechtsprechung: Frenz, in: VerwArchiv 86 (1995), 378ff.; Erichsen/Weiß, Kommunale Selbstverwaltung und staatliche Organisationsvorgaben, 1995.
[112] Schmidt-Jortzig, Kommunale Organisationshoheit, 1979, 72ff., 123ff., 143ff.; befürwortend wohl auch: Waechter, Kommunalrecht, Rn. 092c.

damit, dass den Kommunen keine Staatsqualität zukommt und sie dementsprechend auch über keine Verfassungsautonomie verfügen[113]. Andere Stimmen in der Literatur wollen die Bundesländer dagegen auf relativ unbestimmte Rahmenvorschriften beschränken, die den Kommunen noch ausreichende Regelungsspielräume belassen[114].
Die Beantwortung der Frage, welcher der dogmatischen Ansätze vorzuziehen ist, kann angesichts der nur theoretischen Unterschiede an dieser Stelle unterbleiben. In praktischer Hinsicht führen alle Ansätze dazu, dass auch die Organisationshoheit nicht absolut, sondern nur relativ geschützt ist[115] und die Kommunen daher nicht darüber befinden können, ob die Wahl der in den Kommunalverfassungen vorgesehenen Organe überhaupt stattfindet bzw. wie die verfahrensrechtliche Abwicklung der Wahlen zu erfolgen hat. Was den Kommunen zur eigenverantwortlichen Entscheidung im Wesentlichen verbleibt, ist die innere Organisationsgewalt[116] bzw. die Regelung der inneren Struktur ihrer Gemeinde. Dies verdeutlicht beispielsweise die Befugnis zur Schaffung von Geschäftsordnungen in den einzelnen gemeindlichen Organen[117], die konkrete Regelung von Verfahrensabläufen in der Verwaltung oder die interne Geschäftsverteilung.

Zusammenfassend kann daher festgehalten werden, dass die Kommunalwahl nicht nur einen demokratischen Ursprung aufweist, sondern auch in der Selbstverwaltungsgarantie des Art. 28 II 1 GG wurzelt, dort allerdings nicht in der Organisationshoheit der Gemeinden – wie man zunächst vermuten könnte -, sondern in deren Personalhoheit.

III. Verhältnis von Demokratie und Selbstverwaltung

Im Folgenden soll der Frage nachgegangen werden, in welchem Verhältnis die beiden oben herausgearbeiteten Ursprünge des Kommunalwahlrechts zueinander stehen.
Nicht wenige Autoren haben diese Frage zu beantworten versucht[118]. Gleichwohl kann bis heute davon ausgegangen werden, dass der Streit um die richtige

---

[113] Waechter, Kommunalrecht, Rn. 092c.
[114] Waechter, in: Die Verwaltung 1996 (29), 47 [66f.] mit Hinweis auf Janssen und Schmidt-Eichstädt.
[115] In diesem Sinne ausdrücklich: Pagenkopf, Kommunalrecht, § 10 II 2.
[116] Birkenfeld-Pfeiffer/Gern, Kommunalrecht, Rn. 90.
[117] Vgl. dazu: § 60 HGO, der die Rechtsgrundlage zum Erlass einer Geschäftsordnung für die Gemeindevertretung enthält. Die entsprechende Vorschrift für die Kreistage findet sich in § 32 HKO, der insoweit auf § 60 HGO verweist.
[118] von Arnim, Gemeindliche Selbstverwaltung und Demokratie, in: AöR 1988, 1ff.; Frotscher, Selbstverwaltung und Demokratie, in: Festgabe für v. Unruh, 127ff.; Klein, Demokratie und Selbstverwaltung, in: Festschrift für Forsthoff, 165ff.; Püttner, Zum Verhältnis von Demokratie und Selbstverwaltung, in: HdBkWP, Bd. 2, 3ff.; Schmidt-Jortzig, in: DVBl. 1980, 1ff.; von Unruh, in: DÖV 1986, 217ff.

Auslegung des Verhältnisses dieser beiden verfassungsrechtlichen Prinzipien - Demokratie auf der einen, kommunale Selbstverwaltung auf der anderen Seite – nicht abschließend beigelegt ist.

Ausgangspunkt der Untersuchung muss dabei die Überlegung sein, dass ein Ergebnis, welches lediglich eine der beiden Wurzeln berücksichtigen würde, von vornherein nicht überzeugen kann. Ansonsten würde man die vorangestellte Analyse unberücksichtigt lassen. Die Legitimation durch Kommunalwahlen ist weder nur demokratische Legitimation durch ein dem Staatsvolk analog zu denkendes Teilvolk noch einseitig Legitimation aus Betroffenenmitwirkung im Sinne kommunaler Selbstverwaltung[119]. Vielmehr gilt es konkreter zu beleuchten, ob die beiden Wurzeln gleichberechtigt nebeneinander stehen, möglicherweise die eine auch ohne die andere existieren könnte, oder ob eines der beiden Prinzipien besonders hervorgehoben und dementsprechend stärker zu gewichten ist.

Schmidt-Jortzig legt in diesem Zusammenhang die Betonung auf die kommunale Selbstverwaltung und versteht die Kommunalwahl in erster Linie als „Regelung eigener Angelegenheiten der Kommunalbürger durch diese selbst (Art. 28 II 1 GG)", also weniger als Ausdruck des demokratischen Prinzips als „einen genossenschaftlichen Selbsthilfeauftrag"[120]. Die Rolle, welche Schmidt-Jortzig der Demokratie demgegenüber zumisst, erschöpft sich in der in Art. 20 II GG enthaltenen Legitimierung von Staatsgewalt durch das gesamte Staatsvolk. Eine solche Legitimation könne sich aufgrund der Unteilbarkeit von Staatsgewalt auch nicht durch die gemäß Art. 28 I 2 GG durchzuführenden Kommunalwahlen ergeben.
Damit sind nach diesem Ansatz die Rollen klar verteilt: Während Demokratie auf der staatlichen Seite ansetzt und dafür sorgt, dass eine ununterbrochene Legitimationskette vom Gesamtvolk bis hin zu den Städten, Gemeinden und Kreisen existiert, bleibt für die gemeindliche Ebene die kommunale Selbstverwaltung, die als eine Art „Zusatzlegitimation" verstanden werden kann. Die „Hauptlegitimation" muss auch nach diesem Ansatz zunächst vorhanden sein. Insoweit ist auch die kommunale Selbstverwaltung demokratisch legitimiert durch die verfassungsgebende Gewalt, die sie in Art. 28 II1 GG verankert hat.
Aus seiner Sicht konsequent zieht Schmidt-Jortzig den Schluss, dass die Kommunalwahl nicht auf deutsche Gemeindebürger begrenzt werden kann, da es letzten Endes um Betroffenenmitwirkung geht, welche unabhängig von der Staatsangehörigkeit nach dem „existentiellen Betroffensein durch Angelegenheiten der örtlichen Gemeinschaft[121]" fragt.

---

[119] Vgl. zu dieser grundlegenden Unterscheidung: Waechter, Kommunalrecht, S. 284 Fn. 471.
[120] Schmidt-Jortzig, Kommunalrecht, Rn. 66; ders., in: DVBl. 1980, 1 [3].
[121] Schmidt-Jortzig, Kommunalrecht, Rn. 66.; ebenso: Breer, in: Schriften zum Öffentlichen Recht, Bd. 422, S. 119ff.; Bryde, in: JZ 1989, 257 [260f.]; Roters, in: von Münch/Kunig, 2.

Auch Hans Klein hat sich mit dem Verhältnis von Demokratie und Selbstverwaltung beschäftigt und weist den beiden Prinzipien - noch definitiver als Schmidt-Jortzig – eindeutige Rollen zu[122]: Demokratie bleibt auch nach seinem Ansatz für die Bezeichnung einer bestimmten Staatsform reserviert, die unabhängig von der innerstaatlichen Gliederung und der innerstaatlichen Organisationsform steht. Einrichtungen der Selbstverwaltung seien demgegenüber, auch wenn sie über staatsähnliche Organisationsstrukturen verfügten, „ihre Willensbildung also in einer auf die Mitglieder rückführbaren Weise erfolgt, nicht Demokratien im Kleinen[123]". Sinn der Selbstverwaltung – ob in fachlich abgegrenzten Einrichtungen oder auf kommunaler Ebene – sei es daher, nicht Politik zu machen, sondern Sachentscheidungen zu treffen und damit „Mittel dezentralisierender Verwaltungsgliederung[124]" zu sein. Diese traditionelle Auslegung knüpft im Wesentlichen an das bereits oben beschriebene historische Verständnis der Selbstverwaltung als ein System der Staatsverwaltung auf der untersten Ebene an[125].
Bevor die weiteren Ansätze dargestellt werden sollen, sei bereits an dieser Stelle darauf hingewiesen, dass die Funktion, welche Hans Klein der Selbstverwaltung zuweisen will, nur schwerlich mit der grundgesetzlichen Ausgestaltung der kommunalen Selbstverwaltung, wie sie aus Art. 28 II GG hervorgeht, vereinbar ist. Deshalb ist Günther Püttner zuzustimmen, wenn er bemerkt, dass sich das Grundgesetz, indem es in Art. 28 I GG die Gemeinden und Kreise in den Aufbau der Demokratie durch die Schaffung entsprechender Volksvertretungen einbezieht, für eine gestufte Demokratie entschieden hat[126]. Der unitarische Charakter der Demokratie, wie er von Hans Klein beschrieben wird, ist daher abzulehnen. Inwieweit der Selbstverwaltung in anderen Bereichen – etwa bei den Universitäten oder im Kammerwesen – die von Klein beschriebene Aufgabe zukommt, braucht an dieser Stelle nicht behandelt zu werden.

Einen weitgehend historischen Weg zur Behandlung des Verhältnisses von Demokratie und gemeindlicher Selbstverwaltung wählt von Unruh. Er führt ihn zu der Feststellung, dass die kommunale Selbstverwaltung ein gegenüber der Demokratie „strukturfremdes Prinzip" sei[127]. Als Begründung für diese Aussage führt er die Tatsache an, dass zum einen die geistigen Grundlagen, zum anderen die politische Herkunft der beiden Institute völlig unterschiedlich seien. Während die geistigen Väter der kommunalen Selbstverwaltung - von Stein

Aufl., Art. 28 Rn. 22. Demgegenüber das BVerfG, BVerfGE 83, 37 [55] und die ganz h.M.: vgl. nur Löwer, in: von Münch/Kunig, Art. 28 GG Rn. 27; v. Mutius, Kommunalrecht, Rn. 53ff.

[122] Klein, Demokratie und Selbstverwaltung, in: Festschrift für Forsthoff, S. 165ff.

[123] Klein, aaO, S. 184f.; so auch: Forsthoff, Verwaltungsrecht, 10. Aufl. 1973, S. 536.

[124] Klein, aaO, S. 175.

[125] Siehe S. 23f.; vgl. außerdem: Püttner, in: HdBkWP, Bd. 2, S. 5f.

[126] Püttner, aaO, S. 5.

[127] von Unruh, in: DÖV 1986, 217 [218, 223].

und Gneist - nur den besitzenden Klassen eine Beteiligung einräumen wollten, beinhalte die Demokratie wesensnotwendig als Grundelement die Gleichheit der möglichen Adressaten[128]. Demzufolge sei es auch ein „Irrtum", die kommunale Selbstverwaltung für eine der Demokratie „wesentlich entsprechende Einrichtung zu halten[129]". Auch Frotscher hatte bereits zuvor auf diesen Aspekt aufmerksam gemacht und betont, dass die Selbstverwaltungsgarantie des Freiherrn vom Stein unzweifelhaft demokratische Impulse geweckt, jedoch nicht auf einem demokratischen Staatsverständnis basiert habe[130].
Fraglich bleibt aber, ob ausgehend von einem historischen Blickwinkel, ein Gewinn für das heutige Verständnis des Verhältnisses der beiden Verfassungsprinzipien zueinander zu ziehen ist. An dieser Stelle setzt die Kritik von Hans Herbert von Arnim an, indem er es als „ungeschichtlich" einstuft, die damalige Konzeption der kommunalen Selbstverwaltung mit dem heutigen Verständnis von Demokratie zu vergleichen[131]. „Angemessen kann nur der Vergleich der damaligen Selbstverwaltungskonzeption mit der Demokratievorstellung der damaligen Zeit sein bzw. der Vergleich der heutigen Selbstverwaltungskonzeption mit der heutigen Demokratievorstellung"[132], so von Arnim. Lege man diese Maßstäbe an, so bleibe festzuhalten, dass man zur Zeit von Steins noch davon ausgegangen sei, das Demokratieprinzip „verlange nur die politische Mitwirkung der Besitzenden und Selbständigen". Von Arnim ergänzt, dass die damalige Anknüpfung der politischen Partizipation an den Besitz erst aus heutigem Verständnis heraus als undemokratisch und mit Art. 20, 28 I 2, 38 I 1 GG unvereinbar erscheine[133]. Selbstverwaltung und Demokratie zur Zeit von Steins hätten daher identische Adressaten im Blickwinkel, da es unangemessen sei, wenn man es dem Selbstverwaltungsgedanken des 19. Jahrhunderts anlasten wolle, dass er nicht schon damals den Entwicklungsstand des heutigen Demokratieprinzips erreicht hatte.

Die Argumentation von Arnims ist jedoch unscharf, da sie unberücksichtigt lässt, dass auch damals das Demokratieprinzip bereits wie heute verstanden wurde. Entscheidend ist, dass es in Preußen keine Demokratie gab und dass insofern der Vergleich naturgemäß nicht gelingen kann. Vergleicht man jedoch mit den Demokratievorstellungen, die in der Verfassung der Vereinigten Staaten von 1787 sowie in der Erklärung der Menschen- und Bürgerrechte in Frankreich 1789 zum Ausdruck kamen, so wird man eine weitgehende Kongruenz mit den heutigen Vorstellungen über die Demokratie feststellen können[134]. Ins-

---

[128] von Unruh, in: DÖV 1986, 217 [219].
[129] von Unruh, in: DÖV 1986, 217 [218].
[130] Frotscher, aaO, S. 127 [135].
[131] von Arnim, in: AöR 1988, 1 [4].
[132] von Arnim, in: AöR 1988, 1 [4].
[133] von Arnim, in: AöR 1988, 1 [4].
[134] Vgl. zur Verfassung der Vereinigten Staaten von 1787 (Section 2.): Frotscher/Pieroth, Verfassungsgeschichte, Rn. 32f.; vgl. außerdem die Wirkungen dieser Verfassung auf die

gesamt ist daher bei der historischen Betrachtung des Verhältnisses der beiden Elemente Vorsicht und Zurückhaltung geboten.
Die Folgerung eines grundlegend antagonistischen Verhältnisses der beiden Begriffe ist jedoch aus anderen Gründen abzulehnen. Zwar mögen die Ursprünge der beiden Prinzipien unterschiedlich gewesen sein oder es mag – wie Frotscher es zum Ausdruck bringt – „keine direkte Verbindungslinie"[135] zwischen den beiden Prinzipien gegeben haben, jedoch sind daraus noch keine Schlussfolgerungen für die spätere Entwicklung zu ziehen. Insoweit darf nicht unberücksichtigt bleiben, dass die kommunale Selbstverwaltung die Entwicklung des demokratischen Prinzips in Deutschland unterstützt hat.

Ebenso abzulehnen ist die Auffassung von Forsthoff, der eine Wesensverschiedenheit von Demokratie und kommunaler Selbstverwaltung damit zu erklären versucht hat, dass die Selbstverwaltung inhaltlich weit umfassender sei als die Demokratie[136]. Während sich die Partizipation in der Demokratie im Wesentlichen in der Ausübung eines Wahl- oder Stimmrechts erschöpfe, seien die Gemeindebürger in der Selbstverwaltung zur aktiven Mitarbeit an den Verwaltungsaufgaben, etwa durch die Übernahme von kommunalen Ehrenämtern, aufgerufen[137]. Mag diese Vorstellung im 19. Jahrhundert auch zugrunde gelegen haben, so zeigt sich heute, dass die Erfüllung der Verwaltungsaufgaben aufgrund deren Komplexität ohne hauptamtliches Personal überhaupt nicht möglich erscheint. Die Ansicht, man könne selbst in kleinen Kommunen die eigenen Angelegenheiten ehrenamtlich erfüllen, ist für die Gegenwart völlig lebensfremd[138].
Darüber hinaus ist auch die Trennlinie zwischen der repräsentativen Demokratie auf der einen Seite und der Selbstverwaltung im Sinne der ehrenamtlichen Erledigung der eigenen Angelegenheiten auf der anderen Seite dadurch unscharf geworden, dass die Instrumente der unmittelbaren Demokratie bereits in vielen Landesverfassungen erheblich an Bedeutung gewonnen haben. Diese Instrumente stehen aber zweifelsohne der Selbstverwaltung im kommunalen Bereich „näher" als die traditionelle repräsentativ-demokratische Form der Mitwirkung. Auch dieser Befund führt daher dazu, dass von einem grundlegenden Wesensunterschied zwischen Demokratie und Selbstverwaltung aufgrund divergierender Inhalte (nicht mehr) gesprochen werden kann.

Die bisher dargestellten Auffassungen haben den eigentlichen Kern des Verhältnisses von Demokratie und kommunaler Selbstverwaltung nicht erfassen

---

Entwicklung in Deutschland: Frotscher/Pieroth, Verfassungsgeschichte, Rn. 46ff.; vgl. zur Erklärung der Menschen- und Bürgerrechte in Frankreich 1789 (Art. 3): Frotscher/Pieroth, Verfassungsgeschichte, Rn. 58, 66.

[135] Frotscher/Pieroth, Verfassungsgeschichte, Rn. 222.

[136] Forsthoff, Verwaltungsrecht, S. 536.

[137] Forsthoff, Verwaltungsrecht, S. 536.

[138] In diesem Sinne auch: von Arnim, in: AöR 1988, 1 [5].

können. Im Folgenden soll daher herausgearbeitet werden, dass zwischen den beiden Instituten sehr wohl ein „Abhängigkeitsverhältnis" besteht. Allerdings besteht diese Abhängigkeit in der grundgesetzlichen Ausgestaltung nur in einer Richtung: *Die kommunale Selbstverwaltung aus Art. 28 II 1 GG ist abhängig vom Demokratieprinzip aus Art. 20 GG.* Folglich ist eine Existenz der grundgesetzlich ausgestalteten Demokratie auch ohne das Institut der Selbstverwaltung denkbar, umgekehrt aber Selbstverwaltung ohne Demokratie ausgeschlossen. Beleg für diese These ist dabei nicht allein die Tatsache, dass das Demokratieprinzip als Bestandteil des Art. 20 GG nach Art. 79 III GG dem unabänderlichen Kernbestand des Grundgesetzes zuzuordnen ist, während die kommunale Selbstverwaltung durch eine entsprechende Verfassungsänderung abgeschafft werden könnte[139]. Es sind vielmehr inhaltliche Gründe, die für eine entsprechende einseitige Abhängigkeit der beiden Prinzipien streiten.

Ein Plädoyer zugunsten einer Verknüpfung und eines inhaltlichen Bezuges zwischen Demokratie und gemeindlicher Selbstverwaltung hat bereits von Arnim abgegeben, der in seinem Aufsatz von 1986 die Aufgabe und Funktion der Kommunalwahl für die Selbstverwaltung aus demokratietheoretischer Sicht präzise hergeleitet hat[140]. Ausgehend von der Aufgabe der Demokratie – Demokratie als Legitimation von Staatsgewalt durch das Volk - sei zwischen der Legitimation durch das Volk als Verfassungsgeber und der Legitimation durch das Volk mittels periodisch wiederkehrenden Wahlen zu unterscheiden. Während der Verfassungsgeber nach Art. 20 II 1 GG eine *funktionell-institutionelle* Legitimation bewirke, indem die notwendigen Institute und Organe des Grundgesetzes bestimmt würden, ziele die Wahl durch das Staatsvolk auf die *personelle* und *sachlich – inhaltliche* Legitimation von Staatsgewalt. Aus diesen Wahlen müsse sich dann die oben bereits mehrfach angesprochene Legitimationskette von den Entscheidungsträgern in der Exekutive über das Parlament bis hin zum Volk ableiten lassen.

Ähnlich wie Schmidt-Jortzig[141] zeigt auch von Arnim auf, dass die funktionell-institutionelle Legitimation der gemeindlichen Selbstverwaltung über Art. 28 II 1 GG erfolgt, also unmittelbar auf das Staatsvolk als Verfassungsgeber rückführbar ist. Allerdings zieht er dann nicht die falsche Schlussfolgerung von Schmidt-Jortzig, demzufolge die Kommunalwahl ausschließlich in der gemeindlichen Selbstverwaltung wurzele, sondern erörtert zutreffend, dass die Gemeinde insoweit nur über eine institutionelle Legitimation verfüge, die personelle und sachlich-inhaltliche Legitimation aber noch ausstehe. Diese Legitimation macht von Arnim dann gerade in der Wahl der Volksvertretung durch das „Gemeindevolk" aus[142]. Erst dadurch würde die Ausübung von Staatsgewalt durch die Kommunen vollständig legitimiert und demokratisch untermau-

---

[139] Zu diesem Gedanken: vgl. bereits oben S. 33.
[140] von Arnim, in: AöR 1988, 1ff.
[141] Vgl. oben, S. 42.
[142] von Arnim, in: AöR 1988, 1 [9f.]; kritisch zu diesem Vorgehen: Saftig, Kommunalwahlrecht, S. 19.

ert. In diesem Sinne sei die Kommunalwahl ein demokratisch notwendiges Instrument, um die Selbstverwaltungsgarantie der Gemeinden verfassungsrechtlich verantworten zu können.
Demokratische Spielregeln sind daher zwingende Voraussetzung der Selbstverwaltungsgarantie unter dem Grundgesetz, d.h. die Ausgestaltung der Selbstverwaltung in Art. 28 II 1 GG ist zwingend demokratischen Spielregeln unterzuordnen. Dies wird auch erkennbar an dem oben bereits dargestellten Gesetzesvorbehalt in Art. 28 II 1 GG, der dem parlamentarischen Gesetzgeber – und damit wiederum dem gesamten Staatsvolk – den Zugriff auf die Organisation und Verwaltung in den Gemeinden, Städten und Kreisen erhält.

Aus den oben gewonnenen Erkenntnissen heraus beantwortet von Arnim die weitere Frage, inwieweit die Gemeindegewalt abgeleitet oder originär ist, wie folgt: „Die institutionelle und funktionelle demokratische Legitimation der Gemeinden beruht im Selbstverwaltungsbereich auf Grundgesetz und Landesverfassung und geht damit auf das (...) Staatsvolk zurück. Die personelle demokratische und überwiegend auch die inhaltlich-sachliche Legitimation leiten sich dagegen von Gemeindevolk her.“[143] Folglich ist die Ausübung von Hoheitsgewalt durch die Gemeinden nach seinem Ansatz nicht entweder abgeleitet (vom Staatsvolk) oder originär (in der Gemeinde selbst wurzelnd), sondern sowohl abgeleitet als auch originär.

Dabei wird aber ausgeblendet, dass auch die (vermeintlich) originäre Staatsgewalt der Kommunen, die durch die Kommunalwahl demokratisch legitimiert werden muss, nur deswegen existiert, weil es wiederum das gesamte Staatsvolk (!) als Verfassungsgeber in Art. 28 I 2 GG so vorgesehen hat. Streng genommen bleibt daher auch die Ausübung der Kommunalwahl abhängig vom Willen des gesamten Staatsvolkes. Folglich ist die Gemeindegewalt insgesamt als abgeleitete Staatsgewalt anzusehen.
Allerdings könnte diese Sichtweise dadurch relativiert werden, dass es eben nicht nur die Wahlen nach Art. 28 I 2 GG sind, die die originäre Legitimation von Staatsgewalt in den Kommunen ausmachen, sondern dass auch die Direktwahlen der Verwaltungsspitze hier eingeordnet werden müssen. Doch auch die Einrichtung dieser Direktwahlen erfolgt letzten Endes wiederum demokratisch legitimiert über das jeweilige (Landes-) Staatsvolk, dessen Gesetzgeber die entsprechenden Voraussetzungen in den verschiedenen Kommunalverfassungen geschaffen haben. Die Entscheidung über die Einführung der Direktwahlen war daher keine Entscheidung jeder einzelnen Kommune, sondern bedurfte der Regelung durch den parlamentarischen Gesetzgeber in den Bundesländern.
Folglich stützen auch diese Überlegungen die These der einseitigen Abhängigkeit der Selbstverwaltung von der Demokratie unter der Verfassungsordnung des Grundgesetzes. Frotscher bringt die soeben dargestellte Auslegung vom

[143] von Arnim, in: AöR 1988, 1 [19].

Verhältnis von Selbstverwaltung und Demokratie auf den Punkt, indem er formuliert, dass zwar Selbstverwaltung auch unter einer nichtdemokratischen Staatsform möglich sei, sowie umgekehrt Demokratie auch ohne Selbstverwaltung praktiziert werden könne, dass aber „Selbstverwaltung in der Demokratie (...) immer zugleich demokratische Selbstverwaltung" sei[144]. Diese Zusammenfassung kann als entscheidender Kern bezeichnet werden, wenn es um die Bestimmung des richtigen Verhältnisses der beiden verfassungsrechtlichen Prinzipien geht. Für die vorliegende Untersuchung ist nämlich ausschließlich die Frage relevant, in welchem Verhältnis Demokratie und Selbstverwaltung unter der Verfassungsordnung des Grundgesetzes stehen.
Daraus folgt, dass die Austragung von Kommunalwahlen in der Bundesrepublik Deutschland eine notwendige demokratische Voraussetzung des Instituts der Selbstverwaltung aus Art. 28 II 1GG darstellt. In diesem Sinne ist Art. 28 II 1 GG ohne den Art. 28 I 2 GG nicht denkbar bzw. es bestünde auch ohne den Art. 28 I 2 GG die Notwendigkeit einer demokratisch legitimierten Volksvertretung auf kommunaler Ebene, in diesem Fall bereits aus dem Demokratiegebot des Grundgesetzes in Art. 20 I, II GG[145].

---

[144] Frotscher, aaO, S. 127 [144]; so auch: Stober, Kommunalrecht, S. 116.

[145] Frotscher zieht aber weitere Schlussfolgerungen für die demokratische Legitimation der Selbstverwaltung, Frotscher, aaO, S. 127 [144ff.]:
Zunächst stellt er fest, dass entgegen demokratischen Erwartungen die Volksvertretungen auf kommunaler Ebene eine gegenüber der Verwaltungsspitze untergeordnete Rolle spielen. Zieht man in diesem Zusammenhang den Vergleich zur staatlichen Ebene heran, so ist es dort v.a. das Parlament, von dem die wesentlichen Entscheidungen in der Demokratie ausgehen müssen. Auch wenn die hessische Gemeindevertretung (oder Stadtverordnetenversammlung) streng genommen kein Parlament darstellt, so handelt es sich funktionell doch um zumindest entsprechende Aufgaben, die die Gemeindevertreter zu erfüllen haben.
Auch die HGO selbst geht zunächst von einer solch hervorgehobenen Stellung der Gemeindevertretung gemäß § 9 I 1,2 HGO aus, indem dort formuliert ist, dass die Gemeindevertretung das oberste Organ der Gemeinde darstellt, in dem die wichtigsten Entscheidungen zu treffen sind.
Allerdings zeichne die tatsächliche Praxis – so Frotscher - ein anderes Bild von der politischen und demokratischen Wirklichkeit auf kommunaler Ebene. Frotscher bemängelt hier eine Dominanz der Verwaltungsspitze.
Dieses Bild von der relativ untergeordneten Rolle der kommunalen Volksvertretung dürfte sich in den vergangenen zehn Jahren noch eher verstärkt haben. Zunächst hat die Einführung der Bürgermeisterdirektwahlen im Jahre 1993 ihren Beitrag dazu geleistet, dass das Selbstbewusstsein der nunmehr unmittelbar demokratisch legitimierten „Verwaltungsspitze" gewachsen ist. Dieses neue Selbstbewusstsein kommt auch in einer Reihe von Änderungen der HGO zum Ausdruck, die den gewählten Bürgermeistern stärkere Mitwirkungs- und Beteiligungsrechte gesichert haben (vgl. Gesetz zur Stärkung der Bürgerbeteiligung und kommunalen Selbstverwaltung vom 23. Dezember 1999 (GVBl. 2000 I, S. 2). Genannt werden können in diesem Zusammenhang die unbegrenzten Geschäftsverteilungskompetenzen des Bürgermeisters nach § 70 I HGO; die Widerspruchs- und Beanstandungsrechte nach § 63 HGO oder die Möglichkeit der eigenen Einberufung bzw. Antragstellung nach § 56 I HGO. Verstärkt wird diese „schleichende Entmachtung" der kommunalen Volksvertretungen auch durch die immer häufiger anzutreffenden Formen der formellen Privatisierung, bei denen

IV. Die Wahlrechtsgrundsätze des Art. 28 I 2 GG

Nachdem nun die verfassungsrechtlichen Grundlagen des Kommunalwahlrechts erörtert worden sind und deren Verhältnis zueinander geklärt ist, soll der Blick auf die engeren verfassungsrechtlichen Anforderungen an das Kommunalwahlrecht gerichtet werden. Im Kern geht es dabei um die Auslegung der in Art. 28 I 2 GG enthaltenen Wahlrechtsgrundsätze, die auch auf kommunaler Ebene allgemeine, unmittelbare, freie, gleiche und geheime Wahlen der jeweiligen Volksvertretung postulieren.
In Hessen stellt Art. 138 HV die entsprechenden Anforderungen an die Wahlen der Oberbürgermeister, Bürgermeister und Landräte[146]. Auch auf einfachgesetzlicher Grundlage wiederholen die §§ 1 I KWG bzw. 39 I HGO die oben genannten Voraussetzungen.

Für die vorliegende Arbeit ist die Darstellung der wesentlichen Inhalte dieser Wahlrechtsgrundsätze schon allein deswegen von Bedeutung, da die Lösung nicht weniger verwaltungsgerichtlicher Wahlprüfungsverfahren in der richtigen Auslegung dieser Bestimmungen zu suchen ist. Dabei soll an dieser Stelle nur eine kurze und weitgehend allgemeine inhaltliche Ausfüllung der Begriffe unternommen werden, wohingegen eine ausführliche Erörterung erst unten im Rahmen der Darstellung der Einzelfälle erfolgt.

Als Ausgangspunkt für die Auslegung der Grundsätze aus Art. 28 I 2 GG kann ganz generell der Stand der bundesverfassungsgerichtlichen Rechtsprechung und der entsprechenden Kommentierungen zu Art. 38 I 1 GG genannt werden, der bereits für den Deutschen Bundestag allgemeine, unmittelbare, freie, gleiche und geheime Wahlen vorschreibt[147]. Auf kommunalrechtliche Besonderheiten ist im Rahmen der Darstellung des jeweiligen Grundsatzes gesondert einzugehen.

---

kommunale Aufgaben an (gemeindeeigene) GmbHs oder Aktiengesellschaften übertragen werden (vgl. hier die umfassenden Rechte des Gemeindevorstandes bzw. Bürgermeisters). Auch der hessische Gesetzgeber hat diese Problematik für die Rolle der Volksvertretungen erkannt und durch die Schaffung des § 123a HGO n.F. reagiert. Demzufolge sind den Gemeindevertretern zukünftig Beteiligungsberichte einmal jährlich vorzulegen.
Aus diesen Gründen heraus scheint die Forderung Frotschers nach einer stärkeren Beachtung der wichtigen demokratischen Rolle der Gemeindevertretung aktueller denn je.

[146] Vergleichbare Bestimmungen enthalten auch die Landesverfassungen der anderen Bundesländer: Art. 14, 12 bay. Verf., Art. 26, 72 bw. Verf., Art. 22 III bbg. Verf., Art. 3 III mv. Verf., Art. 57 II nds. Verf., Art. 31 I nw. Verf., Art. 50 rp. Verf., Art. 36 I saarl. Verf., Art. 4 I sächs. Verf., Art. 89 sachs.anh. Verf., Art. 95 thür. Verf.

[147] Tettinger, in: BK, Art. 28 GG Rn. 84; Jarass/Pieroth, Art. 28 GG Rn. 6.

1. Die Allgemeinheit der Wahl

Die Wahl ist zunächst allgemein, wenn alle in der Gemeinde wohnenden (Staats-) Bürger nach Erreichen des Wahlalters[148] wahlberechtigt sind[149]. Demzufolge darf die Ausübung des Wahlrechts nicht von politischen, wirtschaftlichen oder sozialen Voraussetzungen abhängig gemacht werden[150]. Die allgemeine Wahl steht also einer Diskriminierung bestimmter Bevölkerungskreise entgegensteht.

Wahlrecht für Ausländer/ Wahlrecht für EU - Bürger
Während für die Wahlen zum Deutschen Bundestag eine Begrenzung des Wahlrechts auf Deutsche im Sinne von Art. 116 GG weitgehend unstreitig ist, wird für die Wahlen auf kommunaler Ebene bis heute von Teilen der Literatur die Auffassung vertreten, dass auch Ausländer zugelassen werden müssten.
Unstreitig ist dabei zunächst die Tatsache, dass die Kommunalwahl dadurch eine Erweiterung des beteiligten Personenkreises erfährt, dass auch EU-Bürger gemäß Art. 28 I 3 GG sowohl das aktive als auch das passive Wahlrecht für die Wahlen zu den kommunalen Vertretungskörperschaften erhalten. Die Vorschrift geht auf die in Art. 19 EG enthaltene europarechtliche Einführung eines generellen Kommunalwahlrechtes für EU – Bürger zurück, die in einem Mitgliedsstaat der Europäischen Union den Wohnsitz genommen haben, ohne dessen Staatsangehörigkeit zu besitzen. Insofern erweitert die Verfassung selbst den Kreis der Wahlberechtigten um die in der Gemeinde lebenden Unionsbürger.
Die Mitwirkung der EU – Ausländer umfasst aber nicht nur die kommunalen Wahlentscheidungen im weiteren Sinne[151] sondern nach h.M. auch das Recht zur Teilnahme an Bürgerbegehren und – entscheiden[152].

---

[148] In Hessen: Gemäß § 30 I Nr. 2 HGO wer am Wahltag das achtzehnte Lebensjahr vollendet hat.
Aktuell diskutiert wird in diesem Zusammenhang die Frage eines Kinder- oder Familienwahlrechtes, bei dem die Eltern ein mehrfaches Wahlrecht entsprechend der Zahl ihrer Kinder erhalten sollen bzw. die Kinder durch ihre Eltern bei der Stimmabgabe vertreten werden können, vgl. entsprechende Hinweise bei Maurer, Staatsrecht I, § 13 Rn. 6.

[149] In Hessen unterscheidet § 8 HGO zwischen den Einwohnern einer Gemeinde, die lediglich ihren Wohnsitz in der Gemeinde haben müssen, und Bürgern, denen außerdem auch das Wahlrecht zusteht.

[150] BVerfGE 3, 19 [31]; 36, 139 [141]; 58, 202 [205].

[151] Vgl. zur Terminologie die Hinweise in der Einführung, S. 17f.

[152] Dreier, in: Dreier, Art. 28 GG Rn. 75; Engelken, in: NVwZ 1995, 432ff.; Spies, a.a.O., S. 155ff. m.w.N.
Zwar werden vom Wortlaut des Art. 28 I 3 GG tatbestandlich nur „Wahlen" umfasst, jedoch sind auch Abstimmungen – wie oben bereits beschrieben – nichts anderes als Formen der Ausübung von Staatsgewalt, so dass sie dementsprechend ein einheitliches Legitimationssubjekt aufweisen müssen. Die Intention des Art. 28 I 3 GG ist in Umsetzung der EG- Richtlinie daher dahingehend zu verstehen, dass allen EG-Bürgern die Teilhabe an den kommunalen politischen Entscheidungen gesichert werden sollte, unabhängig von der jeweiligen Form

Damit bleiben aber nach dem Willen des verfassungsändernden Gesetzgebers Ausländer aus Nicht – EU – Staaten auch weiterhin von der Ausübung des Kommunalwahlrechts ausgeschlossen. Damit führt der Umkehrschluss aus Art. 28 I 3 GG gerade zu einer Ablehnung des kommunalen Wahlrechts für Ausländer[153]. Dieser Befund entspricht auch den bisher ergangenen Entscheidungen des Bundesverfassungsgerichts zur Zulässigkeit der Einführung eines solchen großzügigen Kommunalwahlrechts[154].
Demzufolge ist es abgesehen von Art. 28 I 3 GG eine zwingende Notwendigkeit, den Volksbegriff in Bund, Ländern und Gemeinden identisch auszulegen und von der deutschen Staatsbürgerschaft nach Art. 116 GG abhängig zu machen[155]: Art. 28 I 2 GG gewährleistet für alle Gebietskörperschaften auf dem Gebiet der Bundesrepublik die Einheitlichkeit der demokratischen Legitimationsgrundlage und trägt damit der besonderen Stellung der kommunalen Gebietskörperschaften im Aufbau des demokratischen Staates Rechnung[156].
Dem versuchen Autoren freilich mit dem Argument entgegenzutreten, dass die Kommunalwahl ihren Ursprung eben auch in der gemeindlichen Selbstverwaltung des Art. 28 II 1 GG habe, was die Möglichkeit eröffne, den Volksbegriff auf kommunaler Ebene anders zu bestimmen als in Land und Bund[157]. Doch gerade an dieser Stelle zeigt sich wiederum die klare Abhängigkeit der Selbstverwaltung vom Demokratieprinzip, wie sie oben bereits herausgearbeitet wurde. In Art. 28 I 3 GG hat das Staatsvolk selbst in seiner Eigenschaft als Verfassungsgeber die Definition des Volkes um die Gruppe der Unionsbürger erweitert. Jenseits dieser Erweiterung auf kommunaler Ebene ist der Volksbegriff - und damit die Frage der Wahlberechtigung - aber in Analogie zu Bund und Land zu beantworten. Die Garantie der gemeindlichen Selbstverwaltung kann sich insofern nicht in Widerspruch zur staatlichen Demokratie begeben. Dies wäre aber die logische Konsequenz, wenn man den Inhalt des Volksbegriffes auf kommunaler Ebene auf der einen Seite und auf der Bundes- bzw. Landesebene auf der anderen abweichend bestimmen würde.

---

der demokratischen Legitimation - ablehnend: Brockmeyer, in: Schmidt-Bleibtreu/Klein, Art. 28 GG Rn. 7; Scholz, in: Maunz/Dürig, Art. 28 GG Rn. 41f; Burkholz, DÖV 1995, 816ff.; Fischer, in: DÖV 1996, 181 [188]; Meyer- Teschendorf/ Hofmann, in: ZRP 1995, 290 [292].

[153] a.A. dagegen: Röger, in: VR 1993, 137 [143].

[154] BVerfGE 83, 37ff. und 60ff.

[155] Ganz h.M.: Dreier, in: Dreier, Art. 28 GG Rn. 72; Löwer, in: von Münch/Kunig, Art. 28 GG Rn. 27; Jarass/Pieroth, Art. 28 GG Rn. 8; Tettinger, in: v. Mangoldt/Klein/Starck, Art. 28 GG Rn. 77; Stober, Kommunalrecht, § 8 I 6a, S. 126f.; Scholz, in: FS Dürig 1990, S. 367ff.

[156] BVerfGE 83, 37 [53]; 60, [71ff.].

[157] Schmidt-Jortzig, Kommunalrecht, Rn. 66; aber auch: Zuleeg, in: JZ 1980, 425 [430f.]; Rittstieg, in: NJW 1989, S. 1018ff., die den Volksbegriff ebenfalls nicht formal bestimmen wollen, sondern auf eine soziale Lebens- und Schicksalsgemeinschaft abstellen wollen.

2. Die Unmittelbarkeit der Wahl

Die Wahl zu den Kommunalvertretungen muss ferner „unmittelbar" sein. Dies ist nur dann der Fall, wenn zwischen Wähler und Wahlbewerber keine weiteren Instanzen oder Entscheidungen zwischengeschaltet sind[158]. Einem System von Wahlmännern[159], die von der Bevölkerung bestimmt werden und ihrerseits dann nach ihrem eigenen Ermessen den oder die Kandidaten wählen, wird damit eine klare Absage erteilt[160].
Ein wichtiges Postulat der Unmittelbarkeit der Wahl ist es auch, dass der Wähler erkennen kann, welche Personen sich um ein Mandat bewerben und wie sich die eigene Stimmabgabe auf Erfolg oder Misserfolg der Wahlbewerber auswirken kann[161]. Ist dies gewährleistet ist es allerdings unerheblich, wenn die Wahl über verschiedene vorher veröffentlichte und nicht mehr veränderbare Listen der Parteien und Wählergruppen erfolgt. Der Wähler hat dann vor Abgabe seiner Stimme die Möglichkeit, Einblick in die Zusammensetzung der Liste und damit auf die spätere Reihenfolge der Kandidaten zu nehmen. Dementsprechend ist der Einfluss der Wahlentscheidung auf das Wahlergebnis von vornherein (zumindest) bestimmbar.

Kumulieren und Panaschieren
Der hessische Gesetzgeber hat von der Regelung reiner Listenwahlen seit der Kommunalwahl im Jahre 2001 Abstand genommen. Mit Einführung des Kumulierens und Panaschierens[162] haben nunmehr auch die hessischen Bürgerinnen und Bürger die Möglichkeit, ihre Stimmen auf mehrere Kandidaten unterschiedlicher Wahlvorschläge zu verteilen (*panaschieren*) oder Bewerbern ihrer Wahl mehrere Stimmen (maximal drei Stimmen) zu geben (*kumulieren*)[163]. Dabei erhält jeder Wähler so viele Stimmen, wie Sitze zu vergeben sind. Allerdings muss von dieser Möglichkeit kein Gebrauch gemacht werden, sondern auch weiterhin kann der Wahlvorschlag einer Partei oder Wählergruppe durch ein einziges Kreuz unverändert angenommen werden. Auf die Einzelheiten des Wahlsystems wird im anschließenden Abschnitt der Arbeit einzugehen sein.

---

[158] BVerfGE 47, 253 [279f.].
[159] Ein solches System existiert beispielsweise in den USA im Hinblick auf die Präsidentschaftswahlen, bei denen vom Volk bestimmte Wahlmänner den Präsidenten wählen.
[160] BVerfGE 3, 45[49]; 7, 63 [69]; 47, 253 [279f.].
[161] BVerfG, NJW 1997, 1553; vgl. auch Brockmeyer, in: Schmidt-Bleibtreu/Klein, Art. 28 GG Rn. 17.
[162] Vgl. Gesetz zur Stärkung der Bürgerbeteiligung und kommunalen Selbstverwaltung vom 23.12.1999 (GVBl. 2000 I S. 2).
[163] Vgl. näher zum geltenden Wahlrecht unten S. 58ff.

3. Die Freiheit der Wahl

Der erstmals in die Verfassungen nach 1945 neu aufgenommene Grundsatz der Freiheit der Wahl fordert, dass „der Akt der Stimmabgabe frei von Zwang und unzulässigem Druck" sowie sonstiger unzulässiger Beeinflussung von außen erfolgt[164]. Unzulässig sind daher alle Maßnahmen, die vor, während und nach der Wahl die Entscheidungsfreiheit ernstlich beeinträchtigen könnten. In engem Zusammenhang mit dem Grundsatz der freien Wahl steht die Verpflichtung die Wahl „geheim" durchzuführen, da ohne Wahrung des Wahlgeheimnisses eine freie Entscheidung des Wählers zwischen mehreren Vorschlägen letzten Endes nicht denkbar ist.

Problematisch erscheint in diesem Zusammenhang, dass letzten Endes jeder Wahlkampf auf die Beeinflussung der Wählerinnen und Wähler zielt. Abgegrenzt werden muss daher, was (noch) als zulässiges Werben um die eigenen Positionen angesehen werden kann und was demgegenüber - aufgrund des Hinzutretens besonderer Umstände - verboten werden muss[165]. Im Strafrecht abgesichert wird der Schutz der Freiheit der Wahl im Stadium der konkreten Stimmabgabe durch eine Reihe von Strafvorschriften (§§ 108 – 108b StGB), mit denen verhindert werden soll, dass der Wähler genötigt, getäuscht oder bestochen wird.
Berücksichtigt man die Anzahl der verwaltungsgerichtlichen Fälle, deren Entscheidung von der richtigen Auslegung des Grundsatzes der „freien Wahl" abhängig waren, so kann im Hinblick auf die Materie der Wahlprüfung die „freie Wahl" wohl zum bedeutendsten Wahlgrundsatz gezählt werden. Eine besondere Rolle spielt hier jedenfalls die Verpflichtung der Gemeinden zur Neutralität[166], was zu einem grundsätzlichen Verbot amtlicher Wahlwerbung[167] führt. Darauf wird im Zusammenhang mit den einzelnen Wahlprüfungs-Entscheidungen noch einzugehen sein.
Mit dem Grundsatz der freien Wahl ist aber nicht nur der Schutz der freien Wahlbetätigung bei der Stimmabgabe verbunden, sondern auch das Erfordernis eines freien Wahlvorschlagsrechtes für alle Wahlberechtigten[168]. Innerhalb der einzelnen Parteien und Wählergruppen darf daher die Auswahl der Kandidaten weder rechtlich noch faktisch den Führungsgremien allein überlassen werden,

---

[164] BVerfGE 44, 125 [139].
[165] Jarass/Pieroth, Art. 38 GG Rn. 9.
[166] Vgl. nur: Gern, Deutsches Kommunalrecht, Rn. 320.
[167] Probleme bereitet hier insbesondere die Grenzziehung zwischen zulässiger Öffentlichkeitsarbeit der Regierung oder eines Bürgermeisters während und unmittelbar vor Beginn eines Wahlkampfes auf der einen Seite und die unzulässige amtliche Wahlwerbung auf der anderen Seite; vgl. BVerfGE 44, 125 [138].
Vgl. auf kommunaler Ebene beispielhaft zur amtlichen Beeinflussung durch einen Bürgermeister während des Wahlkampfes: BVerwGE 104, 323ff.
[168] BVerfGE 47, 253 [282]; vgl. auch: BVerfGE 7, 63 [69].

sondern die Aufstellung setzt die Beteiligung der Mitglieder der einzelnen Parteien und Gruppierungen voraus[169].

Wahlpflicht verfassungsrechtlich zulässig ?
Nach ganz h.M. lässt sich mit einer freien Wahl kein Zwang zur Stimmabgabe (Wahlpflicht) verbinden, da nicht nur das „Wie" der Wahl, sondern auch das „Ob" der Wahl geschützt sei[170].
Diese Argumentation zur Unzulässigkeit einer generellen Wahlpflicht muss aus meiner Sicht bezweifelt werden: Dem Wähler bliebe trotz Wahlpflicht die Möglichkeit erhalten, seine Kritik an der Wahl als solche durch Abgabe eines unausgefüllten oder ungültigen Stimmzettels zum Ausdruck zu bringen. Gewährleistet sein müsste lediglich das Recht des Wählers, notfalls gegenüber allen zur Wahl stehenden Personen und Gruppen Stellung zu beziehen[171]. Gerade dieses Recht ist aber im Hinblick auf Art. 5 I 1, 1. Fall GG unabänderlich. Insgesamt spricht der Wortlaut des Art. 38 I GG daher nicht zwingend gegen die Einführung einer Wahlpflicht.
Angesichts sinkender Wahlbeteiligungen auf allen politischen Ebenen sind es wohl eher praktische Erwägungen, die die Diskussion um die Einführung einer solchen Wahlpflicht begleiten. Nur schwer zu beantworten ist nämlich insbesondere die Frage, welche Konsequenzen dieses Institut im Hinblick auf den Zustrom zu radikalen Gruppierungen und Protestparteien nach sich ziehen würde. Im kommunalen Bereich könnten von einer solchen Wahlpflicht möglicherweise insbesondere kleine Bürgerbewegungen profitieren, die sich zur Verfolgung spezifischer Anliegen und Projekten zusammengeschlossen haben und den etablierten Parteien und Gruppierungen gegenübertreten. In Bezug auf Gedankenspiele über eine mögliche Wahlpflicht ist es vor allem der Grundsatz der „geheimen Wahl", der noch stärker an Bedeutung gewinnen würde.

4. Die Gleichheit der Wahl

Mit der Normierung der Gleichheit der Wahl soll erreicht werden, dass „jedermann sein Wahlrecht in formal möglichst gleicher Weise" ausüben kann[172]. Es handelt sich dabei um eine spezielle Ausprägung des allgemeinen Gleichheitssatzes aus Art. 3 I GG[173], der eine unterschiedliche Gewichtung der Stimmen

---

[169] Stober, Kommunalrecht, § 8 II 5a, S. 134.
[170] Ganz h.M:. Morlok, in: Dreier, Art. 38 GG Rn. 83; von Münch, in: von Münch/Kunig, Art. 38 GG Rn. 33; Magiera, in: Sachs, Art. 38 GG Rn. 85; Stern, Staatsrecht I, S. 248f.; Erichsen, in: Jura 1983, 635 [641]; Kunig, in: Jura 1994, 554 [557]; a.A.: Maunz, in: Maunz/Dürig, Art. 38 GG Rn. 32; Schneider, in: AK, Art. 38 GG Rn. 48; Dreier, in: Jura 1997, 249 [254].
[171] In diesem Sinne auch: Brockmeyer, in: Schmidt-Bleibtreu/Klein, Art. 38 GG Rn. 18c.
[172] BVerfGE 79, 161 [166]; 82, 322 [337].
[173] BVerfG, NJW 1999, 43 [43].

nach Vermögen, Geschlecht, Rasse, Klasse, Religion oder Bildung verbietet[174]. Mehrfache Stimmen für bestimmte soziale Gruppen und Bevölkerungsteile – entsprechend dem früheren Dreiklassenwahlrecht[175] – sind daher verfassungswidrig.

Differenziert werden muss dabei im Grundsatz zwischen der Gewährleistung des gleichen *Zählwertes* der abgegebenen Stimmen auf der einen Seite und des gleichen *Erfolgswertes* der (gezählten) Stimmen auf der anderen Seite. Während es beim Gebot des gleichen Zählwertes darum geht, dass jeder abgegebenen Stimme bei der Auszählung das gleiche Gewicht zukommt, behandelt die Frage des Erfolgswertes den Aspekt, ob jeder Stimme denn auch der gleiche Erfolg (Effekt) im Vergleich zu den anderen abgegebenen Stimmen auf die Verteilung der Mandate zugekommen ist.

Inwieweit der gleiche Erfolgswert der abgegebenen Stimmen gewährleistet werden kann, hängt vom Wahlsystem ab, für das sich der Gesetzgeber entschieden hat. Bei der Mehrheitswahl, bei der das gesamte Wahlgebiet in Kreise eingeteilt wird, aus denen je ein Vertreter zu entsenden ist, haben nur diejenigen Stimmen einen Effekt auf die Zusammensetzung der Volksvertretung, die den späteren Sieger unterstützt haben. Die Stimmen für den unterlegenen Kandidaten, der gerade keinen Sitz in der Volksvertretung erhält, erlangen demgegenüber keine Bedeutung, ihnen kommt daher auch kein Erfolgswert zu. Dennoch reicht es nach h.M. in diesem Zusammenhang aus, dass zumindest jeder Wähler mit seiner Stimme die gleiche Chance auf Beeinflussung des Wahlergebnisses erhalten hat (Erfolgschancengleichheit)[176].

Beim Verhältniswahlrecht hingegen werden die Mandate für jede angetretene Partei oder politische Gruppierung im Verhältnis zu den für sie abgegebenen Stimmen verteilt, so dass bei diesem Wahlsystem prinzipiell eine Erfolgswertgleichheit existiert. Jeder Wähler hat grundsätzlich Einfluss auf die Zusammensetzung der Volksvertretung, da keine Stimmen bei der Verteilung der Mandate außer Betracht bleiben. Die Kommunalwahlen in Hessen werden nach einem solchen Verhältniswahlsystem durchgeführt, mit der Besonderheit des Kumulierens und Panaschierens, auf das bereits oben hingewiesen worden war.

---

[174] Hesse, Verfassungsrecht, Rn. 435.

[175] Vgl. die Hinweise auf das Dreiklassenwahlrecht in Preußen bei: Maurer, Staatsrecht I, § 13 Rn. 9.

[176] Umstritten ist in diesem Zusammenhang, ob das GG zwingend ein Verhältniswahlrecht fordert und ein Mehrheitswahlrecht dementsprechend aufgrund fehlender Erfolgswertgleichheit verfassungswidrig ist. Die h.M. verneint dies mit Blick auf Art. 38 III GG, der dem einfachen Gesetzgeber einen Regelungsspielraum belasse. Sie hält die Einführung eines Mehrheitswahlsystems daher für zulässig: BVerfGE 6, 84 [90]; 97, 317 [323]; Magiera, in: Sachs, Art. 38 GG Rn. 109; Schneider, in: AK-GG, Art. 38 GG Rn. 39; Hesse, Verfassungsrecht, Rn. 147; Ipsen, Staatsrecht I, Rn. 94; a.A. Dreier, in: Jura 1997, 249 [254] m.w.N.

Die 5%-Sperrklausel

Probleme im Zusammenhang mit dem Verhältniswahlsystem wirft aber wiederum die so genannte 5%- (Sperr-) Klausel auf, nach der diejenigen Gruppen bei der Verteilung der Mandate außer Betracht bleiben, die weniger als 5% der abgegebenen Stimmen erhalten haben. Auch darin ist angesichts der Tatsache, dass wiederum nicht alle Stimmen bei der Verteilung berücksichtigt werden, ein Eingriff in die Erfolgswertgleichheit zu erblicken. Die Verfassungsmäßigkeit dieses Eingriffs ist bis heute umstritten, wenngleich die h.M. pragmatisch mit Blick auf die „Funktionsfähigkeit der Parlamente" die 5%-Hürde rechtfertigt[177]. Angesichts eines fehlenden Gegenübers von Parlament, Regierung und Opposition auf gemeindlicher Ebene ist dieses Argument im Kommunalwahlrecht allerdings nicht sehr stichhaltig. Auch der Verfassungsgerichtshof von Nordrhein-Westfalen betont in diesem Zusammenhang, dass die Notwendigkeit einer 5%-Sperrklausel nicht damit begründet werden könne, dass ihr Wegfall zum Einzug zahlreicher kleiner Parteien und Wählervereinigungen in die Kommunalvertretungen führen und dadurch die Bildung der notwendigen Mehrheiten für Beschlussfassungen erschweren oder gar verhindern könne[178].
In Hessen jedenfalls hat der Streit um die Zulässigkeit der 5%-Hürde auf kommunaler Ebene keine Bedeutung mehr, nachdem im Zuge des Gesetzes zur Stärkung der Bürgerbeteiligung und kommunalen Selbstverwaltung vom 23.12.1999 die bis dato in Hessen auch bei den Kommunalwahlen geltende Sperrklausel ersatzlos weggefallen ist.

Nach der Rechtsprechung des Bundesverfassungsgerichts bezieht sich der Grundsatz der Gleichheit der Wahl aber nicht nur auf die Wahlhandlung und Stimmgewichtung als solche, sondern auch auf den Wahlkampf und die Meinungsbildung vor der Wahl. In diesem Sinne ist darunter ein umfassender Grundsatz der Chancengleichheit der Wahlbewerber zu verstehen, der eine Bevorzugung bzw. Benachteiligung einzelner Bewerber verbietet. Der Grundsatz der gleichen Wahl korrespondiert insofern mit der oben im Rahmen der „freien Wahl" angesprochenen Neutralitätspflicht des Staates. Diese beinhaltet demzufolge auch die grundsätzliche Gleichbehandlung aller Parteien und Bewerber im Zusammenhang mit öffentlichen Leistungen.

---

[177] BVerfGE 1, 208 [247f.]; 6, 84 [92f.]; Brockmeyer, in: Schmidt-Bleibtreu/Klein, Art. 38 Rn. 14; a.A. mit Hinweis darauf, dass ein derart tiefer Einschnitt in die Wahlrechtsgleichheit von der Verfassung selbst geregelt sein müsste und ein Quorum von 5% zu hoch sei, vgl. Frotscher, in: DVBl. 1985, 917 [926].

[178] Vgl. VerfGH NRW, NVwZ 2000, 666 [666]. Der Verfassungsgerichtshof hat die 5%-Sperrklausel im nordrhein-westfälischen Kommunalwahlgesetz als verfassungswidrig erachtet.

5. Der Grundsatz der geheimen Wahl

Der Grundsatz der geheimen Wahl schützt vor der Offenbarung, wie jemand wählen will, wählt oder gewählt hat. Nicht nur der Vorgang der Stimmabgabe ist von diesem Schutz umfasst, sondern auch die Wahlvorbereitungen, die notwendig zur Verwirklichung des Wahlrechts gehören[179]. Folglich muss auch organisatorisch gewährleistet werden, dass es unmöglich ist, die Entscheidung des Wählers zu erkennen oder zu rekonstruieren. Der Grundsatz der geheimen Wahl stellt daher „den wichtigsten institutionellen Schutz der Wahlfreiheit dar“[180].
Durch die Möglichkeit der Briefwahl gerät der Grundsatz der geheimen Wahl potentiell in Gefahr. Er tritt jedoch in Abwägung zur Allgemeinheit der Wahl, die insofern überwiegt, als es allen Wählern ermöglicht werden muss, von ihrem Stimmrecht Gebrauch zu machen[181].

B. Die einfachgesetzlichen Regelungen

Nachdem die verfassungsrechtlichen Vorgaben für das Kommunalwahlrecht erläutert worden sind, soll der Blick auf deren einfachgesetzliche Ausgestaltung gelenkt werden. Diese erfolgt in Hessen über das Kommunalwahlgesetz (KWG) und die Kommunalwahlordnung (KWO), vgl. auch § 29 II HGO. Im Mittelpunkt steht dabei eine Betrachtung des in Hessen geltenden Wahlsystems sowie der Regelungen zum aktiven und passiven Wahlrecht.

I. Wahlsystem

Während die kommunalen Vertretungskörperschaften (Gemeindevertretung bzw. Stadtverordnetenversammlung, § 36 HGO; Kreistag, § 26 HKO; Ortsbeirat, § 82 I 1 HGO) für fünf Jahre gewählt werden, beträgt die Wahlzeit für die Bürgermeister und Landräte sechs Jahre (vgl. § 39 III HGO bzw. § 37 III HKO). Auch im Hinblick auf das anzuwendende und geltende Wahlsystem ergeben sich Unterschiede zwischen den Wahlen der kommunalen Vertretungskörperschaften auf der einen Seite und den Direktwahlen auf der anderen.

1. Wahlsystem für die Wahlen zu den Vertretungskörperschaften

a. Wahlhandlung
Die Vertretungskörperschaften werden in Hessen aufgrund von zugelassenen Wahlvorschlagslisten gewählt. § 1 I KWG bezeichnet das hessische Wahlsystem als eine mit einer Personenwahl verbundene Verhältniswahl. Die Grund-

---

[179] BVerfGE 4, 375 [386f.]; vgl. auch Jarass/Pieroth, Art. 38 GG Rn. 10 mit Hinweisen auf weitere Entscheidungen.
[180] BVerfGE 99, 1 [13].
[181] BVerfGE 59, 119 [127].

sätze der Verhältniswahl können nach § 1 II KWG aber dann nicht greifen, falls nur ein Wahlvorschlag einer einzigen Partei oder Wählervereinigung zugelassen wird. In diesen Fällen wird gemäß § 1 II KWG nach den Grundsätzen der Mehrheitswahl gewählt.
Bei mindestens zwei Wahlvorschlägen gelten hingegen die Grundsätze der Verhältniswahl. Diese (ursprünglich) reine Listenwahl hat jedoch mit dem „Gesetz zur Stärkung der Bürgerbeteiligung und kommunalen Selbstverwaltung" vom 23. Dezember 1999[182] eine wesentliche Modifizierung erfahren. Seither hat gemäß §§ 1 IV 1, 18 I Nr. 1 KWG jeder Wähler so viele Stimmen, wie Vertreter zu wählen sind[183]. Diese Stimmen kann er nach §§ 1 IV 2, 18 I Nr. 4 KWG auf die Bewerber eines Wahlvorschlags oder unterschiedlicher Wahlvorschläge verteilen (Panaschieren). Dabei kann er einem einzigen Bewerber maximal drei Stimmen geben, vgl. §§ 1 IV 4, 18 I Nr. 3 KWG (Kumulieren). Das Kumulieren und Panaschieren beruht dabei aber auf freiwilliger Basis, da der Wähler nach § 18 I Nr. 5 KWG einen Wahlvorschlag auch unverändert durch eine Kennzeichnung in der Kopfleiste annehmen kann.

Diese stärkere Personalisierung der Wahl ist insgesamt positiv aufgenommen worden[184], wenngleich – angesichts umfangreicher Stimmzettel – die Gefahr einer Überforderung des Wählers, der unter Umständen drei verschiedene Wahlzettel auszufüllen hat (Wahl des Ortsbeirates, Wahl der Gemeindevertretung und Wahl des Kreistages), ernst genommen werden sollte. Im Rahmen der jüngsten Änderungen im Kommunalverfassungsrecht haben die Hessische Landesregierung und der Hessische Landtag aber keine Veranlassung gesehen, das „neue" Kommunalwahlrecht auf den Prüfstand zu stellen oder seine wesentlichen Grundlagen zu überarbeiten[185]. Daher beschränken sich die Novellierungen im Wesentlichen auf Verbesserungen im Hinblick auf die Bildung und Besetzung der Wahlorgane, die Aufstellung der Wahlvorschläge, das Erscheinungsbild der Stimmzettel und die Voraussetzungen an die Erteilung von Wahlscheinen[186].

---

[182] GVBl. 2000 I, S. 2.

[183] Die Größe der Vertretungskörperschaft hängt gemäß § 38 I HGO von der Einwohnerzahl einer Gemeinde ab (vgl. die entsprechende Regelung für die Kreise in § 25 HKO). Allerdings kann in der Hauptsatzung spätestens zwölf Monate vor Ablauf der alten Wahlzeit die Zahl der Sitze auf die nächst niedrigere Größengruppe oder eine dazwischen liegende ungerade Zahl gesenkt werden, vgl. § 38 II HGO.

[184] Vgl. dazu den Erfahrungsbericht des Hessischen Städte- und Gemeindebundes e.V. von Ulrike Adrian und Johannes Heger aus dem Dezember 2001, Sonderdruck, HSGZ Dezember 2001.

[185] Vgl. dazu Begründung zum Gesetzentwurf Drs. 16/2463, S. 8f.; außerdem: Adrian/Heger, Erfahrungsbericht des Hessischen Städte- und Gemeindebundes e.V., Sonderdruck, HSGZ Dezember 2001; vgl. auch: Meireis, in: Die Hessische Kommunalrechtsnovelle 2005, S. 39.

[186] Vgl. im Einzelnen zu den Änderungen: Meireis, in: Die Hessische Kommunalrechtsnovelle 2005, S. 39ff.

Die Anregung des Hessischen Städte- und Gemeindebundes, auf die Versendung von Musterstimmzetteln zu verzichten (vgl. § 15 IV 1 KWG) und stattdessen dem Vorbild Baden-Württembergs zu folgen und bereits den amtlichen Stimmzettel zu versenden, hat der Gesetzgeber aus Angst vor einer Beeinträchtigung des Grundsatzes der geheimen Wahl nicht aufgenommen[187]. Eine solche Regelung liefe im Ergebnis darauf hinaus, allen Stimmberechtigten die Stimmabgabe in einer der Briefwahl vergleichbaren Weise zu gestatten, ohne gleichzeitig die Einhaltung der Vorkehrungen zu verlangen, die für die Briefwahl aufgrund der Rechtsprechung des Bundesverfassungsgerichts derzeit gefordert werden[188], so die Begründung zur Ablehnung des Vorschlags.
Vor dem Hintergrund der komplizierten und umfangreichen Stimmabgabe wäre eine entsprechende Regelung allerdings wünschenswert gewesen[189]. Der Grundsatz der geheimen Wahl hätte durch eine Übertragung der bei der Briefwahl geltenden Voraussetzungen sichergestellt werden können. Angesichts einer deutlich zurückgehenden Wahlbeteiligung könnte eine Stimmabgabe ohne zeitlichen Druck und festen Termin, die überlegt und in aller Ruhe stattfinden kann, eine Chance zur Beteiligung größerer Bevölkerungsschichten an der Wahl bedeuten.

b. Ermittlung des Wahlergebnisses und Sitzverteilung

Die Ermittlung der Sitzverteilung erfolgt bei den Hessischen Kommunalwahlen – soweit nach dem Verhältniswahlsystem gewählt worden ist – nach dem sog. Hare-Niemeyer-Verfahren, vgl. § 22 III KWG. Seit der Einführung des neuen Kommunalwahlrechts sind bei der Berechnung der Sitzverteilung nunmehr zwei Schritte zu unterscheiden.
- Im ersten Schritt müssen gemäß § 22 III KWG alle gültigen Stimmen ermittelt werden, die auf die Bewerber eines Wahlvorschlags gefallen sind. Dabei spielt es keine Rolle, ob für die ganze Liste gestimmt wurde, ob nur einzelne Bewerber kumulierte Stimmen erhalten haben oder Bewerber in verschiedenen Wahlvorschlägen angekreuzt worden sind[190]. Diese Summe wird mit der Zahl der insgesamt zu vergebenden Sitze multipliziert. Im Anschluss wird dieses Produkt durch die Gesamtzahl der für die Bewerber aller Wahlvorschläge abgegebenen gültigen Stimmen geteilt. Dabei erhält man einen Bruchteil.

---

[187] Begründung zum Gesetzentwurf Drs. 16/2463, S. 22. In Baden-Württemberg schreibt § 29 II KWO vor, dass der nach Hause geschickte Wahlzettel in der Wahlkabine zu kennzeichnen ist. Dies kann und wird allerdings in der Praxis nicht kontrolliert, so dass die Stimmabgabe de facto zu Hause erfolgen kann.

[188] BVerfGE 59, 119ff.: Antragsprinzip, weitestgehender Ausschluss von Bevollmächtigungen, Versicherung an Eides statt, dass die Stimmabgabe höchstpersönlich und geheim erfolgt ist.

[189] Ähnlich äußert sich auch Meireis, in: Die Hessische Kommunalrechtsnovelle 2005, S. 46.

[190] § 20a KWG enthält dabei detaillierte Auslegungsregeln für die Ergebnisermittlung, falls die Wählerinnen und Wähler kumuliert und panaschiert haben.

Jede Partei oder Wählergruppe erhält zunächst die für sie als ganze Zahl errechneten Sitze. Sofern dann noch Sitze zu vergeben sind, erfolgt die Zuteilung nach den größten Restbruchzahlen, § 22 III KWG. Beim letzten Sitz entscheidet bei gleichem Zahlenbruchteil das vom Wahlleiter zu ziehende Los.
- Im zweiten Schritt wird nunmehr ermittelt, welche Bewerber für den jeweiligen Wahlvorschlag gewählt sind. Dabei werden den Bewerbern gemäß § 11 IV b KWG die Sitze in der Reihenfolge ihrer Stimmenzahl zugewiesen. Jeder Bewerber kann somit aus den Ergebnislisten sein persönliches Wahlergebnis entnehmen und erfährt zugleich, welchen Beitrag sein Ergebnis für die Gesamtliste der Partei oder Wählervereinigung geleistet hat. An dieser Stelle zeigt sich daher die Auswirkung des persönlichen Elementes im Hessischen Wahlsystem[191]. Jeder Bewerber kann durch ein gutes Einzelergebnis die vorher vom zuständigen Gremium festgelegte Reihenfolge verändern und somit auch von vermeintlich aussichtslosen Plätzen in die Vertretungskörperschaft einziehen.

2. Wahlsystem für die Direktwahlen

Seit dem 01.04.1993 wählen die Bürgerinnen und Bürger in Hessen die Bürgermeister und Landräte direkt. Die Wahl des Bürgermeisters findet gemäß § 39 I a S. 2 HGO nach den Grundsätzen der Mehrheitswahl statt, so dass derjenige gewählt ist, der mehr als die Hälfte der Stimmen erhalten hat. Erhält im ersten Wahlgang keiner der Bewerber mehr als die Hälfte der gültigen Stimmen, so findet gemäß § 39 a I b 1 HGO eine Stichwahl zwischen denjenigen Bewerbern statt, die im ersten Wahlgang die meisten Stimmen erhalten haben. Bei der Stichwahl reicht dann die einfache Mehrheit der Stimmen, so dass gewählt ist, wer von den gültig abgegebenen Stimmen die höchste Stimmenzahl erhält, vgl. § 39 a I b 4 HGO. Eine entsprechende Regelung findet sich für die Landratsdirektwahlen in § 37 HKO[192].

II. Aktives Wahlrecht

§ 30 I HGO bindet die Erteilung des aktiven Wahlrechts an drei Voraussetzungen: Wahlberechtigt ist derjenige, der am Wahltag Deutscher im Sinne des Art. 116 I GG oder EU-Bürger mit Wohnsitz in der Bundesrepublik ist, das achtzehnte Lebensjahr vollendet hat und seit mindestens drei Monaten in der Gemeinde seinen Wohnsitz hat (vgl. § 22 HKO zu den entsprechenden Voraussetzungen für die Wahlen im Kreis). Von der Einhaltung der letzten Voraussetzung sind gemäß § 30 II HGO nur die hauptamtlichen Bürgermeister, Beigeordneten und Landräte befreit, die das Wahlrecht mit Amtsantritt in der Ge-

---

[191] Vgl. zur Berechnung auch: Birkenfeld-Pfeiffer/Gern, Kommunalrecht, Rn. 330.

[192] Vgl. im Überblick den Ablauf der Wahlgänge und v.a. die Einzelheiten im Falle eines Verzichts oder Todes eines Bewerbers zwischen erstem Wahlgang und der Stichwahl: Birkenfeld-Pfeiffer/Gern, Kommunalrecht, Rn. 363.

meinde erhalten (vgl. entsprechend § 22 II HKO), sofern sie ihren Wohnsitz in der Gemeinde auch tatsächlich genommen haben[193].
Bei mehrfachem Wohnsitz wird nach § 30 I HGO das aktive Wahlrecht nur in der Gemeinde des Hauptwohnsitzes erworben. Dies ist nach § 16 II HMG die vorwiegend benutzte Wohnung des Einwohners.

III. Passives Wahlrecht

1. Passives Wahlrecht für die Wahlen zu den Vertretungskörperschaften

a. Wählbarkeit
Wählbar als Gemeindevertreter, Stadtverordnete, Ortsbeiratsmitglieder und Kreistagsabgeordnete sind gemäß §§ 32 HGO, 23 HKO diejenigen aktiv Wahlberechtigten (vgl. oben), die am Wahltag das achtzehnte Lebensjahr vollendet haben und seit mindestens sechs Monaten in der Gemeinde (Kreis) ihren Wohnsitz haben.
Die in §§ 37, 65 II HGO bzw. §§ 27, 36 II HKO normierten Hinderungsgründe (Inkompatibilitäten) ändern nichts am Bestand des passiven Wahlrechts für diese Personen. Eine Person, bei der ein Hinderungsgrund vorliegt, kann daher als Bewerber in einen Wahlvorschlag aufgenommen und gewählt werden. Hinderungsgründe wirken sich erst nach der Wahl aus[194].

b. Aufstellungsverfahren
Die Wahlvorschläge können gemäß § 10 II KWG nur von Parteien (vgl. § 2 ParteiG) und von Wählergruppen eingereicht werden. Die Bewerber eines Wahlvorschlags müssen gemäß § 12 I KWG in geheimer Abstimmung in einer Versammlung der Mitglieder der Partei oder Wählergruppe (oder einer entsprechenden Delegiertenversammlung) aufgestellt und ihre Reihenfolge festgelegt werden. Der Wahlvorschlag darf beliebig viele Bewerber enthalten, wobei ihre Reihenfolge erkennbar sein muss, § 11 II 1 KWG.
Da die Aufstellung von Wahlvorschlägen rechtssystematisch zum Parteienrecht gehört, haben die Wahlgesetze nur zu regeln, dass die „demokratischen Mindeststandards", die für die Durchführung eines demokratischen Wahlgangs unerlässlich sind, eingehalten werden[195].
Klarstellend fügt daher nunmehr § 12 I 4 KWG n.F. hinzu, dass die nähere Ausgestaltung der nicht wahlrechtlich determinierten Verfahrensregeln Sache

[193] Birkenfeld-Pfeiffer/Gern, Kommunalrecht, Rn. 244: § 30 II HGO entbindet nur vom Erfordernis der Dauer des Wohnsitzes, nicht von der Wohnsitznahme schlechthin.
[194] Vgl. dazu die Unterscheidung zwischen Ineligibilität und Inkompatibilität und insbesondere das Problem der Scheinkandidaturen unten, S.138ff.
[195] Vgl. dazu BVerfGE 89, 242 [252] und Mager, Die Kontrolle der innerparteilichen Kandidatenaufstellung im Wahlprüfungsverfahren, in: DÖV1995, 9ff.

des internen Satzungs- oder Beschlusswesens ist[196]. Dementsprechend nimmt auch § 14 I 1 KWG die Überprüfung dieser internen Voraussetzungen von der Kontrolle durch den Wahlausschuss aus.
Eine wesentliche Veränderung hat es in der Verantwortlichkeit für die Einreichung von Wahlvorschlägen gegeben. Eine zentrale Bedeutung kommt nunmehr der Vertrauensperson und der stellvertretenden Vertrauensperson eines Wahlvorschlages zu. Die beiden Personen, die nicht gleichzeitig Bewerber sein dürfen, müssen den Wahlvorschlag persönlich und handschriftlich unterzeichnen, vgl. § 11 III 1 KWG. Soweit nichts anderes bestimmt ist, sind nur diese beiden Personen befugt, verbindliche Erklärungen zum Wahlvorschlag abzugeben und entgegenzunehmen[197]. Die jeweiligen Vertrauenspersonen und Ersatzleute werden gemäß § 11 III 2 KWG von der Mitglieder- bzw. Delegiertenversammlung ernannt. Durch die Benennung von Ersatzpersonen ist sichergestellt, dass die Wählergruppe oder Partei handlungsfähig bleibt, um jederzeit Änderungen am Wahlvorschlag vornehmen zu können.
Gemäß § 11 IV KWG können aber weiterhin diejenigen Parteien und Wählergruppen, die während der laufenden Wahlperiode nicht ununterbrochen mit mindestens einem Abgeordneten oder Vertreter in der zu wählenden Vertretungskörperschaft oder im Landtag oder aufgrund eines Wahlvorschlags aus dem Lande im Bundestag vertreten waren, Wahlvorschläge nur dann einreichen, wenn diese von mindestens zweimal so vielen Wahlberechtigten persönlich und handschriftlich unterzeichnet worden sind, wie Vertreter zu wählen sind.
Gemäß § 13 I KWG sind die Wahlvorschläge mit den in § 13 II KWG geforderten Unterlagen spätestens am sechsundsechzigsten Tag vor dem Wahltag bis 18.00 Uhr schriftlich beim Gemeindewahlleiter einzureichen. Nach Ablauf dieser Zeit können gemäß § 14 II KWG nur noch Mängel gültiger Wahlvorschläge behoben werden. Eine (teilweise) Rücknahme ist durch gemeinsame schriftliche Erklärung der beiden Vertrauenspersonen möglich.
Nachdem der Wahlausschuss allerdings über die Zulassung der Wahlvorschläge entschieden hat, ist eine Änderung, Rücknahme oder Mängelbeseitigung eines Wahlvorschlags nach §§ 13 IV, 14 III KWG endgültig ausgeschlossen. Über die Zulassung der Wahlvorschläge entscheidet der Wahlausschuss spätestens am achtundfünfzigsten Tag vor der Wahl, vgl. § 15 I KWG.

Auch die Besetzung und Bildung der Wahlorgane ist vereinfacht worden. Als Wahlorgane gelten weiterhin gemäß § 4 I Nr. 1 KWG der Wahlleiter und der

---

[196] Entsprechende Beispiele nennt Meireis, Die Hessische Kommunalrechtsnovelle 2005, S. 43: Delegiertenwahl, Einberufungsmodalitäten und Beschlussfähigkeit.
[197] Die neue Regelung soll Klarheit im Hinblick auf die Ermittlung der Vertretungsverhältnisse bringen und verhindern, dass mehrere diametral verschiedene Wahlvorschläge durch denselben Träger eingereicht werden, vgl. dazu: Begründung zum Gesetzentwurf Drs. 16/2463, S. 11; Meireis, Die Hessische Kommunalrechtsnovelle 2005, S. 44.

Wahlausschuss für den Wahlkreis insgesamt und gemäß § 4 I Nr. 2 KWG der Wahlvorsteher und die Wahlvorstände für die einzelnen Stimmbezirke.
Wahlleiter ist in Gemeinden der Bürgermeister, in Landkreisen der Landrat, vgl. § 4 I 1 KWG. Er ist gemäß § 5 III KWG für die ordnungsgemäße Vorbereitung und Durchführung der Wahl verantwortlich und führt die Geschäfte des Wahlausschusses[198]. Der Wahlausschuss beschließt über die Zulassung der Wahlvorschläge (§§ 15 KWG, 15 KWO) und ermittelt das Wahlergebnis (§§ 22 I KWG). Seine Sitzungen finden gemäß § 6a KWG öffentlich statt.
Im Hinblick auf mögliche Inkompatibilitäten regelt nunmehr § 4 II KWG umfassend, dass die Tätigkeit in einem Wahlorgan mit der Tätigkeit als Vertrauensperson oder stellvertretende Vertrauensperson unvereinbar ist. Weiterhin ist die Mitgliedschaft in mehr als einem Wahlorgan ausgeschlossen. Außerdem können Bewerber ab dem Zeitpunkt der Erteilung ihrer Zustimmung nach § 11 II 2 KWG nicht Mitglied oder stellvertretendes Mitglied im Wahlausschuss sein. Eine Tätigkeit als Wahlvorsteher oder in einem Wahlvorstand steht dem allerdings weiterhin nicht entgegen[199].

c. Erwerb der Rechtsstellung eines Vertreters

Die Notwendigkeit einer ausdrücklichen Annahme der Wahl ist ersatzlos gestrichen worden. Gemäß § 23 I KWG n.F. erwirbt der gewählte Bewerber nunmehr die Rechtsstellung eines Vertreters mit der Feststellung des Wahlergebnisses im Wahlkreis. Dieses Ergebnis und die Namen der gewählten Vertreter werden durch den Wahlleiter gemäß § 23 II 1 KWG öffentlich bekannt gemacht.
Soweit es in diesem Zusammenhang bei gewählten Vertretern zu Inkompatibilitäten kommt (vgl. oben, §§ 37, 65 II HGO; §§ 27, 36 II HKO), muss der Wahlleiter die betreffenden Personen darauf hinweisen, dass diese den Wegfall des Hindernisses binnen einer Woche nach Zustellung der Benachrichtigung nachweisen können. Wird der Wegfall nicht innerhalb dieser Frist nachgewiesen, so verliert die Person gemäß § 23 II 3 KWG rückwirkend ihre Rechtsstellung als Vertreter. Während dieses „Schwebezustandes" können Rechte als Vertreter nicht wahrgenommen werden. Erst wenn der Wegfall des Hindernisses nachgewiesen wird, kann die Arbeit als Vertreter beginnen (vgl. § 23 II 4 KWG).

---

[198] Nach § 5 I 2 KWG n.F. können der Gemeindevorstand oder der Kreisausschuss nunmehr nicht mehr nur für die Dauer des Wahlverfahrens, sondern bis zu ihrem ausdrücklichen Widerruf einen besonderen Wahlleiter bestellen. Die frühere Regelung hatte Anlass zu Zweifelsfragen gegeben, was unter der „Dauer des Wahlverfahrens" zu verstehen war. Insbesondere die Frage, ob die Bestellung bereits mit der Bekanntmachung des Wahlergebnisses oder erst mit dem Abschluss der Wahlprüfung endet, ist nunmehr eindeutig geregelt, vgl. dazu: Meireis, Die Hessische Kommunalrechtsnovelle 2005, S. 41.

[199] Vgl. zu weiteren Änderungen im Hinblick auf die Besetzung der Wahlorgane: Meireis, Die Hessische Kommunalrechtsnovelle 2005, S. 40ff.

Die Gesetzesänderung soll nach dem Willen des Gesetzgebers zu einer Deregulierung führen und Schwierigkeiten mit vorzeitigen und nicht formgerechten Annahmeerklärungen beseitigen[200]. Außerdem ließe sich aus dem Umstand, dass sich die Bewerber zur Wahl stellten und ihrer Nominierung zustimmten, ableiten, dass sie im Falle ihrer Wahl auch das Mandat annehmen würden[201]. Auf die Frage, inwieweit die neue Gesetzeslage auch die Problematik der sog. Scheinkandidatur in einem anderen Licht erscheinen lässt, soll unten eingegangen werden[202].

2. Passives Wahlrecht für die Direktwahlen

a. Wählbarkeit

Wählbar zum Bürgermeister bzw. Landrat sind Deutsche im Sinne von Art. 116 I GG und Unionsbürger, die am Wahltag das fünfundzwanzigste Lebensjahr vollendet haben, § 39 II 1 HGO bzw. § 37 II 1 HKO. Die Altersgrenze für die Wahl zum hauptamtlichen Bürgermeister (Landrat) liegt neuerdings bei 67 Jahren. Gewählt werden kann daher nicht, wer am Wahltag das 67. Lebensjahr vollendet hat, vgl. § 39 II 2 HGO bzw. § 37 II 2 HKO.

Das Amt des Bürgermeisters oder Landrats ist gemäß § 65 II 1 HGO bzw. § 36 II 2 HKO unvereinbar mit dem Mandat des Gemeindevertreters oder Kreistagsabgeordneten. Umstritten ist in diesem Zusammenhang, inwieweit diese Unvereinbarkeit von Amt und Mandat die jeweiligen Amtsträger auch daran hindert, auf der Liste einer Partei oder Wählergruppe für ein Mandat in der jeweiligen Vertretungskörperschaft zu kandidieren. Dies könnte mit dem Hinweis zu verneinen sein, die entsprechenden Vorschriften stellten keine Regelungen zur Ineligibilität, sondern lediglich zur Inkompatibilität dar (vgl. zum Streitstand im Einzelnen unten, S. 138f.). Weitere Ausschließungsgründe finden sich in § 43 HGO bzw. § 39 HKO.

b. Aufstellungsverfahren

Wahlvorschläge für die Direktwahlen können gemäß §§ 45 I, 41 KWG sowohl durch Parteien und Wählergruppen als auch durch Einzelbewerber eingereicht werden.

Für die Einreichung durch Parteien und Wählergruppen verweist § 45 III 1 KWG auf § 11 III KWG, so dass auch hier die Regelungen über das interne Aufstellungsverfahren und die Befugnisse für die Vertrauensperson und die stellvertretende Vertrauensperson Anwendung finden (vgl. oben, S. 61f.). Ne-

[200] Vgl. Begründung zum Gesetzentwurf, LT-Drs. 16/2463, S. 35.

[201] Meireis, Die Hessische Kommunalrechtsnovelle 2005, S. 49, begründet die Gesetzesänderung außerdem mit den Bedingungen des neuen Kommunalwahlrechts, bei dem das Wahlergebnis nicht mehr so stark von der Partei oder Wählergruppe, sondern vom Erfolg des einzelnen Bewerbers abhinge. Für eine förmliche Annahmeerklärung bestehe daher kein Bedarf mehr.

[202] S. 141ff.

ben den nicht in der Vertretungskörperschaft, dem Landtag oder dem Bundestag mit zumindest einem Sitz ständig vertretenen Parteien und Wählergruppen müssen auch die Einzelbewerber ihren Wahlvorschlag durch mindestens zweimal so viele Wahlberechtigte unterzeichnen lassen, wie die Vertretungskörperschaft der Gemeinde oder des Landkreises von Gesetz wegen Vertreter hat, vgl. § 45 III 2 KWG.
Über die Zulassung der eingereichten Wahlvorschläge entscheidet auch bei den Direktwahlen gemäß § 15 I KWG der Wahlausschuss. Abweichend zu den Wahlen der Vertretungskörperschaften normiert § 46 I KWG spezielle Anforderungen an den Stimmzettel, in dem Familienname, Rufname, Lebensalter, Beruf oder Stand, die Gemeinde der Hauptwohnung des Bewerbers sowie der Name des Trägers des Wahlvorschlags enthalten sein müssen.

c. Einführung ins Amt des Bürgermeisters
Im Unterschied zur Rechtslage beim Mandatserwerb, welcher in Hessen nunmehr durch Gesetz vollzogen wird (vgl. oben), muss der von den Bürgern gewählte Bewerber spätestens sechs Monate nach der Wahl ins Amt eingeführt werden und als Bürgermeister bzw. Landrat verpflichtet werden, vgl. § 46 I HGO bzw. § 40 I HKO. Diese Aufgabe der Amtseinführung obliegt dem Vorsitzenden der Gemeindevertretung bzw. dem Vorsitzenden des Kreistages.
Der gewählte Bewerber hat daher spätestens sechs Monaten nach der Wahl einen Anspruch auf Einführung ins Amt und Ernennung. Dieser Anspruch kann notfalls auch gerichtlich durchgesetzt und im Wege einer einstweiligen Anordnung nach § 123 VwGO geltend gemacht werden[203].

[203] VGH Kassel, HSGZ 2000 233[233f.].

Kapitel 2: Die Wahlanfechtung am Beispiel des Landes Hessen

Nachdem die wesentlichen Grundlagen des Kommunalwahlrechtes dargelegt und erörtert worden sind, soll die Ausgangsfrage der vorliegenden Arbeit in den Mittelpunkt der Überlegungen rücken. Im Kern geht es dabei um die verschiedenen Fehlerquellen im Kommunalwahlrecht und die Möglichkeit, zu einer Überprüfung dieser Fehler zu gelangen. Zunächst sind daher die verschiedenen Gründe, die zu einer Anfechtung von Kommunalwahlen führen können, darzustellen. Im Anschluss ist zu klären, welche außergerichtlichen bzw. gerichtlichen Anforderungen das Gesetz für eine Geltendmachung und Überprüfung dieser Fehler vorsieht.

A. Die Anfechtungsgründe

Das KWG differenziert auch nach der Änderung wesentlicher kommunalwahlrechtlicher Bestimmungen zum 1.2.2005 im Kern zwischen drei verschiedenen Anfechtungsgründen. Deren Inhalt und Wortlaut stimmen dabei im Hinblick auf die Wahlen der Gemeindevertretungen, Stadtverordnetenversammlungen und Kreistage auf der einen Seite und die Wahlen der Bürgermeister, Oberbürgermeister und Landräte auf der anderen – von wenigen Abweichungen abgesehen - weitgehend überein. Die Anfechtungstatbestände für die Wahlen der Vertretungsorgane sind in § 26 KWG normiert, die entsprechenden Bestimmungen für die Direktwahlen finden sich in § 50 KWG.
Mit der Novellierung der Vorschriften zum Wahlprüfungsverfahren sind zum Teil nur unwesentliche Änderungen in den Formulierungen der Anfechtungsgründe, zum Teil aber auch erhebliche inhaltliche Änderungen und Erweiterungen verbunden gewesen. Nachfolgend wird zunächst die gesetzliche Regelung vorgestellt, danach erfolgt eine Darstellung und Analyse der wichtigsten Urteile der hessischen Verwaltungsgerichte zur Wahlanfechtung.

I. Gesetzliche Regelung

Die neu gewählte Vertretungskörperschaft hat nach § 26 I 1 KWG bzw. § 50 KWG über die Gültigkeit der Wahl zu entscheiden. Soweit sich bei dieser Prüfung herausstellt, dass keiner der in § 26 I1 Nr. 1-3 KWG (§ 50 Nr. 1-3 KWG) normierten Anfechtungsgründe einschlägig ist, hat sie die Wahl nach § 26 I Nr. 4 KWG (§ 50 Nr. 4 KWG) für gültig zu erklären.
Folglich steht am Ende der Wahlprüfung selbst dann eine Entscheidung der Vertretungskörperschaft, falls keine Wahlfehler festgestellt werden konnten. Die Gültigerklärung der Wahl durch die Vertretungskörperschaft schließt die Wahlprüfung also stets ab. Ansonsten sind die in § 26 I 1 Nr. 1-3 KWG (§ 50 Nr. 1-3 KWG) geregelten Rechtsfolgen der jeweiligen Anfechtungsgründe anzuordnen.

1. Ineligibilität und Inkompatibilität (§ 26 I Nr. 1 KWG; § 50 Nr. 1 KWG)

„War ein Vertreter nicht wählbar oder an der Mitgliedschaft in der Vertretungskörperschaft gehindert (§ 37, § 65 Abs. 2 der Hessischen Gemeindeordnung, § 27, § 36 II der Hessischen Landkreisordnung) oder hätte er aus anderen Gründen nach § 15 Abs. 2 Satz 2 aus dem Wahlvorschlag gestrichen werden müssen, so ist sein Ausscheiden anzuordnen.“[204]

Dieser erste Anfechtungstatbestand behandelt mögliche Wahlfehler, die in der Person eines gewählten Vertreters selbst liegen. Ein solcher Fall liegt etwa vor, wenn ein bestimmter Bewerber von vornherein nicht hätte aufgestellt werden dürfen, weil die Voraussetzungen nach §§ 32, 30 HGO nicht vorgelegen haben, er also gar nicht wählbar war (*Ineligibilität*[205]); problematisch kann aber auch sein, dass Hinderungsgründe nach § 37 HGO vorliegen, die zu einer Unvereinbarkeit von Amt und Mandat führen (*Inkompatibilität*[206]), so dass das Mandat des Gemeindevertreters oder Kreistagsabgeordneten durch diese einzelne Person nicht ausgeübt werden kann. Als zwingende Sanktion („ist...anzuordnen“) auf einen solchen singulären Wahlfehler reagiert § 26 I Nr. 1 KWG mit dem Ausscheiden dieser Person aus der jeweiligen Volksvertretung.
Die Neufassung des § 26 I Nr. 1 KWG stellt eine Folgeänderung auf Grund der Neuregelung der Modalitäten des Rechtsstellungserwerbs eines Bewerbers nach § 23 KWG n.F. dar. Demnach wird nunmehr in § 23 KWG auf die Notwendigkeit einer ausdrücklichen Annahme der Wahl ersatzlos verzichtet[207]. Stattdessen erwirbt der gewählte Bewerber die Rechtsstellung eines Vertreters mit der Feststellung des Wahlergebnisses im Wahlkreis, allerdings nicht vor Ablauf der Wahlzeit der bisherigen Vertretungskörperschaft.
Gesetzgeberischer Hintergrund dieser Änderung ist die Annahme, dass die Bewerberinnen und Bewerber, die sich zur Wahl stellen und ihrer Nominierung ausdrücklich zustimmen, automatisch auch zur Annahme des Mandates bereit seien, wenn dies das Wahlergebnis ergebe[208]. Diese Annahme decke sich mit dem Regelablauf in der Praxis und entspreche auch dem neuen Wahlrecht im Hinblick auf das Kumulieren und Panaschieren mit seiner „persönlichkeitsbezogenen Komponente“. Auch deshalb entfalle das Bedürfnis nach einer förmlichen Annahme des Mandates, wie dies in § 23 KWG a.F. normiert war[209].

---

[204] Abgedruckt ist § 26 I Nr. 1 KWG, der für die Wahlen zu den Vertretungskörperschaften gilt. Auf eine Darstellung des bis auf die Rechtsfolge weitgehend inhaltsgleichen § 50 Nr. 1 KWG wurde hingegen verzichtet.
[205] Birkenfeld-Pfeiffer/Gern, Kommunalrecht, Rn. 341.
[206] Birkenfeld-Pfeiffer/Gern, Kommunalrecht, Rn. 332.
[207] Vgl. dazu bereits oben, S. 63.
[208] Gesetzesbegründung zu Art. 6 Nr. 12 (§ 23 KWG) des Gesetzes zur Änderung der Hessischen Gemeindeordnung und anderer Gesetze, LT-Drs. 16/2463.
[209] Gesetzesbegründung zu Art. 6 Nr. 12 (§ 23 KWG) des Gesetzes zur Änderung der Hessischen Gemeindeordnung und anderer Gesetze, LT-Drs. 16/2463.

Wenngleich der Vergleich mit dem neuen Wahlrecht des Kumulierens und Panaschierens für die Notwendigkeit des Wegfalls einer förmlichen Annahme der Wahl kein wesentliches Argument sein kann, ist die Neuregelung in erster Linie aus einer praxisorientierten Sicht überzeugend. Im Interesse einer Deregulierung und Beschleunigung tritt nunmehr der Erwerb der Rechtsstellung durch Gesetz ein und bedarf keiner ausdrücklichen Annahmeerklärung mehr. Allerdings galt auch schon nach der alten Rechtslage eine gesetzliche Annahmefiktion für die Fälle, in denen der Bewerber seine Annahme nicht oder nicht formgerecht innerhalb der vom Wahlleiter gesetzten Frist erklärte. Die Novellierung erscheint so als eine konsequente und sinnvolle Weiterentwicklung der bis dato geltenden Regelungen.
Eine Präzisierung stellt auch die Nennung der §§ 37, 65 II HGO sowie der §§ 27, 36 II HKO im Tatbestand des § 26 I Nr. 1 KWG n.F. dar, woraus nun unmissverständlich deutlich wird, unter welchen Voraussetzungen eine Mitgliedschaft in der gewählten Körperschaft für einzelne Bewerber nicht möglich ist. Dies war zwar bereits für die alte Gesetzesfassung hinsichtlich einer Hinderung, die Wahl annehmen zu können, geklärt[210], ist nun aber auch gesetzlich ausdrücklich normiert.
Schließlich ist das Ausscheiden des einzelnen Vertreters nach § 26 I Nr. 1 KWG auch dann anzuordnen, falls dieser nach § 15 II 2 KWG bereits aus dem Wahlvorschlag hätte gestrichen werden müssen. Dies ist stets dann der Fall, wenn beim einzelnen Wahlbewerber Anforderungen, die durch das KWG oder die KWO gefordert werden, nicht eingehalten wurden. So könnten bei der Einreichung des Wahlvorschlags zum Beispiel die Erklärung eins Bewerbers nach § 11 II 3 KWG oder eine Bescheinigung des Gemeindevorstandes, dass die Wählbarkeitsvoraussetzungen erfüllt wurden, gefehlt haben.
Wer als Bürgermeister oder Landrat im Rahmen der Direktwahl wählbar ist, beantworten die § 39 II HGO bzw. § 37 II HKO. Der wesentliche Unterschied zu § 26 I Nr. 1 KWG liegt in der Rechtsfolge, die § 50 Nr. 1 KWG anordnet, falls der gewählte Bewerber nicht wählbar war. In diesem Fall ist die gesamte Wahl im Wahlkreis zu wiederholen.

2. Unregelmäßigkeiten im Wahlverfahren (§ 26 I Nr. 2 KWG; § 50 Nr. 2 KWG)

„Sind im Wahlverfahren Unregelmäßigkeiten oder strafbare oder gegen die guten Sitten verstoßende Handlungen, die das Wahlergebnis beeinflussen, vorgekommen, bei denen nach den Umständen des Einzelfalls eine nach der Lebenserfahrung konkrete Möglichkeit besteht, dass sie auf die Verteilung der Sitze von entscheidendem Einfluss gewesen sein könnten, so ist
a) wenn sich die Unregelmäßigkeiten nur auf einzelne Wahl oder Briefwahlbezirke erstrecken, in diesen Wahlbezirken,

[210] Vgl. Birkenfeld-Pfeiffer/Gern, Kommunalrecht, Rn. 348.

b) wenn sich die Unregelmäßigkeiten auf den ganzen Wahlkreis oder auf mehr als die Hälfte des Wahl- und Briefwahlbezirke erstrecken, im ganzen Wahlkreis die Wiederholung der Wahl anzuordnen. "[211]

Die Brisanz und Relevanz des § 26 I Nr. 2 KWG überwiegt den oben dargestellten Anfechtungstatbestand nach § 26 I Nr. 1 KWG um ein Vielfaches. Diese Erkenntnis gewinnt man bereits aus einem kurzen Blick in wesentliche Entscheidungen der hessischen Verwaltungsgerichte zu Fällen der Wahlanfechtung auf kommunaler Ebene, bei denen überwiegend Probleme aus dem Bereich des § 26 I Nr. 2 KWG (a.F.) eine Rolle gespielt haben. Dies ist insbesondere auf die Frage zurückzuführen, was denn im Einzelnen unter einer „Unregelmäßigkeit im Wahlverfahren" zu verstehen ist. Der Begriff der Unregelmäßigkeit fordert gerade zu Möglichkeiten der juristischen Auslegung heraus, denen im Rahmen von § 26 I Nr. 1 KWG angesichts der klaren Fehlerdefinition keine entscheidende Rolle zukommt. § 26 I Nr. 2 KWG bedarf hingegen der Ausfüllung und Auslegung durch die Gerichte und die Literatur, da es an einer klaren und präzisen Bestimmung der in Betracht kommenden Wahlfehler mangelt. Ein wesentliches Anliegen dieser Arbeit ist es daher, die Versuche zur Interpretation und inhaltlichen Ausfüllung des Begriffes der „Unregelmäßigkeit im Wahlverfahren" kritisch aufzuarbeiten und eigene Lösungsansätze aufzuzeigen.

Mit der Änderung des KWG zum 1.2.2005 ist eine wesentliche Erweiterung der bis dato geltenden Fassung des § 26 I Nr. 2 KWG a.F. einhergegangen. Zu den Unregelmäßigkeiten im Wahlverfahren sind nunmehr „strafbare oder gegen die guten Sitten verstoßende Handlungen" hinzugekommen. Die Formulierung orientiert sich weitgehend an der vergleichbaren Vorschrift in Art. 78 II HV betreffend die Anfechtungsgründe im Hinblick auf die Landtagswahlen. Hier waren schon bislang sowohl Unregelmäßigkeiten als auch strafbare oder gegen die guten Sitten verstoßende Handlungen als Ungültigkeitsgründe in Betracht gekommen. Die Neuregelung ist auf eine Anregung des Hessischen Städtetages sowie des Hessischen Städte- und Gemeindebundes im Anhörungsverfahren zu den Beratungen im Hessischen Landtag zurückzuführen[212]. Die Landesregierung führte in der Begründung zum Gesetzentwurf aus, dass die Gültigkeit von allgemeinen Kommunalwahlen ebenso wie die von Direktwahlen in jüngster Zeit mehrfach Gegenstand von verwaltungsgerichtlichen Streitverfahren gewesen sei. Die Entscheidungen seien in der Öffentlichkeit zum Teil stark kritisiert worden, da sie strikt formale Anforderungen an die Vorbereitung und Durchführung von Wahlen gestellt hätten, die in der Praxis nur schwer zu erfüllen seien.

---

[211] Abgedruckt wurde wiederum nur § 26 I Nr. 2 KWG. § 50 Nr. 2 KWG entspricht jedoch im Wesentlichen dem Wortlaut der Norm, so dass auf eine Darstellung verzichtet werden konnte.

[212] Geändert durch einen Änderungsantrag der CDU-Fraktion vom 6. Dezember 2004 (LT-Drs. 16/3307) zum Gesetzentwurf der Landesregierung.

Insbesondere die zahlenmäßige Entwicklung von Wahlanfechtungen sowie die in diesem Zusammenhang von der Rechtsprechung formulierten Anforderungen machten Regelungen im materiellen Wahlprüfungsrecht erforderlich, um die Anfechtungsmöglichkeiten einzuschränken[213]. Berücksichtigt werden müsse in diesem Zusammenhang auch das Bestandsinteresse von Kommunalwahlergebnissen und die Vermeidung von „rein parteipolitisch motivierten" Wahlanfechtungen[214]. Der weitergehenden Forderung des Hessischen Städtetages, als Wahlfehler nur noch Unregelmäßigkeiten im Wahlverfahren zu berücksichtigen, wenn es dabei um strafbare oder gegen die guten Sitten verstoßende Handlungen gehe, ist der Gesetzgeber allerdings nicht nachgekommen. Gesetzgeberischer Handlungsbedarf bestehe nur dort, wo das bisherige Regelungswerk Gelegenheit zu Missdeutungen biete, oder in Fällen, in denen die grundsätzliche objektive Zielrichtung der Wahlprüfung – die Gewährleistung der richtigen Zusammensetzung der Vertretungskörperschaft bzw. die Auswahl des richtigen Landrats oder Bürgermeisters – in Gefahr gerate, zugunsten individueller Sonderinteressen verdrängt zu werden.
Die „Unregelmäßigkeiten im Wahlverfahren" sind beibehalten worden, so dass sich beide Varianten in § 26 I Nr. 2 KWG als „gleichberechtigte" Ungültigkeitsgründe gegenüberstehen könnten. Inwieweit sich nun im Hinblick auf diese Änderungen Konsequenzen, etwa eine restriktivere Auslegung der Anfechtungsmöglichkeiten, ergeben werden, soll geklärt werden, nachdem der derzeitige Stand der Rechtsprechung dargestellt worden ist[215].
Jedenfalls war der Begriff der „Unregelmäßigkeit" i.S. von § 26 I Nr. 2 KWG bisher weiter ausgelegt worden als der entsprechende Begriff in Art. 78 II HV[216]. Diese unterschiedliche Auslegung war aber von der Rechtsprechung deswegen als zulässig erachtet worden, da die Verfassung gerade in Art. 78 II HV eine weitere Möglichkeit der unzulässigen Wahlbeeinflussung durch sittenwidrige Handlungen zur Verfügung stellt[217]. Insofern könnte sich nunmehr auch im Rahmen des § 26 I Nr. 2 KWG n.F. lediglich die eine oder andere „Verschiebung" zwischen seinen beiden Varianten ergeben. Denkbar wäre in diesem Zusammenhang, den Tatbestand der „Unregelmäßigkeit" als Auffangtatbestand zu begreifen, falls keine spezielleren Anfechtungsgründe - etwa

---

213 Gesetzesbegründung zum Gesetz zur Änderung der Hessischen Gemeindeordnung und anderer Gesetze; V. Ergebnisse des Anhörungsverfahrens (LT-Drs. 16/2463, S. 35ff.)
214 Gesetzesbegründung zum Gesetz zur Änderung der Hessischen Gemeindeordnung und anderer Gesetze; V. Ergebnisse des Anhörungsverfahrens, S. 35ff.
215 Vgl. dazu unten: S. 175ff.
216 Vgl. VGH Kassel, HSGZ 2002, 171ff.; BVerwG, HSGZ 2003, 265 [267]: In Art. 78 II HV bezieht sich der Begriff der „Unregelmäßigkeiten im Wahlverfahren" auf die Verletzung von Wahlvorschriften, die sich auf die Wahlvorbereitung, den Wahlakt und die Feststellung des Wahlergebnisses beziehen. In § 26 I Nr. 2 KWG a.F. stellt der Begriff der „Unregelmäßigkeiten beim Wahlverfahren" dagegen einen allgemeinen Wahlfehlertatbestand dar; dazu unten ausführlich S. 177ff.
217 VGH Kassel, HSGZ 2002, 171ff.; BVerwG, HSGZ 2003, 265 [267].

strafbare oder sittenwidrige Handlungen - festzustellen sind. Auch darauf soll weiter unten näher eingegangen werden[218].

Die zweite inhaltliche Änderung des § 26 I Nr. 2 KWG n.F. kann bereits an dieser Stelle als wenig glücklich bezeichnet werden. Bislang stellte § 26 I Nr. 2 KWG a.F. die Anforderung auf, dass die Unregelmäßigkeit „auf die Verteilung der Sitze von Einfluss gewesen sein könnte“ (Mandatsrelevanz). Aus dieser sehr klaren Formulierung ist nunmehr das doppelte Erfordernis hervorgegangen, dass die Unregelmäßigkeit „das Wahlergebnis beeinflussen“ muss und darüber hinaus „nach den Umständen des Einzelfalles eine nach der Lebenswahrscheinlichkeit konkrete Möglichkeit besteht, dass sie auf die Verteilung der Sitze von entscheidenden Einfluss gewesen sein kann“.
Damit werden jene Anforderungen an die Mandatsrelevanz legal definiert, die bislang von den Gerichten an dieser Stelle geprüft worden sind[219]. Die Frage, die – vom Gesetzgeber sicherlich unbeabsichtigt – durch die neue Formulierung aber aufgeworfen wird, lautet, ob es ausreicht, dass das Wahlergebnis beeinflusst worden ist (1. Teil des § 26 I Nr. 2 KWG) oder ob nach wie vor auch eine Mandatsrelevanz (2. Teil des § 26 I Nr. 2 KWG) gefordert wird.
Die neue, „unsaubere“ Formulierung geht auf einen CDU-Antrag[220] zurück, der die Klarstellung der Anforderungen zur Mandatsrelevanz zum Gegenstand hatte. Vorausgegangen war eine Diskussion in den Beratungen zum Anhörungsverfahren, die auf eine noch weitergehende Änderung gezielt hatte. Der Hessische Städtetag und der Hessische Städte- und Gemeindebund hatten gefordert, dass die Folge der Ungültigkeit der Wahl aufgrund eines Wahlfehlers nur noch dann eintreten solle, falls er tatsächlich *einen nachweisbaren (!) Einfluss* auf das Wahlergebnis gehabt hat. Eine *potentielle Kausalität* in dem Sinne, dass nach der allgemeinen Lebenserfahrung ein Einfluss mit einer gewissen Wahrscheinlichkeit gegeben sein könnte, sollte nach dem Willen dieser kommunalen Spitzenverbände nicht mehr ausreichend sein[221]. Der Hessische Städte- und Gemeindebund war sogar der Auffassung, dass ein Wahlfehler, der zu einer Abweichung zwischen Bewerberinnen und Bewerbern innerhalb desselben Wahlvorschlags führt, ebenfalls unbeachtlich sein sollte, da sich damit an dem Stärkeverhältnis zwischen den Fraktionen nichts ändere[222]. Diese Vorschläge sind nur zu verstehen, wenn man sie wiederum in das Bestreben der kommuna-

---

[218] Vgl. S. 175ff.
[219] Vgl. etwa: VGH Kassel, NVwZ 1992, 284 [286]; NVwZ 1991, 702; VG Frankfurt, NVwZ 1997, 1240ff.; vgl. auch: Birkenfeld-Pfeiffer/ Gern, Kommunalrecht, Rn. 350.
[220] Änderungsantrag der CDU-Fraktion zu dem Gesetzentwurf der Landesregierung für ein Gesetz zur Änderung der Hessischen Gemeindeordnung und anderer Gesetze, LT-Drs. 16/3307.
[221] Gesetzesbegründung zum Gesetz zur Änderung der Hessischen Gemeindeordnung und anderer Gesetze; Ergebnisse des Anhörungsverfahrens V. 5a.aa, LT-Drs. 16/2463.
[222] Gesetzesbegründung zum Gesetz zur Änderung der Hessischen Gemeindeordnung und anderer Gesetze; Ergebnisse des Anhörungsverfahrens V. 5a.aa, LT-Drs. 16/2463.

len Spitzenverbände einordnet, Wahlanfechtungen möglichst zu vermeiden und damit das Interesse am Bestand von Kommunalwahlergebnissen zu betonen. Diesen Anregungen ist der Gesetzgeber glücklicherweise nicht gefolgt, wenngleich aus der Gesetzesbegründung hervorgeht, dass sich die Landesregierung „mit den Spitzenverbänden in dem Bemühen, die Vorbereitung und Durchführung von Wahlen auf allen Ebenen unseres Staatsaufbaus so rechtssicher wie möglich zu gestalten“, einig ist[223]. Die Aufgabe des Prinzips der hypothetischen Kausalität (zwischen einer Unregelmäßigkeit im Wahlverfahren und der Mandatsrelevanz) zugunsten einer nachgewiesenen Beeinflussung des Wahlergebnisses wäre schon aus logischen Gründen abzulehnen. Problematisch ist in diesem Zusammenhang insbesondere die Beweisführung, dass es tatsächlich zu einer Beeinflussung des Wahlergebnisses gekommen ist. Diese Feststellung kann in der Regel nur auf einer hypothetischen Wahrscheinlichkeit beruhen. Dies hat auch die Hessische Landesregierung erkannt, indem sie in der Begründung zur Gesetzesnovelle aus einem Urteil des Hessischen Staatsgerichtshofs zitiert, der zur Kausalität bereits 1991 feststellt hatte:

> *„Eine positive Feststellung über eine Beeinflussung des Wahlergebnisses (ist) ...hierfür nicht notwendig (ist), ja nach der Natur der Sache gar nicht möglich (ist). Es genügt, wenn die unzulässige Wahlwerbung geeignet ist, Wählerentscheidungen zu beeinflussen, und ein solches Ausmaß erreicht hat, dass Auswirkungen auf das Wahlergebnis nicht ausgeschlossen werden können.“*[224]

Nur konsequent ist es angesichts des neuen Wahlrechts des Kumulierens und Panaschierens demzufolge auch, dass eine zur Ungültigkeit der Wahl führende Mandatsrelevanz bereits dann vorliegt, wenn es zu Abweichungen in der Mandatsverteilung innerhalb eines Wahlvorschlages kommt, ohne dass dies auf die Sitzverteilung zwischen den Parteien und Wählergruppen von Einfluss gewesen ist. Dies ist gerade zwingende Folge des neuen Wahlrechts mit seinem auf Einzelpersonen orientierten Bezug. Es kann für den einzelnen Bewerber elementar wichtig sein, welches Einzelergebnis er innerhalb seiner Liste erzielt, nicht nur, weil davon unter Umständen die Frage abhängt, ob er überhaupt ein Mandat erhält, sondern weil bereits die Frage von Bedeutung sein kann, welches Gewicht ihm aufgrund seines persönlichen (!) Wahlergebnisses innerhalb seiner Partei oder Wählergruppe zukommt. Folglich muss es für einen anfechtungsrelevanten Fehler ausreichend sein, wenn dieser zu einem abweichenden Ergebnis innerhalb eines Wahlvorschlages führen könnte[225].
Die in die Gegenrichtung führenden Anregungen der kommunalen Spitzenverbände haben aber wohl dazu geführt, dass die ursprünglich sehr klare Formulie-

---

[223] Gesetzesbegründung zum Gesetz zur Änderung der Hessischen Gemeindeordnung und anderer Gesetze; Ergebnisse des Anhörungsverfahrens V. 5a.aa, LT-Drs. 16/2463.
[224] Hess. StGH, StAnz. 1991, 447 [451].
[225] Vgl. dazu den Fall, S. 156ff. und S. 186.

rung in § 26 I Nr. 2 KWG n.F. nicht beibehalten wurde, indem dort nun quasi eine doppelte Kausalitätsprüfung in den Tatbestand eingefügt worden ist. Da zu vermuten ist, dass der Gesetzgeber die Anforderungen an die Bestandskraft der Wahlen auf keinen Fall senken wollte, kann die neue Fassung nur dahin interpretiert werden, dass es auch weiterhin allein auf die Mandatsrelevanz (im bisherigen Sinn) ankommt. Die Frage nach einer „Beeinflussung des Wahlergebnisses", die die Neufassung beinhaltet, bringt inhaltlich keine Neuerung und kann auch nicht als eine Klarstellung oder gar Verschärfung der bislang geltenden Gesetzesfassung verstanden werden. Die Neufassung trägt an dieser Stelle eher zur Verwirrung als zur Klarstellung bei. Inwieweit sich aus der weiteren Formulierung, dass der Wahlfehler „von entscheidendem Einfluss gewesen sein könnte" eine Verschärfung der Anforderungen ergibt, soll weiter unten erörtert werden.[226]

3. Unrichtige Feststellung des Wahlergebnisses (§ 26 I Nr. 3 KWG; § 50 Nr. 3 KWG)

„Ist die Feststellung des Wahlergebnisses unrichtig, so ist sie aufzuheben und eine neue Feststellung anzuordnen (§ 31 KWG)."
[26 I Nr. 3 KWG]
„Ist die Feststellung des Wahlergebnisses unrichtig, so ist sie aufzuheben und eine neue Feststellung anzuordnen. Führt die Feststellung dazu, dass kein Bewerber gewählt ist oder die Stichwahl nicht unter den Bewerbern mit den höchsten Stimmenzahlen durchgeführt worden ist, findet § 31 II 2 KWG keine Anwendung."
[§ 50 Nr. 3 KWG]

Der dritte und letzte Anfechtungsgrund behandelt mathematische oder methodische Fehler bei der Berechnung der Sitzverteilung durch den Wahlausschuss, die zu einer unrichtigen Feststellung des Wahlergebnisses geführt haben[227]. Ist die neu gewählte Vertretungskörperschaft der Auffassung, dass hier ein Fehler vorliegt, so hat sie die (ursprüngliche) Feststellung des Wahlergebnisses durch den Wahlausschuss aufzuheben und eine Neufeststellung nach § 31 KWG anzuordnen. Auch § 26 I Nr. 3 KWG hat in der verwaltungsgerichtlichen Rechtsprechung bei weitem nicht die Relevanz des § 26 I Nr. 2 KWG erreicht, da es hier letzten Endes um mathematische Fragen geht, die keiner Auslegung oder ausführlichen juristischen Erörterung bedürfen. Der Tatbestand des § 26 I Nr. 3 KWG ist im Zuge der Novellierung des KWG daher auch unverändert geblieben.
Entsprechendes gilt auch für § 50 Nr. 3 KWG, der die Fälle behandelt, in denen die Feststellung des Wahlergebnisses bei einer Direktwahl unrichtig gewesen

[226] S. 187f.
[227] Vgl. Birkenfeld-Pfeiffer/Gern, Kommunalrecht, Rn. 352.

ist. Im Kern geht es dabei um die Frage, wie viele Stimmen die einzelnen Bewerber erhalten haben, insbesondere welcher der Bewerber die meisten Stimmen erhalten hat und damit einen Anspruch auf Einführung ins Amt des Bürgermeisters erhält. Im Unterschied zu § 26 I Nr. 3 KWG kann eine unrichtige Feststellung des Wahlergebnisses hier jedoch dazu führen, dass kein Bewerber gewählt ist, so dass eine Korrektur des Wahlergebnisses durch Neuberechnung der Stimmenzahl nicht ausreicht, um den Wahlfehler zu beseitigen. Für diese Fälle sieht § 50 III 1 Nr. 6 KWG vor, dass eine Wiederholungswahl stattzufinden hat.

II. Wahlanfechtung auf Grund von „Unregelmäßigkeiten" in der Rechtsprechung der hessischen Verwaltungsgerichte

Im Folgenden soll der Blick auf die Praxis gerichtet werden. Insbesondere der Begriff der „Unregelmäßigkeit im Wahlverfahren" war immer wieder Anlass für verwaltungsgerichtliche Streitigkeiten im Wahlprüfungsverfahren. Demzufolge ist die inhaltliche Ausfüllung dieses unbestimmten Rechtsbegriffs auch weitgehend auf Entscheidungen der hessischen Verwaltungsgerichte zurückzuführen. Aus diesem Grund gilt es nun, anhand der wichtigsten Leitentscheidungen den derzeitigen Stand der Rechtsprechung im kommunalen Wahlprüfungsrecht herauszuarbeiten. Dabei sollen jeweils zu Beginn der Sachverhalt und im Anschluss die wichtigsten Entscheidungsgründe erörtert werden. Schließlich wird die Entscheidung einer eigenen Bewertung unterzogen.
Die behandelten Fälle wurden in vier Fallgruppen systematisiert. Auffällig ist zunächst, dass sowohl die „berühmtesten" als auch dogmatisch schwierigsten Entscheidungen Wahlanfechtungen im Hinblick auf (Ober-) Bürgermeisterwahlen betroffen haben. Aus diesem Grund wurden die entsprechenden Urteile in die erste Fallgruppe aufgenommen. Im Anschluss stehen Entscheidungen im Mittelpunkt, bei denen eine amtliche Einflussnahme auf Gemeindevertretungswahlen Gegenstand der gerichtlichen Überprüfung war. In der dritten Fallgruppe wird die Problematik der sog. Scheinkandidaturen behandelt. Schließlich wurden in der letzten Fallgruppe jene Entscheidungen zusammengefasst, in denen Verstöße gegen Verfahrensvorschriften im weitesten Sinne Anlass für die Wahlanfechtung waren.

1. Umstrittene (Ober-) Bürgermeisterwahlen

a. Falsche Angabe über Familienstand
(VG Wiesbaden, HSGZ 2000, 105; VGH Kassel HSGZ 2000, 233)

Sachverhalt:
Ein parteiloser Kandidat hatte sich um das Amt des Bürgermeisters in einer hessischen Gemeinde beworben. In seinen Bewerbungsunterlagen sowie im Wahlkampf hatte er stets angegeben, verheiratet und Vater einer Tochter zu sein. Mit einer knappen Mehrheit von 52 % der Stimmen konnte er sich gegen

seinen Gegenkandidaten durchsetzen. Allerdings stellte sich nach der Wahl heraus, dass er weder verheiratet war noch eine eigene Tochter vorweisen konnte. Lediglich seine ehemalige Lebensgefährtin hatte wohl eine Tochter, deren Vater er aber nicht war.
Dies nahm die Gemeindevertretung zum Anlass, die Bürgermeisterwahl nach § 50 Nr. 2 KWG für ungültig zu erklären. Daraufhin erhob der Sieger der Wahl Klage vor dem Verwaltungsgericht mit dem Antrag, den Beschluss der Gemeindevertretung, der zur Ungültigkeit der Direktwahl geführt hatte, für nichtig zu erklären. Kurze Zeit später versuchte er darüber hinaus, im Wege des vorläufigen Rechtsschutzes vor dem VG einen Anspruch auf vorläufige Einführung in das Amt des Bürgermeisters geltend zu machen. Als Begründung trug er vor, dass keine Unregelmäßigkeiten nach § 50 Nr. 2 KWG vorgelegen hätten und er gemäß § 46 HGO einen Anspruch darauf habe, binnen sechs Monaten in das Amt eingeführt zu werden.

Entscheidung VG Wiesbaden - VGH Kassel:
Prozessual hatten die Gerichte hier zunächst die Frage zu erörtern, inwieweit ein gewählter Bewerber einer Bürgermeisterdirektwahl im Wege des vorläufigen Rechtsschutzes einen Anspruch darauf geltend machen kann, vorläufig in das Amt des Bürgermeisters eingeführt zu werden.
Das VG Wiesbaden verneinte einen entsprechenden Anspruch des siegreichen Bewerbers, da kein Anordnungsgrund im Rahmen einer Regelungsanordnung nach § 123 I 2 VwGO vorliege. Einen solchen Grund habe der Kläger zumindest nicht nach § 123 III VwGO in Verbindung mit § 920 II ZPO glaubhaft gemacht[228]. Eine Regelungsanordnung komme nämlich nur in Frage, wenn diese Regelung zum Abwenden wesentlicher Nachteile, zum Verhindern drohender Gewalt oder aus anderen Gründen notwendig erscheine, insbesondere wenn ein Verweis auf das Hauptsacheverfahren für den Antragsteller unzumutbar sei[229]. Dabei müssten die Vor- und Nachteile gegeneinander abgewogen werden, die entstünden, falls der Antragsteller in der Hauptsache erfolgreich sei, aber im vorläufigen Rechtsschutz unterliege, bzw. falls die Hauptsache für ihn negativ ende und er jetzt eine einstweilige Anordnung erhalte. Diese Abwägung führte nach Auffassung des VG Wiesbaden zur Zumutbarkeit des Verweises des Antragstellers auf das Hauptsachverfahren[230]. Das Gericht begründete diese Entscheidung insbesondere mit den schwierigen Konsequenzen, die auftreten würden, falls der bisherige Amtsinhaber wegen der Einführung des Antragstellers aus dem Amt ausscheide, sich aber in der Hauptsache herausstelle, dass die Wahl des Bewerbers tatsächlich für ungültig erklärt werden müsse. Dann habe die Gemeinde unter Umständen überhaupt keinen Bürgermeister. Insofern überwögen diese Nachteile der Allgemeinheit die persönlichen

[228] VG Wiesbaden, HSGZ 2000, 105.
[229] VG Wiesbaden, HSGZ 2000, 105 [106].
[230] VG Wiesbaden, HSGZ 2000, 105 [106].

Nachteile des Antragstellers, die für ihn aus einem Abwarten bis zur Hauptsache entstünden[231].
Inhaltlich nahm das VG allerdings keine Stellung zu der Frage, ob tatsächlich eine Unregelmäßigkeit i.S. von § 50 Nr. 2 KWG vorlag, sondern ließ den Antrag des siegreichen Bewerbers bereits am Fehlen eines Anordnungsgrundes scheitern.

Der VGH Kassel ließ die Beschwerde nicht zu und bestätigte im Wesentlichen die Ausführungen der Vorinstanz. Im Gegensatz zum VG nahm der zuständige Senat aber auch inhaltlich dezidiert Stellung zu der Frage, ob hier eine Unregelmäßigkeit im Wahlverfahren aufgetreten war. Der VGH Kassel bejahte die Frage unter Hinweis darauf, dass der Bürgermeisterkandidat, indem er bei seiner Wahlwerbung falsche Angaben über seinen Familiestand gemacht hatte, gegen seine Wahrheitspflicht verstoßen habe[232]. Der Bewerber habe sich, „wahrheitswidrige Werbeaussagen und eine Täuschung hinsichtlich solcher Tatsachen zu schulden kommen lassen, deren wahrheitsgemäße Darstellung von jedem Wahlbewerber erwartet werden muss“[233]. Nach Auffassung des Gerichts könne ein solcher Verstoß gegen die Wahrheitspflicht eine Unregelmäßigkeit i.S. von § 50 Nr. 2 KWG darstellen, falls damit Wahlgrundsätze verletzt würden. Hier sei der Grundsatz der Gleichheit der Wahl verletzt worden, da der Bewerber als „angeblicher verheirateter Familienvater für manche Wähler akzeptabler erscheinen“ konnte als sein Konkurrent[234]. Darin könne man eine Verletzung der Chancengleichheit zwischen den Bewerbern und damit eine Verletzung des Grundsatzes der gleichen Wahl erblicken.
Auch eine mögliche Mandatsrelevanz bejahte das Gericht unter Hinweis auf den knappen Ausgang der Wahl mit einem Stimmverhältnis von 52,04% für den siegreichen Kandidaten und 47,96 % für den unterlegenen Bewerber. Daher sei auch nicht auszuschließen, dass das Votum von etwas mehr als 2 % der Wähler bei Kenntnis des wahren Familienstandes anders ausgefallen wäre.

Bewertung:
Das Ergebnis der beiden Entscheidungen überzeugt sowohl im Hinblick auf seine prozessualen Aussagen als auch – was an dieser Stelle entscheidender ist – im Hinblick auf die materiellen Erwägungen.
Der VGH Kassel interpretiert den Begriff der „Unregelmäßigkeit beim Wahlverfahren“[235] weit, indem er darunter nicht nur eine Verletzung des formaltechnischen Ablaufs der Wahl, sondern auch Verstöße gegen alle wesentlichen Vorschriften, insbesondere gegen die allgemeinen Wahlgrundsätze subsumiert. Für die Lösung des vorliegenden Falles stellt er nachvollziehbar auf den

---

[231] VG Wiesbaden, HSGZ 2000, 105 [106].
[232] VGH Kassel, HSGZ 2000, 233.
[233] VGH Kassel, HSGZ 2000, 233.
[234] VGH Kassel, HSGZ 2000, 233 [234].
[235] Mittlerweile: „Unregelmäßigkeit im Wahlverfahren“ (vgl. § 50 Nr. 2 KWG n.F.).

Grundsatz der Gleichheit der Wahl ab, der auch eine Chancengleichheit zwischen den Kandidaten einer Bürgermeisterwahl postuliert. Derjenige aber, der für sich günstige Eigenschaften vortäuscht, verschafft sich gegenüber seinen Konkurrenten entscheidende Vorteile im Hinblick auf die Chance, als Sieger aus der Wahl hervorzugehen. Die Gleichheit der Wahl bezieht sich danach nicht nur auf das aktive Wahlrecht, sondern auch auf das passive Wahlrecht der Bewerber, unter chancengleichen Bedingungen die Möglichkeit zu erhalten, gewählt zu werden[236]. Da eine solche „Waffengleichheit" der Bewerber durch die unwahren Aussagen des siegreichen Kandidaten zu seiner eigenen Person im vorliegenden Fall nicht gewahrt wurde, ist den materiellen Ausführungen des VGH Kassel zuzustimmen.

Spannender ist allerdings die Frage danach, welche allgemeinen Folgerungen aus der Entscheidung zu ziehen sind, insbesondere wie weit die Pflicht zur wahrheitsgemäßen Darstellung im Wahlkampf tatsächlich reicht. Die Brisanz der Frage ergibt sich bereits daraus, dass die Kongruenz zwischen dem, was im Wahlkampf versprochen wird und dem, was nach der Wahl beschlossen und umgesetzt wird, zum Teil verschwindend gering ist.

Allerdings ist aus meiner Sicht Zurückhaltung bei einer Generalisierung der Entscheidung des VGH geboten. Deren Inhalt bezieht sich zunächst lediglich auf die Pflicht zu einer wahrheitsgemäßen Darstellung der eigenen Person, vorliegend im Hinblick auf deren Familienstand. Dann müssen aber auch Fragen nach dem beruflichen Werdegang, der Ausbildung, möglicher Parteizugehörigkeit oder schließlich - unter Umständen - auch der Konfessionsangehörigkeit wahrheitsgemäß beantwortet werden. Im Wesentlichen entspricht dies auch dem zulässigen Fragekatalog im Rahmen von Vorstellungsgesprächen, der im Arbeitsrecht entwickelt worden ist[237]. Dabei handelt es sich um nachprüfbare Tatsachen, die der Bewerber ohne große Anstrengungen wahrheitsgemäß beantworten kann.

Fraglich ist jedoch, ob aus der obigen Entscheidung auch Schlussfolgerungen in Bezug auf politische Aussagen vor der Wahl zu ziehen sind, bei denen der Erklärende sich bewusst ist, dass er die vorgegebenen Ziele nicht unbedingt wird einhalten können.

Die Autoren Hochstadt und Noack, die die zugrunde liegende Entscheidung ebenfalls zum Anlass genommen haben, nach den Grenzen der Wahrheitspflicht im Wahlkampf zu fragen, befürworten eine solche Ausdehnung der Wahrheitspflicht in den politischen Bereich hinein[238]. Auch bei solchen inhaltlichen Ankündigungen schafften sich Kandidaten gegenüber anderen Bewerbern einen Vorteil, weswegen der Grundsatz der Chancengleichheit der Wahl nicht mehr gewahrt sei[239]. Als problematisch bewerten sie allerdings die Mög-

---

[236] Maunz, in: Maunz/Dürig, Art. 38 GG Rn. 51.

[237] Vgl. Palandt-Heinrichs, § 123 BGB Rn. 6.

[238] Vgl. Hochstadt/Noack „Falsche Werbeaussagen im Wahlkampf als Unregelmäßigkeit der Wahl", in: VR 2000, S. 128ff.

[239] Hochstadt/Noack, a.a.O., 128 [129].

lichkeiten der Beweisführung im Hinblick auf solche Aussagen, von denen der Bewerber sich nicht sicher ist, ob er sie tatsächlich erfüllen kann. Erschwerend komme nach ihrer Auffassung noch die kurz Zeitspanne hinzu, innerhalb derer entsprechende Unregelmäßigkeiten fristgemäß geltend gemacht werden müssten. Die Einspruchsfrist nach § 25 I 1 KWG betrage gerade einmal zwei Wochen ab der öffentlichen Bekanntgabe des Wahlergebnisses. Bis zu diesem Zeitpunkt sei aber meist noch gar nicht klar, dass der Kandidat bezüglich bestimmter Zielsetzungen die Unwahrheit gesagt habe[240].
Neben diesen praktischen Problemen muss insgesamt bezweifelt werden, ob eine Ausdehnung der Wahrheitspflicht in alle politischen Bereiche und Aussagen des Wahlkampfes sinnvoll erscheint. Letzten Endes ist es nämlich der Wähler selbst, der entscheiden muss, ob das, was der jeweilige Kandidat vorträgt, schlüssig und damit umsetzbar ist. Er kann mit entsprechenden Nachfragen und einer gezielten Auseinandersetzung mit dem Bewerber herausfinden, welches Gewicht einer Aussage tatsächlich zuzumessen ist. Dabei muss jedem Wähler klar sein, dass ein Bürgermeister von den Mehrheitsverhältnissen in der Gemeindevertretung bzw. Stadtverordnetenversammlung abhängig ist, um wesentliche Projekte durchzusetzen. Daher müssen solche Versprechungen von vornherein im Lichte der sonstigen Umstände und politischen Gegebenheiten vor Ort kritisch hinterfragt werden. Letzten Endes steht jede Wahlkampfaussage unter dem Vorbehalt, dass sich entsprechende Mehrheiten auch tatsächlich finden werden. Genauso kann eine Wählergruppe oder Partei, die im Wahlkampf konkrete Vorstellungen über die Stadtentwicklung propagiert, auf Absprachen im Rahmen einer Koalition oder Kooperation angewiesen sein. Folglich kann es auch in diesem Bereich niemals eine 100%ige Sicherheit für die Umsetzung angekündigter politischer Inhalte geben. Inhaltliche Versprechen, Aussagen und Ankündigungen sollten deshalb nicht justitiabel werden, sondern im politischen Bereich bleiben. Nur in diesem Rahmen kann die Auseinandersetzung mit jenen Gegnern, die den Mund möglicherweise „zu voll genommen haben", gesucht werden.

b. Jungwählerbrief, Seniorenbrief
(VG Frankfurt a.M., NVwZ 1997, 1240)
Sachverhalt:
Im vorliegenden Fall, den das Verwaltungsgericht Frankfurt zu entscheiden hatte, ging es ebenfalls um die Grenzen zulässiger Wahlwerbung von Amtsträgern für einen Kandidaten, der sich als Nachfolger für das Amt des Bürgermeisters zur Wahl gestellt hatte.
Unmittelbar vor dem ersten Wahlgang der im Dezember 1994 stattgefundenen Direktwahlen hatte sich der damalige Bürgermeister mit einem Serienbrief an die Jungwähler gewandt, um für den (später siegreichen) CDU-Kandidaten zu werben.

---

[240] Hochstadt/Noack, a.a.O., 128 [130].

Zum besseren Verständnis sei an dieser Stelle der Brief im Wortlaut wiedergegeben. Unter dem Briefkopf „Dr. S – Bürgermeister der Stadt K" wurde der Brief mit folgendem Inhalt verschickt:

> *„ Sie werden sich fragen, warum ich Ihnen heute persönlich schreibe. Nun Sie haben vor kurzem das 18. Lebensjahr erreicht, somit einen Lebensabschnitt, der Ihnen u.a. die Möglichkeit bietet, sich aktiv – in welcher Form auch immer – um die Geschicke Ihrer Stadt mit zu kümmern.*
> *Wie Sie sicherlich wissen, scheide ich Ende Mai 1995 mit dann 60 Jahren aus dem Amt des Bürgermeisters der Stadt K. Dieses Amt habe ich als junger Mann mit 32 Jahren übernommen. Am 4. Dezember haben Sie die Chance, einen neuen Bürgermeister zu wählen. Es ist natürlich Ihre Entscheidung, welchen Kandidaten Sie wählen, aber ich werbe für T.H. Er ist 34 Jahre alt, hat auf dem zweiten Bildungsweg sein Abitur gebaut, sein Jura-Studium mit Abschluss absolviert, besitzt bereits zehn Jahre Erfahrung in der Verwaltungsarbeit und ist ein offener Mensch, der auf Menschen zugeht und zuhören kann.*
> *Ich bin überzeugt, dass K. mit T.H. einen Bürgermeister bekommen wird, der die Stadtentwicklung positiv vorantreibt und auf die Meinung junger Menschen großen Wert legt, da sie es sind, die in zehn bis fünfzehn Jahre mit ihren Familien in K. leben werden".*

Insgesamt 800 dieser Briefe wurden in neutralen Briefumschlägen versandt. Nicht gänzlich aufklären ließ sich, wie Dr. S an die Adressen der Jungwähler gekommen war; entweder er hatte sie unmittelbar vom Einwohnermeldeamt erhalten oder sie waren über den CDU-Stadtverband K. an ihn weitergeleitet worden.
Im ersten Wahlgang holte keiner der Kandidaten die absolute Mehrheit. Auf den CDU-Kandidaten T.H. entfielen aber bereits 5157 Stimmen, auf den nächstplatzierten Bewerber 3325 Stimmen.
Kurz vor der Stichwahl zwischen diesen beiden Bewerbern kam es dann zur Versendung von zwei weiteren Briefen. Im ersten Brief warb der Erste Stadtrat a.D. der Stadt K. ebenfalls für den CDU-Kandidaten T.H. Er war adressiert an die Senioren der Stadt K in den Stadtteilen M. und H. Den zweiten Brief, der inhaltlich gleich lautete, verschickte der CDU - Fraktionsvorsitzende in der Stadtverordnetenversammlung von K an die Senioren in den Ortsteilen R. und E. Die Gesamtauflage der beiden Briefe lag bei rund 3500 Stück. Die entsprechenden Anschriften waren den beiden genannten Personen durch den CDU-Stadtverband zur Verfügung gestellt worden.
Der CDU-Kandidat T.H. konnte sich in der Stichwahl tatsächlich durchsetzen und gewann mit 6071 Stimmen gegen seinen parteilosen Konkurrenten, auf den 4372 Stimmen entfielen.
Gegen die Gültigkeit der Wahl wurde zunächst Einspruch, nachdem dieser erfolglos geblieben war, Klage erhoben.

Entscheidung VG Frankfurt:
Das VG Frankfurt gab in seinem Urteil der Klage statt. Die Klage sei als allgemeine Feststellungsklage gemäß § 43 I VwGO zulässig und auch begründet, da es bei der Bürgermeisterwahl zu Unregelmäßigkeiten im Wahlverfahren gekommen sei und damit der Anfechtungsgrund gemäß § 50 Nr. 2 KWG bejaht werden könne[241].
Das Gericht stellte auf eine weite Auslegung des Begriffs der Unregelmäßigkeit im Wahlverfahren ab, die in inhaltlicher Hinsicht nicht nur Verstöße gegen die Bestimmungen des KWG und der KWO umfasse, sondern auch Verstöße gegen die allgemeinen Wahlgrundsätze. In zeitlicher Hinsicht sei insbesondere auch die Wahlvorbereitung einschließlich der Wahlwerbung betroffen. Nach Auffassung des Gerichts sei in denen vom Bürgermeister und vom Ersten Stadtrat a.D. versendeten Schreiben eine unzulässige Wahlbeeinflussung zu erblicken, die zu einer Verletzung der Grundsätze der freien und gleichen Wahl geführt habe.
Im Ergebnis verneinte das Gericht allerdings eine Verletzung dieser Grundsätze aufgrund des Inhalts der Briefe und sah einen Verstoß gegen die obigen Prinzipien ganz allein der Tatsache geschuldet, dass die Art und Weise, wie die Verfasser an die Adressen gelangt sind, rechtswidrig sei.
Das Gericht griff zunächst auf die vom BVerfG entwickelten Grundsätze zur Neutralitätspflicht staatlicher Stellen zurück, die eine auf Wahlbeeinflussung gerichtete, Partei ergreifende Einwirkung von Staatsorganen zugunsten oder zu Lasten einzelner an einem Wahlkampf beteiligten politischen Parteien oder Bewerbern verbiete[242]. Werde dagegen verstoßen, liege eine Verletzung des Grundsatzes der freien Wahl vor, der wegen Art. 28 I 2 GG auch für die Wahlen auf kommunaler Ebene gelte[243]. Außerdem könne durch eine einseitige staatliche Parteinahme die Chancengleichheit der Bewerber verletzt werden, was wiederum einen Verstoß gegen den Grundsatz der gleichen Wahl nach sich ziehe.
Gleichwohl verwies das Gericht darauf, dass auch Amtsinhabern das grundrechtlich geschützte Recht der Meinungsfreiheit nach Art. 5 I1 GG zustehe und diese sich daher nicht jeglicher Meinungsäußerung im Zusammenhang mit einer Wahl enthalten müssten[244].
Die eigentliche Schwierigkeit, so das VG Frankfurt, liege daher darin, die Grenze zwischen zulässiger Betätigung als „politisch engagierter Bürger" und „unzulässiger amtlicher Betätigung" zu ziehen. Diese Grenze sah das VG

---

241 VG Frankfurt, NVwZ 1997, 1240 [1241].
242 Vgl. BVerfGE 44, 125 [138ff.].
243 VG Frankfurt, NVwZ 1997, 1240 [1241] mit Verweis auf: BVerfGE 83, 37 [53]; BVerwG NVwZ 1997, 1220; VGH Kassel, NVwZ 1992, 284 [285].
244 VG Frankfurt, NVwZ 1997, 1240 [1241]. An dieser Stelle fehlt es bereits an einer präzisen terminologischen und dogmatischen Unterscheidung zwischen dem Handeln des Bürgermeisters als Amtsträger auf der einen Seite und als Privatperson auf der anderen; vgl. dazu die Bewertung unten.

Frankfurt jedenfalls dann überschritten, wenn der Bürgermeister „das ihm aufgrund seiner amtlichen Tätigkeit zufallende Gewicht und die ihm kraft seines Amtes gegebenen Einflussmöglichkeiten in einer Weise nutzt, die mit seiner der Allgemeinheit verpflichtenden Aufgabe unvereinbar ist“[245].
Im Hinblick auf den Inhalt und die Form des Jungwählerbriefes sei diese Grenze durch den Bürgermeister nicht überschritten worden. Der Brief enthalte keinen amtlichen Briefkopf, sondern lediglich den Namen und die Amtsbezeichnung des Verfassers. Diese Amtsbezeichnung dürfe gemäß §§ 211 I, 97 II Hess. BeamtenG aber auch außerhalb des Dienstes geführt werden. Darüber hinaus werde durch den Verweis auf eine 28jährige Amtszeit als Bürgermeister der Stadt K das Gewicht, welches in dem Amt des Bürgermeisters liegt, nicht missbraucht[246]. Folglich lag hierin nach Auffassung des Gerichts auch kein Verstoß gegen die Neutralitätspflicht des Bürgermeisters.
Eine unzulässige Wahlbeeinflussung bejahte das VG Frankfurt jedoch aufgrund eines Verstoßes gegen das HessMeldeG, weil Dr. S die Adressen der Jungwähler gar nicht hätten zur Verfügung gestellt werden dürfen. Dabei könne offen bleiben, ob – was sich durch die Beweisaufnahme nicht abschließend feststellen ließ – sich Dr. S die Adressen selbst besorgt hatte oder ob sie ihm vom CDU-Stadtverband überlassen worden waren.
Im ersten Fall läge ein Verstoß gegen § 35 I1 HessMeldeG vor, demzufolge nur Parteien und anderen politischen Gruppierungen im Zusammenhang mit Wahlen zum Deutschen Bundestag, zum Europäischen Parlament sowie zu Landtags- und Kommunalwahlen Auskunft aus dem Melderegister erteilt werden dürfe. Darunter, so das VG Frankfurt, seien auch die Direktwahlen der Bürgermeister zu subsumieren, da diese im KWG und in der KWO geregelt seien und es sich demnach um eine Kommunalwahl im Sinne des § 35 I 1 HessMeldeG handele[247]. Sollten Dr. S daher die Adressen direkt durch das Einwohnermeldeamt zur Verfügung gestellt worden sein, so hätte er „die ihm kraft seines Amtes gegebenen Einflussmöglichkeiten genutzt, um sich Kenntnisse zu verschaffen, die ihm als Privatperson versagt geblieben wären“[248].
Wurden ihm die Adressen dagegen vom CDU-Stadtverband überlassen, so sei dies nicht mit § 35 V i.V. mit § 35 IV HessMeldeG zu vereinbaren, da die Adressen vom Empfänger dann nur zu dem Zweck verwendet werden dürften, zu dessen Erfüllung sie ihm überlassen worden seien. Damit wäre in diesem Fall nur eine Verwendung durch den CDU-Stadtverband selbst legitimiert gewesen, allenfalls eine Verwendung durch einzelne Parteimitglieder, wobei dann aber der parteipolitische Charakter der Wahlwerbebriefe, beispielsweise durch einen entsprechenden Hinweis auf die CDU, hätte deutlich werden müssen. In dem Jungwählerbrief seien diese Voraussetzungen allerdings nicht erfüllt, da weder aus der Aufmachung des Briefumschlages noch aus dem Text selbst eine

---

[245] VG Frankfurt, NVwZ 1997, 1240 [1241] mit Verweis auf: BVerwG, NVwZ 1997, 1220.
[246] VG Frankfurt, NVwZ 1997, 1240 [1241].
[247] VG Frankfurt, NVwZ 1997, 1240 [1241].
[248] VG Frankfurt, NVwZ 1997, 1240 [1241].

Trägerschaft des CDU-Stadtverbandes erkennbar werde. Demnach läge auch für diese Variante eine unzulässige Wahlbeeinflussung vor.

Im Hinblick auf die beiden weiteren Briefe an die Senioren in den Stadtteilen kam das VG Frankfurt zu folgender Entscheidung: Zumindest beim Brief des Ersten Stadtrates a.D. handele es sich um eine unzulässige verdeckte Parteienfinanzierung[249]. Diese resultiere daraus, dass die Adressen dem Ersten Stadtrat a.D. vom CDU-Stadtverband zur Verfügung gestellt worden seien und aus dem Schreiben nach außen nicht erkennbar geworden sei, dass es sich um Wahlwerbung der CDU handele. Vielmehr sei der Anschein erweckt worden, dass sich ein politisch engagierter Bürger für den CDU-Kandidaten einsetze.
Inwieweit dies analog auch auf den Brief des CDU-Fraktionsvorsitzenden M an die Senioren übertragen werden muss, ließ das VG offen gelassen. Dieser sei mangels Hinweises auf den CDU-Stadtverband zwar ebenfalls als ein „privates Wahlwerbeschreiben" gedacht gewesen, immerhin lasse sich dem Briefkopf jedoch entnehmen, dass es sich bei M um den Fraktionsvorsitzenden der CDU handele. Ob dies ausreichend sei, um die Anforderungen der Trägerschaft durch eine Partei zu erfüllen, könne wegen fehlender Entscheidungserheblichkeit offen bleiben.
Im Hinblick auf die beiden anderen Briefe (Brief des damaligen Bürgermeisters und des Ersten Stadtrates a.D.) bejahte das VG die „Ergebnisrelevanz"[250], so dass es auf den dritten Brief des CDU-Fraktionsvorsitzenden gar nicht mehr ankam. Diese Relevanz für den Ausgang der Wahl zeige sich daran, dass „in Anbetracht der Anzahl der beanstandeten Wahlwerbebriefe (ca. 800 Jungwählerbriefe und ca. 1750 Seniorenwahlbriefe), ihrer stadtbekannten Verfasser (damaliger Bürgermeister und Erster Stadtrat a.D.) sowie des Zeitpunktes ihres Ergehens (unmittelbar vor dem ersten bzw. zweiten Wahlgang) eine nicht ganz fern liegende Möglichkeit der Beeinflussung des Wahlergebnisses"[251] bestehe. Nur 850 Wähler hätten nämlich ihre Stimme nicht dem Beigeladenen, sondern dem Gegenkandidaten geben müssen und es wäre bereits ein anderes Wahlergebnis erzielt worden.
Aufgrund dieser Unregelmäßigkeiten, die zu einer Ungültigkeit der Wahl geführt hätten, sei eine Wiederholung der Wahl anzuordnen.

Bewertung:
Besondere Relevanz für die Praxis erhält die Entscheidung insbesondere durch ihre Ausführungen zur Neutralitätspflicht der Gemeinde und ihrer Organe im Wahlkampf. Das VG Frankfurt überträgt die entsprechenden Aussagen des

---

[249] VG Frankfurt, NVwZ 1997, 1240 [1242].

[250] Der Begriff der „Mandatsrelevanz" ist an dieser Stelle unpräzise, da es sich um keine Kommunalwahl i.e.S. handelt, bei der es um die Verteilung von Mandaten geht. Daher sollte als Oberbegriff für die Tatsache, dass die Unregelmäßigkeit von Einfluss auf das Wahlergebnis gewesen sein muss, der Begriff der „Ergebnisrelevanz" verwendet werden.

[251] VG Frankfurt, NVwZ 1997, 1240 [1242].

BVerfG zur Neutralität staatlicher Organe auch auf die kommunale Ebene und kann sich in diesem Zusammenhang auf eine obergerichtliche Rechtsprechung und das BVerfG selbst stützen[252]. Ohne auf die Strukturunterschiede zwischen der staatlichen Ebene auf der einen Seite und der kommunalen Ebene auf der anderen eingehen zu wollen, ist dieser Übertragung im Grundsatz beizupflichten. Schwierigkeiten bereitet allerdings der sich in den Entscheidungsgründen findende Verweis auf Art. 28 I 2 GG, der sich lediglich mit den Wahlen zu den kommunalen Vertretungsorganen und nicht mit den Bürgermeister- (direkt) Wahlen beschäftigt. Im Ergebnis macht es jedoch keinen Unterschied, welche Wahl im Einzelnen auf kommunaler Ebene ausgetragen wird. Erst recht bei Direktwahlen, bei denen die Amtsträger noch stärker für ihre eigenen Interessen kämpfen, müssen diese zur Neutralität verpflichtet werden.
Lediglich in der Intention, nicht aber in der dogmatischen Herleitung sowie in der präzisen Terminologie, ist dem VG Frankfurt darin zuzustimmen, dass sich auch Amtsinhaber im Wahlkampf nicht jeglicher Meinungsäußerung enthalten müssen. Dies zeigt sich bereits daran, dass Bürgermeister und Landräte ihre Arbeit auf Mehrheiten in der Gemeindevertretung bzw. im Kreistag stützen müssen, die nach ihrer Überzeugung für die Durchsetzung der eigenen Politik am effektivsten sind. Damit verbunden muss dann aber auch das Recht bestehen, für die eine oder andere politische Gruppierung im Wahlkampf zu werben. Geht es um die eigene Wiederwahl, so wird erst recht offenkundig, dass man nicht einseitig dem Herausforderer das Recht zur Meinungsäußerung im Wahlkampf eröffnen kann, wenn man den Amtsinhaber nicht von vornherein strukturell benachteiligen will.
Zu prüfen ist allerdings, wie das Spannungsverhältnis zwischen der Neutralitätspflicht der Amtsträger auf der einen Seite und dem Grundrecht auf Meinungsfreiheit auf der anderen aufzulösen ist. Dabei ist letzten Endes die Frage bereits deshalb ungenau gestellt, weil dem Amtsträger als solchem kein Grundrecht auf Meinungsäußerungsfreiheit zusteht, was anhand folgender Überlegungen verdeutlicht werden soll:
Das Spannungsverhältnis ist nur in den Griff zu bekommen, wenn man grundlegende Regeln zur Grundrechtsdogmatik an den Ausgangspunkt der Überlegungen stellt. Insbesondere die Frage hinsichtlich der *Grundrechtsberechtigung* auf der einen Seite und der *Grundrechtsverpflichtung* auf der anderen muss berücksichtigt werden. Daraus wird deutlich, dass sich ausschließlich natürliche Personen auf die Grundrechte berufen können und hinsichtlich juristischer Personen die Voraussetzungen des Art. 19 III GG zu beachten sind[253]. Der Bür-

---

[252] Vgl. BVerfGE 83, 37 [53]; BVerwG, NVwZ 1997, 1220; vgl. auch: VGH München, NVwZ-RR 1996, 680; VGH Mannheim, DVBl. 1985, 170.; vgl. auch: Oebbecke, in: NVwZ 2007, S. 30ff.
[253] Vgl. ausführlich: von Mutius, in: BK, Art. 19 III GG Rn. 78ff.; Bleckmann, § 9 Rn. 26ff.; Stern, Staatsrecht III/1, § 71, S. 1149ff.; Jarass/Pieroth, Art. 19 GG Rn. 18ff.

germeister bzw. Amtsinhaber als solcher ist jedoch Teil („Organ“[254]) einer Gebietskörperschaft, folglich Teil einer juristischen Person des öffentlichen Rechts, der grundsätzlich keine Grundrechtsberechtigung zusteht[255]. Er kann sich nicht auf Grundrechte berufen, da er als Teil der umfassenden staatlichen Gewalt im Sinne von Art.1 III GG Grundrechtsverpflichteter ist, d.h. die Bürgerinnen und Bürger ihn selbst zur Beachtung der Grundrechte durch die Gemeinde verpflichten können („Konfusionsargument“[256]). Die Nichtanwendbarkeit folgt darüber hinaus aus der Überlegung, dass Träger staatlicher Gewalt und Verwaltungsträger nicht in Wahrnehmung grundrechtlicher Freiheiten, sondern auf Grund von Kompetenzen tätig werden[257]. Hinter allen juristischen Personen des öffentlichen Rechts steht letzten Endes aus Sicht der Bürgerinnen und Bürger die „Einheit des Staates“. Handelt daher der Bürgermeister als Amtsträger, so muss sein Handeln auf Kompetenzen in der HGO oder anderen Gesetzen, die ihn zur Wahrnehmung hoheitlicher Gewalt legitimieren, zurückgeführt werden können. Das Bundesverfassungsgericht hat in dieser Hinsicht betont, dass die Grundrechte den Schutz der „privaten natürlichen Person gegen hoheitliche Übergriffe“[258] bezwecken würden und sich Gemeinden in keiner „grundrechtstypischen Gefährdungslage“[259] befänden.

Insofern bedarf auch die „unscharfe“ Formulierung des VG Frankfurt, dass auch Amtsinhabern das grundrechtlich geschützte Recht der Meinungsfreiheit zustehe und sie sich nicht jeglicher Meinungsäußerung enthalten müssten, der Korrektur. Vielmehr ist zu betonen, dass sich der Amtsinhaber als solcher jeglicher Meinungsäußerung enthalten muss.

Dogmatisch davon strikt zu trennen, ist die Tatsache, dass hinter dem Amt des Bürgermeisters eine natürliche Person steht, die als Grundrechtsträger in Betracht kommt und sich dementsprechend auch auf Art. 5 I 1 GG berufen kann. Wie jeder andere Bürger darf sich auch diese Person privat in jeder Hinsicht äußern und mit Auftritten, Anzeigen und Wahlaufrufen aktiv am Wahlkampf beteiligen[260].

Stellt man diese dogmatischen Grundlagen an den Ausgangspunkt, so kann eine Bestimmung der Grenze zwischen notwendiger Zurückhaltung des Amtsträgers auf der einen Seite und Meinungsäußerungsfreiheit der Privatperson auf

---

[254] Die HGO kennt als Organe eigentlich gemäß § 9 HGO nur die Gemeindevertretung und den Gemeindevorstand. Der Bürgermeister ist Teil des Gemeindevorstandes und insofern kein eigenständiges Organ. Da die HGO das Amt jedoch mit einer Reihe von Kompetenzen ausgestattet hat, kann mit guten Gründen von einem „Quasi-Organ“ gesprochen werden.

[255] Vgl. zu den entsprechenden Ausnahmen etwa: Stern, Staatsrecht III/1, § 71, S. 1152ff.

[256] Vgl. BVerwGE 15, 256 [262]; 362 [369f.]; Krebs, in: von Münch/Kunig, Art. 19 GG Rn. 41 [m.w.N.] will dieses Argument freilich nicht ohne weiteres akzeptieren, da es rechtslogisch nicht ausgeschlossen sei, dass ein Rechtsträger in unterschiedlichen Rechtsbeziehungen unterschiedlich gebunden bzw. berechtigt sei.

[257] BVerfGE 61, 82 [101]; 68, 193 [206]; Krebs, in: von Münch/Kunig, Art. 19 GG Rn. 41

[258] BVerfGE 61, 82 [110].

[259] BVerfGE 45, 63 [79].

[260] Vgl. dazu auch: Oebbecke, in: NVwZ 2007, 30 [31].

der anderen unternommen werden. Das Grundproblem bleibt nämlich auch vor dem Hintergrund der oben aufgezeichneten Dogmatik erhalten, da letzten Endes die gleiche Person handelt, allerdings in unterschiedlicher Eigenschaft. Ziel muss es daher sein, die Grenzziehung möglichst eindeutig zu beschreiben, ohne sich in allgemeinen Erwägungen zu verlieren.
Das VG Frankfurt will in Anlehnung an eine Entscheidung des BVerwG[261] darauf abstellen, ob der Amtsträger, das ihm „aufgrund seiner amtlichen Tätigkeit zufallende Gewicht und die ihm kraft seines Amtes gegebenen Einflussmöglichkeiten“ missbraucht. Damit ist insbesondere darauf abzustellen, ob der jeweilige Amtsträger spezifische Möglichkeiten nutzt, die ihm gerade aufgrund seines Amtes gegeben sind und die dementsprechend einer Privatperson von vornherein verschlossen bleiben. Unzulässig ist demzufolge eine (einseitige) Nutzung der Infrastruktur, die nur einem Amtsträger in der jeweiligen Verwaltungsbehörde zur Verfügung steht. Ebenso unzulässig ist eine Verwendung von amtlichen Briefköpfen, Wappen und anderen städtischen Insignien für reine Wahlkampfzwecke. Nimmt der Bürgermeister diese Mittel in Anspruch, so handelt er nicht als Privatperson, sondern als Amtsträger. In dieser Eigenschaft kann er sich aber nicht auf die Meinungsfreiheit nach Art. 5 I1 GG berufen, so dass jegliche privaten Stellungnahmen unterbleiben müssen und er der gemeindlichen Neutralitätspflicht unterliegt.
Dies war vorliegend aber gerade nicht der Fall. Der damalige Bürgermeister hat im Briefkopf lediglich seinen eigenen Namen mit der Amtsbezeichnung „Bürgermeister“ verwendet. Dem VG Frankfurt ist darin beizupflichten, dass der Amtsträger darauf selbst im Wahlkampf nicht verzichten muss. Dies lässt sich zum einen mit dem Verweis auf §§ 211 I, 97 II Hess. BeamtenG rechtfertigen, zum anderen aber auch mit der Erwägung, dass es sich bei dieser Bezeichnung zugleich auch um den Beruf der betreffenden Person handelt, dessen Nennung dem Amtsträger auch in Wahlkampfzeiten nicht untersagt werden kann.
Sind keine Anhaltspunkte dafür erkennbar, dass der Amtsträger städtische Infrastruktur oder besondere Einflussmöglichkeiten, die ihm gerade aufgrund seines Amtes gegeben sind, nutzt, so ist davon auszugehen, dass er in privater Eigenschaft handelt und sich dementsprechend unbeschränkt auf Art. 5 I 1 GG berufen kann. Der richtige Ansatz für die Unterscheidung zwischen amtlicher Tätigkeit sowie Neutralitätspflicht auf der einen Seite und privatem Handeln sowie Meinungsäußerungsfreiheit auf der anderen liegt demnach in der an formalen Kriterien ansetzenden Frage, inwieweit gemeindliche Infrastruktur genutzt wurde oder Einflussmöglichkeiten des Amtes missbraucht worden sind.
Hinsichtlich der rechtswidrigen Verwendung der Adressen durch den damaligen Bürgermeister und den Ersten Stadtrat a.D. ist dem VG Frankfurt zuzustimmen: Die entsprechende Unregelmäßigkeit ergibt sich hier schon aus dem Hessischen Meldegesetz selbst, gegen das – in welcher Variante auch immer - eindeutig verstoßen worden ist.

---

[261] BVerwG, NVwZ 1997, 1220.

Spannender dürfte in diesem Zusammenhang allenfalls die vom VG offen gelassene Frage sein, welche Voraussetzungen in einem Brief erfüllt sein müssen, um eine entsprechende Urheberschaft bzw. Trägerschaft durch eine Partei oder sonstige politische Gruppierung deutlich zu machen. Hinsichtlich des Briefs des CDU-Fraktionsvorsitzenden an die Senioren fehlte vorliegend der Verweis auf den CDU-Stadtverband, allerdings war dem Briefkopf zu entnehmen, dass M Fraktionsvorsitzender der CDU ist. Hier dürfen die Anforderungen nicht allzu streng beurteilt werden. Soweit sich der Brief einer „politischen Richtung" zuordnen lässt, ist es unschädlich, wenn ein eindeutiger Verweis auf die Partei oder politische Gruppierung fehlt. Es gehört nämlich weitgehend auch zum verfassungsrechtlich garantierten Status der Parteien nach Art. 21 GG und zum passiven Wahlrecht der Wahlbewerber hinzu, darüber zu entscheiden, in welcher Art und Weise sie ihren Wahlkampf führen und auf sich aufmerksam machen wollen. Davon umfasst ist auch die freie Entscheidung darüber, welche Akzente in der Ansprache der Wählerinnen und Wähler gesetzt werden, insbesondere, ob man die jeweiligen personellen Angebote – Vorsitzende, Spitzenkandidaten – in den Vordergrund stellt oder ob stärker mit der Partei bzw. mit deren inhaltlichen Angeboten geworben wird.
Soweit sich dabei - ausgehend vom „objektiven Empfängerhorizont" - ermitteln lässt, dass hinter dem jeweiligen Wahlwerbemittel eine politisch-geistige Urheberschaft einer Partei steckt, dürfte dies ausreichend sein, um eine unzulässig verdeckte Parteienwerbung zu verhindern.

c. OB-Wahl Bad Homburg
(VGH Kassel, HSGZ 2002, 171ff.; BVerwG, HSGZ 2003, 265ff.)
Sachverhalt:
Um Fragen der amtlichen Täuschung der Öffentlichkeit im Vorfeld der Oberbürgermeister-Wahl in Bad Homburg am 1./22. März 1998 ging es in dem hier vorliegenden Fall, der bis zum BVerwG gelangte.
Nach vier Amtsperioden trat der bisherige Amtsinhaber (CDU) nicht mehr zur Wiederwahl an. Stattdessen nominierte die CDU am 15. Januar 1998 den aus ihren Reihen stammenden damaligen Stadtbaurat offiziell für die Wahl. Dieser hatte erst kurz zuvor, am 1. Oktober 1997, sein Amt als Chef der Bauverwaltung angetreten. Im ersten Wahlgang konnte keiner der Kandidaten die notwendige Mehrheit erreichen. Vor der Stichwahl zwischen dem CDU- Kandidaten und der als unabhängiger Bewerberin auftretenden Vorsitzenden der SPD-Fraktion in der Stadtverordnetenversammlung veröffentlichte der dritte Bewerber eine Wahlempfehlung zugunsten des CDU-Kandidaten. Dieser setzte sich in der Stichwahl mehrheitlich gegen seine Mitbewerberin durch. In der Folge wurden Einsprüche gegen die Gültigkeit der Wahl wegen eines Verstoßes ge-

gen das Neutralitätsgebot geltend gemacht. Die späteren Kläger stützten ihre Einwände im Wesentlichen auf folgenden Sachverhalt[262]:
Der damalige CDU-OB habe den Beigeladenen durch gemeinsame Auftritte bei verschiedenen Anlässen und durch Publikationen im Wahlkampf unzulässig unterstützt. Weiterhin habe auch der Beigeladene selbst sein Amt als Stadtbaurat zu Wahlkampfzwecken missbraucht. Schließlich hätten Teile des hauptamtlichen Magistrates, darunter der alte OB wie auch der Beigeladene, das Misslingen eines Grundstücksgeschäftes der Stadt verheimlicht. Dadurch seien die Stadtverordnetenversammlung und die Öffentlichkeit gezielt getäuscht worden, um den Wahlerfolg des Beigeladenen als CDU-Kandidat nicht zu gefährden.
Im Kern ging es um das Scheitern eines Optionsgeschäftes für den Verkauf eines Grundstücks. Unter Federführung des damaligen Kämmerers und des Bürgermeisters war am 28. Mai 1997 ein Vertrag ausgearbeitet worden, der es der Stadt Bad Homburg erlaubte, zugunsten eines im Stadtgebiet ansässigen Unternehmens eine Option zum Kauf bzw. zur Anmietung eines 1.000 qm großen Grundstücks auszuüben. Der Erwerb des Grundstücks sollte zur Betriebserweiterung dieses Unternehmens dienen. Der Beigeladene konnte sich im November 1997 mit dem Unternehmen auch auf einen Kaufpreis von 1.300 DM/qm verständigen.
Allerdings kam ein durch den Magistrat im Januar 1998 in Auftrag gegebenes Rechtsgutachten zu dem Ergebnis, dass die am 28. Mai 1997 vereinbarte Option der Stadt Bad Homburg gegenüber dem Verkäufer des Grundstücks keinen Anspruch auf Abschluss eines Miet- oder Kaufvertrages vermittelt. In einer Sitzung der „Großen Koalitionsrunde“, an der der OB, der Beigeladene und weitere Vertreter von CDU, FDP und FHW teilnahmen, wurde über die fehlende rechtliche Wirkung der Option diskutiert. Der Bürgermeister erläuterte, dass man auf den guten Willen des Verkäufers angewiesen sei, der bereit sei, der Option für 3.600 DM/qm zuzustimmen, allerdings zeitlich befristet bis zum 3. Februar 1998. Die Sitzungsteilnehmer entschlossen sich jedoch – ausweislich des Protokolls – dazu, die „Angelegenheit, bis nach der Wahl zu vertagen“ (01.03.1998). Damit verstrich die Frist vom 3. Februar 1998 ergebnislos.
In der Magistratssitzung am 26. Januar 1998 wurde die Angelegenheit durch den OB ebenfalls von der Tagesordnung genommen und das Rechtsgutachten den übrigen ehrenamtlichen Stadträten nicht zur Kenntnis gegeben.
Der Bürgermeister bat am 26. Januar den Verkäufer darum, mit Veröffentlichungen über das Scheitern des Grundstücksgeschäftes möglichst bis nach der Wahl zu warten. Über die Vorgänge in der Koalitionsrunde fertigte der Bürgermeister am 27. Januar 1998 einen Vermerk.
Bei einer Sitzung der Stadtverordnetenversammlung am 5. Februar 1998 wurde auf Antrag der SPD-Fraktion der Magistrat einstimmig aufgefordert, „unver-

262 Der Sachverhalt, der Anlass für die Einlegung des Einspruchs war, ist ausführlich chronologisch festgehalten in: VGH Kassel, HSGZ 2002, 171 [171ff.].

züglich das Ergebnis seiner Gespräche" den städtischen Gremien zur Beratung vorzulegen.
Im ersten Wahlgang der OB-Wahl am 1. März konnte keiner der Kandidaten die notwendige Mehrheit erzielen. Auf Nachfrage erklärte der Beigeladene am 4. März 1998 in dem als Akteneinsichtsausschuss tätigen Bauausschuss, dass bezüglich der Grundstücksangelegenheiten noch weitere Beratungen notwendig seien. Der Vermerk des Bürgermeisters vom 27. Januar 1998 fehlte in den Akten - wie sich später herausstellte auf Anweisung des Oberbürgermeisters. In der Sitzung des Magistrates vom 30. März 1998 wurde das Scheitern des Grundstücksgeschäftes offenbar.
Nach Zurückweisung der Einsprüche durch die Stadtverordnetenversammlung erhoben die Kläger beim VG Frankfurt Wahlanfechtungsklage.

Entscheidung VG Frankfurt:
Mit Urteil vom 18. Juni 1999[263] wies das VG Frankfurt die Klage ab. Zunächst sah das Gericht in dem Engagement des Oberbürgermeisters während des Wahlkampfes keine Anhaltspunkte für ein Handeln in amtlicher Eigenschaft, vielmehr sei erkennbar gewesen, dass er eindeutig als Parteipolitiker aufgetreten sei.
In den Vorgängen um das Grundstücksgeschäft bejahte das Gericht zwar eine unzulässige Wahlbeeinflussung, allerdings habe diese das Ergebnis der Wahl nicht entscheidend beeinflussen können. Das Bekanntwerden der Vorgänge vor der Wahl hätte nach Auffassung des VG den Beigeladenen nicht in Misskredit bringen können, da der umstrittene Vertrag vom 28. Mai 1997 stamme, der Beigeladene aber erst am 1. Oktober 1997 sein Amt als Stadtbaurat angetreten habe.

Entscheidung VGH Kassel:
Der VGH Kassel wertete die Sachlage grundlegend anders und sah die Berufung der Kläger als begründet an. Die Vorinstanz habe zu Unrecht die Klage abgewiesen, denn bei der OB-Wahl seien tatsächlich Unregelmäßigkeiten im Wahlverfahren vorgekommen, die auf das Ergebnis der Wahl von Einfluss gewesen sein können.
Im ersten Teil des Urteils beschäftigt sich der VGH ausführlich mit dem Begriff der Unregelmäßigkeit. Wiederum wird der Begriff in der Tradition früherer Entscheidungen verfassungskonform weit ausgelegt und darunter nicht nur der „bloße formal-technische Ablauf der Wahl", sondern auch die Verletzung der den gemeindlichen Organen im Kommunalwahlkampf obliegenden Neutralitätspflicht gefasst[264]. Dies folge aus dem in § 1 I KWG, Art. 138 HV und Art. 28 I 2 GG verankerten Grundsatz der freien und gleichen Wahl, der eine

[263] VG Frankfurt, 7 E 2303/98 (2).
[264] VGH Kassel, HSGZ 2002, 171 [175].

„parteiergreifende Einflussnahme auf die Wählerwillensbildung und Verletzung der Chancengleichheit der Wahlbewerber“ verbiete[265].
Der VGH Kassel verneinte dementsprechend auch die enge Auslegung des Begriffs der Unregelmäßigkeit, wie sie das Bundesverfassungsgericht in seinem Urteil vom 8. Februar 2001 zur Gültigkeit der Hessischen Landtagswahl 1999 vertreten hatte[266]. Hinsichtlich der Auslegung des Art. 78 II HV hatte das Bundesverfassungsgericht entschieden, dass der Begriff der „Unregelmäßigkeit“ in Art. 78 II HV in einem eher formal-verfahrensrechtlichen Sinne als Verletzung von Wahlvorschriften zu verstehen sei, die die Wahlvorbereitung, den Wahlakt und die Feststellung des Wahlergebnisses betreffen würden. Die Übertragung dieser engen Auslegung lehnte der VGH mit Hinweis darauf ab, dass § 50 Nr. 2 KWG und Art. 78 II HV nicht vergleichbar seien. Im Unterschied zu § 50 Nr. 2 KWG gebe es nämlich in Art. 78 II HV einen weiteren Anfechtungstatbestand der „strafbaren oder gegen die guten Sitten verstoßenden Handlungen“. Ein Verstoß gegen die Neutralitätspflicht stelle nach der wahlprüfungsrechtlichen Spruchpraxis aber gerade einen Verstoß gegen diesen Tatbestand dar. In Art. 78 II HV sei daher eine verfassungskonform weite Auslegung der „Unregelmäßigkeiten“ nicht erforderlich. In § 50 Nr. 2 KWG fehle hingegen ein weiterer Anfechtungsgrund neben dem Begriff der Unregelmäßigkeit. Demnach sei, so der VGH Kassel, eine Übertragung der Entscheidung des Bundesverfassungsgerichts ins kommunale Wahlprüfungsrecht nicht möglich, da man nicht in Kauf nehmen dürfe, dass Verstöße gegen den Grundsatz der freien und gleichen Wahl in § 50 Nr. 2 KWG nicht mehr berücksichtigt werden könnten.
Der VGH beschäftigte sich im Anschluss mit den gerügten unzulässigen Wahlbeeinflussungen im Einzelnen. Diese wollte er jedoch weder in den Unterstützungshandlungen des damaligen Oberbürgermeisters noch in den Handlungen des Beigeladenen selbst (als Stadtbaurat) erkennen.
Wie bereits die Vorinstanz sah auch der VGH eine unzulässige Wahlbeeinflussung lediglich in den Geschehnissen um das Grundstücksgeschäft begründet. Die Richter machten die Wählertäuschung gleich an mehreren Verstößen fest: Zum einen hätte der OB das Rechtsgutachten allen Magistratsmitgliedern zuleiten und einen entsprechenden Tagesordnungspunkt in der Magistratssitzung am 26. Januar 1998 bilden müssen, unter dem auch über die letztmalig gesetzte Optionsfrist hätte informiert werden müssen. Weiterhin hätte der Bürgermeister am 26. Januar 1998 nicht mit dem (potentiellen) Verkäufer über den bevorstehenden Fristablauf sprechen dürfen und ihn um Zurückhaltung aus „politischen Gründen“ bitten dürfen. Einen Verstoß gegen die Neutralitätspflicht machte das Gericht auch daran fest, dass in der Sitzung der Stadtverordneten am 5. Februar 1998, auch nach mehrmaligem Auffordern und einem einstimmigen Beschluss der Versammlung, nicht über das Rechtsgutachten sowie das endgültige Schei-

---

265 VGH Kassel, HSGZ 2002, 171 [175].
266 Vgl. BVerfG, NJW 2001, 1048ff.

tern des Grundstücksgeschäftes durch den Magistrat berichtet worden sei. Außerdem habe der Beigeladene selbst in der Sitzung des Akteneinsichtsauschusses am 4. März 1998 (also nach dem ersten Wahlgang) wahrheitswidrig erklärt, dass „noch weitere Beratungen" erforderlich seien. Schließlich habe der Vermerk des Bürgermeisters vom 27. Januar 1998 über den Inhalt der Gespräche in der Koalitionsrunde in jenen Akten gefehlt, die dem Akteneinsichtsausschuss in der Sitzung am 4. März vorgelegt worden seien.
Dass diese Verstöße im Wesentlichen durch ein Unterlassen der Verantwortlichen begründet worden sind, hat nach Auffassung des VGH Kassel keine Bedeutung, denn einer besonderen „Garantenpflicht" bedürfe es nicht; ausreichend sei, dass es an einer „ordnungs- und pflichtgemäßen Amtsführung" mangele[267]. Ein solcher Mangel zeige sich aber bereits daran, dass die hauptamtlichen Magistratsmitglieder gegen ihre aus § 50 II 5, III, § 66 I Nr. 2 und § 70 HGO resultierenden Amtspflichten verstoßen hätten[268].
Unerheblich sei daher auch, ob sich für das Verstreichenlassen der Optionsfrist im Nachhinein sachliche Gründe finden ließen, denn der eigentliche Verstoß liege in dem Verschweigen der Vorgänge, was eine öffentlichen Diskussion und Abwägung der Gesichtspunkte um das Grundstücksgeschäft unmöglich gemacht habe. Eine solche öffentliche Diskussion hätte aber nach Auffassung des VGH Kassel die Wahlchancen des Beigeladenen beeinträchtigt, da der geplante Bau eines Öko-Zentrums auf dem fraglichen Grundstück ein zentrales Wahlkampfthema gewesen sei, was sich aus verschiedenen Stellungnahmen in Zeitungsartikeln ableiten lasse. Die Tatsache, dass der Beigeladene zum Zeitpunkt des Abschlusses des Vertrages das Amt des Stadtbaurates noch gar nicht ausgeübt habe, ändere insofern nichts an dieser Bewertung, da der Bevölkerung dies aufgrund der späteren zentralen Rolle des Beigeladenen und seiner Parteizugehörigkeit kaum hätte plausibel gemacht werden können. Das Gericht stellte in diesem Zusammenhang insbesondere auf die Wahlkampfstrategie des Beigeladenen ab, der sich bei seinen Aussagen im Wahlkampf als Neubürger und Neuling in Bad Homburg im Wesentlichen auf die Fortführung der erfolgreichen CDU-Politik der vergangenen Jahre konzentriert habe. Damit könne eine unzulässige Wahlbeeinflussung bejaht werden.
Im zweiten Teil der Entscheidungsgründe konzentrierte sich der VGH dann auf die Frage der Erheblichkeit der Unregelmäßigkeit im Hinblick auf das Ergebnis der Wahl. Der VGH verwendete dabei die vom BVerfG für Bundestagswahlen entwickelte Formel, nach der eine Erheblichkeit dann vorliegt, wenn es zu Eingriffen gekommen ist, die „auf die konkrete Mandatsverteilung von Einfluss sind oder sein können, wobei eine solche Möglichkeit nicht nur theoretisch bestehen darf, sondern nach allgemeiner Lebenserfahrung konkret und nicht ganz fern liegend sein muss"[269].

[267] VGH Kassel, HSGZ 2002, 171 [178].
[268] VGH Kassel, HSGZ 2002, 171 [178].
[269] VGH Kassel, HSGZ 2002, 171 [180] mit entsprechenden Verweisen auf Urteile des Bundesverfassungsgerichts.

Die Richter erteilten einer Übertragung der erhöhten Anforderungen an die Kausalität ins kommunale Wahlprüfungsrecht, wie sie die das BVerfG im Hinblick auf die Ungültigerklärung der Hessischen Landtagswahl entwickelt hatte, eine klare Absage[270]. Daher komme es nicht darauf an, dass ein „erheblicher Wahlfehler von solchem Gewicht“ bestehe, der „ein Fortbestand der in dieser Weise gewählten Volksvertretung unerträglich“ erscheinen lasse. Die im Hinblick auf § 78 II HV entwickelten Anforderungen seien nicht übertragbar, da dort der Bestandsschutz einer gewählten Volksvertretung, die eine von ihr gewählte Regierung hervorgebracht habe, berücksichtigt werden müsse, wohingegen es hier nur um die Frage gehe, ob die Wahl eines einzigen Exekutivorgans – des Bürgermeisters oder Landrats – für ungültig erklärt werde. Tiefe und schwerwiegende Auswirkungen habe dieser wahlprüfungsrechtliche Eingriff daher nicht, da die bisherigen Amtshandlungen der gewählten Person nach § 53 KWG sowieso unberührt blieben[271]. Diese unterschiedlichen Anforderungen könnten auch mit dem unterschiedlichen Wortlaut von Art. 78 II HV („das Wahlergebnis beeinflussen“) und § 50 Nr. 2 KWG („von Einfluss gewesen sein können“) gestützt werden. Dem Bestandsschutz der Wahl komme daher bei Direktwahlen weniger Bedeutung zu, so dass der Rechtsgedanke, dass am Zustandekommen des Wahlergebnisses keinerlei Zweifel bestehen bleiben dürfe, überwiege[272].

Die damit erforderliche potentielle Kausalität der Unregelmäßigkeit auf das Ergebnis der Wahl bejaht das Gericht. Als mitentscheidend sah es dabei den Sachverhalt an, dass der Grünen-Kandidat bei Bekanntwerden der Vorgänge keine Wahlempfehlung zugunsten des Beigeladenen abgegeben hätte. Dieser habe nämlich die Realisierung des Öko-Zentrums als eine Aussage in den Mittelpunkt seines Wahlkampfes gestellt. Dann wäre aber sehr wahrscheinlich eine Anzahl von rund 660 Wählerstimmen nicht für den Beigeladenen, sondern die SPD-Kandidatin abgegeben worden. Dies hätte aber möglicherweise bereits gereicht, um zu deren Wahlerfolg, spätesten in der Stichwahl am 22. März 1998, zu führen. Darüber hinaus habe die Wahlbeteiligung nur bei rund 50% in beiden Wahlgängen gelegen, so dass noch erhebliche ungenutzte Wählerpotentiale bestanden hätten, die sich möglicherweise gegen den Beigeladenen entschieden hätten.

Entscheidung BVerwG:

Das BVerwG wies die Revision des Beigeladenen zurück.

In seinem Urteil stützte das BVerwG die Auslegung des VGH Kassel hinsichtlich des Begriffs der Unregelmäßigkeit im Wahlverfahren sowie hinsichtlich der Anforderungen an die Erheblichkeit der Unregelmäßigkeit auf das Ergebnis der Wahl. Die Tatsache, dass die Grundsätze aus dem Urteil des Bundesverfas-

---

270 VGH Kassel, HSGZ 2002, 171 [180].
271 VGH Kassel, HSGZ 2002, 171 [180].
272 VGH Kassel, HSGZ 2002, 171 [181].

sungsgerichts zu Art. 78 II HV nicht auf § 50 Nr. 2 KWG übertragen worden seien, verstoße nicht gegen Bundesrecht[273].
Dementsprechend könne man die Unregelmäßigkeiten im Wahlverfahren als einen „allgemeinen Wahlfehlertatbestand" begreifen, der auch eine Verletzung der Neutralitätspflicht gemeindlicher Organe im Wahlkampf umfasse. Die unterschiedliche Auslegung von Art. 78 II HV und § 50 Nr. 2 KWG, die der VGH Kassel getroffen habe, sei nachvollziehbar[274].
Auch die differenzierte Behandlung zwischen der Wahl eines Parlamentes und der Wahl eines Exekutivorgans im Hinblick auf die Frage, wann eine Unregelmäßigkeit Einfluss auf das Ergebnis der Wahl gehabt hat, verstoße insbesondere nicht gegen das Homogenitätsgebot des Art. 28 I GG. Die Bewertung, dass der Bestandsschutz einer Direktwahl geringer einzuschätzen sei als derjenige einer Parlamentswahl, sei daher ebenfalls zulässig[275]. Zusätzlich zu diesen Erwägungen begründete das BVerwG seine Entscheidung noch mit dem Hinweis, dass das Grundgesetz keine Direktwahl eines Bürgermeisters fordere, so dass das Landesrecht dementsprechend ebenfalls einen Spielraum hinsichtlich der wahlprüfungsrechtlichen Gestaltung habe.
Entgegen der Auffassung der Revision verneinte das BVerwG daher auch einen Verstoß gegen den Gleichheitssatz aus Art. 3 I GG wegen der unterschiedlichen Behandlung zwischen Landtags- und Bürgermeisterwahlen. Eine Differenzierung sei hier eben dadurch gerechtfertigt, dass bereits in dem Urteil des BVerfG zu Art. 78 II HV deutlich gemacht worden sei, dass je tiefer und weiter die Auswirkungen eines wahlprüfungsrechtlichen Eingriffs reichen, desto schwerer der Wahlfehler wiegen müsse, auf den dieser Eingriff gestützt werde[276]. Da die Interessen der Wähler an einer freien und gleichen Wahl gleichwertig den Interessen der Gewählten am Bestand der Wahl gegenüberstünden, könne man die Differenzierung nur anhand einer Folgenbetrachtung vornehmen. Dabei sei die Bewertung, dass der „Bestandsschutz eines gewählten Parlaments anders zu bewerten (ist) als der einer Wahl eines in seiner Funktion auch durch einen Vertreter ersetzbaren Bürgermeisters", ein sachlicher Grund für eine differenzierende Behandlung[277].
Schließlich sei auch ein Verstoß gegen Art. 12 I GG fern liegend, wenn man berücksichtige, dass das Recht, den Beruf eines (kommunalen) Wahlbeamten frei zu wählen, von einer gültigen Wahl abhänge[278].
In inhaltlicher Hinsicht übernahm das BVerwG die Einstufung der Vorgänge um das Grundstücksgeschäft als einen in mehrfacher Hinsicht gegen die Neutralitätspflicht gemeindlicher Organe verstoßenden Akt. Diese Pflicht leitete das Gericht aus Art. 20 III GG her, aus dem sich ergebe, dass die vollziehende Ge-

---

[273] BVerwG, HSGZ 2003, 265 [267].
[274] BVerwG, HSGZ 2003, 265 [268].
[275] BVerwG, HSGZ 2003, 265 [268].
[276] BVerfGE 103, 111 [125ff.].
[277] BVerwG, HSGZ 2003, 265 [268].
[278] BVerwG, HSGZ 2003, 265 [268].

walt dem Gebot der Freiheit und Gleichheit der Wahl unterworfen sei. Das kommunale Wahlrecht als entscheidendes Element der demokratischen Willensäußerungen sei verletzt, wenn „kommunalpolitische Themenstellungen von erheblichem Gewicht der Abstimmung vorenthalten werden“[279].

Bewertung:
Besondere Bedeutung kommt diesen Entscheidungen insbesondere im Hinblick auf ihre – über den konkreten Fall hinausgehenden – Auswirkungen für künftige wahlprüfungsrechtliche Fälle zu. Von besonderer Relevanz sind in diesem Zusammenhang die Ausführungen zur unterschiedlichen Auslegung von Art. 78 II HV und § 50 Nr. 2 KWG.
Im Zentrum steht dabei die Frage, inwieweit es in Abhängigkeit von der Art der Wahl zu differenzierenden Bewertungen des Bestandsinteresses am Ergebnis einer Wahl kommen darf. Diese Frage ist durch die Entscheidungen im Hinblick auf die Wahl eines Parlamentes auf der einen Seite und der Direktwahl auf der anderen beantwortet worden. Unklar bleibt aber, welche Kausalitätsanforderungen für die Wahlen der Gemeindevertretungen, Stadtverordnetenversammlungen und Kreistage gelten sollen. Diese sind keine Parlamente, können aber auch nicht unter die Direktwahlen von (einzelnen) Personen subsumiert werden.
Die Entscheidungen sind hinsichtlich ihrer Aussagen zur differenzierenden Auslegung von § 50 Nr. 2 KWG gegenüber Art. 78 II HV zu begrüßen[280]. Eine Notwendigkeit gesteigerter Erheblichkeit des Wahlfehlers auf das Ergebnis der Wahl, die das BVerfG zu Art. 78 II HV entwickelt hat, ist bei den Direktwahlen gerade nicht ersichtlich. Die zu den Parlamentwahlen zu unterstützende Argumentation einer Betonung des Bestandsschutzes des gewählten Parlamentes kann hier nicht überzeugen. Im Unterschied zu Landtags- und Bundestagswahlen steht nicht die Wahl bzw. der Bestand einer vielköpfigen Volksvertretung auf dem Spiel, aus der möglicherweise selbst weitere Wahlen und Entscheidungen hervorgegangen sind (Wahl eines Ministerpräsidenten, Bildung einer Regierung). Vielmehr geht es um die Wahl einer einzigen Person, die ihrer Funktion nach zur Exekutive zu rechnen ist. Der Gefahr eines Vakuums, welches durch die Ungültigerklärung der Wahl entstehen könnte, wird zum einen dadurch vorgebeugt, dass der (direkt) Gewählte über Stellvertreter verfügt, die gemäß § 47 HGO die Geschäfte weiterführen können (vgl. gemäß § 47 HGO den Ersten Beigeordneten als allgemeinen Vertreter des Bürgermeisters), zum anderen dadurch, dass zwischenzeitlich getroffene Entscheidungen ihre Gültigkeit nach § 53 KWG nicht verlieren.
Die Tatsache, dass dadurch unterschiedliche Anforderungen an das Wahlprüfungsrecht entstehen, je nach dem, welche Wahl zur Überprüfung ansteht, ist

[279] BVerwG, HSGZ 2003, 265 [269].
[280] Ebenso: Dreßler, in: HSGZ 2003, 198 [201]; Rauber, in: NJW 2003, 3609 [3610f.]; Schmidt, in: Bennemann, Kommentar, § 50 KWG Rn. 17.

hinzunehmen und gerade mit den Besonderheiten der Direktwahl zu rechtfertigen. Eine möglicherweise an Art. 3 I GG zu messende Ungleichbehandlung findet jedenfalls ihre sachliche Rechtfertigung in den oben dargelegten Gründen[281]. Spätestens nach der Einführung des 1%-Quorums gemäß § 25 KWG, welches die formellen Anforderungen an die Überprüfbarkeit der Kommunalwahl massiv verstärkt hat, ist der Gefahr einer aus Sicht des Gewählten unbegründeten Ungültigerklärung der Wahl sowieso weiterer Boden entzogen worden[282]. Auch dieses 1%-Quorum, soweit man es für verfassungsrechtlich zulässig erachtet, muss daher in der Argumentation Beachtung finden. Das Quorum bringt einen erheblichen „Zugewinn" hinsichtlich der Bestandskraft der Wahl, der den „Verlust" an Bestandskraft im Rahmen der Erheblichkeit des Wahlfehlers überwiegt. Folglich ist mit der Einführung des Quorums ein weiterer Grund dafür entstanden, dass eine unterschiedliche Behandlung von Direktwahlen und Parlamentswahlen hinsichtlich der Ergebnisrelevanz gerechtfertigt ist.

Fraglich bleibt aber, welche Konsequenzen aus dem Urteil des Bundesverwaltungsgerichts für die Wahlen nach Art. 28 I 2 GG (Gemeindevertretung, Stadtverordnetenversammlung, Kreistage) zu ziehen sind. Konkret ist damit die Frage verbunden, inwieweit sich § 26 I Nr. 2 KWG an der Auslegung des Art. 78 II HV zu orientieren hat oder ebenfalls die Kriterien des § 50 Nr. 2 KWG zur Anwendung gelangen. Ulrich Dreßler hat diese Übertragung in seiner ansonsten zustimmenden Anmerkung zum Urteil des Bundesverwaltungsgerichts offen gelassen. Es bleibe abzuwarten, so Dreßler, „ob der Hess. VGH zukünftig im Rahmen der Überprüfung der Wahl eines „Kommunalparlaments" bei der Folgenbetrachtung und der Kausalitätsprüfung evtl. strengere Maßstäbe als bei der Direktwahl eines Exekutivorgans anlegen wird"[283].

Fraglich ist daher, welche Maßstäbe für die Wahlen der Vertretungskörperschaften anzulegen sind. In diesem Zusammenhang gilt es folgendes zu beachten:

Die vom BVerwG vertretene Argumentation, dass eine unterschiedliche Behandlung von Direktwahlen und Parlamentswahlen auch deshalb gerechtfertigt sei, weil Art. 28 GG die Direktwahlen gar nicht fordere und deswegen der Landesgesetzgeber auch selbst regeln könne, welche Anforderungen er an die Überprüfung der Wahl stellen will, passt hier nicht. Art. 28 I 2 GG schreibt gerade vor, dass es auf der kommunalen Ebene eine Volksvertretung geben muss. Insofern könnte das Homogenitätsgebot des Art. 28 I 1 GG weiter reichen als bei den Direktwahlen und auch eine Übertragung der zu den Parlamentswahlen

---

[281] Anderer Auffassung ist dagegen Berghäuser, in: NVwZ 2003, 1085 [1086f.], der in der unterschiedlichen Behandlung von Direktwahlen und Parlamentswahlen die Gefahr der Schaffung eines „Zweiklassenwahlrechts" sieht, bei dem die Direktwahlen als ein Wahlakt minderen Rechts abqualifiziert würden. Dies ist nach seiner Auffassung unter dem Blickwinkel des Demokratiegebots nicht zu rechtfertigen.

[282] Vgl. zu dieser Problematik im Einzelnen unten, S. 191ff.

[283] Dreßler, in: HSGZ 2003, 198 [201].

auf Bundes- und Landesebene entwickelten Kriterien verlangen. Gestützt wird dieses Ergebnis durch einen Umkehrschluss zur Argumentation des Bundesverwaltungsgerichts, die zugunsten des Bestandsschutzes bei Parlamentswahlen die vielfältigen Interessen der gewählten Abgeordneten in den Blick genommen hat und den Interessen einer einzigen gewählten Person bei den Direktwahlen gegenüberstellt hat. Auch bei den Kommunalwahlen nach Art. 28 I 2 GG geht es um den Bestand von Organen, die sich aus mehreren Personen zusammensetzen. Bei großen (kreisfreien) Städten oder größeren Kreisen kann die Anzahl der gewählten Vertreter an die Zahl der 110 Landtagsabgeordneten heranreichen. Folglich sind auch hier die Interessen einer Vielzahl gewählter Vertreter zu berücksichtigen, die durch eine Ungültigerklärung der Wahl ihr Mandat verlieren.
Darüber hinaus haben auch diese Vertretungen - ähnlich wie die staatlichen Parlamente - die Aufgabe, die Zusammensetzung weiterer Organe und Gremien zu bestimmen. Hervorzuheben ist hierbei die Wahl des Gemeindevorstandes (Magistrates) durch die Gemeindevertretung (Stadtverordnetenversammlung) nach § 39a HGO bzw. die Wahl des Kreisausschusses durch den Kreistag gemäß § 37a I HKO. Somit steht auch deren Zusammensetzung auf dem Spiel, da die jeweilige Amtszeit dieser Organe an die Wahlzeit der Gemeindevertretung bzw. des Kreistages nach § 39a II 2 HGO bzw. § 37a II 2 HKO gebunden ist. Dies könnte eine Übertragung der zu Art. 78 II HV entwickelten strengen Anforderungen an die Mandatsrelevanz auf die Wahlen nach Art. 28 I 2 GG erforderlich machen.
Dabei bliebe allerdings der kommunale Charakter der Wahl völlig unberücksichtigt. Der Bestand eines gewählten Parlamentes auf der staatlichen Ebene steht hier gerade nicht zur Debatte. Die Gemeindevertretungen, Stadtverordnetenversammlung und Kreistage sind trotz ihrer pluralistischen Zusammensetzung keine Legislativorgane, sondern der Exekutive zuzurechnen. Sie erlassen keine formellen Gesetze und wählen keine Regierungen. § 29 S. 2 KWG trägt außerdem Sorge dafür, dass Beschlüsse einer Vertretungskörperschaft, die vor deren Auflösung gefasst worden sind, ihre Gültigkeit nicht verlieren.
Ulrich Dreßler hat zur Rechtfertigung einer unterschiedlichen Auslegung von Art. 78 II HV und § 50 Nr. 2 KWG treffend deutlich gemacht, dass auf der kommunalen Ebene „der Abstand zwischen Gewählten und Wählern vergleichsweise gering ist“[284]. Dies gilt aber nicht nur für die Direktwahlen, sondern auch für die eigentlichen Kommunalwahlen nach Art. 28 I 2 GG, so dass dementsprechend auch hier keine strengen Kausalitätsanforderungen gelten dürften.
Schließlich bleibt zu berücksichtigen, dass auch der Aufwand an die Wiederholung einer Wahl auf kommunaler Ebene nicht mit dem Aufwand der Wiederholung einer Parlamentswahl verglichen werden kann. Sowohl in finanzieller als auch in logistischer Hinsicht ist die Durchführung einer Kommunalwahl im

[284] Dreßler, in: HSGZ 2003, 198 [200].

weiteren Sinne schneller zu realisieren als die Vorbereitung und Durchführung einer Landtags- oder Bundestagswahl.
Eine Übertragung der zu Art. 78 II HV gefundenen Kriterien auf § 26 I Nr. 2 KWG ist daher abzulehnen.
Der VGH Kassel hat dazu im Übrigen bereits in einem Urteil aus dem Jahre 1991 Stellung bezogen, indem er es abgelehnt hat, „besonders strenge Anforderungen an den Nachweis der Wahrscheinlichkeit des Einflusses auf die Sitzverteilung zu stellen und diese Anforderungen noch zu erhöhen, wenn die vorliegende Unregelmäßigkeit eher unbedeutender Art sei“[285].
Im Hinblick auf die Behandlung des Begriffs der Unregelmäßigkeit i.S. von § 50 Nr. 2 KWG sind die Urteile des VGH Kassel und des Bundesverwaltungsgerichts ebenfalls zu begrüßen. Dass vorliegend über wahlrelevante Tatsachen aktiv wie passiv getäuscht worden ist, steht außer Frage. Darin ist zu Recht ein massiver Verstoß gegen das Neutralitätsgebot amtlicher Organe im Vorfeld einer Wahl und das Gebot der Chancengleichheit zwischen den Kandidaten gesehen worden. Entsprechende Pflichten zur Information der Stadtverordnetenversammlung ergeben sich hier aus § 50 II 5 HGO und § 50 III HGO und mittelbar gegenüber der Öffentlichkeit aus § 52 HGO. Dadurch konnten andere Wahlbewerber die Entwicklungen um das Grundstücksgeschäft nicht zum Gegenstand ihrer Wahlkampfführung machen[286]. Eine Berücksichtigung dieser Geschehnisse gelingt aber nur durch eine weite Auslegung des Begriffs der „Unregelmäßigkeit“, von der beide Gerichte ausgegangen sind.
Klaus Berghäuser hingegen äußert sich skeptisch und bemängelt gerade die fehlende richterliche Zurückhaltung bei der Auslegung des § 50 Nr. 2 KWG[287]. Er begründet seine Kritik im Wesentlichen damit, dass die Pflicht zur Wahrheit im Wahlkampf durch das vorliegende Urteil von einer moralischen auf eine rechtliche Ebene gehoben worden sei. „Wer im Wahlkampf nicht ehrlich ist, wird mit der Unwirksamkeit seiner Wahl bestraft“, so Berghäuser. Er gibt zu Bedenken, dass sich Wahlen nicht für eine juristische Kontrolle anhand von moralischen Kategorien eigneten[288]. Mit anderen Worten habe das BVerwG übersehen, dass die Lüge als bislang erlaubtes Mittel in der Politik zwar moralisch verwerflich aber nicht rechtlich überprüfbar und damit justitiabel gewesen sei. Er wünscht sich keine entsprechenden gerichtlichen Sanktionen, sondern stellt die Frage der politischen Wahrheit im Wahlkampf ganz allein einer kritischen Öffentlichkeit anheim[289]. Die Forderung nach Wahrheit im Wahlkampf werde ansonsten unkalkulierbar für den Bestand demokratischer Wahlakte.

---

[285] Vgl. unten, S. 161ff.: Urteil des VGH Kassel, NVwZ 1991, 601 [602].
[286] Ebenso: Dreßler, in: HSGZ 2003, 198 [199].
[287] Berghäuser, in: NVwZ 2003, 1085 [1086].
[288] Berghäuser, in: NVwZ 2003, 1085 [1086].
[289] Berghäuser, in: NVwZ 2003, 1085 [1086]. Völlig anders sehen dies hingegen: Hochstadt/Noack, a.a.O., 128 [129], die für eine Ausdehnung der Wahrheitspflicht in den politischen Bereich eintreten.

Der Kritik Berghäusers ist entschieden entgegenzutreten, denn seine Interpretation des bundesverwaltungsgerichtlichen Urteils geht an dessen eigentlichen Inhalt vorbei. Richtig ist zunächst der Hinweis darauf, dass nicht jede inhaltliche Wahlkampfaussage rechtlich sanktioniert werden darf. Dies ist bereits an anderer Stelle vertreten worden: Eine Ausdehnung der Wahrheitspflicht in den politischen Bereich hinein darf nicht erfolgen[290].
Solche Gefahren bergen die vorliegenden Urteile aber auch gar nicht in sich. Es geht nicht darum, bestimmte politische Absichten oder Versprechungen rechtlich überprüfbar zu machen. Wer dies fordert, übersieht die politischen Mechanismen und Entscheidungsabläufe, die fast immer auf Kompromisse hinauslaufen. In den vorliegenden Urteilen geht es aber nicht um Absichten und Versprechungen eines Kandidaten oder einer Partei, die nach der Wahl nicht eingelöst wurden oder in Vergessenheit geraten sind. Anlass für die Wahlanfechtung waren konkrete politische Sachverhalte und Tatsachen, die in der Vergangenheit gelegen haben und nur deswegen überhaupt rechtlich überprüft werden konnten. Es geht gerade nicht um Absichten und Versprechungen, die einzelne Personen in ihrer Eigenschaft als Kandidat abgegeben haben, sondern um die fehlerhafte und unvollständige Beantwortung einfacher Fragen über bereits abgeschlossene Vorgänge, die den handelnden Personen in ihrer Eigenschaft als amtliche Entscheidungsträger gestellt worden sind. Ihre Pflichten ergeben sich hier aus dem Gesetz selbst (vgl. §§ 50 II 5 HGO, 50 III HGO und § 52 HGO). Die Pflichten bestanden für die unmittelbar Handelnden unabhängig von der Tatsache, dass sie sich im Wahlkampf befunden haben.
Folglich steht eine Übertragung der Wahrheitspflicht in den politischen Bereich hinein außer Frage. Die Sorgfältigkeit der Informationspolitik des Magistrates gegenüber der Stadtverordnetenversammlung und der Öffentlichkeit kann aber nicht in Abhängigkeit von der Zeit eines Wahlkampfes bestimmt werden. Daher ist die Pflicht zur Wahrheit vorliegend weder eine rein moralische bzw. politische, sondern eine ausdrücklich rechtliche Pflicht. Es ist daher nur konsequent, wenn diese rechtliche Pflicht in eine juristische Kontrolle mündet. Die moralische Pflicht zur Wahrheit wird dabei auch zukünftig nichts zu suchen haben.

d. OB-Wahl Darmstadt
(VG Darmstadt, HSGZ 2000, 467ff.; VGH Kassel, NVwZ-RR 2004, 58ff.)
Sachverhalt:
Ebenfalls grundsätzliche Bedeutung für das Neutralitätsgebot gemeindlicher Organe haben jene Rechtsfragen, die Anlass dafür waren, dass die OB-Wahl von Darmstadt im Jahre 1999 vor dem VG Darmstadt und dem VGH Kassel Gegenstand verwaltungsgerichtlicher Kontrolle wurde.

---

290 Vgl. zur Wahrheitspflicht im Wahlkampf im Hinblick auf politische Aussagen unten, S. 75ff.

Zu dieser Direktwahl waren am 17.1.1999 zunächst fünf Bewerber angetreten, von denen jedoch keiner die absolute Mehrheit erreichen konnte. Erst im zweiten Wahlgang am 31.1.1999 setzte sich der SPD-Amtsinhaber mit knappem Vorsprung von 782 Stimmen vor seinem Herausforderer von der CDU durch. Am 8.2.1999 wurde Einspruch gegen die Gültigkeit der Wahl erhoben. Dazu wurden folgende Gründe vorgetragen:

1. Am 20.10.1998 fand die Aufstellung des Bewerbers der Grünen statt. Die Satzung des Kreisverbandes der Grünen sah es vor, dass Wahlvorschläge für Staats- oder Gemeindeorgane nur dann wirksam verabschiedet werden können, wenn bei der Wahl mindestens 10% der Mitglieder anwesend sind. Die Grünen in Darmstadt hatten seinerzeit 157 Mitglieder, von denen 18 Mitglieder zur Nominierung des Grünen-Kandidaten erschienen waren. 17 Mitglieder hatten für den Wahlvorschlag gestimmt.

2. Dem SPD-Ortsverein bzw. der Initiative Pro B, die für eine Wiederwahl des SPD- Kandidaten warb, wurden in zwei Fällen die noch im Umbau befindliche ehemalige „Halle B" (später Centralstation) für Wahlkampfveranstaltungen überlassen. Der Bewerberin Frau B.B. dagegen vermietete die Betreibergesellschaft City-Bau GmbH u. Co. Anlagen KG (City-Bau) die Halle nicht. Die City Bau befand sich zu zwei Dritteln in privater Hand, zu einem Drittel in der Hand der HEAG, die ebenfalls privatrechtlich organisiert ist, aber zu 85% im Eigentum der Stadt Darmstadt steht.

Auf einer auf dieser Baustelle stattfindenden Veranstaltung des SPD-Ortsvereins am 28.11.1998 trat auch der SPD-Amtsinhaber in seiner amtlichen Eigenschaft als Straßenverkehrsbehörde auf und beantwortete Fragen der Anwohner, die sich über den massiven Baustellenverkehr beschwert hatten.

3. Der Kläger rügte weiterhin die durch die Stadt Darmstadt genehmigte Sperrzeitverkürzung für eine Disco-Veranstaltung der Jungsozialisten im Zelt eines Zirkusunternehmens in Darmstadt.

4. Auch eine Ansprache des SPD-Amtsinhabers als Oberbürgermeister im Rahmen eines Neujahrsempfangs am 10.01.1999, in der er sich über die Bedeutung der ehrenamtlichen Arbeit in der Stadt sowie über die Zukunft der Stadt als Mittelpunkt und Lebensader der Region äußerte, gab dem Kläger Anlass zur Wahlanfechtung.

5. Eine besondere Rolle spielten schließlich noch Vorgänge im Rahmen der Briefwahl. Zunächst hatte die SPD-Stadträtin L in 29 Fällen Briefwahlanträge für andere Wahlberechtigte (insbesondere in einem Altenheim Darmstadts) gestellt oder überbracht und in ebenso vielen Fällen Briefwahlunterlagen in Empfang genommen.

Darüber hinaus hatte die Stadt Darmstadt nicht dafür gesorgt, dass in Krankenhäusern, Altenheimen und ähnlichen Einrichtungen besondere Räume zur unbeobachteten Kennzeichnung der Stimmzettel eingerichtet wurden. Die Leitungen dieser Einrichtungen wurden über diese wahlrechtliche Regelung nicht in Kenntnis gesetzt.

Entscheidung VG Darmstadt:
Das VG Darmstadt sah die Klage als zulässig und begründet an.
Zumindest die im Hinblick auf die Briefwahl geschilderten Vorgänge sowie die zugunsten des Beigeladenen (SPD-Amtsinhabers) durchgeführten Wahlkampfveranstaltungen stellten Vorgänge dar, die tatsächlich zu Unregelmäßigkeiten im Wahlverfahren nach § 50 Nr. 2 KWG geführt hätten[291].
Keine Unregelmäßigkeit sah die Kammer in der Neujahrsansprache des Bürgermeisters. Auch während des Wahlkampfes dürfe dieser, „seinen Amtspflichten als Oberbürgermeister nachkommen und die ihm obliegenden Repräsentationspflichten“[292] wahrnehmen. Jedenfalls habe der Beigeladene seine Neutralitätspflicht nicht verletzt, denn die angesprochenen Themen seien typisch für eine solche Ansprache und eine Aufforderung zur Wiederwahl sei nicht einmal mittelbar zum Ausdruck gekommen.
Die Sperrzeitverkürzung für die Disco-Veranstaltung der Jungsozialisten beinhalte ebenfalls keinen Verstoß gegen die Neutralitätspflicht öffentlicher Stellen, da sich die städtische Erlaubnis im Rahmen der „üblichen Genehmigungspraxis“ halte und damit keine Unregelmäßigkeit vorliege[293].
Auch die für das Aufstellungsverfahren des Grünen-Kandidaten geltenden Satzungsvorschriften führten nicht dazu, dass der Wahlvorschlag gemäß § 15 II 1 KWG i.V. mit § 25 III1 KWO vom Wahlausschuss hätte zurückgewiesen werden müssen. Der Wahlvorschlag habe nämlich den Anforderungen, die das KWG sowie die KWO an die Einreichung stelle, erfüllt. Die Tatsache, dass die Satzung des Grünen-Kreisverbandes andere bzw. weitere Voraussetzungen vorsehe (10%-Quorum im Hinblick auf die Anwesenheit der Mitglieder bei der Entscheidung), sei selbst bei einem Verstoß gegen diese satzungsrechtliche Regelung unbeachtlich. „Nicht jeder Satzungsverstoß ist von wahlrechtlicher Relevanz, sofern nur ein Kernbestand demokratischer Verfahrensgrundsätze bei der Bewerberaufstellung eingehalten wird (...)“[294]. Die Kammer sah sich dabei in Einklang mit einer Entscheidung des Bundesverfassungsgerichts, in der zum Ausdruck gebracht worden war, dass die Einhaltung sämtlicher nach der Parteisatzung für die Kandidatenaufstellung erheblichen Fehler wahlrechtlich nicht generell erheblich ist[295].
Eine Unregelmäßigkeit im Wahlverfahren stelle aber die Aushändigung von Briefwahlunterlagen in 39 Fällen (93 Fällen bei der Stichwahl) an andere als wahlberechtigte Personen dar. § 18 IV KWO fordere, dass an andere als wahlberechtigte Personen nur dann Wahlscheine und Briefwahlunterlagen ausgegeben werden dürfen, sofern beim Wahlberechtigten eine plötzliche schwere Erkrankung vorliege und die Unterlagen ansonsten dem Wahlberechtigten nicht mehr rechtzeitig zugesandt werden könnten. Diese Voraussetzungen hätten a-

---

[291] VG Darmstadt, HSGZ 2000, 467 [469]; vgl. auch: VG Darmstadt, NVwZ-RR 2001, 173.
[292] VG Darmstadt, HSGZ 2000, 467 [472].
[293] VG Darmstadt, HSGZ 2000, 467 [472].
[294] VG Darmstadt, HSGZ 2000, 467 [472].
[295] Vgl. BVerfGE 89, 243 [253]; darüber hinaus: Mager, in: DÖV 1995, 9ff.

ber in keinem der geschilderten Fälle nachgewiesen werden können. Die Beklagte habe es insbesondere versäumt, einen amtlichen Botendienst einzurichten, der bei einer Stadt dieser Größenordnung dringend geboten sei. In diesem Verstoß gegen § 18 IV KWO liege nicht nur der Verstoß gegen eine bloße Ordnungsvorschrift, sondern ein Verstoß gegen „eine der zahlreichen Vorschriften, mit denen der Verordnungsgeber versucht hat, bei der Briefwahl den Wahlgrundsatz der geheimen und freien Wahl (§ 1 I KWG) zu gewährleisten“[296]. Damit liege insofern eine Unregelmäßigkeit vor.
Allerdings verneinte die Kammer im Hinblick auf diesen einzelnen Verstoß die Ergebnisrelevanz der Unregelmäßigkeit, da angesichts des Vorsprungs des Beigeladenen von 782 Stimmen gegenüber seinem CDU-Herausforderer die 93 Briefwähler den Ausgang der Wahl nicht hätten beeinflussen können[297]. Eine mandatsrelevante Unregelmäßigkeit sah das Gericht aber darin, dass entgegen § 45 III1 KWO in mindestens 17 Einrichtungen der Stadt (Krankenhäuser, Altenheim etc.) keine geeigneten Räume eingerichtet worden seien, in denen die Wahlberechtigten die Möglichkeit gehabt hätten, ihren Stimmzettel unbeobachtet zu kennzeichnen und in den Wahlumschlag zu legen. Der Magistrat von Darmstadt habe es nach § 45 IV KWO versäumt, die Leitungen dieser Einrichtungen auf ihre gesetzliche Pflicht nach § 45 III 1 KWO hinzuweisen. Auch dies stelle keine bloße Ordnungsvorschrift dar, sondern die Regelung diene auch hier der Gewährleistung einer freien und geheimen Wahl[298]. Mandatsrelevant sei diese Unregelmäßigkeit deswegen, weil in diesem Fall eine beträchtliche Anzahl von Wahlberechtigten davon abgehalten worden sein könnte, ihre Stimme nicht dem Gegenkandidaten des Beigeladenen abzugeben, da sie hierbei beobachtet werden könnte[299].
Als zentralen Verstoß gegen die Neutralitätspflicht öffentlicher Stellen im Wahlkampf wertete die Kammer dann die Überlassung der Baustelle der H-Wartehalle an den SPD-Ortsverein Darmstadt. Diese Pflicht gelte auch für Eigenbetriebe, unselbständige und selbständige Anstalten sowie privatrechtlich organisierte Gesellschaften staatlicher oder kommunaler Träger. Nur so lasse sich eine Umgehung der wahlrechtlichen Neutralitätsverpflichtung verhindern[300]. Das Gericht ordnete die Baustelle nicht als eine öffentliche Einrichtung im Sinne von § 20 HGO ein, die allen Bewerbern gleichermaßen zur Verfügung stehen würde, sondern sah darin einen Platz, der aufgrund der noch nicht abgeschlossenen Baumaßnahmen nur mit besonderer Erlaubnis des Bauherrn betreten und benutzt werden durfte. Indem der Bauverein und H als städtisch beherrschte Unternehmen die Baustelle an Unterstützer des Beigeladenen überlassen hätten, hätten diese gegen ihre Neutralitätspflichten verstoßen.

---

[296] VG Darmstadt, HSGZ 2000, 467 [469].
[297] VG Darmstadt, HSGZ 2000, 467 [473].
[298] VG Darmstadt, HSGZ 2000, 467 [469].
[299] VG Darmstadt, HSGZ 2000, 467 [473].
[300] VG Darmstadt, HSGZ 2000, 467 [471].

Doch auch im Verhalten des Beigeladenen selbst liege in zweierlei Hinsicht eine Unregelmäßigkeit im Wahlverfahren. Zunächst liege ein Verstoß gegen die Garantenpflicht des Beigeladenen darin, dass er nicht verhindert habe, dass die Baustelle für eine Wahlkampfveranstaltung zu seinen Gunsten zur Verfügung gestellt worden sei, obwohl angesichts der noch anstehenden Bauarbeiten klar war, dass allen weiteren Bewerbern dieser Platz nicht zur Verfügung gestellt werden konnte. Der Amtsinhaber hätte seinen Einfluss dahingehend geltend machen müssen, dass „gemischwirtschaftliche Unternehmen nicht ihre Ressourcen für Wahlkampfzwecke zur Verfügung stellen."[301] Diese Pflicht sei hier umso bestimmender als der Stadt Darmstadt nach Abschluss der Arbeiten ein Nießbrauchrecht an dem Bauwerk zustehen sollte. Als entscheidend wertete die Kammer dabei nicht den formal-rechtlichen Einfluss des Oberbürgermeisters, sondern seinen faktischen Einfluss auf die Entscheidung des Baumanagements[302].
Weiterhin erkannte das Gericht einen Verstoß des Beigeladenen gegen seine Neutralitätspflicht darin, dass er während der Veranstaltung des SPD-Ortsvereins auf der Baustelle nicht nur als Wahlbewerber, sondern auch in amtlicher Eigenschaft als Straßeverkehrsbehörde gemäß § 150 S. 1 HGO i.V. mit § 85 I Nr. 4, III 2 HSOG aufgetreten sei und sich der Probleme der Anwohner angenommen habe, die sich in der Vergangenheit über den massiven Baustellenverkehr beschwert hatten.
Die Ergebnisrelevanz dieser zuletzt geschilderten Vorgänge sei durchweg zu bejahen, denn die Wahlveranstaltung des SPD-Ortsvereins könne insbesondere geeignet gewesen sein, durch die Baumaßnahme verärgerte Wähler zugunsten des Beigeladenen zu beeinflussen. Beachtlich sei dabei nicht nur die Anzahl der an diesem Tag unmittelbar anwesenden Personen, sondern auch die sich an den Termin anschließende positive Berichterstattung im Bekanntenkreis sowie in der Presse. Das Gericht wollte es nicht ausschließen, dass Wählerinnen und Wähler durch die Veranstaltung den Eindruck gewonnen hätten, der Beigeladene würde die Beschwerden aus der Bevölkerung ernst nehmen und sich ihrer annehmen.

Entscheidung VGH Kassel:
Der VGH Kassel hingegen bewertete die Vorgänge anders und gab der Berufung der Beklagten statt.
Zwar hätten Unregelmäßigkeiten im Wahlverfahren vorgelegen, diese hätten sich aber aufgrund fehlender Mandatsrelevanz nicht auf das Ergebnis der Wahl ausgewirkt[303].

---

[301] VG Darmstadt, HSGZ 2000, 467 [471].
[302] VG Darmstadt, HSGZ 2000, 467 [471].
[303] VGH Kassel, NVwZ-RR 2004, 58ff. Der Begriff der Mandatsrelevanz ist an dieser Stelle unpräzise, denn es geht erkennbar nicht um die Verteilung von Mandaten. Vorzugswürdig erscheint daher der Begriff der „Ergebnisrelevanz".

Der VGH Kassel beschäftigte sich zunächst noch einmal mit der weiten Auslegung des Begriffs der Unregelmäßigkeit und betonte wiederum die Notwendigkeit einer verfassungskonformen, weiten Auslegung. Daran habe auch das Urteil des BVerfG zur Gültigkeit der Hessischen Landtagswahl und zur Auslegung der „Unregelmäßigkeiten" in Art 78 II HV nichts geändert. Insofern stützte sich der VGH auch auf das Urteil des BVerwG zur Bad Homburger OB-Wahl[304], in dem eine Übertragung der engen Auslegung der „Unregelmäßigkeit" in Art. 78 II HV auf § 50 Nr. 2 KWG ausdrücklich abgelehnt worden war.
Im Einzelnen verneinte das Gericht dann eine Unregelmäßigkeit im Hinblick auf die Vorgänge während der von der SPD durchgeführten Baustellenbesichtigung, bei der der Beigeladene auch Fragen der Anwohner beantwortet hatte. Darin sei gerade kein Verstoß gegen die ihm obliegende Neutralitätspflicht ersichtlich, da man es ihm als Wahlbewerber nicht verbieten könne, Fragen im Zusammenhang mit dem Neubaukomplex zu beantworten. Es sei erkennbar gewesen, dass dies ihm Rahmen einer Wahlwerbeveranstaltung und gerade nicht in amtlicher Eigenschaft erfolgt sei[305]. Seine Stellung als Oberbürgermeister und Amtsinhaber brauche er dabei jedenfalls nicht zu verleugnen. Beantworte der Bürgermeister Anwohner-Fragen im Zuge einer solchen Partei-Veranstaltung, so werde daraus erst dann eine amtliche Veranstaltung, wenn Verhaltensweisen, die dem Beigeladenen als Amtsperson zugerechnet werden, in den Vordergrund treten würden. Als Beispiel nannte der VGH die Unterzeichnung von Verwaltungsakten. Dies sei hier aber nicht der Fall gewesen, zumal nach dem Geschäftsverteilungsplan des Magistrates der Beigeladene nicht einmal Straßenverkehrsbehörde gewesen sei[306].
Auch die Überlassung der HEAG-Wartehalle bzw. der HEAG-Halle B. (Centralstation) an den SPD-Ortsverein und die Initiative „Pro B" wertete der VGH Kassel nicht als einen zu einer Unregelmäßigkeit führenden Verstoß gegen die Neutralitätspflicht gemeindlicher Organe. Um die Vermietung der HEAG-Wartehalle habe sich keine andere Partei bemüht, so dass insoweit bereits eine Verletzung der Chancengleichheit zwischen den Wahlbewerbern ausscheide[307].
Was die Vergabe der Centralstation angehe, bestünden beim Beigeladenen keine Garantenpflichten, aufgrund derer eine solche Überlassung hätte verhindert werden müssen. Der Oberbürgermeister habe überhaupt keine rechtliche Möglichkeit gehabt, auf die Vergabe der Halle Einfluss zu nehmen. Die Stadt Darmstadt sei zwischen 1. Dezember 1998 und 1. April 1999 nicht mehr Eigentümerin des Geländes gewesen und das vereinbarte Nießbrauchrecht habe ihr in diesem Zeitraum noch nicht zugestanden. Die Stadt sei über ihre privatrechtliche Tochter HEAG nur zu einem Drittel an der City-Bau beteiligt gewesen, so dass nicht einmal der Vorstandsvorsitzende der HEAG, Prof. B., allein über die

---

304 Vgl. oben S. 87f.: BVerwG, HSGZ 2003, 265ff.
305 VGH Kassel, NVwZ-RR 2004, 58 [59].
306 VGH Kassel, NVwZ-RR 2004, 58 [59].
307 VGH Kassel, NVwZ-RR 2004, 58 [60].

Benutzung der Halle habe entscheiden können. Daher stelle die verweigerte Überlassung der Centralstation an die Bewerberin Frau B. auch keine Unregelmäßigkeit im Wahlverfahren dar, „weil private Firmen frei entscheiden können, wem sie einen Raum überlassen"[308]. „Dies gilt auch für solche privatrechtlich organisierten Eigentümer öffentlich benutzbarer Einrichtungen, bei denen weder eine Kommune noch ein sonstiger Träger öffentlicher Gewalt über die Überlassung der Einrichtung zu entscheiden hat", so der VGH abschließend[309].
Die Neujahrsansprache des Beigeladenen sowie die Sperrzeitverkürzung im Rahmen der Disco-Veranstaltung der Jusos betreffend, schloss sich der VGH Kassel der Ausgangsinstanz an, welche darin ebenfalls keine Unregelmäßigkeiten gesehen hatte[310].
Der Senat folgte dem VG auch in der Bewertung, dass ein etwaiger Verstoß gegen die Satzungsinhalte der Grünen nicht zur Unwirksamkeit der Aufstellung ihres Wahlbewerbers geführt habe, da es insofern nur auf die Einhaltung der gesetzlichen Vorschriften angekommen sei und nicht auf interne satzungsrechtliche Verstöße[311].
Zu einer anderen Einschätzung, was die Frage einer Unregelmäßigkeit im Wahlverfahren angeht, kam der Senat aber im Hinblick auf die Vorfälle um die Briefwahl. Darin sahen die Richter tatsächlich Verstöße gegen die KWO, die zu einer Unregelmäßigkeit geführt hätten. Zunächst hätte entgegen § 18 IV1 KWO anderen als den Wahlberechtigten selbst Wahlscheine und Briefwahlunterlagen nicht ausgehändigt werden dürfen. Insbesondere hätten die vermeintlichen Vertreter der Wahlberechtigten nicht schriftlich belegen können, dass bei den eigentlichen Wahlberechtigten die von § 18 IV1 KWO geforderte plötzliche Erkrankung vorgelegen habe. Eine mündliche Behauptung dieser Voraussetzungen ohne ärztliches Attest genüge jedenfalls nicht[312]. Zudem sei aus den staatsanwaltlichen Ermittlungen gegen die „Botin" Frau L hervorgegangen, dass genug Zeit verblieben wäre, den Heimbewohnern die Briefwahlunterlagen auch postalisch zu übermitteln. Auch der Bewertung des VG, dass § 18 IV1 KWO die Geheimhaltung der Wahl garantieren solle und daher keine bloße Ordnungsvorschrift darstelle, schloss sich der Senat an.
Eine Unregelmäßigkeit sah der VGH Kassel schließlich auch in dem Verstoß gegen § 45 IV KWO bzw. § 45 III KWO, da es der Magistrat der Stadt Darmstadt versäumt habe, die Leitungen bestimmter sozialer Einrichtungen der Stadt darauf hinzuweisen, dass für deren Bewohner Räume zur unbeobachteten Stimmabgabe einzurichten sind. Auch Verstöße gegen diese Vorschriften seien beachtlich, da auch hier der Grundsatz der geheimen Wahl geschützt werden solle.

---

308 VGH Kassel, NVwZ-RR 2004, 58 [60].
309 VGH Kassel, NVwZ-RR 2004, 58 [60].
310 VGH Kassel, NVwZ-RR 2004, 58 [60].
311 VGH Kassel, NVwZ-RR 2004, 58 [60] unter Bezugnahme auf: BVerfGE 89, 243 [253ff.].
312 VGH Kassel, NVwZ-RR 2004, 58 [61].

Allerdings lasse sich keine Ergebnisrelevanz der als Unregelmäßigkeit festgestellten Verstöße im Zusammenhang mit der Briefwahl feststellen. Was die Ausgabe der Briefwahlunterlagen angehe, sei der Verstoß bereits deswegen nicht von Relevanz für das Ergebnis der Wahl, da es bei der Wahl am 17.1.1999 nur 39 Briefwähler und bei der Stichwahl vom 31.1.1999 nur 93 Briefwähler gegeben habe, die Differenz zwischen dem Beigeladenen und dem Bewerber der CDU aber 629 Stimmen im ersten Wahlgang bzw. 782 Stimmen im zweiten Wahlgang betragen habe[313].
Auch in Bezug auf den Verstoß gegen § 45 III, IV KWO vermochte der VGH Kassel keine Mandatsrelevanz feststellen. Zum einen hätten die Bewohner der sozialen Einrichtungen auch ohne bestimmte „Wahlräume" genügend Gelegenheit gehabt, ihre Stimme geheim abzugeben. Doch auch unabhängig davon ließen sich nach Ansicht des Senats keine ergebnisrelevanten Konsequenzen ableiten. Allenfalls könnte sich das Fehlen eines zentralen Wahlraums auf die Wahlbeteiligung auswirken, da sich „wahlberechtigte Personen, die auf Wahrung ihrer Intimsphäre und Gewährleistung der Geheimhaltung beim Wahlvorgang besonderen Wert legen, veranlasst gesehen haben, lieber überhaupt auf eine Stimmabgabe zu verzichten als sich in diesem Punkt einem Risiko auszusetzen"[314]. Damit verbunden sei aber keine prozentuale Verschiebung des Stimmenanteils zugunsten bestimmter Mitbewerber des Beigeladenen, da der Unregelmäßigkeit insofern keine bestimmte „Tendenz" anhafte[315]. Dies sei nur der Fall, wenn mit einer Unregelmäßigkeit gezielt auf das Abstimmungsverhalten und das daraus folgende Wahlergebnis Einfluss genommen werden solle. „Bei einem `tendenzlosen` Wahlfehler wird die Auswirkung auf das Ergebnis desto geringer sein, je mehr Wahlberechtigte von dem Wahlfehler betroffen sind (...), weil auch das Wahlverhalten dieser großen Zahl von Wahlberechtigten in aller Regel ein Abbild des allgemeinen Wahlverhaltens der Gesamtzahl der Wähler darstellt"[316].

Bewertung:
Auch die beiden vorliegenden Entscheidungen zur OB-Wahl in Darmstadt sind für die Auslegung des Begriffs der „Unregelmäßigkeit" im Wahlkampf und für künftige Fälle der Wahlanfechtung wegweisend. Insbesondere was Fragen der Neutralität privatrechtlich organisierter, aber gemeindlich beherrschter Unternehmen angeht, betreten beide Gerichte Neuland. Gleiches gilt für die vom VGH Kassel entwickelte Figur des „tendenzlosen Wahlfehlers", die ebenfalls

---

313 VGH Kassel, NVwZ-RR 2004, 58 [62].
314 VGH Kassel, NVwZ-RR 2004, 58 [62].
315 VGH Kassel, NVwZ-RR 2004, 58 [62].
316 VGH Kassel, NVwZ-RR 2004, 58 [62].

näher hinterfragt werden muss. Insgesamt ist daher die Bedeutung der beiden Urteile als hoch einzuschätzen[317].

Zu den Problemen im Einzelnen:

1. Was den Auftritt des Oberbürgermeisters während der von seiner Partei durchgeführten Baustellenbesichtigung angeht, ist der Entscheidung des VGH Kassel zu folgen. Aus der bloßen Tatsache, dass der Amtsinhaber an einer Veranstaltung seiner Partei teilnimmt und sich dabei auch den Problemen der Bürgerinnen und Bürger seiner Stadt annimmt, kann nicht bereits ein Verstoß gegen die Neutralitätspflicht gemeindlicher Organe im Wahlkampf geschlossen werden. Berghäuser stellt insofern fest, dass ansonsten „bei Persönlichkeitswahlen (…) zu Lasten des Amtsinhabers kein fairer Wahlkampf möglich ist", und formuliert weiter, dass der Amtsinhaber ansonsten im Unterschied zu den anderen Bewerbern zur „lahmen Ente" degradiert werde[318].

Diese Gefahr der Benachteiligung des Amtsinhabers ist angesichts der Bewertung des VG Darmstadt, welches in dem Auftritt des Beigeladenen eine Unregelmäßigkeit gesehen hatte, in der Tat nicht zu unterschätzen. Daher muss für einen Verstoß gegen die Neutralitätspflicht und damit eine Verletzung der Chancengleichheit unbedingt hinzukommen, dass der Amtsinhaber – wie bereits oben dargestellt – „das ihm aufgrund seiner amtlichen Tätigkeit zufallende Gewicht und die ihm kraft seines Amtes gegebenen Einflussmöglichkeiten in einer Weise genutzt hat, die mit seiner der Allgemeinheit verpflichteten Aufgabe unvereinbar ist." Dann nämlich handelt er in amtlicher Eigenschaft und kann sich insofern nicht auf das Grundrecht der Meinungsfreiheit aus Art. 5 I1 GG berufen.

Eine solche Ausnutzung der Amtsstellung hat der VGH Kassel vorliegend aber zu recht nicht feststellen können. Auch den anderen Bewerbern ist es erlaubt, im Rahmen ihres Wahlkampfes Gespräche mit der Bevölkerung zu führen und dabei auch über deren Probleme und Anliegen zu diskutieren. Insofern kann man dies dem Amtsinhaber, der gleichzeitig (als Privatperson) Bewerber für seine Wiederwahl ist, nicht verbieten, wenn man nicht eine Verletzung der Chancengleichheit im Wahlkampf in Kauf nehmen will. Auch der Amtsinhaber (als natürliche Person) hat daher ein Recht auf freie Meinungsäußerung und darf seiner „politischen Betätigungsfreiheit" nicht beraubt werden[319].

Überschritten wäre das zulässige Engagement des Amtsinhabers etwa dort, wo er sich während einer solchen Veranstaltung typischer Verhaltensweisen in amtlicher Eigenschaft bedient und seinen Status als OB ausnutzt, um sich einen (unzulässigen) Vorsprung vor seinen Mitbewerbern zu sichern. Dies könnte vorliegend der Fall sein, wenn der Beigeladene zur Baustellenbesichtigung

---

[317] Vgl. dazu auch die Urteilsanmerkungen von: Berghäuser, HSGZ 2001, 419ff. (zum Urteil des VG Darmstadt); Knecht, HSGZ 2004, 334ff. und Adrian, HSGZ 2004, 339ff. (zum Urteil des VG Darmstadt und des VGH Kassel).

[318] Berghäuser, in: HSGZ 2001, 419 [420].

[319] Berghäuser, in: HSGZ 2001, 419 [421]; vgl. insgesamt bereits oben zur dogmatischen Abgrenzung, S. 84ff.

Mitarbeiter seines Bauamtes, des Bürgerbüros oder des Ordnungsamtes mitgenommen hätte, um sich effektiver der Anliegen der Bürgerinnen und Bürger widmen zu können. Gleiches gilt auch für den Fall, dass er während der Veranstaltung (wie vom VGH Kassel als Beispiel herangezogen) Verwaltungsakte unterzeichnet oder Ehrungen gegenüber verdienten Bürgerinnen und Bürgern im Namen der städtischen Gremien vorgenommen hätte.
Wenn Berghäuser daher neue Maßstäbe hinsichtlich der Neutralitätspflicht eines Amtsinhabers, der sich um eine Wiederwahl bewirbt, fordert[320], ist dem insoweit entgegenzutreten, als die bekannten Abgrenzungskriterien zwischen politischer Betätigung und (notwendiger) Neutralität völlig ausreichend sind. Insbesondere könnten auch neue Maßstäbe nicht dazu führen, dass dem Amtsinhaber, der sich um eine Wiederwahl bewirbt, plötzlich eine Berufung auf Grundrechte ermöglicht wird.
Der VGH Kassel hat daher im Hinblick auf die Teilnahme des Beigeladenen an der SPD-Veranstaltung richtig geurteilt.
2. Kritisch zu beurteilen sind dagegen die Feststellungen beider Gerichte im Hinblick auf die Vermietung der Halle „Centralstation“[321]. Schwierigkeiten im Hinblick auf Fragen der Neutralität bereitet vor allem die rechtliche Ausgestaltung der Vermieterin City-Bau, die sich zu zwei Dritteln in privater Hand und zu einem Drittel in der Hand der HEAG befand, die zwar ebenfalls privatrechtlich organisiert war, aber zu 85% im Eigentum der Stadt Darmstadt stand.
Das VG Darmstadt hatte eine Neutralitätsverletzung deswegen bejaht, weil dem Oberbürgermeister Garantenpflichten in Bezug auf die ordnungsgemäße und chancengleiche Überlassung der Halle oblegen hätten. Der VGH Kassel verneinte die Existenz solcher Pflichten hingegen, da dem OB rechtlich gar keine Möglichkeiten der Einflussnahme zugestanden hätten und eine rein faktische Beherrschung nicht entscheidend sein könne.
Die besondere Fragestellung des Falles besteht in der bisher nicht aufgetretenen Konstellation, dass privatrechtlich organisierte öffentliche Unternehmen dem Neutralitätsgebot unterliegen könnten. Erschwerend kommt hinzu, dass die City-Bau nicht einmal mehrheitlich durch die Stadt Darmstadt beherrscht wurde (vgl. oben), so dass eine rechtliche Einflussnahme eines Trägers öffentlicher Gewalt auf das Verhalten des Unternehmens von vornherein ausgeschlossen sein könnte[322].

---

[320] Vgl. Berghäuser, in: HSGZ 2001, 419 [421]: „Nicht einmal ansatzweise wird vom VG Darmstadt die Frage thematisiert, ob die von ihm in Bezug genommene Rechtsprechung des BVerfG und des BVerwG überhaupt für Persönlichkeitswahlen wie Oberbürgermeisterwahlen herangezogen werden kann, bei denen der Amtsinhaber erneut kandidiert. (...) Man wird deswegen sehr sorgfältig prüfen müssen, inwieweit hier nicht neue Maßstäbe zum Neutralitätsgebot entwickelt werden müssen, welche dieser besonderen Interessenlage Rechnung tragen“.
[321] Vgl. dazu v.a. die Ausführungen von Knecht, in: HSGZ 2004, 334ff; dem VGH zustimmend dagegen: Adrian, in: HSGZ 2004, 339f.
[322] Knecht, in: HSGZ 2004, 334 [335].

Dem VGH Kassel ist darin zuzustimmen, dass die vom VG Darmstadt entwickelte Garantenpflicht angesichts faktischer Einflussmöglichkeiten nicht ausreichend sein kann.
Dennoch hätte der Senat bei dieser Feststellung nicht stehen bleiben dürfen. Überzeugend sind vielmehr die Ausführungen von Knecht, der die Urteile zum Anlass genommen hat, sich grundsätzlich mit der Bindung öffentlicher oder gemischtwirtschaftlicher Unternehmen an das Neutralitätsgebot auseinanderzusetzen. Er findet die Lösung, indem er eine Parallele zur Bindung dieser Unternehmen an die Grundrechte zieht: Eine Grundrechtsbindung sei dort zu bejahen, wenn das Unternehmen zum einen mehrheitlich staatlich beherrscht werde (1) und zum anderen öffentliche Aufgaben wahrnehme (2)[323]. Doch selbst bei Minderheitsbeteiligungen obliege dem staatlichen Träger die Pflicht, auf das Gesamtunternehmen einzuwirken, um so wenigstens den Versuch zu unternehmen, die Achtung der Grundrechte durchzusetzen[324].
Die Übertragung dieser Grundsätze auf die Bindung der Unternehmen an das Neutralitätsgebot liegt nahe und erscheint logisch und sinnvoll. Die Grundsätze der freien und gleichen Wahl sollen das aktive Wahlrecht genauso wie das passive Wahlrecht schützen. Aus ihnen folgen gerade die staatliche Garantie der Chancengleichheit und das daraus resultierende Gebot der Neutralität des Staates gegenüber den Wahlbewerbern. Die Beachtung des passiven Wahlrechts als grundrechtsgleiches Recht durch privatrechtliche Unternehmen mit staatlicher Beteiligung kann dann aber keinen anderen Anforderungen unterliegen als die Bindung dieser Unternehmen an die Grundrechte[325].
Fraglich ist daher, welche Folgen daraus für die vorliegende Konstellation zu ziehen sind. Aufgrund der Mehrheitsverhältnisse scheidet eine Bindung der City-Bau an das Neutralitätsgebot von vornherein aus, da das Unternehmen zu mindestens zwei Dritteln im privatrechtlichen Eigentum steht.
Die HEAG dagegen befand sich zu 85% im Eigentum der Stadt Darmstadt, so dass insofern das Neutralitätsgebot zur Anwendung gelangen könnte. Knecht zieht daraus den Schluss, dass die HEAG gegenüber der City-Bau durch ihre Vertreter den Versuch hätte unternehmen müssen, auf eine gerechte Überlassungspraxis der Baustelle zu dringen; dies sei der HEAG nicht nur faktisch, sondern auch rechtlich möglich gewesen[326]. Allerdings schränkt auch er die

---

[323] Vgl. Knecht, in: HSGZ 2004, 334 [335] mit Verweis auf: BVerwGE 113, 208 [211]; Jarass/Pieroth, Art. 1 GG Rn. 29; Stern, Staatsrecht III/1, S. 1421; Hecker, Staats- und Verfassungsrecht, Rn. 165; Knecht zustimmend wohl: Schmidt, in: Bennemann, § 50 KWG Rn. 21.
[324] Vgl. Knecht, in: HSGZ 2004, 334 [335] mit Verweis auf: Ehlers, in: Erichsen/Ehlers, § 2 Rn. 86; Höfling, in: Sachs, Art. 1 GG Rn. 96.
[325] Dass das Wahlrecht ein grundrechtsgleiches Recht darstellt, ergibt sich bereits aus Art. 93 I Nr. 4a GG, der es ermöglicht die Verletzung des Art. 38 I 1 GG zum Gegenstand einer Verfassungsbeschwerde zu machen. Obwohl diese Norm unmittelbar nur für die Wahlen zum Deutschen Bundestag Anwendung findet, ändert dies nichts an der Rechtsnatur des Wahlrechts als grundrechtsgleiches Recht auf allen politischen Ebenen; so explizit auch: Knecht, in: HSGZ 2004, Fn. 13.
[326] Knecht, in: HSGZ 2004, 334 [335f.].

Pflicht des öffentlichen Trägers insoweit ein, als bereits der bloße Versuch einer Einwirkung, auch wenn dieser nicht zwingend von Erfolg gekrönt sein muss, ausreichend sein soll.
Weiterhin müsste es sich bei der Vermietung der Halle um eine öffentliche Aufgabe gehandelt haben, denn nur unter dieser Prämisse ist entsprechend der oben dargestellten Rechtsprechung das Neutralitätsgebot anwendbar. Nach Fertigstellung wäre die Halle unproblematisch unter den Begriff der öffentlichen Einrichtung i.S. von § 20 I HGO zu subsumieren gewesen, so dass dementsprechend deren Vergabe hoheitlicher Charakter zukommen würde. Die Baustelle als solche ist dagegen noch keine öffentliche Einrichtung, wenn man nur bedenkt, dass eine Widmung des Baustellengeländes für die Öffentlichkeit gerade ausgeschlossen ist. Daher könnte die City-Bau rein erwerbswirtschaftlich gehandelt haben.
Knecht gibt aber zu bedenken, dass der Gesellschaftszweck der City-Bau in der Fertigstellung der Halle bestanden habe und daher die Vergabepraxis zweckwidrig gewesen sei. Die Tatsache, dass die öffentliche Einrichtung noch nicht fertig gestellt sei, dürfe vor dem Hintergrund der tatsächlichen Bedeutung der Baustellenbesichtigung keine Rolle spielen[327]. Die Besichtigung habe gerade dazu gedient, das Aussehen der späteren „Centralstation“ zu „antizipieren“, um den Bürgerinnen und Bürgern bereits jetzt einen Eindruck von der neuen öffentlichen Einrichtung zu vermitteln. Daher folge die Vermietung der Baustelle auch den Regeln über die Vergabe öffentlicher Einrichtungen[328]. Folglich seien hier öffentliche Aufgaben wahrgenommen worden. Da es am Versuch der HEAG (und damit mittelbar der Stadt Darmstadt), auf die City-Bau einzuwirken, gefehlt habe, sei eine Unregelmäßigkeit in Bezug auf die Vermietung der „Centralstation“ zu bejahen.
Den Folgerungen von Knecht ist zuzustimmen. Das Abstellen auf den bloßen Versuch einer Einwirkung des hoheitlich beherrschten Trägers auf das Unternehmen mag zwar auf den ersten Blick angesichts der klaren Mehrheitsverhältnisse als bloßer Formalismus und damit wenig ergiebig erscheinen, jedoch sollten die tatsächlichen Konsequenzen aus einer solchen Einflussnahme nicht unterschätzt werden. Ein auch mehrheitlich privatrechtlich beherrschtes Unternehmen wird stets bemüht sein, sich möglichst keiner öffentlichen Diskussionen über bestimmte (unternehmerische) Entscheidungen auszusetzen. Mit der Verpflichtung hoheitlicher Träger, auf eine gerechte und neutrale Verteilung der Einrichtungen eines Unternehmens hinzuwirken, wird zunächst überhaupt ein Bewusstsein im dem jeweiligen Unternehmen geschaffen, dass bestimmte Vergabeentscheidungen einzelne Wahlbewerber benachteiligen könnten. Die Sensibilität der hoheitlichen Seite wird in Bezug auf jene Fragen naturgemäß größer sein als in einem mehrheitlich privatrechtlich organisierten Unterneh-

---

[327] Knecht, in: HSGZ 2004, 334 [336].
[328] Knecht, in: HSGZ 2004, 334 [336].

men, in dem die Orientierung an marktwirtschaftlichen Kategorien den Ausschlag gibt.
Die Chance, dass eine Vergabeentscheidung durch einen Hinweis auf mögliche Bedenken durch den hoheitlichen Träger noch einmal neu überdacht wird, ist vor dem Hintergrund des wichtigen Neutralitätsgebots nicht zu unterschätzen.
Im Ergebnis hätte der VGH Kassel daher eine Unregelmäßigkeit im Sinne von § 50 Nr. 2 KWG bejahen müssen.
3. Zu begrüßen ist demgegenüber die vom Senat entwickelte Figur des *tendenzlosen Wahlfehlers*[329]. Sie lässt sich auf folgenden Nenner bringen: Tritt ein Wahlfehler nicht nur vereinzelt, sondern vermehrt (beispielsweise auch in verschiedenen) Wahlbezirken auf, so sinkt die Mandatsrelevanz des Fehlers mit steigender Zahl der von diesem Fehler betroffenen Wählerinnen und Wähler.
Hintergrund dieser Figur ist das Prinzip der Repräsentation. Wenn der Wahlfehler bei einer großen Anzahl von Wählerinnen und Wählern auftritt, so sinkt die *Tendenz* zugunsten oder zulasten eines bestimmten Wahlbewerbers, denn alle Bewerber werden insofern gleich stark von der Unregelmäßigkeit betroffen. Die Wählerinnen und Wähler stehen nämlich repräsentativ zur Gesamtbevölkerung, so dass sich eine Relevanz des Wahlfehlers für das Stimmergebnis eines bestimmten Kandidaten oder eines bestimmten Wahlvorschlages ausschließen oder mindern lässt. Diese Wahlfehler werden gerade nicht mit dem Ziel einer einseitigen Bevorzugung einzelner Kandidaten begangen.
Einen solchen tendenzlosen Wahlfehler glaubt der VGH Kassel vorliegend in dem Verstoß gegen § 45 III, IV KWO ausmachen zu können, da versäumt worden war, bestimmte Wahlräume zur unbeobachteten Stimmabgabe in Altenheimen, Krankenhäusern und anderen sozialen Einrichtungen bereitzuhalten. Betroffen von diesem Wahlfehler waren insgesamt 1400 Menschen, also eine hinreichend repräsentative Gruppe, die dem Durchschnitt der Bevölkerung so ähnlich gewesen sein könnte, dass sie ihre Stimmen proportional ebenso verteilt hätte wie die Gesamtheit der Wählerinnen und Wähler.
Schmidt äußert grundsätzliche Bedenken gegenüber der Figur des tendenzlosen Wahlfehlers, da eine solche Beurteilung die Grenzen „juristischer Wertungsspielräume“ leicht überschreite[330]. Der Beurteiler bewege sich in einem hochpolitischen Feld, welches auch von seinem Vorverständnis beeinflusst werde. Die Differenzierung führe nicht weiter und müsse daher aufgegeben werden. Das notwendige Korrektiv einer weiten Auslegung des Begriffs der Unregelmäßigkeit erfolge über die Erheblichkeitsprüfung[331].
Diese grundsätzliche Kritik an der Figur des tendenzlosen Wahlfehlers ist unberechtigt. Allerdings ist ein behutsamer Umgang mit diesem Instrument angezeigt. Darauf hat bereits Knecht hingewiesen, der der Schlussfolgerung des Senats eines zu bedenken gab: Eine Wählergruppe verhalte sich nur dann dem

[329] Ebenso: Adrian, in: HSGZ 2004, 339 [340].
[330] Schmidt, in: Bennemann, § 50 KWG Rn. 22.
[331] Schmidt, in: Bennemann, § 50 KWG Rn 22.

Durchschnitt ähnlicher, je größer sie ist, wenn die Gruppe der Betroffenen möglichst repräsentativ sei. Von dieser Voraussetzung machten die Wahlforschungsinstitute bei ihren Umfragen Gebrauch, die umso genauer würden, je mehr Wahlberechtigte interviewt würden, soweit diese Gruppe möglichst repräsentativ sei[332]. Sei diese Gruppe aber anders zusammengesetzt, so werde gerade der umgekehrte Effekt erzielt, dass das Ergebnis immer ungenauer werde, je größer die Gruppe werde.
Damit ist fraglich, ob die Gruppe, die hier von den fehlenden Briefwahlräumlichkeiten betroffen war, tatsächlich dem Bevölkerungsdurchschnitt entsprochen hat. Diese Frage hat der Senat aber gerade unbeantwortet gelassen. Er beschränkt sich auf die Feststellung, dass die Auswirkungen des Verstoßes gegen § 45 III, IV KWO (und die damit möglicherweise geringere Wahlbeteiligung) auf das Gesamtergebnis der Wahl rein spekulativ und kein Beleg für eine wahrscheinliche Verzerrung des Wahlausgangs seien.
Dabei wäre es – auch insoweit ist Knecht zuzustimmen – auf eine nähere Untersuchung der von dem Verstoß gegen § 45 III, IV KWO betroffenen Gruppe angekommen. Dabei hätte zunächst die Gruppe der Briefwähler insgesamt untersucht werden müssen. Bereits im Hinblick auf diese Wählerinnen und Wähler zeigt sich aber angesichts der Tatsache, dass die über 70jährigen den größten Anteil der Gruppe ausmachen, eine leichte Präferenz zugunsten der Unionsparteien im Vergleich zum Durchschnitt der Bevölkerung[333].
Darüber hinaus ist vorliegend zu bedenken, dass es nicht einmal um die Gruppe der Briefwähler insgesamt, sondern um die Wählerinnen und Wähler in Alten- und Pflegeheimen, Krankenhäusern und ähnlichen Einrichtungen ging, die ebenfalls nicht den Altersdurchschnitt der Bevölkerung repräsentieren. Damit spricht sogar viel dafür, dass die Gruppe der von dem Wahlfehler betroffenen Personen gerade nicht repräsentativ war. Diese Bedenken müssen ausreichen, um die Ergebnisrelevanz zu bejahen. Folglich lag auch insoweit ein erheblicher Wahlfehler im Sinne von § 50 Nr. 2 KWG vor.
4. Im Hinblick auf die weiteren vorgetragenen Sachverhalte ist dem VGH Kassel zu folgen, dass insofern keine Unregelmäßigkeiten vorgelegen haben. Insbesondere ist es richtig, internen Satzungsverstößen keine Relevanz für Unregelmäßigkeiten nach § 50 Nr. 2 KWG zukommen zu lassen. Gleiches gilt in noch stärkerem Maße für § 26 I Nr. 2 KWG. Ansonsten hätte dies zur Konsequenz, dass Parteien und Wählergruppen aufgrund von internen Satzungsverstößen den Bestand einer Kommunalwahl gefährden könnten. Dies ist mit Rücksicht auf das Bestandsschutzinteresse zu verhindern.
Die Beachtung der Vorschriften aus dem KWG sowie der KWO bietet ausreichend Gewähr dafür, dass eine Wahl auf gemeindlicher Ebene den verfassungsrechtlichen Vorgaben entspricht. Die Fehlerquellen, die dabei auftreten können, sind angesichts der hier dargestellten Urteile groß, so dass das Streben nach

332 Knecht, in: HSGZ 2004, 334 [337].
333 Vgl. etwa zur Bundestagswahl 2002: Werner, in: WiSta 2003, 171 [175, 181].

Bestandsschutz einer Wahl nicht noch durch die Entwicklung weiterer (relevanter) Fehlerquellen konterkariert werden darf.

e. Internet-Auftritt eines Bürgermeister-Amtsinhabers
(VG Wiesbaden, HSGZ 2005, 173ff.)

Sachverhalt:

Um Fragen der Neutralität eines Amtsinhabers im Rahmen einer Direktwahl ging es auch im vorliegenden Fall, den das VG Wiesbaden zu entscheiden hatte.

Bei der Direktwahl zum Amt des Bürgermeisters in der Gemeinde S kandidierten zwei Bewerber, zum einen Amtsinhaber Bürgermeister S. (SPD), zum anderen der Erste Beigeordnete D (CDU). S konnte sich mit 1646 zu 1636 Stimmen gegen seinen Herausforderer durchsetzen. Verschiedene Wähler wandten sich nach der öffentlichen Bekanntgabe dieses Wahlergebnisses gegen die Gültigkeit der Wahl und erhoben Einspruch. Sie rügten verschiedene Unregelmäßigkeiten, die ihm Wahlkampf vorgekommen sein sollten.

Der Amtsinhaber habe im Wahlkampf mit dem Wahlslogan „Den Bürgermeister von S wählen" geworben. Auf der Internetseite unter der Domain *www.name.de* sei neben dem Slogan, dem Bild des Bewerbers, dem Gemeindewappen auch ein Link auf die Homepage der Gemeinde vorhanden gewesen. Als Kontaktnummer sei diejenige des Bürgermeisters im Rathaus von S angegeben worden.

Darüber hinaus habe eine unzulässige Einflussnahme auf den Meinungsbildungsprozess in der Gemeinde dadurch vorgelegen, dass S in seiner Funktion als eines von zwei Redaktionsbeiratsmitgliedern beim E-Verlag die Veröffentlichung privater Anzeigen zugunsten des Mitbewerbers D. in der Gemeindezeitung verhindert habe. Der Gemeindevorstand sei Herausgeber der einmal im Monat erscheinenden Gemeindezeitung. Am Tag des Anzeigenschlusses habe S die Veröffentlichung der Anzeigen untersagt und am Abend desselben Tages eine Vorlage in den Gemeindevorstand eingebracht, wonach – als Ergänzung zu den bisherigen Regelungen bezüglich Anzeigen politischer Parteien – nunmehr auch Anzeigen von Einzelpersonen zur Unterstützung eines Wahlvorschlags einer politischen Partei unzulässig seien. Diese Vorlage war vom Gemeindevorstand mehrheitlich angenommen worden. Zwar habe der Bürgermeister an der Abstimmung über die Vorlage nicht teilgenommen, er habe jedoch den Antrag und damit auch die Verabschiedung des Beschlusses initiiert.

Schließlich rügten die Kläger noch einige Unregelmäßigkeiten im Zusammenhang mit der Auszählung der Stimmzettel in zwei Wahlbezirken sowie im Briefwahlvorstand, die hier im Einzelnen nicht aufgeführt werden sollen (vgl. dazu die ausführliche Schilderung im Urteil des VG Wiesbaden[334]).

[334] VG Wiesbaden, HSGZ 2005, 173 [174f.].

Die gegen die Gültigkeit der Wahl eingelegten Einsprüche wurden durch die Gemeindevertretung zurückgewiesen. Daraufhin erhoben die Kläger Wahlanfechtungsklage beim VG Wiesbaden.

Entscheidung VG Wiesbaden:
Das VG Wiesbaden wies die gegen den Beschluss der Gemeindevertretung gerichtete Klage als unbegründet zurück.
Die Kammer schloss sich der weiten Auslegung des Begriffs der „Unregelmäßigkeit" im Sinne der Rechtsprechung des VGH Kassel an. Eine Unregelmäßigkeit könne daher auch dann vorliegen, wenn im Wahlkampf Verstöße gegen die Wahlrechtsgrundsätze nach Art. 38 I GG i.V.m. Art. 28 GG vorgekommen seien[335]. Das Neutralitätsgebot, welches als Korrelat des Anspruchs der Wahlbewerber auf Chancengleichheit eingestuft werden könne, wird in den Grundsätzen der freien und gleichen Wahl aus § 1 I KWG verortet. Wiederum erfolgt eine Bezugnahme zum Grundsatzurteil des Bundesverfassungsgerichts betreffend die Öffentlichkeitsarbeit von Regierungsstellen[336]. Entscheidend sei jeweils die Frage, ob wahlbeeinflussende Maßnahmen in amtlicher Funktionswahrnehmung oder vielmehr im Rahmen des eigenen politischen Engagements erfolgt seien.
Im Hinblick auf die Inhalte der Internetseite vermochte das VG Wiesbaden keine Verletzung des Neutralitätsgrundsatzes ausmachen. Bereits die Domain der Internetseite *www.name.de* habe auf einen privaten Charakter der Homepage hingewiesen. Einem potentiellen Besucher sei bereits hier klar gewesen, dass er sich nicht auf einer offiziellen Homepage der Gemeinde befinde[337]. Das Gemeindewappen sei ebenfalls nur in verfremdeter und unvollständiger Weise verwandt worden, was noch kein ausreichendes Indiz für einen amtlichen Charakter der Seite bilde. Vielmehr sollte wohl die Verbindung zur Gemeinde S hergestellt werden[338].
Gleiches gelte auch für die „durchaus erkennbare zweideutige" Verwendung des Slogans. Mit dem Aufruf, man solle bei der künftigen Bürgermeisterwahl den Amtsinhaber wieder wählen, seien zwei unterschiedliche Aussagen nur geschickt miteinander verknüpft worden[339]. Auch daraus ergebe sich noch keine Neutralitätsverletzung. Darüber hinaus sei auf der Internetseite deutlich erkennbar das SPD-Logo verwendet worden, was ebenfalls auf einen nichtoffiziellen Charakter schließen lasse.

---

[335] VG Wiesbaden, HSGZ 2005, 173 [178] mit Verweis auf VGH Kassel, Urteil vom 25.02.1999, 8 UE 4368/98.
[336] BVerfGE 44, 125ff.
[337] VG Wiesbaden, HSGZ 2005, 173 [178].
[338] VG Wiesbaden, HSGZ 2005, 173 [178].
[339] VG Wiesbaden, HSGZ 2005, 173 [178].

Auch die Angabe der Dienstnummer im Rathaus sei keine Inanspruchnahme eines unzulässigen Amtsbonus, denn auch der Gegenkandidat habe bereits mit dieser Telefonnummer Wahlwerbung betrieben[340].
Schließlich wies die Kammer auch darauf hin, dass der Link zur Homepage der Gemeinde Rückschlüsse, die auf einen amtlichen Charakter der Seite schließen ließen, verhindere. Denn gerade durch die Betätigung des Links werde ein neues Fenster geöffnet, was erkennen lasse, dass es sich bei der Homepage von S um eine private Angelegenheit handele. Aus dem Inhalt der Seite sei ebenfalls deutlich geworden, dass hier der S als Privatmann vorgestellt werden sollte[341].
Das VG Wiesbaden sah weiterhin auch in den Vorgängen um die verhinderte Veröffentlichung von Unterstützungsanzeigen zugunsten von D keine Neutralitätsverletzung des Amtsinhabers. S habe gerade die ihm als Bürgermeister obliegenden Aufgaben wahrgenommen, indem er eine Veröffentlichung der Anzeigen zunächst verhindert habe, aber direkt den Gemeindevorstand – und zwar zu einem Zeitpunkt als eine abweichende Handhabung noch möglich gewesen wäre – mit dieser Frage befasst habe[342]. Aufgrund der vertraglichen Vereinbarungen mit dem E-Verlag stehe fest, dass der Gemeindevorstand Herausgeber der Zeitung und der Bürgermeister kraft seines Amtes Mitglied des Redaktionsbeirates sei. Dieser sei auch für die Prüfung der redaktionellen Beiträge zuständig. S habe daher gerade gemäß der vertraglichen Aufgabenverteilung gehandelt[343].
Die Richter bewerteten auch die inhaltliche Beschlussfassung in der Vorlage des Bürgermeisters als vertragskonform mit den Vereinbarungen des E-Verlages. „Denn von Anfang an war erklärtes Ziel der „S.Nachrichten“, Informationen aus dem öffentlichen Leben der Gemeinde zu verbreiten, nicht jedoch der Meinungsbildung und dem Parteienstreit zu dienen“[344]. Diese Zielrichtung sei zwar ausschließlich für den redaktionellen, nicht aber für den Anzeigenteil der Zeitschrift vertraglich festgeschrieben worden, allerdings ergebe sich nach der Überzeugung des Gerichts, dass die Zeitung auch in ihrem Anzeigenteil der grundsätzlichen Zielrichtung „Information statt Meinungsstreit“ folgen sollte. Auch das Erscheinungsbild der Zeitung deute auf eine solche Auslegung hin. Unstreitig sei daher auch geblieben, dass es in den vergangenen Jahren politische Anzeigen, wie sie von den Klägern geplant waren, nicht gegeben habe[345]. Eine Veröffentlichung im Anzeigenteil käme schließlich auch einem schlichten Umgehungsgeschäft nahe, da der im redaktionellen Teil verbotene Meinungskampf dann lediglich mit anderen Mitteln erfolgen würde. Daher entspreche die erfolgte Beschlussfassung auch voll der bisherigen Handhabung, so dass sich S

[340] VG Wiesbaden, HSGZ 2005, 173 [179].
[341] VG Wiesbaden, HSGZ 2005, 173 [179].
[342] VG Wiesbaden, HSGZ 2005, 173 [179].
[343] VG Wiesbaden, HSGZ 2005, 173 [179].
[344] VG Wiesbaden, HSGZ 2005, 173 [179].
[345] VG Wiesbaden, HSGZ 2005, 173 [179].

auch nicht dem Verdacht ausgesetzt sehen müsse, seine Neutralitätspflicht durch eine plötzliche Veränderung der Handhabung verletzt zu haben[346].

Bewertung:
Der Entscheidung ist in vollem Umfang zuzustimmen. Sie behandelt nochmals Fragen der Neutralität des Amtsinhabers in einem völlig anderen Zusammenhang.
Die Tatsache, dass auch der Amtsinhaber mit einem eigenen Internet-Auftritt für sich werben darf, sollte eine Selbstverständlichkeit sein. Dazu gehört dann auch der Hinweis auf seine (bisherige) berufliche Tätigkeit samt Angabe der Kontaktadresse. Auch jedem anderen Bewerber steht es frei, auf der Internetseite die dienstlichen Kommunikationsverbindungen zu hinterlegen. Dementsprechend muss Gleiches auch für den Amtsinhaber gelten, so dass die Angabe der Telefonnummer des Büros im Rathaus als unbedenklich anzusehen ist. Genauso zulässig wären daher auch Berichte und Hinweise auf das bisher Geleistete einschließlich verschiedener Foto-Dokumentationen, in denen der Amtsinhaber in seiner Funktion als Bürgermeister (oder Landrat) zu sehen ist. In dieser Hinsicht darf gerade dem Amtsinhaber in der Darstellung der eigenen Person kein Nachteil gegenüber seinen Herausforderern erwachsen.
Entscheidend für den privaten Charakter der Internetseite spricht hier insbesondere der Link auf die offizielle gemeindeeigene Seite, durch den jeder Zweifel, es könne sich um eine öffentliche Präsentation handeln, aus dem Weg geräumt wird.
Von Interesse ist darüber hinaus auch das Vorgehen des Bürgermeisters hinsichtlich der Anzeigen in der gemeindlichen Zeitung. Auch in dieser Hinsicht kann das Urteil des VG Wiesbaden überzeugen. Über eine tatsächliche Verletzung der Neutralität des Amtsinhabers sowie eine Verletzung der Chancengleichheit der Bewerber hätte man hier ernsthaft nur dann nachdenken können, wenn der bisherige Umgang im Hinblick auf politische Anzeigen ohne sachlichen Grund geändert worden wäre, d.h., wenn es bislang möglich gewesen wäre, in der gemeindlichen Zeitung auch Zeitungsanzeigen von Parteien und Unterstützern zu schalten, und davon nun aus Anlass der Kampagne des Gegenkandidaten abgewichen werden sollte. Vor diesem Hintergrund hätte eine Neutralitätsverletzung bereits wegen eines Verstoßes gegen Art. 3 I GG bzw. dem Grundsatz der Gleichheit der Wahl in Verbindung mit den Grundsätzen der Selbstbindung der Verwaltung festgestellt werden müssen[347].
Ebenso bedenklich wäre das Vorgehen gewesen, falls diese Frage bislang als ungeklärt gegolten hätte, so dass ein erstmaliges Verbot der politischen Meinungskundgabe als nicht zwingend erschienen wäre. An dieser Stelle wird gerade die Grundrechtsbindung der Gemeinde deutlich, auf die bereits oben hin-

[346] VG Wiesbaden, HSGZ 2005, 173 [179].
[347] BVerfGE 73, 280 [299f.]; Gubelt, in: von Münch/Kunig, Art. 3 GG Rn. 39; Rüfner, in: BK, Art. 3 GG Rn. 174; Jarass/Pieroth, Art. 3 GG Rn. 25.

gewiesen worden war. Es erscheint insofern logisch, dass derjenige, der in amtlicher Eigenschaft Sorge dafür zu tragen hat, dass die Grundrechte der Bürgerinnen Bürger beachtet werden, nicht gleichzeitig Träger des Grundrechts sein kann[348].
Die Sachlage war vorliegend jedoch eine andere. Die Zeitung sollte als neutrales Informationsblatt der Gemeinde dienen und nicht als Forum für den (politischen) Meinungsstreit. Auch wenn daher nur für den redaktionellen Teil ein Verbot der parteilichen Stellungnahmen ausdrücklich geregelt wurde, kann angesichts einer ansonsten drohenden Umgehung nichts anderes für den Anzeigenteil gelten. Die Feststellung, dass jegliche Anzeigenwerbung zur Unterstützung eines Wahlvorschlags daher verboten ist, entsprach der schon bislang verfolgten Linie, so dass von einer plötzlichen Veränderung der bisherigen Handhabung keine Rede sein kann.
Der Bürgermeister hat darüber hinaus die ihm kraft Amtes zugewiesenen Aufgaben als Mitglied des Redaktionsbeirates auch in formeller Hinsicht neutral wahrgenommen, indem der dem Gemeindevorstand selbst die endgültige Beantwortung der streitigen Frage zur Entscheidung vorgelegt hat. Auch damit widerlegt er den Verdacht einer einseitigen Benachteiligung des Amtsinhabers und der Verletzung seiner Neutralitätspflichten.

f. OB-Wahl Gießen
(VG Gießen, HSGZ 2005, 26ff.; VGH Kassel, HSGZ 2005, 387ff.)
Sachverhalt:
Ein weiteres Mal um die Gültigkeit einer OB-Wahl ging es im vorliegenden Fall. Anlass für ein Wahlprüfungsverfahren war die Oberbürgermeisterwahl der Stadt Gießen vom 7. bzw. 28. September 2003 (Stichwahltag).
Zur Wahl traten insgesamt vier Kandidaten aus den Reihen von CDU, SPD, Grünen und einer Bürgerliste von Gießen an. Der Kandidat der CDU war der damalige Erste Beigeordnete mit der Amtsbezeichnung „Bürgermeister" von Gießen. Bewerber der SPD war der damalige SPD-Chef von Gießen. Zwischen diesen beiden Kandidaten kam es während des Wahlkampfes zu einem Schlagabtausch in der lokalen Tageszeitung – dem Giessener Anzeiger –, der Anlass für die Wahlanfechtung gab.
Auslöser für den Streit war zunächst ein Presseartikel der SPD-Stadtverordnetenfraktion und des SPD-Bewerbers vom 11. Juli 2003, in dem man sich kritisch über den Bürgermeister und CDU-Kandidaten in seiner Eigenschaft als Sportdezernent äußerte. Als Reaktion auf den Artikel wurde am 31. Juli 2003 mit dem Absender „Magistratsmitteilungen – Der Pressesprecher des Magistrats" eine Presse-Information mit der Überschrift: „A.: Was der B. von C. lernen kann..." verbreitet. Darin warf der CDU-Kandidat der SPD und ihrem Bewerber vor, in Dauer-Nörgelei zu verfallen und verschweigen zu wollen, dass sie bei allen wichtigen Fragen mit am Tisch säßen. Wortwörtlich kam zum

[348] Vgl. nochmals oben, S. 83ff.

Ausdruck, dass die Politik des B „so farblos erscheine wie seine schwarz-weiß Plakate“. A richtete in dem Artikel direkte Fragen an seinen Mitbewerber, welche Standpunkte dieser im Hinblick auf verschiedene Großprojekte der Stadt vertreten würde, da man von ihm nicht nur hören wolle, „was nicht geht, sondern tragfähige Vorschläge, für die es eine breite Mehrheit im Parlament gebe“. Abschließend ermahnte der CDU-Kandidat den SPD-Bewerber, sich ein Beispiel an der OB-Kandidatin der Grünen C. zu nehmen, die wisse, wie konstruktive Oppositionspolitik gemacht werde.
Die Presse-Information wurde am 1. August 2003 mit der Überschrift „B. so farblos wie seine schwarz-weiß Plakate“ ohne Angabe des Absenders und des Übermittlungsweges im Gießener Anzeiger veröffentlicht. Auch die Giessener Allgemeine Zeitung veröffentlichte den Artikel unter der Überschrift „A will tragfähige Vorschläge von B“ und machte zusätzlich deutlich, dass die Presse-Information über die Pressestelle der Stadtverwaltung verbreitet worden war.
An diesem Übermittlungsweg und der Verwendung der Amtsbezeichnung „Bürgermeister“ übte die Giessener Allgemeine Zeitung in einem Kommentar mit der Überschrift „Grenzverletzung“ Kritik. Durch diesen Weg der Veröffentlichung habe der CDU-Kandidat materielle und personelle Ressourcen einer öffentlichen Verwaltung genutzt, deren laufende Ausgaben mit Steuern finanziert würden. Für diese Zwecke stünden dem Kandidaten aber ein hauptamtlich gemanagtes Parteibüro und ein eigens gegründetes Wahlkampfteam zur Verfügung, so der Kommentator.
Im Anschluss an die Veröffentlichungen kam es zu einer Flut von Leserbriefen, die sich mit der Frage beschäftigten, inwieweit in der Art und Weise der Veröffentlichung tatsächlich eine Grenzverletzung zum Ausdruck gekommen sei.
Zu einem weiteren Zwischenfall kam es während eines Rundfunkinterviews der Wahlbewerber im Mittelhessen-Journal von hr4 am 5. August 2003. Der Bürgermeister und CDU - Kandidat kritisierte während dieses Interviews die vom SPD - Bewerber auf dem amtlichen Stimmzettel angegebene Berufsbezeichnung als „Stadtrat“, obwohl dieser zu jenem Zeitpunkt nur noch als ehrenamtlicher Stadtrat von Gießen fungierte, nachdem er als hauptamtlicher Stadtrat abgewählt worden war. Der CDU-Bürgermeister machte im Interview seinen Standpunkt deutlich, dass es sich hierbei um eine unzulässige Berufsbezeichnung handeln würde, dadurch die Stimmzettel ungültig sein könnten bzw. die Wahl für ungültig erklärt werden könnte.
Bei der Wahl am 7. September konnte sich keiner der Bewerber durchsetzen. Bei der am 28. September durchgeführten Stichwahl entfielen von den 15.806 Stimmen (Wahlberechtigte: 52.484) 7.982 Stimmen (50,5%) auf den CDU-Kandidaten und 7.824 Stimmen auf den SPD-Bewerber (49,5%). Das Ergebnis der Wahl wurde am 4. Oktober 2003 veröffentlicht.
Mit Schreiben vom 17. Oktober wurde Einspruch gegen die Gültigkeit der Wahl erhoben. Als Anknüpfungspunkt für eine Unregelmäßigkeit wurde die erwähnte Presse-Veröffentlichung des CDU-Kandidaten genannt, mit der dieser gegen seine Neutralitätspflichten als Amtsträger verstoßen habe. Angesichts

des knappen Wahlergebnisses sei eine entsprechende Beeinflussung des Wahlergebnisses nicht auszuschließen.
Die Stadtverordnetenversammlung wies den Einspruch zurück, so dass es zur Klage vor dem VG Gießen kam.

Entscheidung VG Gießen:
Das VG Gießen gab der Klage statt, da es tatsächlich zu Unregelmäßigkeiten im Sinne von § 50 Nr. 2 KWG gekommen sei, die auch Einfluss auf das Ergebnis der Wahl gehabt haben können[349].
Konkret sah das Gericht einen Verstoß gegen die den gemeindlichen Organen obliegende Pflicht zur Neutralität im Wahlkampf, die jede Art von Wahlbeeinflussung untersage. Zwar dürfe sich ein Bürgermeister im Wahlkampf beteiligen, die Meinungsäußerungen dürften jedoch nicht in amtlicher Eigenschaft erfolgen[350]. Dies sei jedenfalls dann der Fall, wenn der Bürgermeister „im amtlicher Eigenschaft Wahlempfehlungen ausspreche oder das ihm aufgrund seiner amtlichen Tätigkeit zufallende Gewicht und die ihm Kraft seines Amtes gegebenen Einflussmöglichkeiten in einer Weise nutze, die mit seiner, der Allgemeinheit verpflichtenden Aufgabe, unvereinbar sei“[351]. Ein solches Verhalten müsse dem Beigeladenen aber bei Gesamtwürdigung der in der Presse veröffentlichten Erklärung unter dem Briefkopf „Magistratsmitteilungen – Der Pressesprecher des Magistrats“ vorgeworfen werden. In der Abgabe der Erklärung liege eine Amtspflichtverletzung, welche durch die Veröffentlichungen in der lokalen Presse offen zu Tage getreten sei.
Das VG Gießen stufte die Äußerungen des Beigeladenen als herabsetzend gegenüber dem SPD-Kandidaten ein, so dass der Rahmen einer zulässigen amtlichen Öffentlichkeitsarbeit überschritten worden sei. Ein Bürgermeister dürfe sich nicht in amtlicher Eigenschaft negativ über andere Wahlbewerber äußern oder zu deren Lasten polemische Aussagen treffen[352].
Im Hinblick auf die Mandatsrelevanz stellte das VG fest, dass angesichts des knappen Ergebnisses eine wahlentscheidende Veränderung aufgrund der Pressemitteilung nicht ausgeschlossen werden könne. Die Differenz der Stimmenzahl habe lediglich 158 Stimmen betragen.
Daran, so das VG Gießen, ändere auch die lange zeitliche Distanz zwischen dem Wahltag am 28.09.2003 und dem Tag der Abgabe der Erklärung am 31.07.2003 nichts. Angesichts der Diskussion in der Öffentlichkeit seien die Vorgänge gut in Erinnerung geblieben.
Die Wahl sei daher nach § 50 Nr. 2 KWG zu wiederholen.

---

[349] VG Gießen, HSGZ 2005, 26 [28].
[350] VG Gießen, HSGZ 2005, 26 [28].
[351] VG Gießen, HSGZ 2005, 26 [29].
[352] VG Gießen, HSGZ 2005, 26 [29f.].

Entscheidung VGH Kassel:
Der VGH Kassel gab der Berufung der Stadtverordnetenversammlung von Gießen und des Beigeladenen statt. Entgegen der Auffassung des Verwaltungsgerichts seien beim Wahlverfahren keine Unregelmäßigkeiten vorgekommen, die auf das Ergebnis der Wahl von Einfluss gewesen sein könnten. Zwar, so der VGH Kassel, stelle der gewählte Übermittlungsweg eine „geringfügige Unregelmäßigkeit beim Wahlverfahren dar; jedoch könne mit an Sicherheit grenzender Wahrscheinlichkeit ausgeschlossen werden, dass sich diese Unregelmäßigkeit ergebnisrelevant ausgewirkt haben kann“[353].
Der Senat knüpfte in dem Urteil an seine bisherige Rechtsprechung an, die auch vom BVerwG bestätigt worden war[354], dass § 50 Nr. 2 KWG verfassungskonform weit auszulegen sei und daher nicht nur den formal-technischen Ablauf der Wahl betreffe, sondern gerade auch unzulässige Wahlbeeinflussungen im Vorfeld der Wahl und während des Wahlkampfes umfasse. Geschützt würden durch die Vorschrift insbesondere die allgemeinen Wahlgrundsätze der freien und gleichen Wahl[355].
Daran habe auch das Urteil des Bundesverfassungsgerichts zur Gültigkeit der Hessischen Landtagswahl von 1999 nichts geändert[356], in dem der Art. 78 II HV und die dort aufgeführten „Unregelmäßigkeiten im Wahlverfahren“ in einem engeren Sinne interpretiert worden seien. Dies sei nicht vergleichbar, da in Art. 78 II HV neben dem Tatbestand der „Unregelmäßigkeit im Wahlverfahren“ noch der Tatbestand „der strafbaren oder gegen die guten Sitten verstoßenden Handlungen“ verankert sei, der gerade Verstöße gegen die Neutralitätspflicht amtlicher Stellen umfasse. Würde man § 50 Nr. 2 KWG entsprechend restriktiv auslegen, müssten bei hessischen Kommunalwahlen Verstöße gegen die Freiheit und Gleichheit der Wahl im Wahlkampf von vornherein außer Betracht bleiben[357].
Dem Vortrag des Beigeladenen, die im Jahre 2005 in Kraft getretene Änderung des § 50 Nr. 2 KWG[358] gebe „Handlungsanweisungen“ auch für die Auslegung des hier noch anwendbaren § 50 Nr. 2 KWG in der alten Fassung, ist der VGH Kassel entgegengetreten. Die Übernahme der Wahlprüfungsgrundsätze für Landtagswahlen aus Art. 78 II HV in § 26 I Nr. 2 KWG bzw. § 50 Nr. 2 KWG sei erst am 1. April 2005 in Kraft getreten und daher für die Auslegung des alten § 50 Nr. 2 KWG irrelevant[359].
Der Senat wiederholte im Anschluss seine schon bekannte Rechtsprechung zur Neutralitätspflicht amtlicher Organe im Wahlkampf, die es Bürgermeistern

---

353 VGH Kassel, HSGZ 2005, 387 [391].
354 Vgl. oben: S. 92ff.: BVerwG, HSGZ 2003, 265ff..
355 VGH Kassel, HSGZ 2005, 387 [391].
356 VGH Kassel, HSGZ 2005, 387 [391].
357 VGH Kassel, HSGZ 2005, 387 [391].
358 Vgl. oben Seite 72ff.: Gesetz zur Änderung der HGO und anderer Gesetze (LT-Drs. 16/2463); Änderungsantrag der CDU-Fraktion vom 6. Dezember 2004 (LT-Drs. 16/3307).
359 VGH Kassel, HSGZ 2005, 387 [391].

nicht schlechthin verbiete, im Zuge ihrer Meinungsfreiheit am Wahlkampf teilzunehmen. Untersagt sei lediglich eine Stellungnahme in „amtlicher Eigenschaft“.
Der VGH Kassel betonte, dass es Bürgermeistern jedenfalls nach §§ 97 II 1, 211 I HBG erlaubt sei, ihre Amtsbezeichnung nicht nur während, sondern auch außerhalb des Dienstes zu führen.
Es stelle daher keine Unregelmäßigkeit dar, dass der CDU-Kandidat mit seiner damaligen Amtsbezeichnung „Bürgermeister“ in Erscheinung getreten sei[360]. Unproblematisch sei weiterhin die Veranlassung von amtlichen Pressemitteilungen des Magistrates, in denen deren Mitglieder zu amtlichen Tätigkeiten selbst Stellung nehmen. Dies sei von der zulässigen gemeindlichen Öffentlichkeitsarbeit auch während der Vorwahlzeit umfasst[361].
Der VGH Kassel gelangte allerdings zu der Überzeugung, dass die streitige Pressemitteilung vorliegend den zulässigen Rahmen der amtlichen Öffentlichkeitsarbeit überschritten habe. Der Bürgermeister hätte in der Pressemitteilung nur auf die Vorwürfe des SPD-Bewerbers hinsichtlich der eigenen amtlichen Tätigkeit als Sportdezernent reagieren dürfen. Der Artikel des SPD-Kandidaten habe entsprechende Kritik an der Amtsführung enthalten, auf die eine Antwort des Bürgermeisters „in seiner Eigenschaft als Beigeordneter“ möglich gewesen wäre. Die Pressemitteilung des Magistrates habe sich aber nicht auf „die Richtigstellung wirklicher oder vermeintlicher Unrichtigkeiten (...) beschränkt, sondern ist polemisch und plakativ in einer Art, wie es für Wahlkämpfe typisch ist, auf wirkliches oder vermeintliches Fehlverhalten des Gegenkandidaten für die Oberbürgermeisterwahl eingegangen“[362]. Der Senat nannte beispielhaft den Hinweis auf farblose „Schwarz-weiß Plakate“ oder Defizite der „Genossen“. Der Beigeladene habe dadurch von seinem Recht auf freie Meinungsäußerung Gebrauch gemacht, welches ihm aber nicht in seiner Eigenschaft als kommunaler Wahlbeamter, sondern als Bürger und Wahlbewerber zustehe[363].
Der VGH Kassel verneinte allerdings die Ergebnisrelevanz dieser Unregelmäßigkeit. Der Inhalt der Pressemitteilung sei wahlrechtlich unbedenklich, da er sich trotz des teilweise polemischen Charakters innerhalb der Grenzen bewege, die Wahlbewerbern innerhalb ihres Rechts auf freie Meinungsäußerung zustehe. Von Bedeutung für die Wahlprüfung, so der VGH Kassel, könne daher nur der Übermittlungsweg der Pressemitteilung sein und die Frage, ob dieser Übermittlungsweg den Wählerinnen und Wählern zur Kenntnis gelangt sei[364]. Die Art und Weise der Übermittlung durch den Magistrat sei aber nur einem kleinen Kreis von Journalistinnen und Journalisten bekannt geworden. Den übrigen Wählerinnen und Wählern sei nur der Inhalt der Pressemitteilung zugänglich gemacht worden. Zwar habe die Giessener Allgemeine Zeitung in einem

360 VGH Kassel, HSGZ 2005, 387 [392].
361 VGH Kassel, HSGZ 2005, 387 [392f.].
362 VGH Kassel, HSGZ 2005, 387 [392].
363 VGH Kassel, HSGZ 2005, 387 [392].
364 VGH Kassel, HSGZ 2005, 387 [392].

Kommentar auch die Art der Übermittlung thematisiert, dies aber mit deutlich „kritischer Tendenz“, so dass es eher unwahrscheinlich und lebensfremd sei, dass dies bei der Leserschaft einen Sympathieeffekt für den CDU-Kandidaten hervorgerufen und seine Wahlchancen verbessert haben könnte[365]. Auch die sich anschließende öffentliche Diskussion über die Verhaltensweise des Beigeladenen habe den Eindruck verstärkt, dieser habe sich illegal verhalten.
Der Beigeladene habe durch die Veranlassung auch keine wesentlichen Aufwendungen erspart, wenn man berücksichtigt, dass die Personal- und Sachkosten für die Herstellung der Pressemitteilung weniger als 20,- € betragen dürften. Man könne daher nicht davon ausgehen, dass der CDU-Kandidat die beanstandete Presseerklärung nur über die städtische Übermittlungsstelle habe vermitteln können[366].
Schließlich kam der VGH Kassel zu der Überzeugung, dass auch die große zeitliche Distanz von fast zwei Monaten zwischen der Veröffentlichung der Pressemitteilung und dem Tag der Stichwahl einer ergebnisrelevanten Auswirkung entgegensteht[367].
Hinsichtlich der Stellungnahmen des CDU-Bewerbers zur Ungültigkeit des Stimmzettels wollte der VGH Kassel bereits keine Unregelmäßigkeit im Sinne von § 50 Nr. 2 KWG erkennen. Dem Senat erschien es zweifelhaft, ob darin ein Verstoß gegen die Neutralitätspflicht zum Ausdruck komme, da der Beigeladene das Interview erkennbar nicht in amtlicher Eigenschaft, sondern in seiner Rolle als Wahlkämpfer gegeben habe. Daher habe er durchaus auch auf vermeintliche Fehler hinsichtlich der Berufsangabe seines Gegenkandidaten hinweisen können. Zwar sei die Kritik wohl deshalb unberechtigt, da es der Gesetzgeber weitgehend der Selbsteinschätzung des Bewerbers überlassen habe, was dieser als seinen Beruf oder Stand ansehen würde[368]. Daher könne die Angabe des Berufs mit „Stadtrat“ nicht wahrheitswidrig sein, zumal der SPD-Bewerber früher tatsächlich als hauptamtlicher Stadtrat tätig gewesen sei. Es könne im Ergebnis aber dahinstehen, ob diese Kritik unberechtigt gewesen sei, denn es handele sich dabei um einen „für Wahlkämpfe typischen Hinweis eines Kandidaten auf wirkliche oder vermeintliche Qualifikationsmängel eines Gegenkandidaten, den die Wählerinnen und Wähler wie andere Wahlaussagen der Wahlbewerber kritisch zu würdigen haben“[369].
Auf die Berufung der Beklagten hin wurde daher durch den VGH Kassel das angefochtene Urteil aufgehoben und die Klage abgewiesen.

---

365 VGH Kassel, HSGZ 2005, 387 [392f.].
366 VGH Kassel, HSGZ 2005, 387 [393].
367 VGH Kassel, HSGZ 2005, 387 [393].
368 VGH Kassel, HSGZ 2005, 387 [393]; unter Hinweis auf die Begründung zum Gesetzentwurf der Landesregierung zu § 46 KWG vom 6. Januar 1992 (LT-Drs. 13/1397), S. 39.
369 VGH Kassel, HSGZ 2005, 387 [393].

Bewertung:
Der Entscheidung des VGH Kassel ist im Ergebnis zuzustimmen. Sie steht erkennbar in der Tradition früherer Entscheidungen, die sich mit der Neutralitätspflicht gemeindlicher Organe im Wahlkampf auseinandergesetzt haben.
Daher ist die gebotene Neutralität nach wie vor dann verletzt, wenn der Amtsträger die ihm aufgrund seiner Stellung gegebenen Möglichkeiten ausnutzt, um sich gerade mit gemeindlichen Ressourcen und gemeindlicher Infrastruktur einen Vorteil gegenüber seinen Mitbewerbern zu verschaffen. Zu begrüßen ist insbesondere die dogmatisch und terminologisch präzise Argumentation im Hinblick auf die fehlende Grundrechtsfähigkeit des Amtsinhabers, der nicht in privater, sondern in amtlicher Eigenschaft tätig wird.
Bezogen auf die vorliegende Situation der Veranlassung von amtlichen Pressemitteilungen können aus dieser Entscheidung zwei Schlussfolgerungen gezogen werden:
Zunächst darf der kandidierende Bürgermeister auch während des Wahlkampfes mittels gemeindlicher Pressemitteilungen über seine Arbeit bzw. die Arbeit des Gemeindevorstandes (Magistrates) informieren. Dies umfasst auch die Reaktion auf mögliche Angriffe von Mitbewerbern und Konkurrenten, mit denen diese die Arbeit des Bürgermeisters zuvor kritisiert haben.
Allerdings zieht der VGH Kassel die inhaltliche Grenze solcher gemeindlicher Pressemitteilungen dort, wo der sachliche Charakter - also die bloße Information der Bevölkerung und die Richtigstellung von Tatsachen - verlassen wird. Dies heißt für den Amtsträger konkret, dass ein möglicher „Gegenangriff", der sich nicht mehr auf die Richtigstellung von Tatsachen oder die Reaktion auf Vorwürfe bezieht, nicht Inhalt einer gemeindlichen Pressemitteilung sein darf. In diesem Moment äußert sich der Kandidat nämlich im Rahmen seiner Meinungsfreiheit nach Art. 5 I 1 GG, die ihm aber nicht in seiner Eigenschaft als Amtsträger, sondern als Privatperson und neuerlicher Bewerber für das Amt zusteht[370]. Logische Folge dieser Rechtsprechung des VGH Kassel muss also eine inhaltliche Trennung der Pressemitteilungen sein. Informiert der Bürgermeister sachlich oder reagiert er sachlich auf Angriffe, kann eine gemeindliche Pressemitteilung des Gemeindevorstandes bzw. Magistrates veranlasst werden. Will der amtierende Bürgermeister diesen Rahmen dagegen verlassen und zu polemischen oder plakativen Instrumenten greifen, wie sie für Wahlkämpfe üblich sind, dann muss die Pressemitteilung privat bzw. über das Wahlkampfbüro veranlasst werden. Verkürzt heißt dies: Der „Angriff" kann über eine gemeindliche Presseinformation abgewehrt werden, der „Gegenangriff" darf nur über eine privat veranlasste Stellungnahme erfolgen.
Dass dies zu erheblichen Abgrenzungsschwierigkeiten führt, braucht an dieser Stelle nicht besonders betont zu werden. Hier hat auch die Kritik an der oben zitierten Entscheidung anzusetzen. Gerade im politischen Bereich sind die Grenzen zwischen sachlichen Informationen und polemischen Angriffen flie-

---

[370] Vgl. bereits oben, S. 83ff.

ßend. Daher wird man nicht pauschal beantworten können, welche Äußerungen noch zulässig sind und wo der Boden der Sachlichkeit erkennbar verlassen wird. Eine Rolle kann in diesem Zusammenhang v.a. die jeweilige Situation vor Ort und die Tradition früherer Wahlkämpfe spielen. Hier kann sich möglicherweise bereits herausgestellt haben, dass Wahlkämpfe in der betreffenden Kommune schon immer mit besonderer Härte und Polemik geführt worden sind, so dass sich die Grenze des auch für Amtsträger Zulässigen dadurch nach unten verschoben hat. Insgesamt wird man die Entscheidung, welches Mittel in der jeweiligen Situation passend ist, ob amtliche Presseinformation oder private Pressemitteilung, dem Bürgermeister nicht abnehmen können. Vor dem Hintergrund der grundrechtlichen Problematik wird man aber den Amtsinhaber im Zweifel auf die Möglichkeit der privaten Stellungnahme verweisen müssen.
Allerdings wird ihm an dieser Stelle eine zweite Schlussfolgerung, die man aus dem Urteil des VGH Kassel ziehen kann, zu Hilfe kommen. Selbst wenn es in der jeweiligen Pressemitteilung durch eine Überschreitung des sachlich Zulässigen zu einer Unregelmäßigkeit gekommen ist, hat der Senat mit seinem Urteil die Hürde für eine mögliche Ergebnis- bzw. Mandatsrelevanz dieser Unregelmäßigkeit sehr hoch gehängt: Sehr häufig wird der Leser einer Pressenotiz gar nicht unterscheiden können, ob die Stellungnahme des Bürgermeisters amtlich oder privat veranlasst worden ist. Nur einem kleinen Kreis von Journalisten wird dies in der Regel bekannt sein. Folglich ist es tatsächlich kaum denkbar ist, dass sich gerade die Neutralitätsverletzung (Veranlassung einer polemisch-plakativen Mitteilung durch die gemeindliche Pressestelle) auf das Stimmverhalten der Bürgerinnen und Bürger anders auswirkt, als wenn die Stellungnahme über eine private Pressenotiz erfolgt wäre. Lediglich für den Fall, dass gerade betont wird, dass die Pressemitteilung von der gemeindlichen Pressestelle, vom Magistrat oder „aus dem Rathaus" stammt, kann die Information über den Übermittlungsweg Auswirkungen auf das Abstimmungsverhalten der Wahlberechtigten nehmen. Selbst dann muss aber noch untersucht werden, inwieweit sich die Leserschaft gerade durch die Kenntnis des Übermittlungsweges zu einer für den Amtsträger positiven Stimmabgabe verleiten lässt. Sollte – wie im vorliegenden Fall – gerade der Übermittlungsweg der öffentlichen Kritik durch Journalisten und private Leserbriefe ausgesetzt sein, wird dies dem Wahlkampf des amtierenden Bürgermeisters eher schaden als positiv begleiten.
Die Gefahren von amtlichen Pressemitteilungen des amtierenden Bürgermeisters während des Wahlkampfes bewegen sich daher eher im politischen als im rechtlichen Bereich.

Einer Bewertung bedarf aber die Stellungnahme des Senats zur Berufsangabe bzw. Standesangabe der Bewerber auf den amtlichen Stimmzetteln. Der Senat überlässt es weitgehend dem Selbstverständnis des Bewerbers, was dieser als seinen Beruf oder Stand ansieht. Er stützt sich dabei auf die Begründung der Landesregierung zu § 46 KWG. Darin kommt zum Ausdruck, dass entweder

der erlernte oder der ausgeübte Beruf angegeben werden kann und auch die Tätigkeit als (Ober-) Bürgermeister oder Landrat als Beruf anzusehen ist[371].
Der Senat geht über diesen Hinweis in der Gesetzesbegründung hinaus und folgert, dass auch die Angabe der Ausübung des Amtes des „Stadtrates" auf dem Stimmzettel erscheinen kann.
Dieser generellen Schlussfolgerung kann nicht gefolgt werden. Zwar führen nach § 45 II HGO in den Städten die Beigeordneten die Bezeichnung Stadtrat, fraglich ist aber, ob diese Bezeichnung tatsächlich alle Vertreter des Magistrates als Angabe auf dem Stimmzettel verwenden dürfen. Möglich sein muss diese Angabe für diejenigen Vertreter des Magistrates, die ihre Tätigkeit hauptamtlich ausüben. Insofern ergibt sich kein Unterschied zur Situation, die der Gesetzgeber bereits bei den (Ober-) Bürgermeistern und Landräten im Blick gehabt hat.
Fraglich ist aber, ob dies auch für die ehrenamtlichen Stadträte bzw. Kreisbeigeordneten gelten kann. In teleologischer Hinsicht bezweckt § 46 I KWG, dass sich die Bürgerinnen und Bürger anhand der Berufs- oder Standesangabe der Bewerber einen Eindruck vom beruflichen Hintergrund, der Vorbildung und dem Status der Kandidaten verschaffen können. Die Angabe der Bezeichnung „Stadtrat" auf dem Stimmzettel könnte insofern zu Unklarheiten und Verwirrungen bei den Wählerinnen und Wählern führen, die sich einzig aufgrund dieser Bezeichnung gerade keine Vorstellung über den eigentlichen beruflichen Hintergrund des Kandidaten machen können. Es bleibt verborgen, ob die Ausübung des Amtes in hauptamtlicher Eigenschaft oder lediglich als ehrenamtliche Tätigkeit erfolgt und der Bewerber noch einem „natürlichen Beruf" nachgeht. Um diese Unklarheiten zu vermeiden und der Wahlbevölkerung eine klare Vorstellung von der Tätigkeit der Kandidaten zu vermitteln, ist die bloße Angabe der Bezeichnung „Stadtrat" oder „Kreisbeigeordneter" unzulässig, denn sie erfüllt den von § 46 I KWG vorgesehenen Zweck nicht.

2. Problematische amtliche Einflussnahme auf Gemeindevertretungswahlen

a. Brief an Gewerbetreibende
(VG Darmstadt., NVwZ-RR 1990, 628; VGH Kassel, NVwZ 1992, 284)
Sachverhalt:
Um Fragen der Neutralität staatlicher Organe in Wahlkampfzeiten ging es in dem vorliegenden Fall, der den Entscheidungen des VG Darmstadt als Ausgangsinstanz und des VGH Kassel als Berufungsinstanz zu Grunde lag.
Zwei Bewerber der FDP-Liste hatten die Wahl zur Stadtverordnetenversammlung (12.3.1989) der Stadt B, einer Nachbarkommune von Frankfurt, angefochten, nachdem der Wahlvorschlag der FDP mit 4,9% wegen 16 fehlender Stimmen knapp an der 5%-Hürde gescheitert war. Anlass für die Wahlanfechtung

---

[371] Vgl. Gesetzentwurf zur Einführung der Direktwahlen vom 6. Januar 1992 (LT-Drs. 13/1397, S. 39).

waren zwei Briefe, die der Bürgermeister und der Erste Stadtrat von B., beide der CDU angehörig, drei Tage vor der Wahl verschickt hatten. Unter dem Briefkopf „B.- Der Magistrat", mit den Unterschriften sowie Amtsbezeichnungen der beiden CDU-Politiker versehen, wandten sie sich zunächst an die Gewerbetreibenden der Stadt. Sie luden diese am 15.3.1989 „zu Beginn der neuen Wahlperiode" zu einem Meinungsaustausch ein, um den Sachverstand der Wirtschaft auch weiterhin in die Entscheidungsfindung der städtischen Gremien einfließen lassen zu können. Weiterhin wurde auf die positive finanzielle und infrastrukturelle Entwicklung der Stadt in den letzten Jahren verwiesen, indem deutlich gemacht wurde, dass trotz erheblicher Investitionen und einem Anwachsen des Reinvermögens der Stadt um über 80 Mio. DM die Gewerbe- und die Grundsteuer gesenkt werden konnten. Die Beurteilung der Leistungsfähigkeit der Stadt mündete in der Feststellung, dass B von einer „finanzschwachen Gemeinde zur finanzstärksten Stadt im Landkreis aufgestiegen" sei.
Darüber hinaus war diesem Brief an die Gewerbetreibenden unter der Überschrift „Achtung- Wichtige Information" ein Anhang beigefügt worden, der sich mit einem FAZ-Interview vom 28.2.1989 des SPD-Kandidaten für das Amt des Frankfurter (!) Oberbürgermeisters, Volker Hauff, beschäftigte. In diesem Interview hatte Volker Hauff zum Verhältnis Frankfurts zu seinen Nachbargemeinden Stellung genommen und u.a. die Möglichkeit von Eingemeindungen angesprochen. Diese politische Aussage nahmen der Bürgermeister und Erste Stadtrat von B. zum Anlass, auf die Konsequenzen hinzuweisen, die insbesondere B. als unmittelbar an Frankfurt angrenzender Kommune drohen könnten. Zum einen seien die Gewerbe- und Grundsteuer in Frankfurt höher als in B., zum anderen müssten jährlich mit 10 Mio. DM zusätzlichen Kosten gerechnet werden. Die CDU-Politiker riefen weiterhin in Erinnerung, dass die SPD bereits vor der Landtagswahl 1974 die Selbständigkeit von B. versprochen hatte und im Koalitionsvertrag zwischen SPD und FDP dann die Eingemeindung festgelegt worden sei. Diese Pläne seien bereits damals erst durch den einmütigen Widerstand von B. verhindert worden.
Einen weiteren Brief richtete der Bürgermeister ebenfalls am 9.3.1989 an die Mitarbeiterinnen und Mitarbeiter der Stadtverwaltung. Auch darin wurde das Hauff-Zitat aus dem FAZ- Interview eingerückt, doppelzeilig und wörtlich wiedergegeben. Der Bürgermeister führte den Adressaten dann vor Augen, dass eine wesentliche Konsequenz aus einer solchen Eingemeindung die Schließung wesentlicher Teile der Stadtverwaltung und Stadtwerke bedeuten würde. Lediglich eine „kleine Verwaltungsaußenstelle" würde bestehen bleiben. Der Bürgermeister bat um Unterstützung und versprach auch nach dem Wahltermin am 12.3.1989, „die leidige Frage aus der Welt zu schaffen".
Der Vorgang war schließlich auch Gegenstand einer Magistratspressekonferenz, die der Bürgermeister und der Erste Stadtrat in dieser Zeit gaben. Der Magistrat selbst beschäftigte sich allerdings weder in seiner Sitzung am 6.3.1989 noch am 20.3.1989 mit dieser Problematik.

Auch die CDU warnte im Wahlkampf auf Plakaten vor einer Eingemeindung nach Frankfurt.

Entscheidung VG Darmstadt:
Das VG Darmstadt betrachtete die Klage der beiden FDP-Bewerber zwar als zulässig, aber unbegründet. Insbesondere sahen die Verwaltungsrichter keine Unregelmäßigkeiten i.S. von § 26 I Nr. 2 KWG.
Zunächst beschäftigten sich die Richter mit der Frage, wie der Begriff des Wahlverfahrens i.S. von § 26 I Nr. 2 KWG auszulegen ist. Dabei kam man zu der Überzeugung, dass das Wahlverfahren in erster Linie den formal-technischen Ablauf der Wahl einschließlich ihrer Vorbereitung betreffe. „Ein innerer Prozess wie die Meinungs- und Willensbildung des Wählers gehört aber nicht zu diesem formal-technischen Ablauf“[372], so die Verwaltungsrichter, die daraus die Konsequenz ziehen wollten, dass die Beeinflussung des Wählers schon gar nicht in das Wahlverfahren i.S. von § 26 I Nr. 2 KWG einbezogen werden könne. Dennoch ließen sie die Beantwortung dieser Frage offen, da sie bereits keine Unregelmäßigkeit feststellen konnten.
Das VG bewertete die beanstandeten Schreiben als Teil der amtlichen Öffentlichkeitsarbeit der Stadt B., die insoweit zulässig sei, als sie nicht gegen den Grundsatz der freien Wahl nach § 1 KWG verstoße und damit eine unzulässige Wahlbeeinflussung darstelle. Der Grundsatz der freien Wahl verbiete es zunächst auch den kommunalen Amtsträgern, in ihrer amtlichen Eigenschaft bei Kommunalwahlen die Wähler bei der Stimmabgabe zugunsten einer bestimmten Partei zu beeinflussen. Frei sei eine Wahl nämlich nur dann, wenn sie auch frei von staatlichen Einwirkungen auf den inneren Willensbildungs- und Entscheidungsprozeß des Wählers stattfinden könne[373]. Darüber hinaus könnte durch eine einseitige staatliche Beeinflussung auch das Recht der Wahlbewerber auf chancengleiche Teilnahme an der Wahl verletzt sein. Das VG übertrug in diesem Zusammenhang die vom BVerfG aufgestellten Kriterien zur Neutralitätspflicht staatlicher Stellen[374].
Die Richter sahen zwar die Grenze zulässiger amtlicher Informations- und Öffentlichkeitsarbeit mit der Versendung der beiden Schreiben überschritten, sahen es jedoch nicht als erwiesen an, dass dadurch die Freiheit der Wahl und die Chancengleichheit wirklich ernstlich beeinträchtigt worden seien.
Sowohl aus dem Zeitpunkt der Veröffentlichung drei Tage vor der Wahl als auch aus den verwendeten Formulierungen sei eindeutig zu erkennen, dass der Bürgermeister und der Erste Stadtrat die Wahl zugunsten der CDU hätten beeinflussen wollen. Die beiden CDU-Amtsträger hätten nicht berücksichtigt, dass man sich bereits in der „heißen Phase“ des Wahlkampfes befunden habe, in der selbst die Versendung reiner Erfolgs- und Leistungsberichte unter dem

---

[372] VG Darmstadt, NVwZ-RR 1990, 628 [628].
[373] VG Darmstadt, NVwZ-RR 1990, 628 [629].
[374] Vgl. BVerfGE 44, 125.

Gebot äußerster Zurückhaltung stünde[375]. Hinsichtlich des Anhangs (Hauff-Interview) bemängelte das VG, dass durch die Wortwahl und die Hervorhebung bestimmter Interviewpassagen der Eindruck erweckt worden sei, es drohe eine reale Gefahr der Eingemeindung, durch die die erfolgreiche CDU-Politik der vergangenen Jahre auf dem Spiel stünde. Dabei sei allein durch das Interview noch keine Lage eingetreten, die eine sofortige Reaktion von B. vor der Wahl erfordert hätte.
Dennoch sahen die Verwaltungsrichter darin insgesamt keine unzulässige Wahlbeeinflussung, da es an einer „ins Gewicht fallenden Häufung und Massivität offenkundiger Grenzüberschreitungen" staatlicher Beeinflussung gefehlt habe[376]. Bei den beiden Schreiben fehle es schon am Merkmal der Häufigkeit, da sie mit den Gewerbetreibenden sowie den städtischen Bediensteten nur an einen begrenzten Kreis adressiert worden seien.
Doch auch die Massivität der Beeinflussung lag nach Auffassung der Richter nicht vor, da in den betreffenden Schreiben weder eindeutig eine Empfehlung zugunsten der CDU noch eine eindeutige Warnung vor der Stimmabgabe für die SPD und FDP ausgesprochen worden sei. Die beabsichtigte indirekte Einflussnahme sei aber unbeachtlich, da für den Wähler ohne weiteres erkennbar gewesen sei, dass sich der Bürgermeister und der Erste Stadtrat auf Wahlkampfniveau begeben hätten und sich nicht aus besonderer amtlicher Sachkenntnis an die Bürger gewandt hätten. Dies sei insbesondere auch aus der Nähe zum CDU-Wahlkampf erkennbar gewesen. Insgesamt kam das VG Darmstadt damit zu dem Ergebnis, dass keine unzulässige Wahlbeeinflussung mit der Versendung der beiden Schreiben vorgelegen habe.

Entscheidung VGH Kassel:
Der VGH Kassel gab der Berufung der beiden FDP-Politiker statt und erklärte die Wahl für ungültig[377]. Demnach ordnete er eine Wiederholung der Wahl im gesamten Wahlkreis von B. an.
Auch die Richter beim VGH stellten die Frage, wie der Begriff des Wahlverfahrens i.S. von § 26 I Nr. 2 KWG zeitlich zu interpretieren ist, an den Beginn ihrer Entscheidung. Nach ihrer Auffassung beschränke sich der Begriff gerade nicht auf den formal-technischen Ablauf der Wahl, sondern umfasse auch die Beachtung der allgemeinen Wahlgrundsätze, deren Verletzung Unregelmäßigkeiten darstellen könnten. Bereits nach der Rechsprechung des 2. Senats, dem sich der erkennende sechste Senat anschließen wollte, lägen Unregelmäßigkeiten beim Wahlverfahren vor, wenn gegen Bestimmungen des Kommunalwahlgesetzes oder der zur Ausführung dieses Gesetzes erlassenen Rechtsverordnun-

---

375 VG Darmstadt, NVwZ-RR 1990, 628 [629].
376 VG Darmstadt, NVwZ-RR 1990, 628 [629]; in diesem Zusammenhang stellt das VG auf die vom BVerfG entwickelten Kriterien in BVerfGE 44, 125 ab.
377 VGH Kassel, NVwZ 1992, 284ff.

gen verstoßen werde[378]. Auch § 1 KWG, in dem die Wahlgrundsätze enthalten seien, gehöre zu den Bestimmungen des Kommunalwahlgesetzes.
Eine verfassungskonforme weite Auslegung des § 26 I Nr. 2 KWG sei möglich, da der genannte Begriff „auslegungsfähig" und aufgrund der „überragenden Bedeutung" der Wahlgrundsätze auch auslegungsbedürftig sei.
Im Anschluss stellte der VGH ausführlich die Rechtsprechung des BVerfG zur Neutralitätspflicht von Staatsorganen im Wahlkampf dar, auf die bereits die Richter in der Ausgangsinstanz Bezug genommen hatten[379]. Insbesondere die vom BVerfG entwickelten Grenzen staatlicher Öffentlichkeitsarbeit im Wahlkampf wurden umrissen[380]. Auch der VGH betonte, dass angesichts der schwierigen Abgrenzung zwischen zulässiger Öffentlichkeitsarbeit und verfassungswidriger parteiergreifender Einwirkung auf die Wahl die Feststellung eines Verfassungsverstoßes eine „ins Gewicht fallende Häufung und Massivität offenkundiger Grenzüberschreitungen" voraussetze[381].
Im Hinblick auf den zu entscheidenden Fall ergänzte der VGH Kassel, dass dies allerdings nicht bedeuten könne, dass einzelne gravierende Verstöße gegen die obigen Grundsätze hinnehmbar wären. Dies sei bereits in einer späteren Entscheidung des BVerfG zum Ausdruck gekommen. Darin sei darauf hingewiesen worden, dass entsprechende Veröffentlichungen staatlicher Stellen, die sich weder durch ihren Inhalt noch durch die Aufmachung als Werbemaßnahmen zu erkennen gäben, dann unzulässig sein könnten, wenn sie im nahen Vorfeld der Wahl ohne akuten Anlass in einem solchen Umfang erscheinen, dass Auswirkungen auf das Wahlergebnis nicht mehr ausgeschlossen werden können[382]. Der VGH Kassel zog aus diesen Ausführungen des BVerfG die Konsequenz, dass die Frage nach einer „Massivität und Häufigkeit" der Grenzüberschreitungen lediglich im Hinblick auf eine Beeinflussung des Wahlergebnisses entscheidend werde, nicht jedoch bei der Frage, ob überhaupt ein Wahlrechtsverstoß festgestellt werden könne[383].

---

[378] VGH Kassel, NVwZ 1992, 284 [284].
[379] Vgl. BVerfGE 44, 125ff.
[380] Unter Bezugnahme auf BVerfGE 44, 125 [151]: (Öffentlichkeitsarbeit von Regierung) „finde dort ihre Grenze, wo die Wahlwerbung beginne. Anzeichen dafür, dass diese Grenze überschritten sei, könnten unter anderem der Inhalt sowie die äußere Form und Aufmachung von Anzeigen und Druckschriften sein. Als Anzeichen für eine Grenzüberschreitung zur unzulässigen Wahlwerbung komme weiterhin ein Anwachsen der Öffentlichkeitsarbeit in Wahlkämpfen in Betracht, das sowohl in der größeren Zahl von Einzelmaßnahmen ohne akuten Anlass wie in deren Ausmaß und dem gesteigerten Einsatz öffentlicher Mittel für derartige Maßnahmen zum Ausdruck kommen könne."; weiter auf S. 152/153: „in der heißen Phase der Wahlkampfes gewönnen solche Veröffentlichungen" (Arbeits-, Leistungs- oder Erfolgsberichte) „in aller Regel den Charakter parteiischer Werbemittel in der Wahlauseinandersetzung (...), unberührt blieben dagegen auch im Vorfeld der Wahl informierende, wettbewerbsneutrale Veröffentlichungen, die aus akutem Anlass geboten seien".
[381] VGH Kassel, NVwZ 1992, 284 [285].
[382] VGH Kassel, NVwZ 1992, 284 [285] unter Bezugnahme auf: BVerfGE 63, 230, 242ff.
[383] VGH Kassel, NVwZ 1992, 284 [285]; vgl. auch: OVG Münster, NVwZ-RR 1989, 149 [151].

Eine Grenzüberschreitung zulässiger amtlicher Öffentlichkeitsarbeit liege in diesem Fall aufgrund der Tatsache vor, dass die Schreiben an die Gewerbetreibenden im nahen Vorfeld der Wahl, also in der heißen Phase des Wahlkampfes erfolgt sei, ohne dass ein „akuter Anlass“ dafür bestanden habe. Für die Einladung der Gewerbetreibenden jedenfalls war nach Auffassung des VGH die Informationstätigkeit des Bürgermeisters und des Ersten Stadtrates nicht notwendig. Hätten sie auf diese nicht verzichten wollen, so wäre eine Verschiebung der Veranstaltung um wenige Tage in Betracht gekommen[384].
Einfluss auf die Verteilung der Sitze habe die Unregelmäßigkeit dadurch erhalten, dass hier nicht nur eine theoretische, sondern eine nicht ganz fern liegende Möglichkeit bestanden habe, dass die Sitzverteilung durch die Unregelmäßigkeit beeinflusst worden sei. Wäre der Brief in einer Auflage von 459 Exemplaren nicht an die Gewerbetreibenden von B. verschickt worden, so sei nicht auszuschließen, dass die FDP 16 weitere Stimmen erlangt hätte, die zu einem Überschreiten der 5%-Hürde notwendig gewesen wären. Das Gericht begründete diese Relevanz für das Wahlergebnis mit der Annahme, dass Gewerbetreibende „eher die CDU oder die FDP, nicht so sehr aber die SPD oder die Grünen“ wählen würden, so dass die Möglichkeit bestünde, dass zumindest 16 der angeschriebenen Gewerbetreibenden wegen des Briefes nicht die FDP, sondern die CDU gewählt hätten[385].
Offen ließ der VGH allerdings die Frage, inwieweit auch der Anhang (Hauff-Interview) sowie das Schreiben an die Mitarbeiter unzulässige Wahlbeeinflussungen enthielten. Hinsichtlich des Anhangs äußerten die Richter zumindest dahingehend Zweifel an, dass der Bürgermeister angesichts der aktuellen Veröffentlichungen möglicherweise aus „akutem Anlass“ gehandelt habe.

Bewertung:
Die Bewertung der beiden Urteile fällt eindeutig aus. Dem VGH Kassel ist weitgehend zuzustimmen, während die Entscheidung des VG Darmstadt im Wesentlichen die Bedeutung des § 26 I Nr. 2 KWG verkennt.
Dies gilt bereits in hohem Maße für die Auslegung des Begriffs des Wahlverfahrens in § 26 I Nr. 2 KWG: Eine enge Auslegung, wie sie vom VG Darmstadt favorisiert wird, kann nicht überzeugen. Die Tatsache, dass sich der „innere Prozess der Meinungs- und Willensbildung des Wählers“ weitgehend einer formalen Regelung entziehe, so das VG, sagt noch nichts darüber aus, dass das „Wahlverfahren“ in § 26 I Nr.2 KWG ebenfalls nur den formal - technischen Ablauf der Wahl umfassen kann. Bei einem solch engen zeitlichen Verständnis könnten wesentliche Fehlerquellen und Gefahren, die den Wählern und Mitbewerbern gerade im Vorfeld der Stimmabgabe drohen, nicht erfasst werden.
Daher ist es zwingend geboten, dass auch die faire und rechtmäßige Durchführung des Wahlkampfes justitiabel bleibt. Dies gelingt allerdings nur durch eine

[384] VGH Kassel, NVwZ 1992, 284 [285].
[385] VGH Kassel, NVwZ 1992, 284 [286].

verfassungskonforme weite Auslegung des „Wahlverfahrens“ in § 26 I Nr. 2 KWG. Ein notwendiges Korrektiv erhält die damit verbundene Ausdehnung möglicher Fehlerquellen ohnehin dadurch, dass die Wahl erst dann für ungültig erklärt wird, wenn Auswirkungen auf das Wahlergebnis (Mandatsrelevanz) tatsächlich festgestellt werden können. Der weiten Auslegung des § 26 I Nr. 2 KWG hinsichtlich des Wahlverfahrens ist damit vorbehaltlos zuzustimmen, insbesondere im Hinblick darauf, dass die Wahlgrundsätze in § 1 KWG nicht nur im Zeitpunkt der Stimmabgabe verletzt zu werden drohen, sondern auch schon in der Zeit davor.
Schwierigkeiten bereitet auch hier allerdings die Frage, inwieweit die Neutralitätspflicht des Staates verletzt worden ist. Die entsprechenden Grundsätze des BVerfG zu den Grenzen der Öffentlichkeitsarbeit staatlicher Stellen in der heißen Phase des Wahlkampfes auf die kommunale Ebene zu übertragen, begegnet keinen grundlegenden Bedenken. Wenn sich ein Bürgermeister und sein Erster Stadtrat drei Tage vor einer Kommunalwahl dazu entschließen, eine Leistungsbilanz ihrer Tätigkeit vorzulegen und durch ein bestimmtes Medium zu kommunizieren, so stellt dies eine Verletzung der Neutralitätspflicht und damit eine unzulässige Wahlbeeinflussung dar, unabhängig davon, ob in der Veröffentlichung ausdrücklich auf eine bestimmte politische Richtung Bezug genommen wird oder nicht.
Soweit sich die Amtsträger dabei – neben ihrer jeweiligen Amtsbezeichnung – eindeutiger städtischer Insignien bedienen, die den Eindruck einer objektiven und fachlichen Stellungnahme vermitteln sollen, so beachten sie die ihnen auferlegte Pflicht zur Zurückhaltung nicht. Gleiches gilt, wenn die Infrastruktur der nur ihnen zur Verfügung stehenden Verwaltungsbehörde genutzt wird, indem beispielsweise Adressen vom Einwohnermeldeamt oder sonstigen Registern verwendet werden[386]. Vorliegend wurden die Schreiben zum einen unter dem Briefkopf „Der Magistrat der Stadt B.“ versendet, zum anderen hätten die verwendeten 459 Adressen der Gewerbetreibenden den anderen bei der Kommunalwahl angetretenen Parteien und Listen nicht ohne Weiteres zur Verfügung gestanden[387]. Werden daher in so kurzem zeitlichem Abstand zu einer Kommunalwahl Leistungs- und Erfolgsberichte durch den Bürgermeister und seinen Ersten Stadtrat unter dem Deckmantel einer amtlichen Informationstätigkeit versendet, so spricht eine widerlegbare Vermutung dafür, dass es sich hierbei um eine unzulässige Wahlbeeinflussung und damit eine Verletzung der Neutralitätspflicht handelt. Dieser Vermutung kann lediglich dadurch entgangen werden, dass die handelnden Amtsträger klarmachen, dass sie aus „akutem Anlass“ gehandelt haben – inwieweit dies für die Frage der Eingemeindung nach Frankfurt gilt, soll am Ende noch kurz behandelt werden.
Entscheidend ist daher nicht, dass sich der Bürgermeister und der Erste Stadtrat öffentlich zugunsten einer bestimmten Partei eingesetzt haben. Unzulässig wird

---

[386] Vgl. auch die Bewertung zu VG Frankfurt, NVwZ 1997, 1240f., Seite 83ff.
[387] Vgl. oben Fall zum Hessischen Meldegesetz, S. 79ff.

diese Tätigkeit erst dadurch, dass die Informationstätigkeit in *amtlicher Eigenschaft* erfolgt ist, indem vorliegend der Briefkopf der Stadt B. verwendet und damit der Eindruck eines städtischen Schreibens erweckt worden ist. In dieser Eigenschaft können sich die handelnden Akteure aber nicht auf die Meinungsfreiheit aus Art. 5 I 1 GG berufen[388].
Zuzustimmen ist dem VGH Kassel weiterhin in der Einschätzung, dass mit dem Herannahen des Wahltermins auch die den staatlichen Stellen auferlegte Pflicht zur Zurückhaltung wächst. Die Sensibilität des Wählers ist gerade kurz vor dem Wahltermin am größten, so dass die Wahlentscheidung gerade unter dem Eindruck der zuletzt veröffentlichten Berichterstattung gefällt wird.
Die Tatsache, dass das VG Darmstadt zwar die Rechtsprechung des BVerfG anerkennt und durch die Versendung der beiden Schreiben auch eine unzulässige Wahlbeeinflussung bejaht, eine ernstliche Beeinträchtigung des Wählers allerdings nicht feststellen will, ist nicht zu rechtfertigen. Dieses Ergebnis beruht auf einem falschen Verständnis der Formel, dass Voraussetzung für eine ernstliche Beeinträchtigung eine „ins Gewicht fallende *Häufung* und *Massivität* offenkundiger Grenzüberschreitungen" sein muss. Der VGH Kassel hingegen hat eine überzeugende Lösung für diesen Prüfungsschritt finden können.
Die Frage, wie oft Grenzüberschreitungen stattgefunden haben (Quantität oder Häufigkeit) bzw. wie massiv diese Überschreitungen gewesen sind (Qualität oder Massivität), ändert nichts daran, dass die Grenze der Neutralität amtlicher Stellen in beiden Fällen überschritten wird und damit eine unzulässige Wahlbeeinflussung vorliegt.
Die Frage, wie oft diese Überschreitungen stattgefunden haben bzw. wie stark der Wählerwille verletzt oder ein Konkurrent benachteiligt worden ist, kann erst Auswirkungen für den zweiten Prüfungsschritt in § 26 I Nr. 2 KWG gewinnen, nämlich die Frage, ob sich diese Unregelmäßigkeit auf das Wahlergebnis ausgewirkt hat (Ergebnisrelevanz). In diesen Zusammenhang gehört die Frage, ob die Überschreitungen oft genug vorgelegen haben bzw. massiv genug waren, um zu einer Veränderung in der Verteilung der Sitze zu führen. Dies hat der VGH Kassel überzeugend verdeutlicht. Der Ansatz des VG Darmstadt hingegen vermengt zwei von einander zu trennende Prüfungsschritte (Unregelmäßigkeit auf der einen Seite, Ergebnisrelevanz auf der anderen Seite).
Auch der Subsumtion des VGH Kassel ist angesichts des sehr knappen Wahlergebnisses (der FDP haben nur 16 Stimmen gefehlt) beizupflichten. Die Feststellung, dass Gewerbetreibende eher CDU und FDP wählen als SPD oder die Grünen, kann nicht lediglich als Spekulation verstanden werden, sondern darf in Zeiten präziser Wahlforschung als empirisch belegt gelten. Damit begegnet die Feststellung der Ergebnisrelevanz durch den VGH auch keinen Bedenken.
Abschließend soll noch auf die vom VGH offen gelassene Frage eingegangen werden, inwieweit auch die an die Gewerbetreibenden versandte Anlage zum Schriftsatz (Hauff-Interview) sowie der Brief an die Bediensteten der Stadt-

[388] Vgl. insofern bereits die umfassende Erörterung oben, S. 83ff.

verwaltung unzulässige Wahlbeeinflussungen darstellen. Dies könnte insofern zu verneinen sein, als der Bürgermeister und der Erste Stadtrat hier aus akutem Anlass gehandelt haben könnten. Immerhin war die Möglichkeit einer Eingemeindung durch den OB-Kandidaten Hauff ins Gespräch gebracht worden, was unmittelbare Auswirkungen auf den Status von B. mit sich gebracht hätte. In diesem Sinne könnte darauf abgestellt werden, dass mit dem Brief keine spezifischen parteipolitischen Interessen verfolgt werden sollten, sondern die Interessen der Stadt B. und seiner Bevölkerung insgesamt im Mittelpunkt gestanden haben.
Fraglich ist jedoch, ob tatsächlich ein solch akuter Anlass vorgelegen hat und die Gesamtinteressen von B. mit dem Brief verfolgt werden sollten. Dagegen spricht jedenfalls, dass der Bürgermeister und der Erste Stadtrat das Hauff-Interview gerade nicht zum Anlass genommen haben, das entsprechende Thema auf die Tagesordnung des Magistrates zu setzen, obwohl zwei Termine dafür in Frage gekommen wären[389]. Dort hätten aber von vornherein mögliche Gefahren für B. breit und überparteilich erörtert werden können. Stattdessen wurden lediglich die Gewerbetreibenden unterrichtet und der Vorgang wurde zum Gegenstand einer Magistratspressekonferenz gemacht. Diese Maßnahmen sind jedoch nicht jenen politischen Instrumenten zuzuordnen, mit denen möglichst frühzeitig versucht werden kann, eine breite überparteiliche Front gegen bestimmte Vorhaben zu formieren. Demgegenüber werden spezifische Stimmungen in der Bevölkerung angesprochen, indem in diesem Fall das eindeutige Ziel verfolgt wird, die SPD-Vertreter von B. drei Tage vor dem Wahltermin in Bedrängnis zu bringen. In dieser Hinsicht kann daher den Ausführungen der Ausgangsinstanz (VG Darmstadt) beigepflichtet werden, die ebenfalls darauf abgestellt hat, dass „allein durch das Interview noch keine Lage eingetreten (war), auf die B. vor der Wahl hätte reagieren müssen“[390].
Auch das Schreiben an die Mitarbeiter der Stadtverwaltung kann daher ebenfalls nur als eine unzulässige Wahlbeeinflussung eingestuft werden.

b. Senioren-Brief
(VGH Kassel, HSGZ 1999, 189ff.)
Sachverhalt:
Nochmals um die Versendung eines Wahlwerbebriefes ging es im vorliegenden Fall. Etwa zwei Wochen vor der am 2. März 1997 durchgeführten Kommunalwahl hatte der Bürgermeister der Stadt B.[391] 5000 Senioren-Briefe an alle über 60jährigen Bürger von B. versendet. Der Brief enthielt auf der ersten Seite ein Foto des Bürgermeisters, seinen Namen sowie die Amtsbezeichnung „Bürgermeister“. Der amtliche Briefkopf der Stadt mit der Anschrift der Stadtverwaltung war nicht verwendet worden.

---

[389] Vgl. VG Darmstadt, NVwZ-RR 1990, 628 [628].
[390] VG Darmstadt, NVwZ-RR 1990, 628 [630].
[391] Es handelt sich hierbei um den gleichen Bürgermeister und die gleiche Stadt, die bereits Gegenstand des Verwaltungsrechtsstreites oben waren.

Im Anschluss wandte sich der Bürgermeister, der bei der Kommunalwahl als Spitzenkandidat der CDU antrat, mit der Anrede „Liebe Mitbürgerinnen und Mitbürger!“ an die Adressaten des Briefes[392]. Er legte darin anlässlich der am 2. März 1997 stattfindenden Kommunalwahl Rechenschaft über die für die Senioren geleisteten Beschlüsse der Politik und die Aktivitäten der Stadtverwaltung ab. Im Einzelnen ging er in diesem Zusammenhang auf die Einrichtung eines Seniorenbetreuers, auf das vielfältige Freizeitangebot für die Senioren sowie das Projekt einer Telefonkette zur Selbsthilfe ein. Der Brief schloss mit einem persönlichen Wahlaufruf des Bürgermeisters zugunsten der CDU und trug am Ende die Unterschrift des Bürgermeisters mit einem nochmaligen Hinweis auf seine Amtsbezeichnung.
In der Fußzeile des Briefes befand sich ein Hinweis auf die CDU von B., nebst Anschrift, Telefon, Fax und Internetanschluss. Dem Schreiben waren weiterhin ein Halbjahresprogramm der Senioren Union von B. sowie ein Aufnahmeantrag für die Mitgliedschaft in der Senioren Union bzw. in der CDU beigefügt.
Bei der Wahl zur Stadtverordnetenversammlung erhielt die CDU von insgesamt 14027 gültigen Stimmen 7757 (damit 28 von 45 Sitzen), die SPD 3204 Stimmen (12 Sitze) und die Grünen 1458 Stimmen (5 Sitze). Alle anderen Parteien scheiterten an der 5%-Hürde.
Am 18. März erhob ein Bürger der Stadt Einspruch gegen die Gültigkeit der Wahl, der aber mit Beschluss der Beklagten vom 22. April 1997 zurückgewiesen wurde, so dass die Wahlen zur Stadtverordnetenversammlung und den Ortsteilen für gültig erklärt wurden.
Daraufhin erhob der Kläger am 22. Mai 1997 Klage beim Verwaltungsgericht Gießen, wobei er insbesondere vortrug, dass dem Bürgermeister von B. bereits durch das Urteil des VGH Kassel vom 10. Oktober 1991[393] (vgl. oben) die Grenzen der Wahlwerbung von Amtsträgern bekannt gewesen seien. Auch wenn kein amtlicher Briefkopf der Stadt verwendet worden sei, so hätte der Brief aber aufgrund des Fehlens eines Absenders auf den Briefumschlägen, der Hervorhebung des Titels „Bürgermeister“ sowie der Diktion und des Inhalts des Briefes einen entsprechenden amtlichen Eindruck vermittelt. Nach Auffassung des Klägers habe der Brief äußerlich den gleichen Eindruck erweckt wie viele andere städtische Briefe.
Die Stadt trat der Klage mit dem Hinweis entgegen, dass neutrale Umschläge ohne das Wappen der Stadt verwendet worden seien, der CDU-Stadtverband den Brief finanziert habe und außerdem jeder anderen Partei ebenfalls die Möglichkeit offen gestanden habe, über den Magistrat von B. an die entsprechenden Adressen zu gelangen.

---

[392] Der volle Wortlaut des mehrere Seiten umfassenden Briefes kann nachgelesen werden in: VGH Kassel, HSGZ 1999, 189f.
[393] VGH Kassel, NVwZ 1992, 284ff.

Entscheidung VG Gießen[394]:
Das VG Gießen sah die Klage als zulässig und begründet an. Es liege eine Unregelmäßigkeit im Wahlverfahren nach § 26 I Nr. 2 KWG vor, welche auch auf die Verteilung der Sitze von Einfluss gewesen sei. Der Seniorenbrief des Bürgermeisters stelle eine unzulässige Wahlbeeinflussung dar, da die Grundsätze der freien und gleichen Wahl (Art. 28 I 2 GG; § 1 KWG) verletzt worden seien. Das VG stellte auf die bereits nun mehrfach erwähnten Grundsätze zur Neutralität amtlicher Stellen im Wahlkampf ab und sah die Grenze der zulässigen Meinungsäußerung im Hinblick auf Art. 5 I 1 GG vorliegend überschritten. Dies sei darauf zurückzuführen, dass der Bürgermeister das ihm „auf Grund seiner amtlichen Tätigkeit zufallende Gewicht und die ihm kraft seines Amtes gegebenen Einflussmöglichkeiten in einer Weise nutze, die mit seiner der Allgemeinheit verpflichtenden Aufgabe unvereinbar sei". Dies sei nicht der äußeren Form bzw. der Verwendung der Amtsbezeichnung geschuldet, denn gerade diese dürfe der Bürgermeister ja nach §§ 211 I, 97 II Hess. Beamtengesetz verwenden. Den Grund für die Verletzung der Neutralitätspflicht sah das VG Gießen vielmehr im Inhalt des Briefes, in dem der Bürgermeister vorwiegend über die Leistungen der Stadt für die Senioren berichtet habe und erst am Ende auf die CDU zu sprechen gekommen sei. Erst dadurch, dass gerade der Bürgermeister, „Rechenschaft darüber ab (...) lege, was in unserer Stadt (...) erreicht wurde", würden die Erklärungen sinnvoll. Die Ausführungen des Bürgermeisters hätten nur unter Ausnutzung seiner Amtsträgerschaft gemacht werden können. Der amtliche Charakter dieses Briefes werde dabei auch nicht durch den Wahlaufruf zugunsten der CDU am Ende beseitigt.
Die notwendige Mandatsrelevanz könne ebenfalls bejaht werden, da bei einer Versendung von über 5000 Seniorenbriefen nicht auszuschließen sei, dass sich möglicherweise 207 Personen mehr für die CDU entschieden hätten. Die CDU verlöre aber einen Sitz in der Stadtverordnetenversammlung, wenn sie 207 Stimmen weniger erhalten hätte.

Entscheidung VGH Kassel:
Der VGH Kassel schloss sich der Auffassung der Ausgangsinstanz an und wies die Berufung der Stadt B. zurück. Die Versendung der über 5000 Seniorenbriefe stelle eine Unregelmäßigkeit i.S. von § 26 I Nr. 2 KWG dar.
Der VGH Kassel legte sowohl den Begriff des Wahlverfahrens als auch den Begriff der Unregelmäßigkeit wiederum denkbar weit aus. Unter Unregelmäßigkeiten seien Verstöße gegen alle wahlrechtlichen Vorschriften – darunter Bestimmungen des KWG oder der zur Ausführung dieses Gesetzes erlassenen Rechtsverordnungen[395] - zu verstehen. Dies eröffne die Möglichkeit, einen Verstoß gegen die Wahlgrundsätze des § 1 KWG zu prüfen, die vorliegend in Form

[394] Die wesentlichen Entscheidungsgründe des VG Gießen sind im Urteil des VGH Kassel, HSGZ 1999, 189 [191f.] aufgeführt.
[395] VGH Kassel, HSGZ 1999, 189 [195].

der Freiheit bzw. Gleichheit der Wahl verletzt worden seien. Eine unzulässige Wahlbeeinflussung stelle nämlich einen Verstoß gegen die oben genannten Grundsätze dar.
Im Unterschied zu bereits früher ergangenen Entscheidungen stellte der VGH Kassel aber zunächst nicht auf die Rechtsprechung des BVerfG zur Neutralitätspflicht staatlicher Stellen im Wahlkampf ab[396], sondern bediente sich zur Auslegung des Begriffs „Wahlbeeinflussung" einer ständigen Rechtsprechung des Verwaltungsgerichtshofs Baden-Württemberg zu § 32 I Nr. 1 2. Alt. KWG BW. Demnach seien unter einer Wahlbeeinflussung „öffentliche oder veröffentlichte Äußerungen von Bewerbern und Dritten zu verstehen, die bei objektivem Verständnis dazu geeignet sind, unmittelbar auf die Wahlentscheidung der Wähler einzuwirken". Erst im Anschluss übertrug der VGH Kassel die vom BVerfG entwickelten Grenzen zur staatlichen Öffentlichkeitsarbeit in Wahlkampfzeiten auf die kommunale Ebene[397].
Allerdings wollte der VGH Kassel in dem Schreiben des Bürgermeisters keine Überschreitung dieser vom BVerfG entwickelten Grenzen entdecken. Der Brief sei angesichts des Hinweises auf die CDU in der Fußzeile keine durch die Stadt veranlasste Öffentlichkeitsarbeit i.S. der bundesverfassungsgerichtlichen Rechtsprechung. Dennoch könne – so der VGH Kassel – der Seniorenbrief auch nicht nur als „Wahlempfehlung" angesehen werden, denn der Bürgermeister habe durch den Aufruf zur Stimmabgabe zu Gunsten der CDU, „das ihm auf Grund seiner amtlichen Tätigkeit zufallende Gewicht und die ihm kraft seines Amtes gegebenen Einflussmöglichkeiten in einer Weise genutzt (...), die mit seiner der Allgemeinheit verpflichteten Aufgabe unvereinbar ist"[398]. Auch ohne amtlichen Briefkopf sei der Inhalt des Schreibens doppeldeutig. Denn erst am Ende des Briefes werde mit dem Hinweis auf den CDU - Stadtverband dem Brief der Eindruck eines amtlichen Schreibens, welcher durch die Anrede „Liebe Mitbürgerinnen und Mitbürger" entstehe, genommen.
Der offizielle Charakter des Briefes sei zudem darauf zurückzuführen, dass der Gemeindevorstand nach § 66 II HGO zur Rechenschaftslegung gegenüber der Bevölkerung verpflichtet sei und der Bürgermeister sich in dem Brief als Teil der Kommunalverwaltung darstelle („wir, sowohl Politiker als auch Mitarbeiter der Stadtverwaltung"). Diese Identifikation mit der Stadtverwaltung – so der VGH – könne ernsthaft nur durch den Bürgermeister selbst dargestellt werden und würde dementsprechend bei jeder anderen Privatperson unglaubwürdig wirken. Daher sei der Rechenschaftsbericht dem Bürgermeister auch als „Kommunalorgan" zuzurechnen[399]. Folglich könne der Hinweis auf die CDU am Ende des Schreibens den zuvor gewonnen Eindruck eines laienhaften Betrachters, dass hier ein amtliches Organ gehandelt habe, nicht mehr beseitigen.

---

[396] Vgl. BVerfGE 44, 125ff., 138ff.
[397] VGH Kassel, HSGZ 1999, 189 [195].
[398] VGH Kassel, HSGZ 1999, 189 [195], unter Bezugnahme auf eine ständige Rechtsprechung des BVerwG, vgl. BVerwGE 104, 323.
[399] VGH Kassel, HSGZ 1999, 189 [196].

Unberücksichtigt ließ der VGH Kassel allerdings das Vorbringen, dass der Seniorenbrief unter Einsatz kommunaler Ressourcen verschickt worden sei. Dieser Einwand sei erst in der Klageschrift vorgetragen worden, so dass er nach dem Anfechtungsprinzip vor Gericht nicht mehr berücksichtigt werden könne[400].

Bewertung:
Der Entscheidung des VGH Kassel stehen grundsätzliche Einwände entgegen. Der VGH dehnt die Neutralitätspflicht von Amtsträgern während des Wahlkampfes inhaltlich weiter aus und trägt dadurch dazu bei, die Konturen zulässiger Informationstätigkeit staatlicher Stellen im Wahlkampf verschwimmen zu lassen; dies führt im Ergebnis zu erheblicher Rechtsunsicherheit[401].
Bislang beurteilten sich die Grenzen von Stellungnahmen durch Amtsträger im Vorfeld einer Wahl im Wesentlichen nach der äußeren Gestaltung[402]. Diese Grenzen galten dann als überschritten, wenn man aus dem äußeren Eindruck eines Briefes eindeutig auf den amtlichen Charakter schließen konnte. Dabei war unstreitig, dass die Verwendung der Amtsbezeichnung wegen §§ 211 I, 97 II HBG nicht schon zum Verstoß gegen die Neutralitätspflicht führte.
Ein eindeutiger Schluss war aber in dem hier zu beurteilenden Fall gerade nicht möglich, da der Brief weder einen amtlichen Briefkopf aufwies noch sonst einen Hinweis auf die Stadt oder die Stadtverwaltung enthielt. Auch konnte sich eine Verwendung von staatlichen Ressourcen (ebenfalls ein äußerliches, formales Kriterium) nicht feststellen lassen. Vielmehr waren sowohl der Briefumschlag als auch das Briefpapier äußerlich neutral. Insofern hätte man in der Tradition der bislang geltenden Kriterien einen Verstoß gegen die Neutralitätspflicht des Bürgermeisters im Wahlkampf verneinen müssen und sein Handeln nach Art. 5 I 1 GG als grundrechtlich geschützt einstufen müssen, da er gerade nicht in amtlicher Eigenschaft, sondern als Privatperson aufgetreten ist[403].
Stattdessen hat der VGH Kassel aber die Beurteilungskriterien ausgeweitet und auch den Inhalt des Briefes zum Gegenstand der Überprüfung der Neutralitätspflicht gemacht. Allein aus dessen Inhalt hat dann das Gericht den unzulässigen Charakter der Wahlwerbung durch den Bürgermeister abgeleitet. Dieses Vorgehen stößt aber unter dem Gesichtspunkt der Einschätzbarkeit zukünftiger Fälle auf erhebliche Bedenken: Für die jetzigen Amtsträger, die sich einer Wiederwahl stellen oder aber für ihre Parteien werben, fehlt nunmehr ein eindeutiges Kriterium, welches ihnen erlaubt, relativ sicher entscheiden zu können, wie

[400] VGH Kassel, HSGZ 1999, 189 [196].
[401] In diesem Sinne kritisch auch: Adrian, in: HSGZ 1999, 197 [197].
[402] Vgl. S. 79ff.; 124ff.; vgl. auch Adrian, in: HSGZ 1999, 197 [198], der mehrere obergerichtliche Entscheidungen – auch anderer Bundesländer – zitiert, aus denen sich eindeutig ergibt, dass die Rechtsprechung in diesen Fällen immer darauf abgestellt hat, ob sich aufgrund der äußeren Form bzw. der Gestaltung der Eindruck eines Handelns in amtlicher Eigenschaft ergibt; Borchmann, in: DVP 2000, S. 254ff.
[403] Vgl. dazu nochmals den dogmatischen Hintergrund oben, S.83ff.

weit sie bei ihrer nach Art. 5 I 1 GG gewährleisteten Wahlwerbung gehen können. Die äußere Gestaltung der Wahlwerbung war bislang ein solch (relativ) eindeutiges Kriterium.
Dies kann aber – wie Adrian treffend formuliert – nur dazu führen, dass die Wahlwerbung eines Amtsinhabers „die Möglichkeit einer Wahlanfechtung von vornherein impliziert“ oder dieser „grundsätzlich auf Äußerungen im Wahlkampf (verzichtet), womit ihm nichts anderes als ein Maulkorb angelegt wird“[404]. Für den Amtsinhaber entsteht dadurch ein struktureller Nachteil gegenüber seinem politischen Gegner bzw. Herausforderer, folglich gerade aus seiner Sicht ein Verstoß gegen die Chancengleichheit im Wahlkampf. Entscheidet er sich beispielsweise für die Versendung von Wahlwerbebriefen, muss er in Zukunft mit der Gefahr rechnen, unzulässige Wahlwerbung zu betreiben und damit die ganze Wahl zu gefährden.
Unter dem Gesichtspunkt, dass selbst (Schein-) Kandidaturen von Bürgermeistern bei Kommunalwahlen zugelassen werden, kann dies ernsthaft aber nicht gewollt sein. Wenn man Bürgermeistern und Landräten die grundsätzliche Möglichkeit eröffnet, bei einer Kommunalwahl für die eigene Partei als Spitzenkandidat oder „Zugpferd“ anzutreten, so ist es nur konsequent, ihnen auch die Möglichkeit der Darstellung ihrer Arbeit zu bieten. Womit sonst als mit dem, was der Bürgermeister geleistet hat, soll dieser – insbesondere im Hinblick auf das personenbezogene neue Wahlrecht – für sich und seine Partei werben?
Genauso wie die Mitbewerber mit ihrem Programm, ihrer geleisteten Arbeit und ihren gestellten Anträgen werben dürfen, muss auch der Amtsträger unter Beachtung äußerer Kriterien (vgl. oben) seine Person und seine Inhalte darstellen dürfen. Versagt man ihm diese Möglichkeit, ist es konsequenter, bereits generell die Zulässigkeit der Kandidatur von Amtsträgern bei der Kommunalwahl in Frage zu stellen[405].
Bereits die vom VGH Kassel als Anknüpfungspunkt für die inhaltliche Überprüfung verwendete Anrede „liebe Mitbürgerinnen und Mitbürger“ ist daher auch kein Privileg des jeweiligen Amtsinhabers. Auch der Herausforderer des Bürgermeisters wird die Wählerinnen und Wähler möglichst persönlich ansprechen wollen, um damit eine Identifikation mit sich selbst und seinen Vorstellungen zu erreichen. Insofern ist bereits dieses Merkmal kein besonderes Charakteristikum, welches ausschließlich der Person des jeweiligen Amtsinhabers zusteht.
Von einer inhaltlichen Überprüfung der Wahlwerbung durch Amtsträger ist folglich abzusehen, da eine Grenze in der Praxis kaum trennscharf zu ziehen wäre. Auszunehmen sind davon lediglich eindeutige Fälle, in denen der Amtsträger seine Stellung durch inhaltliche Äußerungen missbraucht, indem er Interna oder Geheimnisse (z.B. aus dem Magistrat) öffentlich macht. Dies kann

---

[404] Adrian, in: HSGZ 1999, 197 [197].
[405] Vgl. zur Problematik der sog. „Scheinkandidaturen“ unten, S. 138ff.

insoweit nicht mehr von Art. 5 I 1 GG gedeckt sein, da er in einer solchen Situation keine Kenntnisse, die er als Privatperson ebenso hätte erlangen können, verwendet, sondern Kenntnisse, die er in amtlicher Eigenschaft erlangt hat. Adrian fragt zu Recht, „wann bei einer Äußerung, die formal als private Äußerung zu bewerten ist, ein Handeln in amtlicher Eigenschaft vorliegen soll“[406]. Die Frage ist mit einer hier benötigten Bestimmtheit nicht zu beantworten. In diesem Sinne ist eine Berücksichtigung inhaltlicher Kriterien unzulässig. Nur formale Kriterien können zur Rechtssicherheit beitragen, die aber für die Beurteilung künftiger Fälle entscheidend ist.

3. Problematik der sog. Scheinkandidaturen

Unter der Problematik der sog. Scheinkandidaturen werden in der Rechtsprechung und Literatur Fälle behandelt, in denen hauptamtliche Bürgermeister oder Landräte auf der Liste ihrer eigenen Partei oder einer ihnen nahe stehenden politischen Gruppierung antreten, obwohl sie von vornherein nicht beabsichtigen, im Falle ihrer Wahl das Mandat anzunehmen. Die Frage der Zulässigkeit dieser Scheinkandidaturen hat die Rechtsprechung auch bei Kommunalwahlen in anderen Bundesländern immer wieder beschäftigt und zählt in der Literatur schon zu einem der klassischen Probleme im kommunalen Wahlrecht[407].

a. Scheinkandidatur eines Bürgermeisters
(VGH Kassel, DÖV 1970, 643ff.)
Sachverhalt:
Bei der Kommunalwahl in F. trat 1968 als Spitzenkandidat für die SPD R an, der 1965 für sechs Jahre zum Bürgermeister der Gemeinde gewählt worden war. R machte öffentlich, dass seine Partei ihm die Spitzenkandidatur in einem „einmütigen Vertrauensvotum“ angetragen habe, obwohl jeder wisse, dass er das Amt des Bürgermeisters nicht aufgeben werde. Die Kandidatur wollte er vielmehr als Beweis dafür verstehen, dass sein Wirken auch künftig in Übereinstimmung mit der SPD-Fraktion am Wohl der Bürger von F. ausgerichtet sei.
Die SPD-Fraktion erlangte 13 Sitze. Kurz nach der Wahl teilte der Gemeindewahlleiter über die W-Zeitung mit, dass Bürgermeister R sein Mandat nicht angenommen habe.
Die Stadtverordnetenversammlung wies die Einsprüche der Kläger gegen die Gültigkeit der Wahl zurück, so dass es zur Erhebung der Klage und später zur Einlegung der Berufung kam.

---

406 Adrian, in: HSGZ 1999, 197 [198].
407 Vgl. VG Neustadt, NVwZ 1991, 603; Glauben, Die Scheinkandidatur, Diss. 1990; ders., in: NVwZ 1991, 545ff.; Ridder, in: DÖV 1970, 617ff.; von Arnim, in: DÖV 1991, 737ff.; Oebbecke, in: DV 199 , 219 [221ff.].

Entscheidung VGH Kassel:
Der VGH Kassel wies die Berufung der Kläger zurück, denn er sah es nicht als erwiesen an, dass es bei der Gemeindewahl durch eine unzulässige Wahlbeeinflussung zu einer Unregelmäßigkeit i.S. von § 26 I Nr. 2 KWG (§ 24 Nr. 2 GKWG, alte Fassung[408]) gekommen sei.
Dem Vortrag der Kläger, durch die Scheinkandidatur des Bürgermeisters seien die Wähler getäuscht worden, so dass dadurch das Ergebnis der Wahl beeinflusst worden sei, wollte der VGH Kassel nicht folgen[409].
Der Senat unterschied bei der Beurteilung zwei Gesichtspunkte. Zum einen könne es Gründe geben, die die Wählbarkeit eines Kandidaten von vornherein ausschließen. Dazu zählten die Richter § 32 HGO a.F., der u.a. das passive Wahlrecht von der Vollendung des 25. Lebensjahres (18. Lebensjahr, § 32 HGO n.F.) sowie dem mindestens sechsmonatigen Wohnsitz in der Gemeinde am Wahltag abhängig mache. Seien diese Voraussetzungen nicht erfüllt, so sei der entsprechende Wahlvorschlag bereits ungültig. Diese Voraussetzungen gemäß § 32 HGO hätten bei R aber vorgelegen.
Davon zu trennen sei die sich aus § 65 II HGO ergebende Unvereinbarkeit von Amt und Mandat, die es verbiete, dass Mitglieder des Gemeindevorstandes gleichzeitig Gemeindevertreter sein dürfen (vgl. auch § 37 HGO). „Ein Ausschluss der Wählbarkeit ist für diesen Personenkreis aber nicht zugleich bestimmt worden; denn Unvereinbarkeit bedeutet nur, dass dem Betroffenen ein Wahlrecht zwischen zwei Möglichkeiten verbleibt. Er kann entweder das Amt oder das ehrenamtlich durch Wahl erlangte Mandat behalten, wobei die Wahl in jedem Falle zunächst gültig ist“[410]. Im Unterschied zu § 32 HGO lasse § 65 II HGO also die Gültigkeit der Wahl unberührt. Auch ein (hauptamtliches) Mitglied des Gemeindevorstandes dürfe folglich zunächst für ein Mandat in der Gemeindevertretung oder Stadtverordnetenversammlung kandidieren.
Auch einen Verstoß gegen § 12 IIIb GKWG konnte der VGH nicht erkennen. Die Vorschrift sah vor, dass Wahlbewerber, die nach dem 17. Tag vor der Wahl ihre Zustimmung zur Kandidatur zurückgenommen haben, durch andere Bewerber ersetzt werden können. Daraus, so der VGH Kassel, folge aber nur, dass ein Bewerber bei geändertem Willen seine Zustimmung zurücknehmen könne, nicht aber zurücknehmen müsse[411]. Ihm bliebe vielmehr auch hier eine Entscheidungsfreiheit bis zur Bekanntgabe des Wahlergebnisses.
Dem Versuch der Kläger, aus Art. 38 I 1 GG einen allgemeinen Grundsatz über die Gewissensbindung eines Bewerbers um ein Mandat entnehmen zu wollen, trat der Senat ebenfalls entgegen. Zum einen beziehe sich die Regelung nur auf

---

[408] Hessisches Gemeinde- und Kreiswahlgesetz vom 25.2.1952 [GVBl. S. 48].
[409] VGH Kassel, DÖV 1970, 643 [644]; bestätigend: VGH Kassel, DVBl. 1980, 66 [68]; folgend: VG Darmstadt, HSGZ 1996, 510 [511]; vgl. dazu auch: VGH Kassel, HSGZ 1997, 165 [166f.]; vgl. auch unten, S. 149ff. zu VGH Kassel, ESVGH 29, 171 und StGH Hessen, ESVGH 31, 161.
[410] VGH Kassel, DÖV 1970, 643 [644].
[411] Vgl. heute zur geänderten Rechtslage in: § 11 II 3 KWG.

die Wahlen zum Bundestag, zum anderen ziele die Vorschrift nur auf die Frage, wie der Abgeordnete sein Mandat auszuüben (!) habe, nicht aber, wie sich ein Wahlbewerber (!) zu verhalten habe[412].
Ein Verstoß gegen das aktive Wahlrecht aus § 30 HGO liege deswegen nicht vor, weil zum einen nur eine einzige Person vor der Wahl bekundet habe, die Wahl nicht annehmen zu wollen, zum anderen, weil man bei einer Listenwahl immer damit rechnen müsse, dass Bewerber ihr Mandat nicht annehmen oder später zurückgeben würden[413].
Auch im Hinblick auf verfassungsrechtliche Wertungen kam der VGH Kassel zu keinem abweichenden Ergebnis. Zwar dürften Parteien ihre Wahlvorschläge nicht in einer Weise treffen, die dem gemeindlichen Selbstverwaltungsrecht aus Art. 28 II GG, Art. 137 III HV widerspreche, jedoch könne eine solche Verletzung vorliegend nicht festgestellt werden. § 65 II HGO diene letzten Endes dem Schutz der Gewaltenteilung, da dem „Parlament Kontrollbefugnis gegenüber dem Bürgermeister und seinen Verwaltungsbeamten zukommt“[414]. Dagegen sollte aber gerade nicht verstoßen werden, da eine Doppelfunktion mit der Kandidatur von R. nicht Ziel der Wahl war, sondern die Wähler vor der Wahl davon unterrichtet worden waren, dass „eine Fusion von Amt und Mandat im Wege der Personalunion nicht beabsichtigt war“[415].
Schließlich verneinte der Senat die Frage, ob das Verhalten des R sittenwidrig im Sinne von Art. 78 II HV (!) gewesen sein könnte und damit als unzulässige Wahlbeeinflussung hätte betrachtet werden müssen. Es entspreche „üblichen Wahlkampfmethoden“, den jeweils führenden politischen Mann herauszustellen, um die Zusammenarbeit von Vertretungskörperschaft und Verwaltung zum Wohle der Gemeinde zu verdeutlichen. Darin wollte der VGH auch keine Zuständigkeitsvermischung erkennen, denn trotz funktioneller Unterschiede sei es für den Bestand einer Gemeinde bedeutsam, wenn Parlament und Verwaltung gemeinsame Ziele verfolgten und reibungslos zusammenarbeiten würden[416].

Bewertung:
Der Entscheidung des VGH Kassel ist verschiedentlich mit Kritik begegnet worden. So hat bereits Ridder in einer Besprechung des Urteils seinem Ärger über die Ausführungen des erkennenden Senats in zum Teil launiger Art und Weise Luft gemacht[417].

---

412 VGH Kassel, DÖV 1970, 643 [644].
413 VGH Kassel, DÖV 1970, 643 [644].
414 VGH Kassel, DÖV 1970, 643 [645].
415 VGH Kassel, DÖV 1970, 643 [645].
416 VGH Kassel, DÖV 1970, 643 [645].
417 Vgl. Ridder, „Vom freien Mandat zur Freiheit vom Mandat“, in: DÖV 1970, 617ff., der sich ironischer Zwischentöne nicht verwehren kann. Er beschäftigt sich u.a. mit dem Begriff des „Wahlbewerbers“, der nach seiner Auffassung in Folge dieses Urteils in der rechtswissenschaftlichen Literatur nun wohl so kommentiert werden müsse:
„Bewerber im Sinne des Hessischen Gemeinde- und Kreiswahlgesetzes können außer den Inhabern des passiven Wahlrechts, die sich um ein Mandat bewerben, auch alle passiv

Zuzustimmen ist dem Senat zunächst in seinen Feststellungen im Hinblick auf die Auslegung von § 32 HGO und § 65 II 1 HGO. Während es bei § 32 HGO um die Frage der Wählbarkeit (Ineligibiliät) geht, behandelt § 65 II 1 HGO nur die Unvereinbarkeit von Amt um Mandat (Inkompatibilität), will aber nicht verhindern, dass sich beispielsweise der Bürgermeister um ein kommunales Mandat in der Gemeindevertretung seiner Gemeinde bewirbt. Folglich kann eine solche Kandidatur kein Verstoß gegen § 65 II 1 HGO darstellen und aus diesem Grunde zu keiner Unregelmäßigkeit i.S. von § 26 Nr. 2 KWG führen[418]. Richtig war daher der weitere Ansatz des VGH Kassel zu untersuchen, inwieweit die Scheinkandidatur des Bürgermeisters als eine unzulässige Wahlbeeinflussung gewertet werden muss. Fraglich ist dabei zunächst, ob sich nicht aus Art. 38 I1 GG ein entsprechendes Gebot der Ernsthaftigkeit einer Bewerbung um ein Mandat ergibt. Während der VGH Kassel dies mit dem Hinweis darauf ablehnt, die Vorschrift gelte nur für die Abgeordneten des Deutschen Bundestages sowie inhaltlich nur für die Ausübung des Mandates, plädiert Ridder für eine entsprechende Berücksichtigung des Falles an den Maßstäben von Art. 38 I1 GG[419].

Zunächst, so Ridder, beschränke nicht einmal das Bundesverfassungsgericht die Anwendbarkeit der Vorschrift auf die Bundestagsabgeordneten[420]. Dem ist zuzustimmen, zumal auch die HGO selbst in § 35 I HGO die Ausübung des freien Mandats gesetzlich verankert hat, so dass die zu Art. 38 I1 GG gefundenen Wertungen in weiten Teilen auf das kommunale Mandat übertragen werden können.

Ridder zufolge ist daraus die Konsequenz zu ziehen, dass der Mandatsträger „gegebenenfalls resignieren dürfe, wenn er sich dem Konflikt der Loyalitäten nicht mehr gewachsen fühlt“[421].

Er leitet aus den Wertungen zu Art. 38 I1 GG ab, dass aufgrund der Ähnlichkeit der Situation auch dem Bewerber um ein Mandat die Gewissensentscheidung zustehen müsse, (notfalls) von der Kandidatur Abstand nehmen zu dürfen. Der Wähler habe es also zugunsten des Gewissensschutzes des Wahlbewerbers hinzunehmen, dass sich möglicherweise bereits bekannt gewordene Kandidaturen noch änderten. Allerdings gebe es keinen fiktiven Gewissensschutz für denjenigen, der nur zum Schein kandidiere, weil dieser seine negative Entscheidung bereits getroffen habe[422]. Demzufolge könne sich derjenige, der von vornherein

---

Wahlberechtigten sein, die sich nicht um ein Mandat bewerben, soweit das Maß des jeweils Üblichen nicht überschritten wird.“

[418] So auch: Weber, JuS 1989, 977 [978], der einen Verstoß gegen konkrete Vorschriften über Wahl und Wahlverfahren verneint, ebenfalls jedoch danach fragt, ob nicht eine unzulässige Wahlbeeinflussung vorliegen könnte; ebenso zustimmend: Bennemann, in: Bennemann, § 65 HGO Rn. 13.

[419] Ridder, in: DÖV 1970, 617 [619].

[420] Ridder, in: DÖV 1970, 617 [619] mit Verweis auf: BVerfGE 4, 144 [148f.].

[421] Ridder, in: DÖV 1970, 617 [619].

[422] Ridder, in: DÖV 1970, 617 [619].

erkläre, er werde das Amt, für das er antrete, nicht annehmen, gerade nicht auf eine freie Gewissensentscheidung nach Art. 38 I1 GG stützen.
Den Ausführungen Ridders ist bereits insofern kritisch zu begegnen, als sich die Rechtslage, die er beschreibt, mittlerweile geändert hat: Nach § 11 II 2 a.E. KWG ist die schriftliche Zustimmung des Bewerbers zu seinem Wahlvorschlag unwiderruflich. Damit ist der Gewissensschutz des Kandidaten in der Phase nach Abgabe seiner Zustimmungserklärung insoweit gelockert, als er sich erst nach dem Wahltag entscheiden kann, ob er das erworbene Mandat annehmen will oder nicht.
Darüber hinaus erscheint der Weg Ridders wenig sinnvoll, wenn man bedenkt, dass eine Sanktionierung der offenen Scheinkandidatur nur dazu führen würde, der verdeckten Scheinkandidatur Vorschub zu leisten[423]. Unter dem Gesichtspunkt der Wählertäuschung kann dies tatsächlich nicht gewollt sein. Bei der offenen Scheinkandidatur haben sowohl der politische Gegner als auch die Wählerinnen und Wähler zumindest noch die Möglichkeit, moralische Bedenken gegen die nur scheinbare Bewerbung anzuprangern und öffentlich zu diskutieren. Diese mitunter „reinigende" Wirkung und Kontrolle entfällt aber, soweit der vermeintliche Wahlbewerber die Wählerinnen und Wähler in Unkenntnis über seine wahren Absichten lässt und erst nach dem Wahltag seine eigentliche Motivation offenbar werden lässt.

Einen anderen Weg in einem vergleichbaren Fall ging das VG Neustadt, indem es die Befugnisse der Wahlprüfungsorgane weit ausgelegt hat[424]. Unter Heranziehung von § 23 I1 KWG von Rheinland Pfalz (vgl. den entsprechenden § 14 I1 KWG), wonach die einzelnen Wahlvorschläge auf ihre Gesetzmäßigkeit hin zu überprüfen sind, legte das Gericht dem Wahlleiter die Pflicht auf, im Falle von Zweifeln an der Ernsthaftigkeit der Bewerbung eines Kandidaten, eine entsprechende Klärung durch Nachfrage zu erlangen. Sollte der Bewerber dabei keine befriedigenden Antworten geben, die die Zweifel an der Ernsthaftigkeit der Kandidatur ausräumen, so müssten Wahlleiter bzw. Wahlausschuss von den „ihnen eingeräumten Kompetenzen" Gebrauch machen. Dies kann dann nichts anderes bedeuten, als dass der Name des Bewerbers gemäß § 23 II 1 KWG Rheinland Pfalz (§ 15 II 2 KWG) von der Liste zu streichen ist[425].
Die Lösung des VG Neustadt kann, wie dass OVG Koblenz in der Berufungsinstanz zu recht festgestellt hat, nicht überzeugen[426]. Die Kritik des OVG Koblenz – auf Hessen übertragen – lautet: Gemäß § 14 I1 KWG hat der Wahlleiter die Wahlvorschläge auf „Ordnungsmäßigkeit und Vollständigkeit" zu prüfen und gemäß § 14 II1 KWG hat der Wahlausschuss zu prüfen, ob der Wahlvorschlag rechtzeitig eingereicht wurde und den Anforderungen des KWG und der

---

423 Glauben, in: NVwZ 1991, 545 [546] unterscheidet zwischen „echter und unechter Scheinkandidatur".
424 Vgl. VG Neustadt, NVwZ 1991, 603.
425 Vgl. insoweit auch Glauben, in: NVwZ 1991, 545 [545].
426 OVG Koblenz, NVwZ-RR 1992, 255 [257].

KWO entspricht. Damit statuiert das KWG eine reine Gesetzmäßigkeitskontrolle des Wahlleiters und Wahlausschusses, ohne ihm entsprechende Nachfragerechte zuzugestehen bzw. ohne dem Wahlbewerber entsprechende Erklärungspflichten aufzuerlegen[427]. Der Wahlleiter kann lediglich auf die Beseitigung von Mängeln nach § 14 I 2 KWG hinwirken, die die Ordnungsmäßigkeit und Vollständigkeit des Wahlvorschlags berühren. Dies bezieht sich insofern auf Mängel im Aufstellungsverfahren sowie im Hinblick auf den Inhalt und die Form der Wahlvorschläge gemäß §§ 11ff. KWG. Ein Recht, den Kandidaten über die Ernsthaftigkeit seiner Kandidatur zu befragen, ist damit jedoch nicht verbunden.
Glauben hat insoweit dem VG Neustadt richtigerweise vorgeworfen, mit seinem Urteil den Boden richterlicher Rechtsfindung verlassen und die Grenzen der Gewaltenteilung überschritten zu haben[428]. Dem kann mit Blick auf die hessische Rechtslage nur zugestimmt werden. Zwar mögen entsprechende Nachfragerechte wünschenswert sein, de lege lata stehen sie aber den Wahlkontrollorganen nicht zu, so dass die Bewerber erst recht nicht vom Wahlvorschlag gestrichen werden dürfen.

Glauben verfolgt zur Lösung dieser Fälle aber einen anderen Ansatz. Er will die Bestimmungen über Willenserklärungen in den §§ 116ff. BGB heranziehen: In Rheinland-Pfalz müssen die Bewerber einer Partei oder Wählergruppe gemäß §§ 17 I, V, 18 I1 KWG Rheinland-Pfalz von ihren Parteimitgliedern in einer Wahlversammlung wirksam nominiert werden. Im Rahmen dieser Mitgliederversammlungen müssen die Kandidaten gegenüber der Wahlversammlung eine Bewerbungserklärung abgeben, die – so Glauben - rechtlich als empfangsbedürftige Willenserklärung zu qualifizieren sei. Behalte sich nun ein Bewerber insgeheim vor, dass er das Mandat nicht annehmen werde, so sei dies nach § 116 S. 1 BGB unbeachtlich. Er werde daher wirksam durch die Parteiversammlung nominiert.[429]
Anders sei die Situation aber in den Fällen, in denen die Mitgliederversammlung den geheimen Vorbehalt kenne, da die Bewerbererklärung dann nach § 116 S. 2 BGB nichtig sei. „Der Kandidat ist bei dieser Fallkonstellation rechtlich so zu behandeln, als habe er sich nicht beworben; wer sich aber nicht beworben hat, kann auch nicht wirksam nominiert werden“[430].
Rechtlich fassbar sind demzufolge nur die Fälle der offenen (echten Scheinkandidatur), wohingegen bei der verdeckten (unechten Scheinkandidatur) die Nominierungen wirksam sind, weil geheime Vorbehalte aus rechtlichen bzw. Beweisgründen nicht durchschlagen.

[427] Vgl. zur entsprechenden Rechtslage in Rheinland-Pfalz: Glauben, in: NVwZ 1991, 545 [546].
[428] Glauben, in: NVwZ 1991, 545 [546].
[429] Glauben, in: NVwZ 1991, 545 [546]; ders.: Die Scheinkandidatur, Diss. 1990, S. 16f.
[430] Glauben, in: NVwZ 1991, 545 [546].

Das OVG Koblenz ist dem insoweit entgegengetreten, als das Gesetz in Rheinland-Pfalz eindeutig zwischen der Willenserklärung zur Aufstellung zur Wahl und der Willenserklärung zur Annahme der Wahl nach § 44 KWG Rheinland-Pfalz unterscheide[431]. Nach dieser Vorschrift benachrichtigt der Vorsitzende des Wahlausschusses unverzüglich die Gewählten von der auf sie gefallenen Wahl mit der Aufforderung, sich innerhalb einer Woche nach Zustellung der Benachrichtigung über die Annahme der Wahl zu äußern. (Abs. 1). Die Wahl gilt als angenommen, wenn innerhalb dieser Frist keine Erklärung eingeht (Abs. 2). Folglich – so das OVG Koblenz – komme der Erklärung des Bewerbers in der Wahlversammlung gar nicht der von Glauben unterstellte Inhalt zu, da es sich verbiete, „Willenserklärungen des Kandidaten bei der Bewerbung mit einer vorweggenommenen Annahmeerklärung zu betrachten".

Fraglich ist, ob der von Glauben vorgeschlagene Weg auf die Rechtslage im hessischen Kommunalwahlrecht übertragen werden kann. Auch in Hessen werden die Bewerber gemäß § 12 I1 KWG in einer Versammlung der Partei oder Wählergruppe aufgestellt, wobei ihnen Gelegenheit zur Vorstellung zu geben ist. Die Abgabe einer empfangsbedürftigen Bewerbungserklärung in der Versammlung sieht das KWG aber nicht vor. Allerdings haben die Bewerber ihrem Wahlvorschlag nach § 11 II 4 KWG schriftlich zuzustimmen. Die Zustimmung ist mit dem Wahlvorschlag der Partei oder Wählergruppe nach § 13 II KWG beim Wahlleiter einzureichen. Daher könnten die §§ 116ff. BGB entsprechend auf diese Zustimmungserklärung herangezogen werden, so dass im Falle einer offenen Scheinkandidatur die Zustimmungserklärung ebenfalls nach § 116 S. 2 BGB nichtig wäre.
Fraglich ist, ob dieser Lösungsweg gangbar erscheint. Bislang musste auch in Hessen zwischen der Zustimmungserklärung zum Wahlvorschlag nach § 11 II 4 KWG und der Annahmeerklärung der Wahl nach § 24 I 1 KWG (a.F.) unterschieden werden (vgl. zur identischen Rechtslage in Rheinland-Pfalz oben). Demnach beinhaltete die Zustimmung nach § 11 II 4 KWG bislang keinerlei Erklärungswert in Bezug auf die Frage, ob der Bewerber zur Übernahme seines Mandates bereit ist. Daher konnte insofern auch von keiner Nichtigkeit der Willenserklärung gemäß § 116 S. 2 BGB bei einer offenen Scheinkandidatur die Rede sein.
Die Rechtslage hat sich insofern jedoch geändert, als die Notwendigkeit einer ausdrücklichen Annahme der Wahl ersatzlos gestrichen wurde. Die Annahme der Wahl bzw. der Erwerb der Rechtsstellung eines Vertreters erfolgt nunmehr gemäß § 23 I KWG (n.F.) gesetzlich mit der Feststellung des Wahlergebnisses. Einer ausdrücklichen Willenserklärung des gewählten Vertreters, ob er sein Mandat annehmen werde oder nicht, bedarf es daher nicht mehr. In der Gesetzesbegründung heißt es dazu: „Aus dem Umstand, dass die Bewerberinnen und Bewerber sich zur Wahl stellen und ihrer Nominierung ausdrücklich zustim-

---

[431] OVG Koblenz, NVwZ-RR 1992, 255 [257].

men, lässt sich ableiten, dass sie auch zur Annahme des Mandats bereit sind, wenn dies das Wahlergebnis ergibt."[432] Damit will der Gesetzgeber den Inhalt der Zustimmungserklärung nach § 11 II 4 KWG nunmehr genau so verstanden wissen, wie Glauben dies für die alte Rechtslage bereits unterstellt hatte.
Folglich scheint durch die Gesetzesänderung Raum für die Anwendbarkeit des § 116 S. 2 BGB entstanden zu sein. Wenn der Bewerber seiner Kandidatur zustimmt, erklärt er sich damit – nur so kann der Gesetzgeber verstanden werden – auch zur späteren Annahme des Mandates bereit. Gibt er die Bereitschaft zur Annahme dabei nur vor und macht daraus auch keinen Hehl, so liegt ein geheimer Vorbehalt im Sinne von § 116 S. 1 BGB vor, so dass – sofern Wahlleiter und Wahlausschuss Kenntnis vom Vorbehalt haben – die Zustimmung nach § 116 S. 2 BGB nichtig ist.
Allerdings bliebe bei dieser Beurteilung der neue § 23 II 1, 2 KWG völlig unberücksichtigt. Demnach hat der Wahlleiter die gewählten Vertreter zu benachrichtigen, wobei diese Benachrichtigung im Regelfall aufgrund der neuen Rechtslage rein deklaratorischer Natur ist. Sofern jedoch bei einem Bewerber eine Inkompatibilität vorliegt, muss der Wahlleiter diesen gewählten Bewerber darauf hinweisen, dass der Erwerb ex lege nur dann Bestand hat, wenn der Wegfall der Inkompatibilität innerhalb einer Woche nach Zustellung der Benachrichtigung nachgewiesen wird. Wird der Wegfall des Hinderungsgrundes nicht innerhalb dieser Woche nachgewiesen, so gilt die Rechtsstellung des Vertreters gemäß § 23 II 2 KWG rückwirkend als nicht erworben.
Die Regelungen zeigen, dass das Gesetz weiterhin zwei Stufen im Hinblick auf den Erwerb eines kommunalen Mandats unterscheidet. Zwar entfällt auf der zweiten Stufe die Notwendigkeit einer ausdrücklichen Annahme des Mandats, allerdings bleibt dem Gewählten, bei dem eine Inkompatibilität vorliegt, bis zu diesem Stadium das Wahlrecht, ob er weiterhin sein Amt ausüben will oder durch Amtsaufgabe den Weg zur Übernahme des Mandates frei macht. Darin ist zumindest konkludent die Beantwortung der Frage enthalten, ob der gewählte Bewerber sein Mandat annimmt oder nicht. Entgegen der Annahme des Gesetzgebers kann daher die Zustimmungserklärung des Bewerbers nach § 11 II 4 KWG auch nach der neuen Rechtslage noch keine verbindliche (!) Aussage hinsichtlich der späteren Übernahme des Mandates enthalten. Zumindest kann daraus nicht abgeleitet werden, dass diese Willenserklärung gemäß § 116 S. 2 BGB nichtig ist, weil sich der Bewerber vorbehält, das Mandat nicht annehmen zu wollen. Diese Entscheidung fällt weiterhin nicht im Vorfeld der Wahl, sondern endgültig erst im Zeitpunkt der Unterrichtung des Wahlleiters über den Erwerb der Rechtsstellung. Darüber hinaus ist fraglich, ob der Gesetzgeber mit der neuen gesetzlichen Regelung überhaupt das Phänomen der Scheinkandidatur beseitigen wollte oder vielmehr lediglich eine rechtliche Vereinfachung des Mandatserwerbs beabsichtigte.

---

[432] Vgl. Begründung zum Gesetzentwurf der Landesregierung Drs. 16/2463; Teil B, S. 35 zu Artikel 6 Nr. 12 (§ 23 KWG).

Insgesamt bleibt damit festzuhalten, dass die Scheinkandidatur nach wie vor nicht sanktioniert werden kann, denn die vorhandenen gesetzlichen Regelungen bieten keine ausreichende Grundlage, um die Problematik zu lösen. Bei der offenen Scheinkandidatur dürfte es in der Regel bereits an einer unzulässigen Wahlbeeinflussung fehlen, weil die Bürgerinnen und Bürger selbst frei darüber entscheiden können, ob sie einen Bewerber unterstützen, der keine Zweifel an seinen wahren Absichten und Motiven lässt. Von einer Täuschung des Wählers kann daher mit Rücksicht darauf, dass die demokratische Rechtsordnung eine „gewisse Reife" des Wählers voraussetzt, nicht gesprochen werden[433]. Eine andere Bewertung bleibt allerdings in jenen Fällen vorbehalten, in denen zur Scheinkandidatur noch eine Verletzung der Neutralitätspflicht des Bürgermeisters hinzukommt, indem er das Gewicht seines Amtes gerade im Hinblick auf die Unterstützung seiner Partei ausnutzt (vgl. zu den entsprechenden Kriterien bereits oben).
Die verdeckte Scheinkandidatur, bei der man unter Umständen noch von einer Täuschung der Wählerinnen und Wählern sprechen könnte, ist hingegen mit Rücksicht auf die fehlende Beweisbarkeit und Vorhersehbarkeit der Absichten und Motive des Bewerbers nach der derzeitigen Rechtslage noch weniger zu verhindern.

Allerdings hat die Brisanz des ärgerlichen Themas „Scheinkandidatur" mit der Personalisierung der Wahl weiter zugenommen[434]. Noch stärker als zuvor ist der Anreiz dafür geschaffen worden, den jeweiligen Bürgermeister und das hauptamtliche Personal aus Gemeindevorstand und Magistrat als „Lokomotive" für den Wahlkampf an die Spitze der Liste zu stellen. Das OVG Koblenz hat dies nach der Änderung des Kommunalwahlrechts in Rheinland-Pfalz (erstmals für die Kommunalwahl 1989 wurde dort kumuliert und panaschiert) als unbedenklich eingestuft und daher keine andere Bewertung gegenüber der alten Rechtslage vorgenommen[435].
Dem ist mit Blick auf Hessen zunächst zuzustimmen. Nach wie vor obliegt es dem mündigen Bürger, das mitunter durchsichtige Spiel der Parteien und Wählergruppen aufzudecken und Konsequenzen im Hinblick auf die Stimmabgabe zu ziehen. Fraglich ist aber, ob gerade kleinere Parteien, die bislang eher selten hauptamtliche Wahlbeamte stellen, durch die Scheinkandidatur in Kombination mit dem neuen Wahlrecht benachteiligt werden könnten. Insbesondere könnte darin eine Verletzung des Grundsatzes der (Chancen-) Gleichheit nach § 1 I KWG liegen. Allerdings haben die Direktwahlen der vergangenen Jahre gezeigt, dass es immer öfter auch unabhängige Kandidaten sind, die sich in der Direktwahl gegen die Konkurrenz aus den beiden großen Parteien durchsetzen können. Die kleineren Parteien sollten es daher gerade als Vorteil begreifen,

---

[433] Vgl. OVG Koblenz, NVwZ-RR 1992, 255 [258f.].
[434] Vgl. auch Oebbecke, in: DV 1998, 219 [221].
[435] OVG Koblenz, NVwZ-RR 1992, 255 [258f.].

dass die Wahl des hauptamtlichen Bürgermeisters oder Landrats nicht mehr durch die Vertretungskörperschaft erfolgt, sondern durch die Bürgerinnen und Bürger direkt. Da insofern nicht mehr die Größe der Fraktion entscheidet, wer Bürgermeister bzw. Landrat wird, sondern die Bekanntheit und Persönlichkeit des Direktbewerbers, stellt sich die Direktwahl als Vorteil für die kleineren Parteien und Wählergruppen dar. Diese machen bislang allerdings viel zu selten Gebrauch von dieser Möglichkeit, so dass verständlich wird, warum es bislang immer um Scheinkandidaturen von Bewerbern aus den Reihen der SPD oder CDU ging.
Darüber hinaus haben die Parteien recht schnell begriffen, dass nicht allein die Aufstellung des Bürgermeisters entsprechende Stimmenzuwächse verspricht, sondern auch die Nominierung verdienter und beliebter Persönlichkeiten, die zu keinem Zeitpunkt an die Übernahme eines Mandates denken, positive Effekte auf das Wahlergebnis zur Folge haben kann. Dementsprechend bieten sich nicht nur für die vermeintlich großen Parteien entsprechende Möglichkeiten, sondern auch kleinere Gruppierungen können von dem neuen Wahlrecht profitieren, indem sie beispielsweise bekannte Persönlichkeiten nominieren. So kann die Wirkung einer Kandidatur des Vorsitzenden eines großen Sportvereins auf der Liste einer kleineren Wählergruppe eine ähnliche Wirkung erzeugen, wie wenn der Bürgermeister als Zugpferd für eine Partei auftritt. Auch in solchen Situationen ist keineswegs ausgeschlossen, dass die jeweilige ortsbekannte Persönlichkeit nur zum Schein auftritt, um nach der Wahl den Verzicht auf das Mandat zu erklären. Insofern ist das Phänomen der Scheinkandidatur kein Problem, welches ausschließlich im Zusammenhang mit Bürgermeistern oder Landräten auftreten kann.

Wenn daher nach der geltenden Rechtslage dem Problem „Scheinkandidatur" nicht beizukommen ist, bleibt fraglich, inwieweit der Gesetzgeber Abhilfe schaffen muss. Vorschläge hierfür liegen schon seit längerer Zeit auf dem Tisch, wenngleich in der Vergangenheit ihnen gegenüber verfassungsrechtliche Bedenken geltend gemacht wurden[436].
Effektiv und praktikabel dürfte sich daher nach wie vor eine Ausdehnung der Vorschriften über das passive Wahlrecht in § 32 HGO erweisen. Demnach könnte die Inkompatibilitätsregelung in § 65 II HGO in eine Ineligibilitätsregelung umgewandelt werden. Dabei käme es dann auch nicht mehr auf die Frage an, ob eine offene oder verdeckte Scheinkandidatur vorliegt. Unter diesen Voraussetzungen wäre zumindest für Bürgermeister und hauptamtliche Mitglieder

[436] Vgl. etwa den Vorschlag des VG Neustadt, NVwZ 1991, 603, demzufolge der Wahlausschuss nicht oder nicht zufrieden stellend antwortende Bewerber - im Hinblick auf die Ernsthaftigkeit der Kandidatur - aus dem Wahlvorschlag streichen dürfe. Glauben, NVwZ 1991, 545 [547], weist treffend darauf hin, dass sich diese Erklärungspflicht als Wählbarkeitsvoraussetzung erweist und damit als qualifizierte Einschränkung des allgemeinen passiven Wahlrechts. Art. 137 I GG lässt aber allenfalls Inkompatibilitäts-, nicht aber Ineligibilitätsregelungen zu.

des Gemeindevorstandes die Kandidatur auf der Liste der eigenen oder nahe stehenden Partei versperrt. Voraussetzung für die Bewerbung um ein Mandat wäre jedenfalls die vorherige Niederlegung des Amtes[437].
Problematisch an einer solchen Regelung erscheint aber auch hier der massive Eingriff in das passive Wahlrecht der Wahlbewerber und der mögliche Verstoß gegen Art. 3 I GG, der über Art. 137 I GG nicht mehr gerechtfertigt werden kann[438]. Während Bürgermeistern das passive Wahlrecht im Hinblick auf die Wahl der Vertretungskörperschaft in ihrer Kommune entzogen würde, könnten andere verdiente Persönlichkeiten weiter auf „Stimmenfang" für die eigene Partei gehen. Bei ihnen kommt ein Ausschluss der Wählbarkeit bei der verdeckten Scheinkandidatur schon aus technischen bzw. gesetzgeberischen Gründen nicht in Betracht, wohingegen eine generelle – für alle Bewerber geltende - Regelung über die „offene Scheinkandidatur" kaum Erfolg verspricht, da dies die Problematik lediglich zur verdeckten Scheinkandidatur verschieben würde. Darüber hinaus würde sich die schwierige Frage stellen, ab welchem Zeitpunkt bei einem Bewerber von einer Ineligibilität auszugehen wäre. Zu beantworten wäre dabei auch die Frage, wie deutlich und gegenüber welchen Personen er im Vorfeld der Wahl erklärt haben muss, die Wahl nicht annehmen zu wollen. Eine entsprechende Regelung, die in der Praxis auch der Gefahr eines Missbrauchs und der Willkür standhält, ist aber nicht zu realisieren.
Auch nach der Rechtsprechung des Bundesverfassungsgerichts lässt Art. 137 I GG, der grundsätzlich als Schranke für Eingriffe in das passive Wahlrecht herangezogen werden kann, allenfalls Inkompatibilitätsvorschriften, jedoch keine Ineligibilitätsvorschriften zu[439].
Eine gesetzliche Regelung über die Scheinkandidatur ist daher nicht geboten. Es sollte auch weiterhin dem Wähler überlassen bleiben, wie er mit einer nicht ernst gemeinten Kandidatur umgeht. Letzten Endes darf nämlich bei aller berechtigter Kritik auch folgendes nicht unberücksichtigt bleiben: Unabhängig davon, ob bei einer Kommunalwahl ein parteigebundener Bürgermeister als Listenbewerber antritt oder nicht, hat seine Amtsführung Einfluss auf das Ergebnis der Wahl. Die Bürgerinnen und Bürger unterscheiden nicht grundsätzlich zwischen der Arbeit des Bürgermeisters und der Arbeit „seiner" Fraktion, sondern sehen dies als eine Einheit an. Dies lässt sich bereits dadurch untermauern, dass die Fraktion auf die Vorlagen des Magistrates angewiesen ist und der Bürgermeister auf die Unterstützung durch seine Fraktion. Daher stellt eine Kommunalwahl immer auch eine Abstimmung über die Arbeit des parteige-

---

[437] von Arnim, in: DÖV 1991, 737 [738] schlägt eine Regelung vor, nach der bei einer verdeckten Scheinkandidatur ein Bürgermeister den ersten Anschein gegen sich gelten lassen müsse, dass die Bewerbung nicht ernst gemeint sei. Deshalb solle er durch Gesetz verpflichtet werden, mittels einer besonderen Erklärung diesen ersten Anschein zu widerlegen.
[438] Vgl. Versteyl, in: von Münch/Kunig, Art. 137 GG Rn. 2 m.w.N.
[439] BVerfGE 38, 326 [338]; 48, 64 [88ff.]; 58, 177 [192]; vgl. auch: Stober, in: BK, Art. 137 GG, Rn. 244ff.; Glauben, S. 251; Schneider/Dreßler/Lüll, § 37 HGO, S. 2.

bundenen Bürgermeisters dar, so dass seine „Scheinkandidatur“ zumindest unter diesem Gesichtspunkt als nachvollziehbar erscheint.
Im Zusammenhang mit der Thematik Scheinkandidatur ist aber umso mehr auf die Frage zu achten, inwieweit der kandidierende Bürgermeister seine Neutralitätspflichten gegenüber allen Parteien und Wählergruppen wahrt. Dies dürfte die eigentliche Herausforderung für den Scheinkandidaten sein, der seine Amtsstellung gerade als Bewerber nicht missbrauchen darf, um sich oder seiner Partei Vorteile zu verschaffen. Eine Sanktionierung dieser latenten Gefahr sollte auch aus Sicht der Gegner der Scheinkandidatur nicht unterbewertet werden.

b. Teilnahme eines Nicht-Wahlberechtigten – Scheinkandidatur/ Verhältnis von § 26 I Nr.1 KWG und § 26 I Nr. 2 KWG
(VGH Kassel, ESVGH 29, 171; Hess. StGH, ESVGH 31, 161)
Sachverhalt:
Um einen weiteren Fall einer Scheinkandidatur ging es im vorliegenden Sachverhalt. Im Rahmen der Wahl zur Stadtverordnetenversammlung in der Stadt R am 20.3.1977 hatte die SPD vor Ort den Bürgermeister S der Stadt zu ihrem Spitzenkandidaten nominiert, obwohl dieser angeblich im Zeitpunkt der Wahl seinen Wohnsitz gar nicht in der Stadt hatte. Die Kläger, Mitglieder der Stadtverordnetenversammlung, hatten vorgetragen, der Bürgermeister übernachte nur gelegentlich in seinem Arbeitszimmer, so dass insofern die tatsächlichen Verhältnisse nicht dem Stand des Melderegisters entsprechen würden.
Sie baten daher um Wiederholung der Wahl und trugen vor, es sei der Eindruck erweckt worden, es handele sich nicht um eine Wahl zur Stadtverordnetenversammlung, sondern um eine Bürgermeisterwahl.
Nachdem die Klage in der ersten Instanz vor dem VG Kassel erfolglos geblieben war, wandten sich die Kläger in der Berufung an den VGH Kassel.

Entscheidung VGH Kassel:
Auch der VGH Kassel wies die Berufung der Kläger zurück und ordnete dementsprechend keine Wiederholung der Wahl an.
Während das VG Kassel von einer mangelnden Wählbarkeit bei Bürgermeister S nach § 32 I HGO ausgegangen war, ließ der Senat offen, ob diesem zur Zeit der Wahl tatsächlich das passive Wahlrecht nach § 32 I HGO fehlte. Ob die Voraussetzungen des § 1 IV Hessisches Meldegesetz tatsächlich vorgelegen hätten, blieb vom VGH Kassel unbeantwortet, da es nach seiner Einschätzung auf die Beantwortung dieser Frage für die Entscheidung des Rechtsstreits nicht angekommen sei.
Eine Unregelmäßigkeit nach § 26 I KWG vermochte der Senat dennoch nicht ausmachen.
Die Richter stellten klar, dass die Wahlprüfungsvorschrift in § 26 I KWG eindeutig zwischen drei Tatbeständen unterscheide, die vom Gesetzgeber mit jeweils eigenen Rechtsfolgen versehen worden seien:

Soweit ein Vertreter nicht wählbar war, sei sein Ausscheiden anzuordnen (§ 26 I Nr. 1 KWG); soweit eine mandatsrelevante Unregelmäßigkeit vorgelegen habe, sei die Wiederholung der Wahl anzuordnen (§ 26 I Nr. 2 KWG) und soweit die Feststellung des Wahlergebnisses unrichtig gewesen sei, müsse die Feststellung neu erfolgen (§ 26 I Nr. 3 KWG)[440].
Mangelnde Wählbarkeit, so der Senat, führe daher allein zum Mandatsverlust, nicht aber darüber hinaus zur Anordnung der Wiederholung der Wahl. Der § 26 I Nr. 1 KWG stehe daher zu § 26 I Nr. 2 KWG im Verhältnis der Spezialität, da es in aller Regel auch eine mandatsrelevante Unregelmäßigkeit darstelle, wenn sich ein Bewerber zur Wahl stelle, der nicht wählbar sei. Es könne nämlich nicht ausgeschlossen werden, dass die Frage, wer kandidiere, auf die Wahlentscheidung eines größeren oder kleineren Kreises von Wählern Einfluss habe.
Die Frage, wer nicht wählbar gewesen sei, ob der Spitzenkandidat oder ihm folgende Bewerber, sei daher ebenso unbeachtlich. „Das Gesetz hat vielmehr für den Fall der Unregelmäßigkeit infolge Teilnahme eines nicht wahlberechtigten Bewerbers als Rechtsfolge nur den Mandatsverlust angeordnet“[441]. Es entspreche einem allgemeinen Wahlprüfungsgrundsatz, dass eine Wahl dann nicht zu wiederholen sei, wenn die Berichtigung des Wahlfehlers durch ein milderes Mittel möglich wäre[442].
Die Anordnung der Wiederholung einer Wahl neben dem Ausscheiden nach § 26 I Nr. 1 KWG sei offenbar sinnwidrig. Daher, so der VGH Kassel, komme vorliegend nur die Anordnung des Ausscheidens des S aus der Stadtverordnetenversammlung in Betracht[443].
Daran ändere auch die Tatsache der Scheinkandidatur vorliegend nichts: „Kommt zu einer Scheinkandidatur, (...), ein Wählbarkeitsmangel hinzu, kann dies auf das bereits oben festgestellte Verhältnis der durch § 26 KWG geregelten Fälle der Wahlmängel keinen Einfluss haben.“ Dass die Scheinkandidatur als solche keine Unregelmäßigkeit darstelle, habe der Senat bereits in seinem Urteil vom 15.7.1970 (II OE 65/69) deutlich gemacht[444].
Zwar laufe die „Sanktion“ nach § 26 I Nr. 1 KWG bei einer Scheinkandidatur ins Leere, allerdings diene das Wahlprüfungsverfahren allein dem Schutz des objektiven Wahlrechts und habe keine darüber hinausgehende Sanktionsfunktion[445].

---

[440] VGH Kassel, ESVGH 29, 171 [172]; vgl. insofern auch die einführende Darstellung oben, S. 67ff.
[441] VGH Kassel, ESVGH 29, 171 [172].
[442] VGH Kassel, ESVGH 29, 171 [172] mit Verweis auf: Klein, in: Maunz-Dürig, Art. 41 GG Rn. 43ff.; Seifert, Bundeswahlrecht, 3. Aufl. 1976, S. 401; Schmiemann, Wahlprüfung im Kommunalwahlrecht 1972, S. 122.
[443] VGH Kassel, ESVGH 29, 171 [175].
[444] Vgl. oben: VGH Kassel, DÖV 1970, 643ff.
[445] VGH Kassel, ESVGH 29, 171 [175].

Entscheidung StGH Hessen:
Gegen die Entscheidung des VGH Kassel wandten sich die Kläger im Wege der Grundrechtsklage vor dem Staatsgerichtshof nach Art. 43ff. StGHG, indem sie eine Verletzung ihrer Rechte aus Art. 2 I, III, 5, 71 HV rügten. Der Staatsgerichtshof konnte jedoch keine Verletzung von Grundrechten feststellen und schloss sich der Argumentation des VGH Kassel in vollem Umfang an[446]. Einen Verstoß gegen die Freiheit der Person nach Art. 5 HV vermochte er dabei ebenso wenig festzustellen wie eine Verletzung der in Art. 2 III HV normierten Rechtsweggarantie. Den Antragsstellern sei es zu keinem Zeitpunkt verwehrt gewesen, den Rechtsweg zu beschreiten[447].
Die vom VGH Kassel getroffene Auslegung des § 26 KWG, nach der § 26 I Nr. 1 KWG lex specialis gegenüber § 26 I Nr. 2 KWG sei, war nach Auffassung des Staatsgerichtshofs ebenfalls im Hinblick auf das Rechtsstaatsprinzip unbedenklich. Er ließ zwar offen, ob diese Auslegung die allein „richtige" oder „zweckmäßige" gewesen sei, jedenfalls werde spezifisches Verfassungsrecht aber nicht verletzt; daran ändere auch die angebliche Scheinkandidatur des Bürgermeisters nichts[448].
Abschließend erörterte der Senat die Frage, inwieweit durch die vom VGH Kassel vorgenommene Auslegung die Gleichheit der Wahl verletzt worden ist. Dabei stellten die Richter zunächst fest, dass das Kommunalwahlrecht in der Hessischen Landesverfassung über keine ausdrückliche Garantie verfüge[449]. Die allgemeinen Grundsätze der Gleichheit und Allgemeinheit der Wahl seien daher Unterfälle des allgemeinen Gleichheitsgrundsatzes aus Art. 1 HV. Eine Verletzung dieser Vorschrift, insbesondere einen Verstoß gegen das Gebot der Chancengleichheit der an der Wahl teilnehmenden Gruppierungen, wollten die Richter aber nicht feststellen[450].

Bewertung:
Die Entscheidungen sind auch aus Sicht des heutigen Kommunalwahlrechts richtig. Das Problem, dass quasi zwei denkbare Wahlfehler – Scheinkandidatur und Ineligibilität - zusammenkommen, ist vom VGH Kassel konsequent gelöst worden.
Nach wie vor unterscheidet das Gesetz in § 26 KWG zwischen drei Anfechtungstatbeständen. Überzeugend ist daher auch die vom VGH Kassel vorgenommene Einordnung des § 26 I Nr. 1 KWG als lex specialis zu § 26 I Nr. 2 KWG, da jede Teilnahme eines nicht-wählbaren Kandidaten zugleich eine Un-

---

[446] Hess. StGH, ESVGH 31, 161ff.
[447] Hess. StGH, ESVGH 31, 161 [163].
[448] Hess. StGH, ESVGH 31, 161 [165].
[449] Vgl. Hess. StGH, ESVGH 31, 161 [166]; die Grundsätze für die Durchführung der Landtagswahlen in Art. 71ff. HV galten ursprünglich nach Art. 137 VI HV auch für die Kommunalwahlen. Art. 137 VI HV wurde jedoch durch Art. 2 des verfassungsändernden Gesetzes vom 22. Juli 1950 gestrichen.
[450] Hess. StGH, ESVGH 31, 161 [166].

regelmäßigkeit in sich birgt. Wenn man diese daher auch unter § 26 I Nr. 2 KWG einordnen würde, könnte die Vorschrift des § 26 I Nr. 1 KWG als überflüssig angesehen werden. Den Fall des nicht-wählbaren Kandidaten behandelt aber ausdrücklich § 26 I Nr. 1 KWG, so dass sich ein Rückgriff auf § 26 I Nr.2 KWG grundsätzlich verbietet.
Dieses Ergebnis wird auch durch den Grundsatz der Verhältnismäßigkeit gestützt, den der VGH Kassel ebenfalls herangezogen hat, indem er darauf hinweist, dass stets das mildeste Mittel herangezogen werden muss, um auf mögliche Wahlfehler zu reagieren. Angesichts der Regelung in § 26 I Nr. 1 KWG ist daher eine Anwendung des § 26 I Nr. 2 KWG schlicht nicht erforderlich.
Berücksichtigt werden muss allerdings, dass durchaus besondere Umstände hinzukommen können, die gerade in der Kandidatur und dem Verhalten des nicht-wählbaren Kandidaten liegen und zu Unregelmäßigkeiten führen können, die über die Sanktion des § 26 I Nr. 1 KWG hinaus nach § 26 I Nr. 2 KWG berücksichtigt werden müssen. Ein solch zusätzlicher (erschwerender) Umstand kann vorliegend allenfalls in der Kandidatur des Bürgermeisters (Scheinkandidatur) gesehen werden. Allerdings war bereits oben festgestellt worden, dass nach der geltenden Rechtslage die Scheinkandidatur von Bürgermeistern grundsätzlich keine Unregelmäßigkeit darstellt[451]. An dieser Beurteilung darf sich daher auch dann nichts ändern, wenn zur Inkompatibilität eine Ineligibilität hinzukommt. Es ist nur konsequent, auch den vorliegenden Fall nicht anders zu beurteilen als Scheinkandidaturen, bei denen die nominierten Personen wählbar sind. Mit Rücksicht auf die oben vorgenommene Argumentation kann daran auch das neue personenbezogene Wahlrecht nichts ändern.

4. Verstöße gegen Verfahrensvorschriften

Unter die letzte Fallgruppe sollen insbesondere jene Entscheidungen gefasst werden, die sich in erster Linie mit Verstößen gegen den formal-technischen Ablauf der Wahl beschäftigen. Insofern handelt es sich auch hier um Unregelmäßigkeiten im Sinne von § 26 I Nr. 2 KWG bzw. § 50 Nr. 2 KWG; jedoch stehen weniger die Wahlgrundsätze nach § 1 KWG im Mittelpunkt der Untersuchung als konkrete Verstöße gegen Verfahrens- und Formvorschriften aus dem KWG und der KWO.

a. Wahlpropaganda vor Wahllokal I
(VGH Kassel, NVwZ 1991, 702; BVerwG, NVwZ 1991, 681)

Sachverhalt:

Mit einem Fall von Wahlpropaganda vor dem Wahllokal hatten sich der VGH Kassel sowie das BVerwG in den vorliegenden Entscheidungen auseinanderzusetzen.

---

[451] Vgl. S. 141ff.

Im Zuge der Wahl zur Stadverordnetenversammlung der Stadt K am 12.3.1989 führte die Deutsche Kommunistische Partei (DKP) am Wahltag in der Zeit von 7.45 Uhr bis 18.00 Uhr vor dem Haupteingang des Bürgerhauses, in dem Wahlräume untergebracht waren, einen Informationsstand durch. Die DKP hatte dabei eine Meinungsumfrage zum Thema „Bau einer Wasserenthärtungsanlage" initiiert.
Der Informationsstand, an dem sich ganztägig drei Kandidaten der DKP aufhielten, befand sich in ca. zehn Metern Entfernung zum Eingang des Gebäudes. Die Bürgerinnen und Bürger mussten den Stand in einer Entfernung von entweder ca. vier bis sechs Metern oder acht bis zehn Metern passieren. Aus dem Wahllokal war der Stand aus einem Fenster zu sehen. Die DKP hatte Plakate aufgestellt, auf denen zwar nicht auf die DKP als Veranstalter hingewiesen wurde, auf denen aber auf die Abstimmungsmöglichkeit über die Wasserenthärtungsanlage Bezug genommen wurde. Die Bevölkerung war über Flugzettel, die auch eine Aufforderung zur Wahlunterstützung der DKP enthielten, auf die Meinungsumfrage hingewiesen worden. 542 Bürger nahmen an der Abstimmung teil, wobei 525 den Bau der Wasserenthärtungsanlage forderten.
Bei der Wahl am 15.3.1989 wurden 11504 gültige Stimmen abgegeben, von denen 571 Stimmen auf die FDP entfielen. Der FDP fehlten fünf Stimmen zur Überschreitung der 5%-Hürde. Während die DKP in den anderen Wahlbezirken einen Stimmanteil von 0,53% bis 2,31% erreichen konnte, erhielt sie in den hier betroffenen Wahlbezirken 7,93 % und 4,94%.
Die Stadtverordnetenversammlung wies die Einsprüche der FDP sowie eines weiteren Bürgers zurück. Auch das Verwaltungsgericht wies die Klagen ab.

Entscheidung VGH Kassel:
Der VGH Kassel gab den Klagen statt. Er bejahte einen Verstoß gegen § 17 a I KWG und ordnete eine Wiederholung der Wahl in den betroffenen Wahlbezirken an[452]. Nach § 17 a I KWG a.F. war jede Form von unzulässiger Wahlbeeinflussung sowie Unterschriftensammlung unmittelbar vor dem Zugang des Wahllokals verboten.
Während das VG in erster Instanz noch davon ausgegangen war, dass nur die eigentliche Wahlwerbung vor dem Wahllokal verboten sei, stellte der VGH klar, dass jede Beeinflussung der Wähler den Tatbestand des § 17 a I KWG erfülle. Der Senat war der Auffassung, dass mit dem Informationssand nicht nur die Meinung der Bevölkerung zum Thema „Wasserenthärtungsanlage" abgefragt werden sollte, sondern die Aktion auch darauf angelegt war, deutlich zu machen, dass sich gerade die DKP für die Baumaßnahmen besonders einsetzen werde. Sowohl aus dem verteilten Flugblatt als auch aus der Tatsache, dass der Bau dieser Anlage eines der Haupt-Wahlkampfthemen der DKP gewesen sei, sei für die Bürgerinnen und Bürger erkennbar geworden, dass die Umfrageakti-

452 VGH Kassel, NVwZ 1991, 702ff.

on mit der DKP in Verbindung gebracht werden sollte[453]. Auch durch die in der Stadt bekannten DKP-Kandidaten, die sich während des ganzen Tages am Info-Stand aufhielten, sei der Bezug zur Partei deutlich geworden. Allein die Wahl des Standortes und des Zeitpunktes der Umfrage habe deutlich werden lassen, dass es der DKP nicht allein um eine Sachfrage gegangen sei.
Im Hinblick auf die räumlichen Verhältnisse urteilte der VGH Kassel, dass sichergestellt sein müsse, dass „die Wahlberechtigten den Wahlraum betreten können, ohne unmittelbar zuvor durch Propaganda behindert oder beeinflusst zu werden“[454]. Allerdings gebe es keine generelle Bannmeile, so dass zwar der Zugang zum Gebäude, nicht aber der Zugang zum Grundstück geschützt sei. Im vorliegenden Fall ließ der Senat keinen Zweifel daran, dass aufgrund der nur geringen Entfernung beim Passieren des Info-Standes die Voraussetzung „unmittelbar vor dem Zugang zum Gebäude“ erfüllt sei.
Die Mandatsrelevanz nach § 26 I Nr. 2 KWG bejahte der VGH Kassel ebenfalls, da nicht auszuschließen sei, dass die FDP die ihr fehlenden fünf Stimmen erreicht hätte, wenn der Info-Stand nicht durchgeführt worden wäre. Die FDP hätte unter dieser Voraussetzung sogar zwei Sitze im Stadtparlament erhalten[455].

Entscheidung BVerwG:
Die Beklagten hatten vor dem BVerwG mit einer Nichtzulassungsbeschwerde zur Revision keinen Erfolg.
Das BVerwG sah in der vom VGH Kassel getroffenen Auslegung des § 17 a KWG keine Verletzung von Art. 5 GG oder Art. 21 GG. Der Gesetzgeber werde durch die beiden Vorschriften nicht daran gehindert, für einen wirksamen Schutz der Integrität des Wahlvorgangs zu sorgen, auch wenn dadurch die Möglichkeit von Parteien, ihre Meinung zu äußern und Wahlwerbung zu betreiben, eingeschränkt werde[456].

Bewertung:
Den Entscheidungen ist zuzustimmen. Insbesondere muss sich eine Beeinflussung der Wähler nicht ausdrücklich aus einem Hinweis auf eine bestimmte Partei oder Wählergruppe ergeben, sondern es reicht bereits aus, wenn aus den Umständen der geplanten oder durchgeführten Aktion deutlich wird, dass eine bestimmte Gruppierung tendenziell stärker unterstützt werden soll als andere. Ansonsten bestünde die große Gefahr einer Umgehung des § 17 a KWG. Es darf keine Rolle spielen, ob ausdrückliche Hinweise auf eine bestimmte Partei im unmittelbaren Umfeld des Wahllokals auftauchen oder ob sich entsprechende Beeinflussungen durch konkludentes Verhalten der Beteiligten ergeben. Dies war vorliegend schon allein aufgrund der Ankündigungen der Meinungs-

---

[453] VGH Kassel, NVwZ 1991, 702 [703].
[454] VGH Kassel, NVwZ 1991, 702 [703].
[455] VGH Kassel, NVwZ 1991, 702 [704].
[456] BVerwG, NVwZ 1991, 681 [681].

umfrage durch die DKP sowie der stadtbekannten Persönlichkeiten, die für die DKP am Wahltag geworben haben, zu bejahen.

17 a KWG ist im Hinblick auf die Frage, was unter der Formulierung „unmittelbar vor dem Zugang zum Gebäude“ zu verstehen ist, konkretisiert worden[457]. Jede Beeinflussung der Wähler durch Wort, Ton, Schrift oder Bild sowie jede Unterschriftensammlung mit einem Abstand von weniger als zehn Metern vor dem Zugang zum Wahlgebäude ist nach § 17 a KWG nunmehr verboten. Dem Landesgesetzgeber kam es damit darauf an, Auslegungsunschärfen zu beseitigen und eine klare Grenze zu ziehen, in welcher Zone eine Wahlpropaganda am Wahltag als unzulässige Beeinflussung anzusehen ist.
Diese Konkretisierung ist im Hinblick auf die Unbestimmtheit des Begriffes der „Unmittelbarkeit“ sicherlich zu begrüßen[458]. Allerdings bietet die Starrheit und Unflexibilität des nunmehr absolut geschützten Raumes vor dem Zugang zum Wahllokal auch Anlass zu Kritik. Dies kann bereits an einem einfachen Beispiel deutlich gemacht werden. Die Beeinflussung des Wählers durch ein Wahlplakat im Abstand von drei Metern zum Eingang des Wahlraumes dürfte in seiner Wirkung auf den Wähler weitaus geringer sein als ein Infostand einer Partei, der in einer Entfernung von 15 Metern vor dem Zugang zum Wahllokal durchgeführt wird. Der Wirkung eines Wahlplakates kann sich der Wähler auch bei einer geringen Entfernung zum Wahllokal weitgehend entziehen, wohingegen der Belästigung oder Beeinflussung durch eine persönliche Ansprache durch einen Kandidaten – unabhängig von der konkreten Entfernung zum Zugang des Wahllokals – kaum zu entkommen ist.
Um die ungestörte Stimmabgabe der Wähler folglich insgesamt sichern zu können, sollte die jetzige Regelung daher noch ergänzt werden. Es bietet sich etwa folgende Formulierung an:

§ 17 a KWG – Unzulässige Wahlpropaganda und Unterschriftensammlung
(Abs. 1) „Während der Wahlzeit sind in und an dem Gebäude, in dem sich der Wahlraum befindet, sowie in dem Bereich unmittelbar vor dem Gebäudeeingang jede erhebliche Beeinflussung der Wähler durch Wort, Ton, Schrift oder Bild sowie jede Unterschriftensammlung verboten. Ein Mindestabstand von zehn Metern zum Gebäudeeingang ist in jedem Falle unabhängig von den Voraussetzungen des Satzes 1 zu wahren.“

Die Regelung würde garantieren, dass auch massive Wahlpropaganda jenseits der Zehn-Meter-Grenze verboten werden könnte, soweit sie in ihrer Wirkung die absolut verbotene Beeinflussung innerhalb der zehn Meter noch übertrifft. Dies erscheint auch vor dem Hintergrund sinnvoll, dass die Frage, wann eine

[457] Vgl. Art. 3 Nr. 6a des Gesetzes zur Änderung kommunalrechtlicher Vorschriften vom 20.05.1992 (GVBl. I 1992, 170, 178).
[458] Vgl. die Kritik von Schreiber, in: NJW 1985, 1433 [1438f.] zur alten Rechtslage.

unzulässige Wahlpropaganda vorliegt, auch von den räumlichen und örtlichen Verhältnissen abhängt. Bereits die Frage, ob es einen oder mehrere Zugänge zum Wahllokal gibt, kann von entscheidender Bedeutung sein. Die Wahlberechtigten sollen den Wahlraum betreten können, ohne zuvor unmittelbar durch Propaganda behindert oder beeinflusst worden zu sein. Eine generelle und unflexible Bannmeile vor Wahllokalen darf es daher nicht geben[459]. Durch eine entsprechende (weite) Generalklausel kann diesem Gesichtspunkt am besten Rechnung getragen werden.

b. Wahlpropaganda vor Wahllokal II – Horizontale und vertikale Mandatsrelevanz
(VG Gießen, HSGZ 2002, 75; VGH Kassel, HSGZ 2003, 271)
Sachverhalt:
Ebenfalls um einen Fall von unzulässiger Wahlwerbung vor einem Wahllokal und damit um die Auslegung des § 17 a KWG ging es in den folgenden Urteilen. Ihre besondere Brisanz leiten diese Urteile aber auch im Hinblick auf ihre Stellungnahmen zur Mandatsrelevanz beim neu eingeführten Wahlrecht des Kumulierens und Panaschierens ab.
Bei der Wahl zur Stadtverordnetenversammlung in der Stadt B am 18.03.2001 waren mehrere Wahlplakate unterschiedlicher Parteien in einem geringeren Abstand als zehn Meter vor verschiedenen Wahllokalen aufgestellt worden. So befand sich seit Öffnung der Wahllokale bis mindestens 10.27 Uhr ein DIN A 0-Plakat der FDP in einer Entfernung von 2,30 m zum Zugang des Wahlgebäudes, ein DIN-A 1 Plakat der CDU in einer Distanz von 8,20 m. Vor einem anderen Wahllokal hatte die CDU in einer Entfernung zwischen 8,10 m und 9,80 bis mindestens 9.11 Uhr ebenfalls ein DIN A 1 – Plakat aufgestellt. Schließlich warb auch die FWG vor einem anderen Wahllokal bis mindestens 9.34 Uhr mit einem Plakat in einem Abstand von 6,40 m zum Wahlgebäudeeingang.
Bei der Wahl konnte die Wählergemeinschaft „Pro Bürgerinteressen" einen Sitz in der Stadtverordnetenversammlung gewinnen. Diesen Sitz errang Frau Dr. N mit 1.204 Stimmen. Der (spätere) Kläger dagegen erreichte mit nur 1.187 Stimmen das zweitbeste Ergebnis dieser Liste. Die Partei Bündnis 90/ Die Grünen gewann hingegen 3 Sitze, wobei der dritte erfolgreiche Bewerber dieser Liste, Herr Dr. L, 1.689 Stimmen errang und die vierte Bewerberin mit nur 1.676 Stimmen keinen Sitz in der Stadtverordnetenversammlung erreichen konnte.
Der Kläger legte wegen eines Verstoßes gegen § 17 a KWG Einspruch gegen die Gültigkeit der Wahl ein. Er begründete diesen Einspruch weiterhin damit, dass seine Gruppierung mit nur 18 zusätzlichen Listenstimmen einen weiteren Sitz errungen hätte. Darüber hinaus hätten für ihn persönlich 18 zusätzliche Einzelstimmen gereicht, um damit auf Listenplatz 1 seiner Liste vorzurücken

---

459 Vgl. auch die entsprechenden Ausführungen des VGH Kassel zur alten Rechtslage: VGH Kassel, NVwZ 1991, 702 [703].

und dementsprechend ein Mandat in der Stadtverordnetenversammlung zu erlangen. Diese wies den Einspruch des Klägers zurück und erklärte die Wahl für gültig.

Entscheidung VG Gießen:
Das VG Gießen befand die Klage für zulässig und begründet und ordnete die Wiederholung der Wahl an. Die Richter bejahten das Vorliegen einer mandatsrelevanten Unregelmäßigkeit im Sinne von § 26 I Nr. 2 KWG. Es habe nicht nur ein Unterschreiten der 10-Meter-Grenze und damit ein Verstoß gegen § 17 a KWG vorgelegen, sondern auch ein Verstoß gegen den in Art. 28 I 2 GG i.V. mit § 1 I KWG verankerten Grundsatz der Freiheit der Wahl könne bejaht werden[460].

Die Richter betonten, dass es auf eine tatsächliche Wirkung des Einflusses nicht ankomme, sondern auf die „intendierte Einflussnahme und die objektive Geeignetheit hierzu". Beides sei für Wahlplakate zu bejahen, so dass in den betroffenen Wahlbezirken sowohl in zeitlicher als auch in örtlicher Hinsicht gegen das Verbot der Wählerbeeinflussung verstoßen worden sei[461].

Dem Vortrag des Klägers, dass es keinen Unterschied machen könne, ob innerhalb oder jenseits der 10-Meter-Grenze eine Wahlbeeinflussung stattfinde, wollte das VG Gießen nicht folgen. Der Landesgesetzgeber habe mit der Bannmeilenregelung die ungestörte und unbeeinflusste Wahlhandlung gewähren wollen und daher bewusst die Worte „unmittelbar vor dem Zugang zu dem Gebäude" durch die Worte „in dem Bereich mit einem Abstand von weniger als 10 m vor dem Gebäudeeingang" ersetzt. Dagegen sei eben hier verstoßen worden.

Auch die Mandatsrelevanz wurde durch das VG Gießen bejaht, indem es explizit Stellung bezog zur Erheblichkeit eines Wahlfehlers nach dem neuen Wahlrecht einschließlich des Kumulierens und Panaschierens. Zu unterscheiden sei nunmehr zwischen einer *vertikalen* und einer *horizontalen* Erheblichkeit des festgestellten Wahlfehlers[462].

Bei der vertikalen Erheblichkeit komme es darauf an, ob aufgrund der Unregelmäßigkeit eine Verschiebung der Reihenfolge der Kandidaten innerhalb einer Liste als möglich erscheine, wohingegen bei der horizontalen Erheblichkeit nicht ausgeschlossen werden könne, dass die Sitzverteilung aufgrund des Wahlfehlers zwischen verschiedenen Listen unterschiedlich ausfallen könnte. Insgesamt sei damit durch das neue Wahlrecht die Erheblichkeit eines Wahlfehlers viel eher gegeben als nach der bisherigen Rechtslage.

Vorliegend war die Unregelmäßigkeit nach Auffassung der Giessener Richter sowohl vertikal als auch horizontal erheblich. Zunächst läge eine vertikale Erheblichkeit deswegen vor, weil dem Kläger nur drei Einzelstimmen von jeweils

---

[460] VG Gießen, HSGZ 2002, 75 [76].
[461] VG Gießen, HSGZ 2002, 75 [76].
[462] VG Gießen, HSGZ 2002, 75 [77].

sechs Wählern gefehlt hätten, um anstelle von Frau Dr. N das (einzige) Mandat der Liste „Pro Bürgerinteressen" zu erreichen. Dem viertplazierten Kandidaten der Liste Bündnis 90/ Die Grünen hätten sogar bereits 14 Einzelstimmen gereicht, um einen Sitz in der Stadtverordnetenversammlung anstelle des drittplazierten Bewerbers dieser Liste zu erlangen. Damit hätte, so das VG Gießen, bereits ein abweichendes Wahlverhalten von nur sechs bzw. fünf Wählern genügt, um eine entsprechende Änderung der Sitzverteilung in der Stadtverordnetenversammlung herbeizuführen[463].
Doch auch eine horizontale Erheblichkeit der Unregelmäßigkeit könne nicht ausgeschlossen werden, da der Liste „Pro Bürgerinteressen" bereits 18 Listenstimmen (!) gereicht hätten, um zu Lasten von Bündnis 90/ Die Grünen einen weiteren Sitz in der Stadtverordnetenversammlung zu gewinnen. Dies ergebe sich aus der Berechnung der Sitzverteilung nach § 22 KWG, insbesondere § 22 III KWG.[464]
Angesichts derart knapper Stimmenunterschiede bejahte das VG Gießen die Erheblichkeit des Verstoßes gegen § 17 a KWG im Hinblick auf die Zusammensetzung der Stadtverordnetenversammlung von B.

Entscheidung VGH Kassel:
Der VGH Kassel bestätigte die Ausführungen des VG Gießen und wies den Antrag der Beklagten auf Zulassung der Berufung zurück.
Wichtig im Hinblick auf die Auslegung des § 17 a I KWG erscheint dabei insbesondere die Feststellung des VGH Kassel, dass es für einen Verstoß gegen die Vorschrift nicht auf das Ausmaß der Abstandsunterschreitung von 10 Metern ankomme[465]. Unbeachtlich sei dementsprechend auch der Hinweis der Beklagten auf die teilweise nur geringfügige Unterschreitung der Mindestentfernung zum Zugang des Wahlraumes. Das Gesetz, so der VGH Kassel, unterscheide erkennbar zwischen der Wahlwerbung außerhalb des durch § 17 a I KWG vorgeschriebenen Abstandes, die auch noch am Wahltag während der Wahlzeit zulässig sei, und unzulässiger Wahlwerbung, die sich während der Wahlzeit innerhalb dieses Abstandes abspiele[466]. Auch im Hinblick auf die Erheblichkeit der Einflussnahme durch die Wahlplakate sei daher irrelevant, wie weit der Mindestabstand unterschritten worden sei. Das Gesetz gehe davon aus, dass nach § 17 a KWG unzulässige Wahlwerbung automatisch auch zu einer unzulässigen Einflussnahme beim Wahlvolk führe.
Der VGH Kassel übernahm auch die Terminologie des VG Gießen, was die Differenzierung zwischen vertikaler und horizontaler Mandatsrelevanz einer Unregelmäßigkeit i.S. von § 26 I Nr. 2 KWG angeht. Angesichts der äußerst geringen Stimmenzahl, die anders hätte abgegeben werden müssen, um Sitzverschiebungen sowohl vertikaler wie horizontaler Art zu bewirken, könne vor-

---

[463] VG Gießen, HSGZ 2002, 75 [77].
[464] VG Gießen, HSGZ 2002, 75 [77].
[465] VGH Kassel, HSGZ 2003, 271 [272].
[466] VGH Kassel, HSGZ 2003, 271 [272].

liegend von einer Mandatsrelevanz nach § 26 I Nr. 2 KWG ausgegangen werden. Daran könne auch die nur zeitlich sehr beschränkte Dauer der Einflussnahme während der morgendlichen Stunden des Wahltages nichts ändern. Beispielsweise hätten in dem einen betroffenen Wahlbezirk bis 9.30 Uhr bereits etwa 40 bis 50 Wahlberechtigte ihre Stimme abgeben, so der VGH Kassel[467].

Bewertung:
Auch diesen Entscheidungen ist im Kern voll und ganz zuzustimmen, wenngleich sie die bereits oben angeführte Kritik am Wortlaut des jetzigen Tatbestandes des § 17 a I KWG nochmals bestätigen.
Richtig ist, dass angesichts der klaren Festlegung einer räumlichen Grenze von 10 Metern in § 17 a I KWG das Ausmaß der Unterschreitung keine Rolle spielen kann. Soweit also der Mindestabstand nicht eingehalten wird, muss dies automatisch zu einem Verstoß gegen § 17 a I KWG führen und infolgedessen auch eine Unregelmäßigkeit im Wahlverfahren nach § 26 I Nr. 2 KWG bejaht werden. Mit der zahlenmäßigen Festlegung einer solchen Grenze wollte der Landesgesetzgeber gerade Unklarheiten, die aufgrund der Auslegung des unbestimmten Rechtsbegriffes „unmittelbar vor dem Zugang zum Wahlraum“ entstanden waren, beseitigen. Für die Normadressaten sollte daher unmissverständlich deutlich werden, in welchen räumlichen Entfernungen Wahlwerbung auch am Wahltag während der Wahlzeit zulässig bzw. unzulässig ist.
Insofern könnte viel dafür sprechen, dass es angesichts der Rechtssicherheit für den Bestand einer Kommunalwahl keine Rolle spielen kann, welche Intensität einer Wahlwerbung jenseits der Abstandsgrenze von 10 Metern auf die Einflussnahme des Wählers zukommt. Alles, was sich in einer größeren Entfernung als die normierten 10 Meter vor dem Wahllokal mit Wort, Schrift, Bild oder Ton abspielt, wäre dementsprechend zulässig.
Dabei bleibt aber unberücksichtigt (vgl. auch bereits oben), dass die Qualität der Einflussnahme durchaus unterschiedlich sein kann. Während die Aufstellung von Plakaten in einer Entfernung von mehr als 10 Metern als völlig unproblematisch und vor dem Hintergrund der Art. 5 I, 21 I GG auch notwendig erscheint, kann dies für einen Infostand mit Lautsprecherwerbung in einem Abstand von 15 Metern zum Zugang des Wahllokals kaum vertreten werden. Damit soll mein bereits oben angeregter Vorschlag zur Erweiterung des § 17 a I KWG nochmals bekräftigt werden[468].
Sowohl die Garantie der Chancengleichheit zwischen den Wahlbewerbern als auch die Garantie einer freien und unbeeinflussten Stimmabgabe stellen gegenüber dem Interesse am Bestand eines Wahlergebnisses erhebliche öffentliche Interessen dar, die mit § 17 a I KWG derzeit nur unzureichend geschützt sind. Insofern spricht viel dafür, zwischen der Art und Weise der Einflussnahme

---

[467] VGH Kassel, HSGZ 2003, 271 [272].
[468] Vgl. auf Seite 155 der Vorschlag zu einer entsprechenden Änderung des § 17 a I KWG.

stärker zu differenzieren und eine Art „Generalklausel" in den Tatbestand von § 17 a I KWG wieder aufzunehmen.
Zu begrüßen ist jedenfalls, dass der Anregung des Städte- und Gemeindebundes, das Verbot der unzulässigen Wahlpropaganda auf den Wahlraum zu begrenzen, nicht gefolgt wurde[469]. Die Hessische Landesregierung macht deutlich, dass die 10-Meter-Grenze der verfassungsrechtlich vorgeschriebenen Gewährleistung der freien Ausübung der Wahl, der Sicherung des Prinzips der geheimen Wahl und dem Schutz der negativen Bekenntnisfreiheit diene[470]. Dem ist aus den oben genannten Gründen in vollem Umfang zuzustimmen.

Weitaus wichtiger für künftige Fälle der Wahlanfechtung sind aber die von beiden Instanzen getroffenen Aussagen zur Mandatsrelevanz gemäß § 26 I Nr. 2 KWG, die sich mit den Auswirkungen des neuen Wahlrechts beschäftigt haben. Mit der Unterscheidung zwischen *vertikaler und horizontaler Mandatsrelevanz* betreten beide Gerichte Neuland.
Sowohl im Hinblick auf die sachliche Erweiterung als auch im Hinblick auf deren terminologische Umsetzung sind die Entscheidungen daher zu begrüßen[471]. Zum einen ist die inhaltliche Erweiterung der Mandatsrelevanz angesichts der Auswirkungen des neuen Wahlrechts notwendig, zum anderen machen die beiden Begriffe die unterschiedlichen Auswirkungen der Unregelmäßigkeiten auf die Zusammensetzung der jeweiligen Vertretungskörperschaft sehr anschaulich.
Mit der Einführung des Kumulierens und Panaschierens ist nicht mehr allein entscheidend, wie viele Sitze eine Partei oder Wählergruppe in der zu wählenden Vertretung einnimmt, sondern die Wähler können auch innerhalb einer Liste Einfluss auf die gewählten Personen nehmen. Folglich können sich Unregelmäßigkeiten im Wahlverfahren nicht mehr nur auf die Verteilung der Mandate zwischen den Listen auswirken, sondern auch im Hinblick auf die Zusammensetzung einer Liste selbst. Die Erweiterung der Mandatsrelevanz auf solche Änderungen in der vertikalen Sitzverteilung ist somit logische und natürliche Konsequenz des neuen Wahlrechts.
In diesem Zusammenhang hat sich auch das Verhalten der Kandidaten selbst verändert, die ihren Wahlkampf nicht mehr nur im Hinblick auf die Stimmabgabe zugunsten der eigenen Partei aufbauen, sondern durchaus eigene Akzente im Wahlkampf und in der Wahlwerbung setzen, indem sie zum gezielten Votum für die eigene Person aufrufen.
Folglich werden sich Verwaltungsgerichte künftig noch viel stärker mit mathematischen Rechenspielen zu beschäftigen haben, um die Anzahl von Stimmenverschiebungen zu würdigen, die notwendig sind, um zu einer vertikalen

---

[469] Vgl. Ergebnisse der Anhörung zum Gesetzentwurf der Hessischen Landesregierung zur Änderung der Hessischen Gemeindeordnung und anderer Gesetze (Hessischer Landtag Drucksache 16/2463); S. 24f.
[470] Ergebnisse Anhörung (Fn. 359), S. 25.
[471] Vgl. zu den entsprechenden Regelungen in den anderen Bundesländern: unten, S. 227ff.

oder horizontalen Veränderung in der Zusammensetzung der Vertretungskörperschaft zu führen. Um dem Interesse am Bestand eines Wahlergebnisses Rechnung zu tragen, wird man hier aber darauf achten müssen, dass nur bei entsprechend engen Stimmabständen auch eine tatsächliche Möglichkeit des Einflusses auf die Sitzverteilung bejaht werden darf.
Vorliegend jedenfalls bewegten sich die notwendigen Stimmenverschiebungen in einem derart engen Rahmen, dass - selbst angesichts der nur kurzen zeitlichen Verstöße gegen § 17 a I KWG - von einer Erheblichkeit der Unregelmäßigkeit nach § 26 I Nr. 2 KWG auszugehen war.

c. Vertauschung der Reihenfolge auf Kandidatenliste
(VGH Kassel, NVwZ 1991, 601)
Sachverhalt:
Im vorliegenden Fall hatte sich der VGH Kassel mit der Gültigkeit der Kommunalwahl in W vom 12.3.1989 auseinanderzusetzen. Die FDP hatte einen Wahlvorschlag mit insgesamt acht Personen formell ordnungsgemäß bei der Gemeinde eingereicht. Auf dem Platz vier der Liste kandidierte der Kandidat R, gefolgt von B und W auf den Rängen fünf und sechs. Auf den Stimmzetteln erschienen jeweils die ersten fünf Kandidaten eines Wahlvorschlags. Für die Liste der FDP erschien auf dem Platz vier aber nicht der Bewerber R, vielmehr standen an vierter und fünfter Stelle die eigentlich hinter ihm kandidierenden B und W.
Die FDP erhielt insgesamt 162 Stimmen und damit keinen Sitz in der Gemeindevertretung, da sie mit diesem Ergebnis die 5%-Klausel um 0,67% verfehlte. Der Kläger legte Einspruch gegen die Gültigkeit der Wahl ein mit der Begründung, der für die Wahl ausgegebene Stimmzettel stimme nicht mit dem von der FDP eingereichten Wahlvorschlag überein. Der Einspruch wurde durch die Gemeindevertretung zurückgewiesen, da dem vorgetragenen Mangel kein Einfluss auf die Verteilung der Sitze zugekommen sei.
Der Kläger hat daraufhin erfolgreich Klage gegen die Entscheidung der Gemeindevertretung erhoben, woraufhin die Beklagte den VGH Kassel als Berufungsinstanz angerufen hat.

Entscheidung VGH Kassel:
Die Berufung der Beklagten blieb allerdings erfolglos. Der VGH Kassel bejahte – wie die Vorinstanz – ebenfalls eine mandatsrelevante Unregelmäßigkeit im Sinne von § 26 I Nr. 2 KWG.
Die Unregelmäßigkeit ergebe sich zunächst aus einem Verstoß gegen § 16 II 2 KWG, so der VGH. Danach müssen die Stimmzettel die zugelassenen Wahlvorschläge in der sich aus § 15 IV KWG ergebenen Reihenfolge enthalten[472]. Insofern bestand auch kein Streit zwischen den Parteien.

---

[472] VGH Kassel, NVwZ 1991, 601 [602].

Der VGH Kassel bejahte aber auch die von § 26 I Nr. 2 KWG geforderte Mandatsrelevanz, die von der Beklagten bestritten worden war. Dabei spielte es nach Ansicht des Senats keine Rolle, „wie stark der Personalbezug bei Kommunalwahlen hessischer Prägung – etwa im Vergleich zu Bundestags- Landtags- oder Kommunalwahlen in anderen Bundesländern – zu veranschlagen ist"[473]. Den einzelnen Wahlbewerbern und ihrer Persönlichkeit komme eine wesentliche Bedeutung zu, so dass die Aufführung der ersten fünf Kandidaten jedes Wahlvorschlags auf den amtlichen Stimmzetteln auch den Sinn habe, den Wählern einen genauen Überblick über die zu wählenden Personen zu vermitteln.
Insofern sei es auch unerheblich, dass die vorangegangene öffentliche Bekanntmachung des Wahlvorschlags ordnungsgemäß erfolgt war. Außer Acht bleiben könne schließlich, ob der unberücksichtigt gebliebene Bewerber tatsächlich über mehr Ansehen in der Gemeinde und damit mehr Anziehungskraft für den Wähler verfügt hätte. Der Einfluss auf die Sitzverteilung müsse nur möglich und nicht erwiesen sein[474]. Die FDP habe nur 25 weitere Stimmen benötigt, um die 5%-Klausel überschreiten zu können und damit bei der Verteilung der Mandate berücksichtigt zu werden.
Der VGH Kassel erteilte weiterhin dem Vortrag der Beklagten eine klare Absage, dass angesichts der erheblichen finanziellen und personellen Folgen aus der Ungültigerklärung der Wahl besonders strenge Anforderungen an den Nachweis der Mandatsrelevanz gestellt werden müssten, zumal es sich hier nur um eine eher unbedeutende Unregelmäßigkeit gehandelt habe. Eine solche Differenzierung zwischen „schweren und leichten Verstößen gegen Wahlvorschriften" sei dem Gesetz aber nicht zu entnehmen, so der VGH Kassel[475]. Einzig entscheidend sei die Frage, ob sich eine Unregelmäßigkeit auf die Sitzverteilung auswirken könne oder nicht. Dementsprechend könnten auch Verstöße gegen elementare Wahlrechtsgrundsätze unbeachtet bleiben, soweit sich der Verstoß nur auf einzelne oder wenige Stimmen beziehe. Auch der „eventuell beachtliche finanzielle Aufwand für eine Wiederholungswahl und die ungesicherte rechtliche Stellung der Gemeindevertreter stehen diesem Ergebnis nicht entgegen".

Bewertung:
Der Entscheidung ist in vollem Umfang zuzustimmen. Bemerkenswert ist zunächst, dass der VGH Kassel bereits in diesem Urteil der Frage, ob besonders strenge Anforderungen an die Ergebnisrelevanz zu stellen sind, eine klare Absage erteilt hat, indem er darauf verweist, dass sich eine Differenzierung zwischen der Schwere von Unregelmäßigkeiten aus dem Gesetz nicht ableiten lasse.

---

[473] VGH Kassel, NVwZ 1991, 601 [602].
[474] VGH Kassel, NVwZ 1991, 601 [603].
[475] VGH Kassel, NVwZ 1991, 601 [602].

Damit hat er bereits hier eine Frage beantwortet, die über zehn Jahre später vor einem anderen Hintergrund nochmals gestellt worden ist. In dem Urteil des Bundesverfassungsgerichts zur Gültigkeit der Hessischen Landtagswahl von 1999 war festgestellt worden, dass angesichts des Bestandsinteresses bei einer Parlamentswahl ein „erheblicher Wahlfehler von solchem Gewicht" bestehen müsse, der „ein Fortbestand der in dieser Weise gewählten Volksvertretung unerträglich" erscheinen lässt[476]. Erst wenn diese strengen Kausalitätsvoraussetzungen vorlägen, könne eine Landtagswahl tatsächlich für ungültig erklärt werden. Der VGH Kassel und das BVerwG hatten eine entsprechende Übertragung dieser strengen Kriterien auf die hessischen Direktwahlen abgelehnt[477].
Das vorliegende Urteil beweist, dass der VGH Kassel bereits Anfang der 90er Jahre Forderungen nach strengeren Maßstäben an die Ergebnisrelevanz auch bei Kommunalwahlen im engeren Sinne eine klare Absage erteilt hatte. Dass dem mit Blick auf die unterschiedliche Interessenlage bei der Wahl eines Parlamentes auf der einen Seite und der Wahl eines kommunalen Vertretungsorgans auf der anderen Seite zugestimmt werden kann, wurde bereits oben deutlich gemacht[478].
Auch inhaltlich können die Entscheidungen überzeugen. Die Frage, welche Personen auf dem Stimmzettel erscheinen, hat auch schon vor der Einführung des Kumulierens und Panaschierens eine wesentliche Rolle gespielt. Zwar mag insoweit das Kommunalwahlrecht weniger „personalisiert" gewesen sein, klar war aber auch, dass sich die Bürgerinnen und Bürger schon damals bei ihrer Wahlentscheidung ganz wesentlich von Sympathien und der Frage leiten ließen, ob sie einen Kandidaten persönlich kennen oder nicht. Dies gilt für Kommunalwahlen noch in viel stärkerem Maße als für Landtags- oder Bundestagswahlen, bei denen der Abstand zwischen Wählern und Gewählten viel größer ist als auf der örtlichen Ebene.
Daher war vorliegend nicht auszuschließen, dass es angesichts des sehr knappen Wahlergebnisses für die FDP zu einer für sie positiven Mandatsverteilung gekommen wäre, wenn der Stimmzettel entsprechend dem eingereichten Wahlvorschlag zur Abstimmung gestellt worden wäre.
Fraglich ist aber, ob entsprechende Konsequenzen im Falle einer Verwechslung von Listenplätzen auch nach dem neuen Wahlrecht als zwingend erscheinen. Dies könnte zunächst mit dem Hinweis darauf verneint werden, dass es das neue Wahlrecht gemäß § 18 I Nr. 3 KWG gestattet, jedem auf einem Stimmzettel erscheinenden Kandidaten bis zu drei Stimmen zu geben. Diese Möglichkeit des Kumulierens besteht völlig unabhängig vom Listenplatz des jeweiligen Bewerbers.
Allerdings werden nach § 16 II 2 KWG n.F. nur so viele Personen auf dem Stimmzettel aufgeführt, wie Vertreter zu wählen sind. Folglich ist eine Vertau-

[476] Vgl. BVerfG, NJW 2001, 1048ff.
[477] Vgl. S 87ff., OB-Wahl in Bad Homburg; VGH Kassel, HSGZ 2002, 171ff.; BVerwG, HSGZ 2003 265ff.
[478] Vgl. die Ausführungen zur Bewertung der Urteile zur OB-Wahl in Bad Homburg, S. 94ff.

schung von Listenplätzen zumindest dann erheblich, wenn ein Wahlvorschlag über diese Zahl von Wahlvorschlägen hinausgeht und zwischen den auf dem Stimmzettel erscheinenden und den nicht zu berücksichtigenden Personen auf dem Wahlvorschlag eine Verwechslung vorliegt. Gerade diejenige Person, die nicht auf dem Stimmzettel erscheint, hat dann keine Möglichkeit, auf der Liste nach vorne kumuliert zu werden.
Fraglich ist aber weiterhin, ob eine Verwechslung auch innerhalb der auf dem Stimmzettel erscheinenden Bewerber erheblich ist. Dies muss im Hinblick auf zwei Gründe bejaht werden: Zum einen machen sich die Wählerinnen und Wähler schon vor dem Tag der Stimmabgabe Gedanken darüber, welche Personen ihr Vertrauen besonders genießen und daher eine, zwei oder drei Stimmen erhalten sollen. Dies ist angesichts der mitunter sehr umfangreichen Stimmzettel auch nachvollziehbar. Dabei werden sich die Bürgerinnen und Bürger insbesondere die Listenplätze „ihrer Kandidaten" einprägen, um am Tag der Stimmabgabe den Wahlzettel schnell ausfüllen zu können. Sollten sie dabei feststellen, dass die von ihnen ausgewählten Bewerber nicht auf den Listenplätzen zu finden sind, auf denen ihre Partei oder sie selbst für sich Werbung gemacht haben, so kann dies zur Verwirrung in der Wahlkabine oder sogar zur Stimmabgabe für den falschen Kandidaten führen.
Darüber hinaus ist der jeweilige Listenplatz eines Bewerbers auch als individuelle Ausgangslage zu verstehen, die es zu verbessern gilt. Dabei müssen Bewerber mit höheren Listenplätzen größere Anstrengungen unternehmen, um auf ihrer Liste nach vorne kumuliert zu werden, als die bereits an vorderen Plätzen nominierten Kandidaten. Gemäß § 22 IVb HGO werden die auf einen Wahlvorschlag zugefallenen Sitze den Bewerbern in der Reihenfolge ihrer erreichten Stimmenzahl zugewiesen. Die vorderen Kandidaten genießen dabei den Vorteil, dass sie im Falle einer Stimmabgabe für die Gesamtliste (vgl. § 18 I Nr. 5 KWG) gemäß § 20a IV KWG bei der Stimmverteilung als erstes berücksichtigt werden. Dementsprechend ist der auf dem Stimmzettel erscheinende Listenplatz des Bewerbers stärker denn je von mandatsrelevanter Bedeutung, so dass im Falle einer Verwechslung oder Vertauschung von Listenplätzen Auswirkungen auf die Verteilung der Sitze auch nach dem neuen Wahlrecht in Betracht kommen können.

d. Diverse Wahlfehler im Hinblick auf den Stimmzettel - Scheinkandidatur (VG Darmstadt, HSGZ 1996, 510; VGH Kassel, HSGZ 1997, 165)
Sachverhalt:
Gleich mehrere Wahlfehler wurden bei der Wahl zur Stadtverordnetenversammlung und zum Ortsbeirat in der Stadt R am 07.03.1993 geltend gemacht. Zunächst war in der Wahlbekanntmachung vom 15.02.1993 darauf hingewiesen worden, dass am Wahltag Wahlmaschinen verwendet werden. An diesem Tag selbst kamen entgegen der ursprünglichen Bekanntmachung aber Stimmzettel zur Anwendung.

Weiterhin waren diese Stimmzettel entgegen den Anforderungen des amtlichen Vordrucks mit der Aufschrift „Kommunalwahlen in R“ beschriftet worden.
Als weiterer Anknüpfungspunkt für eine Unregelmäßigkeit wurde gerügt, dass die Stimmzettel für die Wahlen zum Kreistag das Format DinA 4 aufwiesen, während für die Wahlen zur Stadtverordnetenversammlung und zum Ortsbeirat Stimmzettel der Größe DinA 5 verwendet worden waren.
Schließlich war wiederum ein Fall der Scheinkandidatur Streitgegenstand, da der Bürgermeister der Stadt R als Spitzenkandidat der CDU nicht nur für die Wahlen zum Kreistag des Kreises O., sondern auch für die Wahlen zur Stadtverordnetenversammlung antrat.

Entscheidung VG Darmstadt:
Das VG Darmstadt konnte in den vorgetragenen Tatsachen keine mandatsrelevanten Unregelmäßigkeiten entdecken und bestätigte insofern die durch die Stadtverordnetenversammlung erfolgte Gültigerklärung der Wahl gemäß § 26 I Nr. 4 KWG.
Die von § 3 Kommunalwahlgeräteverordnung geforderte Ankündigung über die Verwendung von Wahlgeräten diene nur dazu, denen im Umgang mit Wahlgeräten unerfahrenen Wählern die Möglichkeit zu geben, sich über die Funktion der Geräte vorher zu informieren[479]. Insbesondere aus dem Zusammenhang mit § 8 III Kommunalwahlgeräteverordnung werde deutlich, dass sich körperlich behinderte Menschen einer Hilfsperson bedienen dürften. Dies könne aufgrund ganz bestimmter physischer Gebrechen etwa erforderlich werden, obwohl dieser Wähler ansonsten in der Lage gewesen wäre, den Stimmzettel selbst auszufüllen und zu übergeben[480]. Allerdings müsse der Wähler auch bei einer erfolgten Ankündigung gemäß § 8 IV Kommunalwahlgeräteverordnung damit rechnen, dass Wahlmaschinen oder Stimmzettel zur Anwendung kommen könnten.
Darüber hinaus, so das VG Darmstadt, sei nicht erkennbar, dass die Verwendung des einen oder anderen Abstimmungsmittels unterschiedlichen Einfluss auf die Verteilung der Sitze in Stadtverordnetenversammlung oder Ortsbeirat habe. Allein aufgrund der erfolgten Ankündigung, dass Wahlmaschinen zum Einsatz kämen, könne nicht gefolgert werden, dass deswegen weniger Wähler von der Stimmabgabe Gebrauch gemacht hätten[481].
Auch im Hinblick auf die Bezeichnung des Stimmzettels wollte das Gericht keine Unregelmäßigkeit erkennen. § 27 KWO fordere nicht, dass das vom zuständigen Ministerium erstellte Vordruckmuster für die Stimmzettel wortwörtlich zu übernehmen ist. Es müsse lediglich deutlich werden, für welche Wahl die Stimmzettel verwendet werden. Mit dem Zusatz „Kommunalwahl in R“ sei ausreichend deutlich gemacht worden, dass damit die Wahlen zur Stadtverord-

[479] VG Darmstadt, HSGZ 1996, 510 [511].
[480] VG Darmstadt, HSGZ 1996, 510 [511].
[481] VG Darmstadt, HSGZ 1996, 510 [511].

netenversammlung gemeint waren. Auch die anderen Stimmzettel für die Wahlen zu den Ortsbeiräten und zum Kreistag hätten sich klar von den Stimmzetteln für die Wahl zur Stadtverordnetenversammlung unterschieden.
Dass unterschiedliche Formate für die drei gemeinsam durchgeführten Wahlen verwendet worden waren, sei ebenfalls unschädlich. § 27 I KWO jedenfalls fordere keine einheitlichen Größen für alle durchgeführten Wahlen und auch aus § 89 KWO werden deutlich, dass sich die Einheitlichkeit der Stimmzettel nur auf die jeweilige Wahl beziehe.
Schließlich bestätigte das VG Darmstadt die Rechtsprechung des VGH Kassel zur Frage von Scheinkandidaturen hauptamtlicher Bürgermeister[482].

Entscheidung VGH Kassel:
Der VGH Kassel bestätigte das Urteil des VG Darmstadt in vollem Umfang. Im Wesentlichen kann daher auf die obigen Ausführungen verwiesen werden. Im Hinblick auf die Verwendung unterschiedlicher Größen von Stimmzetteln fügte der Senat noch an, dass es durchaus sinnvoll erscheinen könne, gerade bei der gleichzeitigen Durchführung mehrerer Wahlen verschieden große Stimmzettel auszugeben[483].
Die Bezeichnung des Stimmzettels mit „Kommunalwahlen in der Stadt R" stufte der VGH zwar nicht als unbedingt eindeutig ein. Allerdings sei aus den Umständen, insbesondere daraus, dass die anderen Stimmzettel mit „Kreiswahl", „Ortsbeiratswahl in der Stadt R. Stadtteil N." sowie „Verbandswahl im Umlandverband F." bezeichnet waren, deutlich geworden, dass es sich bei dem fraglichen Stimmzettel nur um den Stimmzettel für die Wahl zur Stadtverordnetenversammlung in der Stadt R handeln konnte[484].

Bewertung:
Die Entscheidungen können überzeugen. Im Hinblick auf die Gestaltung der Stimmzettel haben sich durch die Einführung des Kumulierens und Panaschierens erhebliche Änderungen ergeben. Zu beachten ist vor allem die gewachsene Größe der Stimmzettel, auf denen die Listenvorschläge umfassend erscheinen müssen (vgl. § 46 KWG). Nach § 89 I KWO muss für jede einzelne Wahl ein besonderer Stimmzettel verwendet werden, aus dem hervorgeht, für welche Wahl oder Abstimmung er bestimmt ist. Dabei müssen gemäß § 89 II KWO die Stimmzettel für die Gemeindewahl aus weißem oder weißlichem Papier, diejenigen für die Kreiswahl aus rotem oder rötlichem Papier hergestellt werden. Abweichend davon lässt es § 89 II 2 KWO zu, dass auch eine entsprechende farbliche Markierung auf dem Stimmzettel den Unterscheidungscharakter deutlich machen kann. Soweit zusätzlich Ortsbeiräte zu wählen sind, müssen sich

---

[482] Vgl. bereits oben, S. 138ff.; VGH Kassel, DÖV 1970, 643 [644]; bestätigend: VGH Kassel, DVBl. 1980, 66 [68]
[483] VGH Kassel, HSGZ 1997, 165 [166].
[484] VGH Kassel, HSGZ 1997, 165 [166].

diese Stimmzettel von den anderen deutlich farblich oder durch eine farbliche Markierung unterscheiden (vgl. § 89 II 3 KWO). Für die zusätzliche Durchführung von Direktwahlen und Abstimmungen gilt nach § 89 II 4 KWO entsprechendes.
Daraus wird deutlich, dass die Anforderungen an die Beachtung dieser Formvorschriften und damit mögliche Fehlerquellen durch die Personalisierung der Wahl erheblich gestiegen sind. Um das relativ komplizierte Wahlrecht aber wenigstens optisch zu vereinfachen, ist die Einhaltung dieser Bestimmungen aus meiner Sicht zwingend. Unregelmäßigkeiten im Sinne von § 26 I Nr. 2 KWG sind ansonsten zwangsläufig, wobei es wohl eher schwer sein dürfte, aus solchen Verstößen tatsächlich Rückschlüsse auf die Ergebnisrelevanz zu ziehen.

e. Fehler bei der Besetzung des Wahlausschusses - Zulassung von Wahlvorschlägen
(VGH Kassel, ESVGH 13, 105ff.)
Sachverhalt:
Um gleich mehrere Unregelmäßigkeiten ging es im vorliegenden Fall. Für die Gemeindewahl in K.-K. am 23. Oktober 1960 wurden dem Wahlausschuss drei Wahlvorschläge zur Zulassung vorgelegt. Dem Wahlausschuss gehörten neben dem Wahlleiter fünf weitere Personen an, darunter auch zwei Vertreter der „Überparteilichen Wählergemeinschaft“ (ÜWG), die ebenfalls einen Wahlvorschlag eingereicht hatte. Diese beiden Vertreter der ÜWG waren zugleich Vertrauenspersonen des Wahlvorschlags der ÜWG.
In seiner Sitzung am 10.10.1960 entschied der Wahlausschuss über die Zulassung der drei eingereichten Wahlvorschläge. Der Vorschlag der SPD wurde mit drei Ja-Stimmen zu zwei Nein-Stimmen angenommen, der Vorschlag der BHE wurde einstimmig gebilligt. Der Vorschlag der ÜWG hingegen wurde bei zwei Ja-Stimmen und drei Gegenstimmen nicht zugelassen, da drei Mitglieder und Funktionäre der früheren KPD an führender Stelle des Wahlvorschlags kandidierten. Obwohl der Gemeindewahlleiter anwesend war, nahm er an keiner Abstimmung teil.
Daraufhin teilte eine der beiden Vertrauenspersonen des ÜWG-Wahlvorschlags (zugleich Mitglied im Wahlausschuss) mit Schreiben vom 11.10.1960 dem Wahlausschuss mit, dass die drei beanstandeten Kandidaten vom Wahlvorschlag gestrichen worden seien und nun über den geänderten Vorschlag nochmals abgestimmt werden könne. Der Wahlausschuss trat am gleichen Tage erneut zusammen.
Der Wahlausschuss stellte fest, dass die Rechtslage nicht einwandfrei sei und beschloss, den Kreiswahlleiter um Rechtsauskunft in dieser Angelegenheit zu bitten. Weiterhin beschloss man vorab, dass der geänderte Wahlvorschlag als nicht zugelassen gelten würde, wenn sich nach der erbetenen Rechtsauskunft die vorgenommene Änderung als „rechtlich nicht fundiert“ erweise, andernfalls

gelte der Wahlvorschlag als zugelassen. Auch an diesen Abstimmungen wirkte der Vorsitzende des Wahlausschusses nicht mit.
Ein Sachbearbeiter des Kreiswahlleiters kam zu dem Ergebnis, dass die Änderung des Wahlvorschlags zu diesem Zeitpunkt und in dieser gewünschten Form unzulässig sei. Der Gemeindewahlleiter teilte daraufhin der ÜWG-Vertrauensperson mit, dass der entsprechende Wahlvorschlag im Einklang mit dem Beschluss des Wahlausschusses als nicht zugelassen anzusehen sei.
Gegen die Gültigkeit der Gemeindewahl legte die ÜWG, vertreten durch die Vertrauensperson, Einspruch ein, der jedoch durch die Gemeindevertretung zurückgewiesen wurde.
Das daraufhin angerufenen VG Darmstadt gab der Klage statt. Die Gemeindevertretung legte daraufhin Berufung vor dem VGH Kassel ein.

Entscheidung VGH Kassel:
Der VGH Kassel wies die Berufung und zurück und folgte dem VG Darmstadt in der Beurteilung, dass es zu Unregelmäßigkeiten im Sinne von § 24 Nr. 2 GKWG a.F. (entspricht dem heutigen § 26 I Nr. 2 KWG) gekommen war[485]. Der VGH Kassel vermochte insgesamt drei Mängel zu erkennen.
Zunächst sei eine Unregelmäßigkeit darin zu erblicken, dass der Wahlleiter als Vorsitzender des Wahlausschusses nicht an der Abstimmung über die Zulassung der Wahlvorschläge teilgenommen habe. Wie sich aus § 4 I 2 GKWG ergebe, sei der Wahlleiter aber Mitglied des Wahlausschusses, so dass er durch seine Nichtteilnahme an der Beschlussfassung die ihm als Mitglied des Wahlausschusses obliegende Funktion nicht ausgeübt habe[486]. Dies sei deswegen beachtlich, da der Vorsitzende des Ausschusses sowohl im Falle der SPD als auch im Falle der ÜWG eine entgegengesetzte Entscheidung hätte herbeiführen können, da nach § 4 V 3 GKWG bei Stimmengleichheit die Stimme des Vorsitzenden den Ausschlag gebe[487].
Die Mandatsrelevanz dieser Unregelmäßigkeit ergebe sich aus dem Gedanken, dass nicht ausgeschlossen werden könne, dass bei Mitwirkung des Wahlleiters die Möglichkeit bestanden hätte, dass er für den Vorschlag der ÜWG votiert hätte. Dann wäre der Vorschlag aber zugelassen worden[488].
Eine weitere Unregelmäßigkeit erkannte der VGH Kassel bereits in der Besetzung des Wahlausschusses selbst. Gemäß § 10 IV 1 GKWG und § 15 I KWO dürften die Vertrauenspersonen der Wahlvorschläge nicht zugleich Mitglieder des Wahlausschusses sein. Dieser Fall habe aber gerade bei den beiden ÜWG-Vertretern im Wahlausschuss vorgelegen, da sie zugleich als die beiden Vertrauenspersonen auf dem Wahlvorschlag der ÜWG erschienen seien[489]. Der Wahlleiter hätte entweder die ÜWG darauf hinweisen und ihr anheim stellen

[485] VGH Kassel, ESVGH 13, 105ff.
[486] VGH Kassel, ESVGH 13, 105 [107].
[487] VGH Kassel, ESVGH 13, 105 [107].
[488] VGH Kassel, ESVGH 13, 105 [108].
[489] VGH Kassel, ESVGH 13, 105 [108].

müssen, andere Vertrauenspersonen zu benennen, oder die beiden Personen als Beisitzer des Wahlausschusses abberufen können[490]. Dann wäre mit Rücksicht auf die Mindestanzahl der Vertreter im Wahlausschuss die Berufung mindestens eines weiteren Vertreters in den Wahlausschuss notwendig geworden. Der Wahlleiter habe jedoch weder das eine noch das andere getan.
Der VGH Kassel ordnete die fehlerhafte Zusammensetzung des Wahlausschusses als einen Verstoß gegen die zwingenden Vorschriften über die Bildung und Zusammensetzung des Wahlausschusses ein, der stets zu einer mandatsrelevanten Unregelmäßigkeit führen müsse[491].

Schließlich sah der Senat einen schwerwiegenden Mangel bei der Vorbereitung der Gemeindewahl in der Übertragung der Entscheidung über die Zulassung des Wahlvorschlags der ÜWG an den Kreiswahlleiter. Der Wahlausschuss hätte vielmehr in eigener Verantwortung abschließend über die Zulassung des Vorschlags der ÜWG entscheiden müssen[492].
Das von den Vertrauenspersonen der ÜWG dem Wahlausschuss vorgelegte Schreiben über die Streichung der drei fraglichen Kandidaten sei vom Wahlausschuss als Einspruch gegen die Nichtzulassung des Wahlvorschlags gewertet worden. Über diesen Einspruch hätte der Wahlausschuss selbst nach § 13 III GKWG bzw. § 12 I Nr. 3 KWO entscheiden müssen. Das habe der Ausschuss aber, indem er seine Entscheidung von dem Votum des Kreiswahlleiters abhängig gemacht habe, einer anderen Stelle überlassen. Zu einer solchen Entscheidung anstelle des Wahlausschusses sei der Kreiswahlleiter aber nicht befugt gewesen. Dem Wahlausschuss hätte lediglich die Möglichkeit zugestanden, sich durch den Kreiswahlleiter über die Rechtslage beraten zu lassen.[493]
„Die abschließende Entscheidung über die Zulassung des Wahlvorschlags der ÜWG hätte der Wahlausschuss aber in eigener Verantwortung, also selbst treffen müssen."
Es habe auch noch genug Zeit zur Verfügung gestanden, um den Wahlausschuss nochmals zusammentreten zu lassen und neu beraten zu können.

Bewertung:
Die Entscheidung des VGH Kassel ist überzeugend. Aus heutiger Sicht ist zum einen darauf einzugehen, inwieweit sich hinsichtlich der einschlägigen Regelungen im KWG Änderungen bezüglich der Besetzung und der Befugnisse der Wahlausschüsse ergeben haben. Zum anderen gilt es die Frage zu beantworten, ob die Änderung des Wahlvorschlags durch die Streichung der drei ÜWG-

[490] VGH Kassel, ESVGH 13, 105 [108].
[491] VGH Kassel, ESVGH 13, 105 [109]; unter Berufung auf die Rechtsprechung des preußischen Oberverwaltungsgerichts sowie die Rechtsprechung des erkennenden Senats (Urteil vom 6. Dezember 1961 – OS II 56/61), von der abzuweichen der Senat keine Veranlassung sieht.
[492] VGH Kassel, ESVGH 13, 105 [109].
[493] VGH Kassel, ESVGH 13, 105 [110].

Kandidaten in diesem Stadium nach heutiger Rechtslage überhaupt zulässig gewesen wäre.
Im Rahmen der letzen Änderung des KWG[494] sind die bisher an unterschiedlichen Stellen im KWG geregelten Vorschriften über die Inkompatibilität der Tätigkeit in einem Wahlorgan mit anderen Funktionen bei der Vorbereitung und Durchführung der Wahl in einem neuen Absatz 2 des § 4 KWG zusammengefasst worden. Nach § 4 II 1 KWG darf niemand in mehr als einem Wahlorgan Mitglied sein, nach § 4 II 2 KWG darf eine Vertrauensperson oder eine stellvertretende Vertrauensperson nicht zu einem Mitglied oder einem stellvertretenden Mitglied eines Wahlorgans bestellt werden. Nach der Neuregelung ist es damit ebenfalls nicht mehr zulässig, eine Vertrauensperson oder eine stellvertretende Vertrauensperson in einen Wahlvorstand zu berufen. Insgesamt wäre daher auch nach der aktuellen Rechtslage die Besetzung des Wahlausschusses im vorliegenden Fall rechtswidrig gewesen.
Auch die Frage der Nichtteilnahme des Vorsitzenden des Wahlausschusses (des Wahlleiters) wäre gegenüber der Rechtslage von 1960 heute nicht anders zu entscheiden. Die Besetzung des Wahlausschusses regelt § 5 IV1 KWG. Die Regelung über dessen Tätigkeit findet sich nunmehr in § 6 a KWG. Danach entscheidet bei den Abstimmungen nach wie vor Stimmenmehrheit, wobei im Falle der Stimmengleichheit gemäß § 6 a I 2, 2. HS KWG die Stimme des Wahlleiters den Ausschlag gibt. Der Vorsitzende des Wahlausschusse hat dabei die gleiche Pflicht wie auch die weiteren Beisitzer dieses Gremiums, an den Abstimmungen teilzunehmen. Demnach führt diese Pflichtverletzung nach wie vor zu einer Unregelmäßigkeit nach § 26 I Nr. 2 KWG, die mandatsrelevant sein kann, wenn die jeweilige Stimme für die Zulassung bzw. Nichtzulassung eines Wahlvorschlags entscheidend gewesen wäre. Zu beachten ist dabei, dass den Mitgliedern des Wahlausschusses auch das Recht zusteht, sich an der Abstimmung im Wege der Stimmenthaltung zu beteiligen.
Von Bedeutung ist schließlich jedoch die Frage, ob nach heutiger Rechtslage eine Änderung des Wahlvorschlags der ÜWG im Stadium nach der Entscheidung über die Zulassung noch möglich gewesen wäre. In dieser Hinsicht formuliert § 14 III KWG unmissverständlich, dass nach der Entscheidung des Wahlausschusses über die Zulassung eines Wahlvorschlags jede Mängelbeseitigung ausgeschlossen ist. Eine Zurücknahme bzw. Änderung von Wahlvorschlägen ist gemäß § 13 IV KWG nur vor diesem Zeitpunkt möglich.
Sollte der Wahlleiter nach Eingang der Wahlunterlagen bei seiner Prüfung der Wahlvorschläge Mängel feststellen, so soll er bei der jeweiligen Partei oder Wählergruppe auf die Beseitigung dieser Mängel hinwirken, vgl. § 14 IV KWG. Dies betrifft allerdings nur Mängel, die noch vor Ablauf der Einreichungsfrist des § 13 I KWG abgestellt werden können.

---

[494] Gesetz zur Änderung der Hessische Gemeindeordnung und anderer Gesetze LT-Drucksache 16/2463; GVBl. I vom 9. Februar 2005.

Nach diesem Zeitpunkt können nur noch Mängel gültiger Wahlvorschläge beseitigt werden, wobei § 14 II 2 KWG gesetzlich definiert, wann keine gültigen Wahlvorschläge vorliegen. Ist jedoch über die Zulassung des Wahlvorschlags entschieden worden, ist eine Mängelbeseitigung definitiv nicht mehr möglich. Einziges Mittel gegen die Nichtzulassung des Wahlvorschlags ist dann die Einlegung eines Einspruchs beim Wahlleiter nach § 15 III KWG innerhalb von zwei Tagen, über den nach § 15 III KWG der Wahlausschuss zu entscheiden hat. Korrekturen am Wahlvorschlag selbst sind in diesem Stadium aber ausgeschlossen (vgl. oben).
Folglich hätte vorliegend der Wahlausschuss die Änderung des Wahlvorschlags durch die
ÜWG nicht berücksichtigen dürfen.

III. Systematisierung und Zusammenfassung

Die Rechtsprechungsanalyse zeigt, dass der VGH Kassel den Begriff der „Unregelmäßigkeit im Wahlverfahren" einer weitgehend gefestigten Auslegung zugeführt hat. Die problematischen Fälle, die es zu entscheiden galt, können letzten Endes auf wenige Fallgruppen reduziert werden.
Den größten Raum in der Rechtsprechung haben zunächst Sachverhalte eingenommen, in denen es um die Neutralität kommunaler Organe während des Wahlkampfes ging. Öfter standen auch Fragen der Chancengleichheit von Kandidaten im Mittelpunkt, die gegen ihre Wahrheitspflicht im Wahlkampf verstoßen haben oder sich unzulässiger Wahlkampfmethoden bedient haben. Die Rechsprechung beschäftigt haben daneben immer wieder Scheinkandidaturen einzelner hauptamtlicher Bürgermeister und Landräte auf Listen ihrer Parteien und Wählergruppen. Schließlich ging es ganz allgemein um konkrete Verstöße gegen ausdrücklich geregelte Verbote im KWG oder in der KWO.

Der VGH Kassel sieht den Tatbestand der „Unregelmäßigkeit" sowohl in § 26 I Nr. 2 KWG als auch in § 50 Nr. 2 KWG als lex generalis gegenüber den beiden anderen Tatbeständen[495]. Demzufolge stellen auch die in § 26 I Nr. 1 KWG (§ 50 Nr. 1 KWG) bzw. § 26 I Nr. 3 KWG (§ 50 Nr. 3 KWG) enthaltenen Wahlfehler eine Unregelmäßigkeit im Wahlverfahren dar[496]. So ist beispielsweise in der Teilnahme eines nicht-wählbaren Kandidaten an der Wahl zugleich eine Unregelmäßigkeit zu sehen, die theoretisch unter § 26 I Nr. 2 KWG subsumiert werden könnte. Allerdings würde dann § 26 I Nr. 1 KWG seinen Anwendungsbereich verlieren und überflüssig werden. Der VGH Kassel begründet den Vorrang des § 26 I Nr. 1 KWG auch vor dem Hintergrund, dass es einem allgemeinen Wahlprüfungsgrundsatz entspreche, dass eine Wahl dann nicht zu wiederholen sei, wenn die Berichtigung des Wahlfehlers durch ein milderes Mittel

[495] VGH Kassel, ESVGH 29, 171 [172].
[496] Vgl. oben S. 149ff.

möglich sei[497]. § 26 I Nr. 2 und § 50 Nr. 2 KWG fordern jedoch jeweils die Wiederholung der Wahl. Diese Rechtsfolge ist gegenüber der Anordnung des Ausscheidens eines Vertreters (Nr. 1) bzw. der Neufeststellung des Wahlergebnisses (Nr. 3) die weitaus härtere Konsequenz[498]. Dies wird bereits daran deutlich, dass bei einer Wiederholung der Wahl eine Vielzahl Unbeteiligter, die durch die Wahl ein Mandat erhalten haben, betroffen sein können. Insofern ist unter dem Gesichtspunkt der Verhältnismäßigkeit jene Sanktion und Rechtsfolge anzuordnen, die zum einen den festgestellten Wahlfehler effektiv beseitigt, die sich zum anderen aber aus Sicht der Betroffenen als geringster Eingriff darstellt. Die Einordnung des § 26 I Nr. 2 KWG bzw. des § 50 Nr. 2 KWG als lex generalis gewährleistet dies.

Der Tatbestand des § 26 I Nr. 2 KWG bzw. § 50 Nr. 2 KWG ist durchweg in zwei Schritten zu prüfen. Zunächst steht der Begriff der *„Unregelmäßigkeit im Wahlverfahren"* im Zentrum der Betrachtung; es gilt also festzustellen, ob es im Wahlverfahren tatsächlich zu Unregelmäßigkeiten gekommen ist (1.). Diese führen jedoch nur dann zur Rechtsfolge der Wiederholung der Wahl, wenn sie auf das Ergebnis der Wahl von Einfluss gewesen sein können (*„Ergebnisrelevanz"*, 2.).

1. „Unregelmäßigkeiten im Wahlverfahren"

Der Begriff der *Unregelmäßigkeit im Wahlverfahren* – dies haben die obigen Fälle gezeigt – ist von der Rechtsprechung durchweg weit ausgelegt worden. Dies gilt nicht nur hinsichtlich der inhaltlichen Interpretation der Norm, sondern auch hinsichtlich ihres zeitlichen Anwendungsbereichs.

a. Der Begriff des „Wahlverfahrens"

Die Zeit des „Wahlverfahrens", in der es zu Unregelmäßigkeiten kommen kann, betrifft nicht nur den eigentlichen Wahlakt selbst, also den Zeitpunkt der Stimmabgabe und der Auszählung, sondern auch das gesamte Vorfeld der Wahl, insbesondere die Zeit des Wahlkampfes und der Wahlvorbereitung[499]. Die Praxis zeigt sogar, dass der Gegenstand der wahlprüfungsrechtlichen Fälle nur selten die Zeit der eigentlichen Stimmabgabe gewesen ist (z.B. 10m-Regelung nach § 17a KWG). In den meisten Fällen ging es hingegen um Probleme und Vorfälle, die in der Zeit des Wahlkampfes aufgetreten sind.
Der VGH Kassel fasst unter das Wahlverfahren im Sinne von § 26 I Nr. 2 KWG (§ 50 Nr. 2 KWG) nicht nur den „formal-technischen Ablauf der Wahl",

---

[497] VGH Kassel, ESVGH 29, 171 [172] mit Verweis auf: Klein, in: Maunz-Dürig, Art. 41 GG Rn. 43ff.; Seifert, Bundeswahlrecht, 3. Aufl. 1976, S. 401; Schmiemann, Wahlprüfung im Kommunalwahlrecht 1972, S. 122.
[498] Vgl. zu diesem Verhältnis der Spezialität oben S. 151f.
[499] Schmidt, in: Bennemann, § 26 KWG Rn. 33.

sondern auch Verstöße gegen die „allgemeinen Wahlgrundsätze“[500]. Der unbestimmte Rechtsbegriff des Wahlverfahrens sei „auslegungsfähig“ und verfassungskonform weit auszulegen, um der „überragenden Bedeutung der Wahlgrundsätze“, wie sie in § 1 KWG normiert sind, gerecht zu werden[501]. Mit dieser (weiten) Auslegung werden Wahlkämpfe justitiabel, d.h. bereits der Wahlkampf steht unter den besonderen Anforderungen, die an eine freie, gleiche, allgemeine, unmittelbare und geheime Wahl zu stellen sind.
Der VGH Kassel sieht sich dabei eindeutig in der Tradition der Rechtsprechung des Bundesverfassungsgerichts, demzufolge in einer freiheitlichen Demokratie garantiert werden müsse, dass sich die Willensbildung in einem freien Prozess „vom Volk zu den Staatsorganen“ vollziehe und nicht umgekehrt[502]. Da dies vor allem während des Wahlkampfes, also während der Zeit der Meinungsbildung, garantiert werden müsse, mache es keinen Sinn, wenn „z.B. bei einem Verfahrensfehler, der dem Wahlvorstand im Zuge der Stimmabgabe von Wahlberechtigten unterläuft, die Wahl zu wiederholen ist, nicht aber etwa bei einer durch Drohungen beeinflussten Stimmabgabe“[503].
Diese weite Auslegung ist in allen oben dargestellten Fällen zum Ausdruck gekommen, etwa im Fall desjenigen Bürgermeisterkandidaten, der während des Wahlkampfes falsche Angaben zu seinem Familienstand gemacht hatte (vgl. S. 75ff.). Ebenso in die Zeit des Wahlkampfes fielen Situationen, in denen es um die Versendung von Briefen an Jungwähler, Senioren oder Gewerbetreibende ging (vgl. S. 79ff.). Auch die überregional bekannt gewordenen Wahlprüfungen der Oberbürgermeister-Wahlen in Bad Homburg (Verschleierungen während des Wahlkampfes, vgl. S. 87ff.), Darmstadt (Vergabe „städtischer“ Immobilien im Wahlkampf, vgl. S. 98ff.) und Gießen (Öffentlichkeitsarbeit des Magistrates während des Wahlkampfes, vgl. S. 116ff.) hatten ausschließlich Vorfälle in der Vorwahlzeit zum Gegenstand.
Zwar sind auch Probleme um die eigentliche Stimmabgabe und den formaltechnischen Ablauf vor die Gerichte gelangt (Wahlpropaganda vor dem Wahllokal, vgl. S. 152ff.; Fehler bei der Besetzung des Wahlausschusses, vgl. S. 167ff.), jedoch sind diese Probleme weitaus seltener und im Vergleich zu den oben genannten Vorfällen auch weniger juristisch brisant.
Die weite Auslegung des Begriffs des „Wahlverfahrens“ überzeugt nicht nur vor dem Hintergrund, dass die Wahlgrundsätze des § 1 KWG nur so effektiv

---

500 VGH Kassel, NVwZ 1992, 284 [284f.]; VGH Kassel, HSGZ 2002, 171 [175]; vgl. auch VG Frankfurt NVwZ 1997, 1240 [1240]; zustimmend die Literatur: Schmidt, in: Bennemann, § 26 KWG Rn. 31; Birkenfeld-Pfeifer/Gern, Rn. 349. Schmidt jedenfalls will bei Birkenfeld-Pfeifer/Gern eine Einschränkung ausmachen, wonach unter Unregelmäßigkeiten nur Verstöße gegen „wesentliche wahlrechtliche Vorschriften“ subsumiert werden dürften. Eine solche Restriktion – soweit sie tatsächlich intendiert ist – ist im Ergebnis abzulehnen, vgl. Schmidt, in: Bennemann, § 26 KWG Rn. 31.
501 VGH Kassel, NVwZ 1992, 284 [285].
502 Vgl. BVerfGE 44, 125 [140].
503 VGH Kassel, NVwZ 1992, 284 [285].

geschützt werden können, sondern auch deswegen, weil damit noch keineswegs feststeht, dass die Wahl tatsächlich auch zu wiederholen ist. Erst jene Unregelmäßigkeiten, die sich auf das Ergebnis der Wahl ausgewirkt haben, können zur Anordnung der Wiederholungswahl führen. Insofern erhält die verfassungskonforme weite Auslegung des „Wahlverfahrens" ihr Korrelat in der Notwendigkeit der „Ergebnisrelevanz".

b. Die Bedeutung des Urteils des BVerfG zur Hessischen Landtagswahl 1999

An dieser weiten Auslegung des Begriffs der Unregelmäßigkeit im Wahlverfahren hält der VGH Kassel (zumindest im Hinblick auf die Direktwahlen) auch vor dem Hintergrund des Urteils des Bundesverfassungsgerichts zur Gültigkeit der Hessischen Landtagswahl von 1999 fest[504]. Das Bundesverfassungsgericht hatte den Begriff der Unregelmäßigkeit enger ausgelegt und war davon ausgegangen, dass er im formal-verfahrensrechtlichen Sinne zu verstehen sei, also als Verletzung von Wahlvorschriften, die die Wahlvorbereitung, den Wahlakt und die Feststellung des Wahlergebnisses zum Gegenstand hätten[505]. Dem VGH Kassel ist darin zuzustimmen, dass eine analoge restriktive Interpretation des Begriffs in § 50 Nr. 2 KWG abzulehnen ist[506]. Art. 78 II HV enthält im Unterschied zur Regelung im KWG neben den „Unregelmäßigkeiten" auch den Begriff der „strafbaren und gegen die guten Sitten verstoßenden Handlungen". Dort ist völlig unstreitig, dass unter diesen zweiten Tatbestand auch Verstöße gegen die Wahlgrundsätze subsumiert werden können[507]. Würde man bei § 50 Nr. 2 KWG daher eine restriktive Auslegung vertreten, könnten Verstöße gegen die Wahlgrundsätze nicht mehr geprüft werden. Daher, so der VGH Kassel, seien die Regelungen des § 50 Nr. 2 KWG auf der einen Seite und des Art. 78 II HV auf der anderen Seite nicht vergleichbar[508]. Dies überzeugt auch deswegen, weil es keinen Sinn macht, bei Direktwahlen die Anwendung der Wahlgrundsätze nach § 1 KWG anzuordnen, die Überprüfbarkeit möglicher Verstöße jedoch nicht zu garantieren. Insofern ist die zu Art. 78 II HV getrof-

---

[504] VGH Kassel, HSGZ 2002, 171 [175].

[505] Vgl. BVerfG, NJW 2001, 1048ff.

[506] Zumindest war dem VGH Kassel zuzustimmen bis zur Novellierung im Jahre 2005, vgl. dazu unten.

[507] Vgl. in diesem Zusammenhang auch zur Auslegung des Art. 78 II HV durch den Hessischen Staatsgerichtshof: Hess. StGH, NVwZ 2007, 328ff: „ Nach allgemeiner Auffassung und der wahlprüfungsrechtlichen Praxis, in deren Tradition und Weiterentwicklung Art. 78 II HV steht, liegt eine unzulässige Wahlbeeinflussung nur vor, wenn durch die in Rede stehende Einwirkung auf die Wählerwillensbildung schwerwiegend gegen die Grundsätze der Freiheit oder der Gleichheit der Wahl verstoßen wurde. Denn grundsätzlich soll das demokratisch gewählte Parlament durch die Wahlprüfung in der Wahrnehmung seiner Aufgaben nicht beeinträchtigt werden. (...) Die mit der Wahlprüfungsbeschwerde beantragte Ungültigerklärung einer gesamten Wahl setzt einen erheblichen Wahlfehler von solchem Gewicht voraus, dass ein Fortbestand der in dieser Weise gewählten Volksvertretung unerträglich erschiene."

[508] VGH Kassel, HSGZ 2002, 171 [175].

fene unterschiedliche Auslegung des § 50 Nr. 2 KWG sogar verfassungsrechtlich geboten. Enthielte Art. 78 II HV nicht die Möglichkeit, „strafbare oder gegen die guten Sitten verstoßende Handlungen" zu ahnden, wäre auch dort der Begriff der „Unregelmäßigkeit" weit auszulegen gewesen.
Diese Rechtsprechung hat das Bundesverwaltungsgericht in seinem Urteil zur Gültigkeit der Oberbürgermeisterwahl in Bad Homburg ausdrücklich bestätigt[509], woraufhin der VGH Kassel daran in weiteren Urteilen festgehalten hat[510].
Allerdings hat der VGH Kassel dies bislang nur für § 50 Nr. 2 KWG entschieden, nicht jedoch für die Frage, wie nach § 26 I Nr. 2 KWG bei den Kommunalwahlen im engeren Sinne zu verfahren ist. Insofern kann jedoch dort nichts anderes gelten, da auch hier (bislang) kein weiterer Tatbestand neben dem Begriff der „Unregelmäßigkeit" zur Verfügung stand. Da man aber nicht in Kauf nehmen darf, dass Verstöße gegen die Grundsätze der freien und gleichen Wahl nicht berücksichtigt werden können, ist auch hier eine Übertragung der Entscheidung des Bundesverfassungsgerichts ins kommunale Wahlprüfungsrecht nicht möglich. Insbesondere die zentralen Probleme der Verletzungen von Neutralitätspflichten hauptamtlicher Bürgermeister und Landräte, die nahezu ausschließlich im Vorfeld der Wahl auftreten, könnten ansonsten nicht geprüft werden.

c. Veränderungen durch die Novellierungen aus 2005

Fraglich ist nunmehr, ob durch die oben dargestellten Änderungen der §§ 26 I Nr. 2, 50 Nr. 2 KWG und die Aufnahme der „strafbaren und gegen die guten Sitten verstoßenden Handlungen" in diese Tatbestände die vom VGH Kassel getroffene Auslegung verändert werden muss. In Betracht kommt insofern, dass man die zu Art. 78 II HV geltende Interpretation des Begriffs der „Unregelmäßigkeit" übernimmt. Der VGH Kassel hat dazu bislang keine Entscheidung getroffen.
Angesichts der Tatsache, dass der Gesetzgeber gerade die Regelung des Art. 78 II HV vor Augen hatte, als er neben die „Unregelmäßigkeiten" die „strafbaren und gegen die guten Sitten verstoßenden Handlungen" gestellt hat[511], spricht viel für eine solche Übertragung. Die Tatsache, dass der VGH Kassel stets betont hat, wie wichtig es sei, die Wahlgrundsätze aus § 1 KWG im Wahlkampf justitiabel zu machen, weist aber darauf hin, dass die Neuregelung allenfalls eine Verlagerung bestimmter wahlprüfungsrechtlicher Fälle vom Begriff der „Unregelmäßigkeit" hin zum Begriff „der strafbaren und gegen die guten Sitten verstoßenden Handlungen" nach sich ziehen wird.
Schmidt jedenfalls geht davon aus, dass trotz der umfangreichen Novellierungen, die § 26 KWG erfahren habe, eine inhaltliche Änderung des materiellen

---

[509] BVerwG, HSGZ 2003, 265 [267].
[510] VGH Kassel, NVwZ-RR 2004, 58ff.; VGH Kassel (OB-Wahl Gießen).
[511] Vgl. Seite 69ff.: Gesetz zur Änderung der HGO und anderer Gesetze (LT-Drs. 16/2463); Änderungsantrag der CDU-Fraktion vom 6. Dezember 2004 (LT-Drs. 16/3307).

Wahlprüfungsrechts damit nicht erfolgt sei[512]. Er sieht den Begriff der „Unregelmäßigkeit“ als zentralen Tatbestand, der die Funktion des Oberbegriffs gegenüber den „strafbaren und gegen die guten Sitten verstoßenden Handlungen“ einnehme. Die bezeichneten Handlungen seien bedeutsame Fallgruppen von „Unregelmäßigkeiten“, denen aber keine eigenständige Bedeutung zukomme. Dies ergebe sich daraus, dass der Gesetzgeber in § 26 I Nr. 2 a und b KWG nur noch den Begriff der Unregelmäßigkeit anführe, soweit es um den Umfang der Anordnung einer Wiederholungswahl gehe[513].

Diese Auslegung widerspricht nicht der Möglichkeit, zukünftig bestimmte Sachverhalte unter den Terminus der „Sittenwidrigkeit“ zu subsumieren. Die Frage, ob dies zugleich eine Unregelmäßigkeit darstellt, hat für die Praxis zunächst keine Bedeutung, da sich hinsichtlich der Rechtsfolgen keine Unterschiede ergeben[514].

Meireis plädiert gerade für eine solche Verschiebung zur Sittenwidrigkeit als eigentlichen Auffangtatbestand. Auch er verneint eine Veränderung des materiellen Wahlprüfungsrechts und macht dies bereits an der Gesetzesbegründung deutlich, in der lediglich von einer Klarstellung der geltenden Rechtslage die Rede sei[515]. Er sieht durch den neuen Wortlaut des § 26 I Nr. 2 KWG allerdings eine Verlagerung vom Begriff der „Unregelmäßigkeit“ zum Begriff der „gegen die guten Sitten verstoßenden Wahlbeeinflussungen“. Während unter die Unregelmäßigkeiten zukünftig der formal-technische Ablauf des Wahlverfahrens subsumiert werden müsse, sei die Sittenwidrigkeit als Auffanglinie für die Verstöße gegen die Wahlgrundsätze der Freiheit und Gleichheit zu interpretieren[516].

Eine Übertragung der zu Art. 78 II HV gefundenen Kriterien ist nach Meireis Auffassung auch deswegen fern liegend, da der Gesetzgeber fast zeitgleich zu § 26 KWG auch den § 68 HBG geändert habe, durch den die staatliche Neutralität von Amtsträgern gesichert werden soll[517]. Diese Neutralitätspflicht gelte auch für Magistratsmitglieder in Wahlkampfzeiten, so dass es kaum vorstellbar sei, entsprechende Verletzungen nicht mehr als Wahlfehler geltend machen zu können.

Insgesamt ist zu berücksichtigen, dass angesichts der überragenden Bedeutung, die die Wahlgrundsätze für die Kommunalwahlen im weiteren Sinne darstellen, eine weite Auslegung der §§ 26 I Nr. 2, 50 Nr. 2 KWG auch weiterhin notwendig ist. Nur so kann ein umfassender Schutz des aktiven und passiven Wahlrechts gewährleistet werden. Fraglich bleibt damit allein, inwieweit die Gesetzesänderungen Verschiebungen innerhalb der §§ 26 I Nr. 2, 50 Nr. 2 KWG zur

---

512 Schmidt, in: Bennemann, § 26 KWG Rn. 27, 30.
513 Schmidt, in: Bennemann, § 26 KWG Rn. 29, § 50 KWG Rn. 10.
514 In diesem Sinne auch: Schmidt, in: Bennemann, § 26 KWG Rn. 55.
515 Meireis, in: Hessische Kommunalrechtsnovelle 2005, S. 50f.
516 Meireis, in: Hessische Kommunalrechtsnovelle 2005, S. 50f.
517 Vgl. Gesetz zur Sicherung der staatlichen Neutralität vom 18. Oktober 2004 (GVBl. I , S. 306).

Folge haben werden. Dabei bietet sich an, den Begriff der „Unregelmäßigkeit" auch weiterhin als zentralen Oberbegriff bzw. Auffangtatbestand für jegliche Wahlfehler zu interpretieren. Insoweit fallen darunter nicht nur die beiden weiteren Tatbestände aus § 26 I Nr. 1, 3 KWG bzw. § 50 Nr. 1, 3 KWG, sondern auch die (neuen) „strafbaren oder gegen die guten Sitten verstoßenden Handlungen". Nicht nur sprachlich, sondern auch inhaltlich ist diese Auslegung sinnvoll, da immer dann, wenn gegen einen Straftatbestand oder gegen die guten Sitten verstoßen wird, auch eine Unregelmäßigkeit vorliegt.
Abzulehnen ist hingegen die von Meireis vertretene Ansicht, dass die Gesetzesänderung eine Verlagerung vom Begriff der „Unregelmäßigkeit" zum Begriff der „gegen die guten Sitten verstoßenden Handlungen" nach sich ziehen werde. Auch in Zukunft sollten die Unregelmäßigkeiten nicht auf den formaltechnischen Ablauf der Wahl beschränkt werden. Dass die Verletzung von Neutralitätspflichten zukünftig als sittenwidrig eingestuft werden muss, ist nämlich keineswegs zwingend. Der jeweilige Amtsträger verletzt in diesen Fällen seine Befugnisse und Kompetenzen, verstößt also gegen geltendes Recht (vgl. im Näheren unten). Dies kann daher nicht auf einen bloßen Verstoß gegen die guten Sitten reduziert werden, sondern hat seinen Anknüpfungspunkt im geschriebenen Recht. Mit der Aufnahme möglicher Sittenverstöße ins Gesetz können daher gerade anstößige Verhaltensweisen geahndet werden, die nicht unter Verletzungen des geschriebene Rechts subsumiert werden können. Verstöße gegen die Wahlgrundsätze fallen aber gerade unter das geschriebene Recht, so dass insoweit nicht auf den Begriff der Sitten abgestellt werden muss. Konsequenz dieser Auffassung ist daher, dass auch nach der Novellierung der §§ 26 I Nr. 2, 50 Nr. 2 KWG Verstöße gegen die Wahlgrundsätze nach wie vor als „Unregelmäßigkeiten" interpretiert werden können. Ob dabei Sittenverstöße im Rahmen von Wahlprüfungsfällen überhaupt relevant werden können, darf durchaus bezweifelt werden, da mit der extensiven Auslegung der Wahlgrundsätze aus § 1 KWG die im Wesentlichen relevanten Wahlfehler bereits abgedeckt werden können.

Als mögliche Wahlstraftaten kommen in Betracht: Fälle der Wahlbehinderung (§ 107 StGB), der Wahlfälschung (§ 107a StGB), der Fälschung von Wahlunterlagen (§107b StGB), der Verletzung des Wahlgeheimnisses (§ 107c StGB), der Wählernötigung (§ 108 StGB), der Wählertäuschung (§ 108a StGB) und der Wählerbestechung (§ 108b StGB). Für die Beurteilung im Wahlprüfungsverfahren reicht die Verwirklichung des objektiven Tatbestands des jeweiligen Deliktes aus[518].

[518] Schmidt, in: Bennemann, § 26 KWG Rn. 48.

d. Die Grenzen der staatlichen Neutralitätspflicht[519]

Fragen der Neutralitätspflicht gemeindlicher Organe im Wahlkampf haben in der Rechtsprechung der hessischen Verwaltungsgerichtsbarkeit den größten Raum eingenommen. Der VGH Kassel leitet diese Pflicht zur Neutralität amtlicher Stellen aus den Wahlgrundsätzen der Freiheit und Gleichheit der Wahl ab, wie sie in § 1 KWG bzw. Art. 28 I 2 GG normiert sind[520]. Er übernimmt dabei die vom Bundesverfassungsgericht gewonnenen Erkenntnisse zur Öffentlichkeitsarbeit der Staatsorgane in Wahlkampfzeiten[521]. Der Staat dürfe nicht zugunsten oder zu Lasten bestimmter politischer Parteien oder von Wahlbewerbern Partei ergreifen, da er damit das verfassungsmäßige Recht der hiervon Betroffenen aus Art. 21 I, Art 38 I GG verletze[522]. Zu den Prinzipien einer freiheitlichen demokratischen Grundordnung gehörten neben der Volkssouveränität, der Gewaltenteilung und der Verantwortlichkeit der Regierung auch das Mehrparteienprinzip und die Chancengleichheit für alle politischen Parteien.[523] Auch der Grundsatz der Freiheit der Wahl sei betroffen, da damit nicht nur gewährleistet werden müsse, dass der Akt der Stimmabgabe frei von Zwang und unzulässigem Druck bleibe, sondern ebenso, dass die Wähler ihr Urteil in einem freien, offenen Prozess der Meinungsbildung gewinnen und fällen können. Die grundsätzlich notwendige und zulässige Öffentlichkeitsarbeit der Regierung finde – in Wahlkampfzeiten – dort ihr Ende, wo die Wahlwerbung beginne[524].

Die Übertragung dieser Maßstäbe auf die kommunale Ebene überzeugt, da über den in § 1 KWG in Verbindung mit Art. 1 HV verankerten Grundsatz der Gleichheit der Wahl abgeleitet werden kann, dass die Gemeindeorgane verpflichtet sind, die Chancengleichheit der Wahlbewerber zu wahren[525]. Auch die Normierung des Grundsatzes der freien Wahl an gleicher Stelle ermöglicht die entsprechende Anwendung der für die staatliche Ebene gefundenen Maßstäbe[526]. Dem VGH Kassel ist auch darin zuzustimmen, dass die vom Bundesverfassungsgericht für einen Verstoß gegen das Neutralitätsgebot geforderte „Mas-

---

[519] Vgl. zu dieser Fallgruppe unter dem Stichwort „Amtliche Wahlbeeinflussungen“: Weber, Grundfälle zum Rechtsschutz im Kommunalwahlrecht, in: JuS 1989, 977 [979].

[520] VGH Kassel, NVwZ 1992, 284 [285]; vgl. in diesem Zusammenhang auch Oebbecke, in: NVwZ 2007, 30 [31], der darauf hinweist, dass die Neutralitätspflicht entweder aus den Wahlrechtsgrundsätzen oder aus dem Demokratieprinzip abgeleitet werden könne, was im Ergebnis jedoch keinen Unterschied mache, da die Anforderungen übereinstimmten.

[521] Vgl. BVerfGE 44, 125ff.

[522] BVerfGE 44, 125 [144f.].

[523] BVerfGE 44, 125 [144f.].

[524] BVerfGE 44, 125 [151].

[525] VGH Kassel, NVwZ 1992, 284 [285], mit Verweis auf OVG Münster, NVwZ-RR 1989, 149f.; VGH Kassel, HSGZ 1999, 189 [195]; VGH Kassel, HSGZ 2002, 171 [175]; BVerwG, HSGZ 2003, 265 [269]; so auch: VG Frankfurt, NVwZ 1997, 1240 [1241] mit Verweis auf: BVerfGE 83, 37 [53]; BVerwG NVwZ 1997, 1220.

[526] VGH Kassel, HSGZ 1999, 189 [195]; VGH Kassel, HSGZ 2002, 171 [175]; VGH Kassel, HSGZ 2005, 387 [391].

sivität und Häufung" offenkundiger Grenzverstöße[527] nicht als Voraussetzung für eine Neutralitätsverletzung notwendig ist, sondern dies als Maßstab für die erst im Anschluss zu prüfende Mandatsrelevanz heranzuziehen ist[528]. Insofern darf es keine Rolle spielen, wie schwer die Grenzüberschreitung des Amtsträgers gewesen ist, sondern allein, ob diese ergebnisrelevant gewesen sein kann. Alle Neutralitätsverletzungen sind dementsprechend ohne Rücksicht auf Schwere und Häufigkeit als „Unregelmäßigkeit" einzuordnen.
Die besondere Schwierigkeit, die in den Urteilen stets betont worden ist, betrifft die Grenzziehung zwischen der soeben hergeleiteten Neutralitätspflicht gemeindlicher Organe auf der einen Seite und den Stellungnahmen der hinter dem Amt stehenden Privatpersonen auf der anderen Seite, bei denen diese sich auf das Grundrecht der freien Meinungsäußerung aus Art. 5 I 1 GG berufen können[529]. Wenngleich die dogmatische Grenzziehung eindeutig ist (keine Grundrechtsberechtigung für den Amtsträger, sondern nur für die hinter dem Amt stehende Privatperson[530]), fällt in der Praxis die Abgrenzung schwer, wann eine Tätigkeit als Amtsträger und wann eine private Meinungsäußerung vorliegt. Jedenfalls steht fest, dass sich die Amtsinhaber als Privatpersonen nicht jeglicher Meinungsäußerungen im Zusammenhang mit einer Wahl enthalten müssen[531]. Die Grenze der freien Meinungsäußerung des jeweiligen Bewerbers soll aber dort überschritten sein, wo *„er das ihm aufgrund seiner amtlichen Tätigkeit zufallende Gewicht und die ihm kraft seines Amtes gegebenen Einflussmöglichkeiten in einer Weise nutzt, die mit seiner der Allgemeinheit verpflichteten Aufgabe unvereinbar ist"*[532]. Liegen diese Voraussetzungen vor, handelt der Amtsinhaber nicht mehr als Privatperson, sondern in amtlicher Eigenschaft, bei der ihm aber keine Grundrechtsberechtigung zusteht.
Fraglich ist damit, wann eine solche Ausnutzung der Einflussmöglichkeiten vorliegt[533]. Von Grenz- und Zweifelsfällen abgesehen ist dieser Leitsatz dann verletzt, wenn der Amtsinhaber städtische Insignien nutzt, um damit Wahlbriefen einen amtlichen Charakter zu geben. Ebenso eindeutig überschritten ist die zulässige freie Meinungsäußerung dort, wo städtische bzw. gemeindliche Ressourcen für eine einseitige Werbung verwendet werden (z.B. „werbende" Pres-

---

[527] BVerfGE 44, 125 [155f.].
[528] VGH Kassel, NVwZ 1992, 284 [285].
[529] Vgl. VG Frankfurt, NVwZ 1997, 1240 [1241]; VGH Kassel 1999, 189 [195] unterscheidet zwischen Stellungnahme des Bürgermeisters als Amtsperson bzw. Privatperson; VGH Kassel, NVwZ-RR 2004, 58 [59]; VGH Kassel, HSGZ 2005, 387 [392].
[530] Vgl. dazu ausführlich bereits oben, S. 83ff.
[531] VG Frankfurt, NVwZ 1997, 1240 [1241]; VGH Kassel, HSGZ 2005, 387 [391].
[532] VG Frankfurt NVwZ 1997, 1240 [1241]; VG Darmstadt, HSGZ 2000, 467 [470]; VGH Kassel, NVwZ-RR 2004, 58 [59]; grundlegend: BVerwG, NVwZ 1997, 1220ff.
[533] Oebbecke, in: NVwZ 2007, 30 [31] unterscheidet drei Fallgruppen, in denen eine amtliche Äußerung und damit eine Verletzung der Neutralität vorliege. Zunächst sei dies der Fall, wenn eine Äußerung ausdrücklich in amtlicher Eigenschaft erfolge, zweitens wenn sich der amtliche Charakter aus den Umständen ergebe und schließlich wenn sich der amtliche Charakter aus dem Inhalt der Äußerung entnehmen lasse.

semitteilungen des Magistrates in Wahlkampfzeiten). Dasselbe gilt, wo Möglichkeiten genutzt werden, die ausschließlich dem Amtsinhaber zur Verfügung stehen, etwa wenn er für eine Mailing-Aktion dienstlich gewonnene Adressen nutzt[534].
Dem VGH Kassel ist zu folgen, soweit er betont, dass der Bürgermeister oder Landrat bei einer Wahlempfehlung – z.B. zugunsten eines Parteifreundes – seine Amtsbezeichnung nicht verbergen müsse, da es ihm gemäß §§ 211 I, 97 II Hessisches Beamtengesetz gestattet sei, diese Bezeichnung auch außerhalb des Dienstes zu führen[535].
Entscheidend ist daher, ob der jeweilige Amtsinhaber sich durch die Verwendung städtischer Symbole oder Ressourcen Vorteile gegenüber Mitbewerbern verschaffen will. Eine Rolle spielt dabei vor allem die äußere Gestaltung von Wahlwerbung, aus der der amtliche Charakter aufgrund eindeutiger „äußerer Hinweise" abgeleitet werden kann. Oebbecke schlägt weiterhin vor, dass man bei Äußerungen im Rahmen von Veranstaltungen als Hilfsüberlegung fragen könne, ob ein Wegeunfall als Dienstunfall anzusehen wäre[536]. Wenn man berücksichtigt, dass eine solche Überlegung nicht das allein entscheidende Kriterium sein kann, da der Bürgermeister auch während einer Veranstaltung – abhängig von den jeweiligen Umständen – durchaus Äußerungen in unterschiedlicher Eigenschaft abgeben kann, ist der Vorschlag für die Abgrenzung hilfreich.
Nicht in die Systematik des oben dargestellten Leitsatzes passt aber die Entscheidung des VGH Kassel zur Zulässigkeit der Versendung eines Senioren-Briefes (vgl. S. 132ff.) durch den Bürgermeister kurz vor einer Kommunalwahl, in dem er zur Unterstützung seiner Partei aufgerufen hatte. Aus der äußerlichen Struktur dieses Briefes war kein amtlicher Charakter zu entnehmen. Auch die Verwendung der Amtsbezeichnung war unproblematisch. Der VGH Kassel hat einen Verstoß gegen die Neutralitätspflicht dennoch anhand des Inhaltes des Briefes festgestellt, der doppeldeutig gewesen sei und dem deswegen bei laienhafter Betrachtung amtlicher Charakter zugekommen sei[537]. Bereits oben wurde in diesem Zusammenhang deutlich gemacht, dass damit die Einschätzbarkeit künftiger Fälle für die Amtsinhaber schwieriger geworden ist. Die Gefahr, dass sie sich de facto selbst einen Maulkorb anlegen, um der Gefahr einer Anfechtung der Wahl zu entgehen, lässt sich nicht von der Hand weisen[538]. Will man die dogmatische Unterscheidung zwischen unzulässiger amtlicher Beeinflussung und zulässiger – auf Art. 5 I 1 GG gestützter – privater Stellungnahme in der Praxis wirksam befolgen und umsetzen, so kann dies nur anhand eindeutiger Kriterien erfolgen. Die oben genannten formalen Anhalts-

---

534 Oebbecke, in: NVwZ 2007, 30 [31].
535 VG Frankfurt, NVwZ 1997, 1240 [1241]; VGH Kassel, HSGZ 1999, 189ff.; so auch: Oebbecke, in: NVwZ 2007, 30 [31].
536 Oebbecke, in: NVwZ 2007, 30 [31].
537 VGH Kassel, HSGZ 1999, 189 [195f.].
538 Vgl. dazu die Bewertung oben S. 136ff.

punkte bieten dafür ausreichend Gelegenheit, so dass nicht darüber hinaus auf inhaltliche Kriterien abgestellt werden darf.
Nur im Ausnahmefall wird auch einem Amtsinhaber im Wahlkampf eine amtliche Äußerung als Replik auf Angriffe des politischen Gegners erlaubt sein[539]. Allerdings reicht es dabei nicht aus, dass Kritik an seiner Person geäußert worden ist. Darauf kann er als im Wahlkampf stehende Privatperson antworten. Vielmehr müssen weitere Umstände hinzukommen, die eine amtliche Stellungnahme sogar erforderlich machen. Dies kann der Fall sein, wenn falsche Tatsachenbehauptungen richtig gestellt werden müssen oder wenn einzelne Verwaltungsmitarbeiter angegriffen worden sind. Doch selbst in diesen Situationen ist lediglich eine Stellungnahme erlaubt, die in jedem Fall sachlich und nicht in wahlkampftypischer Manier plakativ und polemisch ausfällt.
Zu betonen ist schließlich noch, dass mit dem Heranrücken des Wahltermins auch die Pflicht zur Zurückhaltung und Neutralität des Amtsinhabers wächst. Dies spielt insbesondere für die zulässige Informationstätigkeit der Verwaltung über die eigenen Beschlüsse und Projekte (Leistungsbilanzen) eine Rolle. Soweit diese Informationstätigkeit erst kurz vor einer Wahl ansetzt, spricht eine widerlegbare Vermutung dafür, dass es weniger um die Vermittlung der reinen Information als um die Werbung für die eigene Person oder den vermeintlichen Erfolg der eigenen Partei geht. Diese Vermutung kann dann nur noch dadurch widerlegt werden, dass die Amtsträger deutlich machen, dass sie aus „akutem Anlass" gehandelt haben und die kurzfristige Information der Gemeinde dringend notwendig war.

In die Kategorie des Neutralitätsgebotes fällt weiterhin die Pflicht zur gerechten und chancengleichen Verteilung kommunaler Ressourcen an die Parteien, Wählergruppen und Kandidaten einer Wahl. Demzufolge muss z.B. die Nutzung einer Stadthalle oder anderer öffentlicher Einrichtungen allen Bewerbern in gleicher Weise zugänglich sein. Auch der gleiche Zugang zu Adressen für Wahlwerbebriefe muss – unter Berücksichtigung der gesetzlichen Voraussetzungen – gewährleistet sein. Dabei spielt es keine Rolle, in welcher Form die öffentlichen Einrichtungen betrieben werden, ob als Eigenbetriebe oder als privatrechtlich -organisierte Gesellschaften. Von Interesse ist dabei insbesondere die Konstellation, in der die Kommune nicht zu 100% oder nicht einmal als Mehrheitsgesellschafterin an der privaten Organisationsform beteiligt ist. Der VGH Kassel hat eine Pflicht zur Einwirkung des Bürgermeisters (der kommunalen Seite) auf die privatrechtlich organisierte Gesellschaft nur dort bejaht, wo die rechtliche (!) Möglichkeit besteht, über die Vergabe der Einrichtung durch die kommunale Seite zu entscheiden.[540] Rein tatsächliche Einflussmöglichkeiten genügen nach seiner Auffassung deswegen nicht, weil bei solchen meist

[539] Vgl. dazu VGH Kassel, NVwZ 2006, 610 [612] sowie Oebbecke, in: NVwZ 2007, 30 [32].
[540] VGH Kassel, NVwZ-RR 2004, 58 [60].

privaten Beziehungen oder Parteifreundschaften dasselbe gelte wie bei sonstigen privaten Unterstützungen, die grundsätzlich zulässig seien[541].
Bereits oben habe ich dahingehend eine abweichende Auffassung vertreten, die solche Fälle entsprechend den Grundsätzen der Grundrechtsbindung privatrechtlich – organisierter Gesellschaften mit kommunaler Beteiligung zu lösen versucht (vgl. S. 105ff.).

e. Wahrheitspflicht im Wahlkampf
Neben Fragen der Neutralität haben auch Probleme um den von den Kandidaten und Amtsinhabern zu erwartenden Umgang mit der Wahrheit im Wahlkampf die Gerichte beschäftigt. Beispielhaft sei hier nur an die Pflicht zur wahrheitsgemäßen Auskunft über die Angaben zur eigenen Person (vgl. S. 75ff., falsche Angabe zum Familienstand) oder an die wahrheitsgemäße Unterrichtung des Magistrates und der Stadtverordnetenversammlung über Vorfälle während des Wahlkampfes (vgl. S. 87ff., OB-Wahl Bad Homburg, Verheimlichung des Misslingens eines Grundstücksgeschäftes) erinnert.
Der VGH Kassel hat die Wahrheitspflicht bislang nicht in den politischen Bereich hinein ausgedehnt, so dass insbesondere nicht eingelöste Wahlkampfversprechen keine Unregelmäßigkeiten darstellen. Ganz abgesehen von der Schwierigkeit der Beweisführung über solche politischen Ankündigungen im Wahlkampf, ist bereits an anderer Stelle ausreichend deutlich gemacht worden, dass es insgesamt wenig sinnvoll erscheint, politische Versprechen und Wahlkampfprogramme justitiabel zu machen (vgl. S. 78f.).
Daran haben auch die Urteile zur Oberbürgermeisterwahl in Bad Homburg[542] nichts verändert. Dort ging es nicht darum, bestimmte politische Absichten oder Versprechungen rechtlich überprüfbar zu machen. Anlass für die Wahlanfechtung waren vielmehr Vorfälle aus der Vergangenheit, also rechtlich nachprüfbare Sachverhalte und Tatsachen, über die Teile des Magistrates, der Stadtverordnetenversammlung und der Öffentlichkeit nicht informiert worden waren. Die Pflichten zur sorgfältigen Information der Betroffenen ergeben sich dabei aus der HGO selbst (vgl. §§ 50 II 5 HGO, 50 III HGO und § 52 HGO), unabhängig davon, ob sich die Kommune im Wahlkampf befindet oder nicht.
Daher besteht insbesondere im Wahlkampf die Pflicht der Verwaltung und des Magistrates (Gemeindevorstandes), die Stadtverordnetenversammlung (Gemeindevertretung) und die Öffentlichkeit über Sachverhalte zu informieren, die für den Ausgang der Wahl von entscheidendem Einfluss sein können. Diese rechtlichen Pflichten sind grundsätzlich von den bloßen moralischen Pflichten zu trennen, einen wahrheitsgemäßen Wahlkampf zu führen, in dem nur das versprochen werden sollte, was nach der Wahl auch umgesetzt werden kann.

---

541 VGH Kassel, NVwZ-RR 2004, 58 [60].
542 Vgl. VGH Kassel, HSGZ 2002, 171ff.; BVerwG, HSGZ 2003, 265ff.

f. Das Problem der sog. Scheinkandidaturen

Auch Scheinkandidaturen hauptamtlicher Bürgermeister oder Landräte haben die hessischen Gerichte in regelmäßigen Abständen beschäftigt[543]. Von der Frage, ob solche Kandidaturen gegen § 65 II HGO verstoßen, bis zu der Überlegung, darin unzulässige Wahlbeeinflussungen auszumachen, haben die Verwaltungsgerichte alle denkbaren Probleme in den Blick genommen. Im Ergebnis wurde jedoch in allen Fällen eine Unregelmäßigkeit im Sinne von § 26 I Nr. 2 KWG verneint. Im Einzelnen sollen die Argumente an dieser Stelle nicht nochmals genannt werden[544]. Insgesamt gilt es zur Problematik der Scheinkandidaturen festzustellen, dass nach der derzeit geltenden Rechtslage solche Kandidaturen nicht ausgeschlossen werden können.

g. Verstöße gegen sonstige Vorschriften aus KWG und KWO

Entsprechend der oben dargestellten weiten Auslegung des Begriffs der Unregelmäßigkeit fallen darunter auch alle Verstöße gegen Vorschriften des KWG und der KWO. Nicht selten konkretisieren diese Vorschriften dabei die allgemeinen Grundsätze, die an eine freie, gleiche, geheime, allgemeine und unmittelbare Wahl zu stellen sind. Dazu gehört beispielsweise die ordnungsgemäße Zusammensetzung der Wahlorgane nach den §§ 4ff. KWG[545], die rechtmäßige Zusammenstellung der Stimmzettel entsprechend der eingereichten Wahlvorschläge nach §§ 16 II 2, 15 IV KWG[546] oder das Verbot unzulässiger Wahlpropaganda vor den Wahllokalen gemäß § 17 a KWG[547].

Inwieweit auch die Anbringung eines Kreuzes im Wahlraum als unzulässige Wahlpropaganda gewertet werden müsse, wird von Schmidt behandelt[548]. Zwar gebe es Parteien, die in ihrem Namen ausdrücklich einen Bezug auf das Christentum erkennen ließen, dennoch sei ein Kruzifix kein Symbol, welches diesen Parteien ausschließlich vorbehalten sei[549]. Er lässt es allerdings offen, inwieweit sich im Hinblick auf eine neuere Entscheidung des VG Darmstadt sowie des Hessischen Staatsgerichtshofs[550] eine abweichende Beurteilung ergeben müsste. Die Gerichte hatten in ihren Beschlüssen zum Ausdruck gebracht, dass

---

543 VGH Kassel, DÖV 1970, 643 [644]; bestätigend: VGH Kassel, DVBl. 1980, 66 [68]; folgend: VG Darmstadt, HSGZ 1996, 510 [511]; vgl. dazu auch: VGH Kassel, HSGZ 1997, 165 [166f.]; vgl. auch VGH Kassel, ESVGH 29, 171 und StGH Hessen, ESVGH 31, 161ff.

544 Vgl. aber die ausführliche Bewertung oben, S. 140ff.

545 Vgl. S. 167ff.,VGH Kassel, ESVGH 13, 105ff.

546 VGH Kassel, NVwZ 1991, 601 [602].

547 VG Gießen, HSGZ 2002, 75 [76]; VGH Kassel, HSGZ 2003, 271 [272]; VGH Kassel, NVwZ 1991, 702 [704]; BVerwG, NVwZ 1991, 681 [681].

548 Schmidt, in: Bennemann, § 26 KWG Rn. 46.

549 Schmidt, in Bennmann, § 26 KWG Rn. 46: „Auch wenn es Parteien gebe, die in ihrem Namen ausdrücklich einen Bezug auf das Christentum erkennen ließen, sei ein Kruzifix dennoch kein Symbol, das diesen Parteien als Identitätszeichen vorbehalten und zugerechnet werden könne“.

550 VG Darmstadt, NJW 2003, S. 455f., ihm folgend der Hessische Staatsgerichtshof, NJW 2003, 2471ff.

das Anbringen eines christlichen Glaubenssymbols in dem Raum, in dem eine kommunale Vertretungskörperschaft tagt, mit dem Gebot der Neutralität staatlicher Organe in Glaubensfragen unvereinbar sei. Vor dem Hintergrund, dass die Mandatsträger sogar Teil des Staates bzw. der Verwaltung sind, ist in den Situationen, in denen der einfache Bürger das Wahllokal betritt, erst recht davon auszugehen, dass entsprechende Glaubenssymbole zu entfernen sind. Diese Schlussfolgerung ist auch vor dem Hintergrund der jüngsten Entscheidungen zum „Kopftuchverbot" an staatlichen Schulen konsequent[551]. Auch der einfache Bürger kann sich der Konfrontation mit dem Glaubenssymbol im Wahlraum nicht entziehen, wenn er sein Wahlrecht ausüben will.

2. Die „Ergebnisrelevanz"

Unter den Begriff der „Ergebnisrelevanz" kann der zweite Teil des Tatbestandes von § 26 I Nr. 2 KWG bzw. § 50 Nr. 2 KWG gefasst werden. Bislang hat die Rechtsprechung in diesem Zusammenhang insbesondere von der „Mandatsrelevanz" der Unregelmäßigkeit gesprochen. Dieser Begriff passt jedoch terminologisch nur für die Wahlen zu den Vertretungskörperschaften (also für § 26 I Nr. 2 KWG) und nicht für die Direktwahlen (§ 50 Nr. 2 KWG), bei denen keine „Mandate", sondern Ämter (Bürgermeister, Landrat) zur Wahl stehen. Insofern bietet es sich an, übergreifend von der „Ergebnisrelevanz" zu sprechen, um damit die Auswirkungen der Wahlfehler auf das Ergebnis der Wahl für die Kommunalwahlen im weiteren Sinne zu beschreiben.

a. Anforderungen an die „Ergebnisrelevanz"

Nach der alten Fassung der beiden Tatbestände musste die Unregelmäßigkeit „auf die Verteilung der Sitze" (§ 26 I Nr. 2 KWG) bzw. „auf das Ergebnis der Wahl" (§ 50 Nr. 2 KWG) von Einfluss gewesen sein können". Die neue Fassung der Vorschriften hat diese Anforderungen verändert (vgl. bereits oben, S. 69ff.). Auf die möglichen Auswirkungen dieser Änderung soll im Anschluss noch eingegangen werden. Zunächst gilt es darzustellen, was die hessischen Gerichte bisher als Maßstab für eine Mandatsrelevanz angesehen haben:
Wahlfehler galten dann als erheblich, wenn bei einer hypothetischen Betrachtung die Unregelmäßigkeiten *„auf die konkrete Mandatsverteilung von Einfluss sind oder sein können, wobei eine solche Möglichkeit nicht nur theoretisch bestehen darf, sondern nach allgemeiner Lebenserfahrung konkret und nicht ganz fern liegend sein muss"*[552]. Es genügte also eine gewisse Wahrscheinlichkeit, dass die Unregelmäßigkeit auf das Wahlergebnis von Einfluss gewesen ist (Prinzip der potentiellen Kausalität)[553]. Eine ähnlich strenge Kausalitätsprü-

---

[551] BVerfGE 108, 282ff.; vgl. dazu auch: Sacksofsky, in: NJW 2003, S. 3297ff.
[552] VGH Kassel, NVwZ 1992, 284 [285]; VGH Kassel, HSGZ 2002, 171 [180] mit entsprechenden Verweisen auf Urteile des Bundesverfassungsgerichts; vgl. auch VG Frankfurt, NVwZ 1997, 1240 [1242].
[553] Schmidt, in: Bennemann, § 26 KWG Rn. 56.

fung, wie sie für Bundes- oder Landtagswahlen vertreten wird, hat der VGH Kassel dabei bislang für Kommunalwahlen abgelehnt[554]. Hier sei nicht erforderlich, dass ein „erheblicher Wahlfehler von solchem Gewicht" bestehe, der „ein Fortbestand der in dieser Weise gewählten Volksvertretung unerträglich" erscheinen lässt. Die damit einhergehenden unterschiedlichen Kausalitätsmaßstäbe, je nach dem, ob eine Parlamentswahl oder eine Kommunalwahl betroffen waren, sind auch vom Bundesverwaltungsgericht als unbedenklich eingestuft worden[555]. Die Argumente, die eine solche unterschiedliche Behandlung der Wahlen stützen, sollen an dieser Stelle nicht wiederholt werden. Insgesamt ist dem VGH Kassel jedoch darin zuzustimmen, dass die strukturellen Unterschiede zwischen diesen Wahlen auch entsprechend unterschiedliche Maßstäbe für eine Anordnung der Wiederholung der Wahl rechtfertigen können[556].

Damit steht bei Direktwahlen jeweils die Frage im Mittelpunkt, inwieweit die festgestellte Unregelmäßigkeit möglicherweise in der Lage gewesen ist, den Ausgang der Wahl zu beeinflussen. Insbesondere bei knappen Wahlausgängen hat dabei die Rechtsprechung die Relevanz des Wahlfehlers für den Ausgang der Wahl bejaht[557]. Dies überzeugt, da bei knappen Stimmenunterschieden bereits wenige Wählerinnen und Wähler ausreichen, um das Ergebnis der Wahl in die eine oder andere Richtung zu verschieben. Dabei wird man den Nachweis, dass die Unregelmäßigkeit tatsächlich und nicht nur theoretisch Einfluss auf die Wahl gehabt hat, so gut wie nie führen können. Dazu müssten die Wählerinnen und Wähler ihr Wahlverhalten offenbaren, was jedoch dem Grundsatz der geheimen Wahl aus § 1 KWG widerspricht. Darüber hinaus müssten die Befragten deutlich machen, ob sie durch die Unregelmäßigkeit tatsächlich in ihrem Wahlverhalten beeinflusst worden sind.

Bei den Kommunalwahlen im engeren Sinne liegt eine Mandatsrelevanz wortwörtlich dann vor, wenn die Unregelmäßigkeit für die Verteilung der Mandate von Relevanz gewesen ist. Dies ist der Fall, wenn die nicht fern liegende Möglichkeit besteht, dass ohne die Unregelmäßigkeit die zu verteilenden Sitze anders vergeben worden wären. Auch hier ist diese Erheblichkeit des Wahlfehlers insbesondere dort bejaht worden, wo ein knapper Wahlausgang zu verzeichnen war[558].

---

[554] VGH Kassel HSGZ 2002, 171 [180]; VGH Kassel, HSGZ 2005, 387 [391]; vgl. zur Auslegung des Art. 78 II HV: Hess. StGH, NVwZ 2007, 328ff. sowie bereits oben FN. 507.

[555] BVerwG, HSGZ 2003, 265 [268].

[556] In diesem Sinne die oben vertretene Argumentation, vgl. S. 94ff.

[557] Vgl. Mandatsrelevanz bejahend: VGH Kassel, HSGZ 2000, 233 [234], 52,04% für den siegreichen Kandidaten und 47,96 % für den unterlegenen Bewerber; VG Frankfurt, NVwZ 1997, 1240ff, 6.071 Stimmen für den siegreichen Kandidaten, 4.372 Stimmen für den unterlegenen Bewerber; VGH Kassel, HSGZ 2002, 171ff., BVerwG, HSGZ 2003, 265ff., 9.731 Stimmen für den siegreichen Kandidaten, 8.412 Stimmen für den unterlegenen Bewerber.

[558] Mandatsrelevanz bejaht: VGH Kassel, NVwZ 1992, 284 [286], 16 weitere Stimmen für die FDP, um 5%-Hürde zu überschreiten; VGH Kassel, HSGZ 1999, 189 [195], 207 Stimmen weniger für die CDU bedeutet ein Mandat weniger, dies sei nicht auszuschließen bei 5000 versendeten Wahlbriefen; VGH Kassel, NVwZ 1991, 702 [704], BVerwG, NVwZ

b. Horizontale und vertikale Ergebnisrelevanz

Mit der Einführung des Kumulierens und Panaschierens gilt es dabei zu beachten, dass sich eine solche Relevanz nicht nur *horizontal*, also zwischen den verschiedenen Parteien und Wählergruppen zeigen kann, sondern auch *vertikale* Auswirkungen möglich sind, also Verschiebungen innerhalb einer Liste[559]. Der VGH Kassel bejaht in beiden Fällen die Mandatsrelevanz, da auch Verschiebungen innerhalb einer Liste von Bedeutung für die Frage sein können, aus welchen Personen sich die gewählte Vertretungskörperschaft zusammensetzt. Ungeklärt ist dabei bislang die Frage, ob die Mandatsrelevanz bereits dann vorliegt, wenn aufgrund der Unregelmäßigkeit zwar eine Verschiebung innerhalb der Liste als möglich erscheint (Kandidaten also „nach hinten kumuliert wurden"), die betroffenen Personen aber dennoch (z.B. angesichts eines guten Abschneidens ihrer Liste insgesamt) ein Mandat erlangen konnten. Im Hinblick auf die wichtige Bedeutung der persönlichen Einzelergebnisse der Bewerber für deren politisches Gewicht innerhalb der eigenen Fraktion oder für bestimmte zu vergebende Funktionen und Ämter wird man die Mandatsrelevanz auch hier bejahen müssen[560].

Bei den kommunalen Direktwahlen ist eine wahlrechtliche Erheblichkeit nur im Sinne einer Verschiebung zwischen den einzelnen Wahlvorschlägen denkbar (horizontale Erheblichkeit), da dort gemäß § 45 II KWO jeder Wahlvorschlag nur einen Bewerber enthalten darf[561].

c. Der tendenzlose Wahlfehler

Für die Mandatsrelevanz erheblich ist weiterhin die Frage, ob es sich bei der Unregelmäßigkeit um einen *tendenzlosen Wahlfehler* handelt. Darunter zu verstehen sind Wahlfehler, die sich weder zugunsten noch zu Lasten eines bestimmten Kandidaten auswirken, sondern letzten Endes alle Kandidaten gleich treffen[562]. Tritt daher ein Wahlfehler nicht nur vereinzelt, sondern vermehrt (beispielsweise auch in verschiedenen Wahlbezirken) auf, so sinkt die Mandatsrelevanz des Fehlers mit steigender Zahl der von diesem Fehler betroffenen Wählerinnen und Wähler (vgl. ausführlich oben, S. 110ff.). Hintergrund dieser Konsequenz ist das Prinzip der Repräsentation, dessen sich auch Meinungsforscher bei ihren Umfragen bedienen, die umso genauer werden, je mehr Wählerinnen und Wähler an der Umfrage teilnehmen. Nicht zu unterschätzen ist aber

1991, 681 [681], fünf Stimmen mehr für die FDP hätte für Überschreiten der 5%-Klausel und Erreichen von zwei Mandaten genügt; VG Gießen, HSGZ 2002, 75; VGH Kassel, HSGZ 2003, 271 [271]: 18 zusätzliche Listenstimmen hätten genügt für horizontale Mandatsrelevanz, 18 zusätzliche Einzelstimmen hätten genügt für vertikale Mandatsrelevanz; VGH Kassel, NVwZ 1991, 601 [602], FDP verfehlt 5%-Klausel um 0,67%.

559 Vgl. dazu grundlegend: VG Gießen, HSGZ 2002, 75 [76]; VGH Kassel, HSGZ 2003, 271 [272]; vgl. auch: Schmidt, in: Bennemann, § 26 HGO Rn. 58.

560 Vgl. dazu bereits oben S. 161f.

561 Schmidt, in: Bennemann, § 50 KWG Rn. 26.

562 Vgl. zur Terminologie grundlegend: VGH Kassel, NVwZ-RR 2004, 58 [62].

die Gefahr, dass die von der Unregelmäßigkeit betroffenen Gruppen gar nicht repräsentativ zur Gesamtheit der Wählerinnen und Wähler stehen. Nur wenn diese tatsächlich einen repräsentativen Querschnitt der Wahlbevölkerung bilden, gilt das Prinzip des tendenzlosen Wahlfehlers. Ist die Gruppe dagegen nicht repräsentativ und belastet eine bestimmte politische Richtung oder Klientel besonders, steigt die Relevanz des Wahlfehlers sogar mit zunehmender Zahl der Betroffenen[563].

d. Auswirkungen der Novellierung

Fraglich ist nunmehr, ob durch die Neufassung des § 26 I Nr. 2 KWG bzw. § 50 Nr. 2 KWG („*entscheidender* Einfluss auf das Ergebnis“) die Anforderungen an die Mandatsrelevanz verschärft worden sind. Auf die verunglückte Formulierung der beiden Vorschriften wurde bereits zu Beginn ausdrücklich hingewiesen (vgl. S. 69ff.). Der VGH Kassel hatte bislang darauf abgestellt, dass die Unregelmäßigkeit von Einfluss gewesen sein muss, wobei dies nicht nur theoretisch möglich, sondern nach allgemeiner Lebenserfahrung konkret und nicht ganz fern liegend gewesen sein muss[564]. Der Gesetzgeber übernimmt diese Maßstäbe in die Tatbestände der §§ 26 I Nr. 2, 50 Nr. 2 KWG, ergänzt aber, dass das Ergebnis „entscheidend“ beeinflusst worden sein muss. Was darunter in Abweichung zur bisherigen Rechtsprechung zu verstehen ist, bleibt offen.

Der geänderten Formulierung und auch der Gesetzesbegründung[565] kann jedoch nicht entnommen werden, dass damit die zu Art. 78 II HV gefundenen strengen Kausalitätsmaßstäbe auch auf Kommunalwahlen übertragen werden sollen. Insofern hätte es einer deutlichen Klarstellung im Wortlaut der beiden Vorschriften bedurft. Die strukturellen Unterschiede zwischen Parlamentswahlen auf der einen Seite und Kommunalwahlen auf der anderen Seite bleiben auch weiterhin bestehen und rechtfertigen die unterschiedliche Beantwortung der Frage, was als entscheidende Beeinflussung anzusehen ist. Das Wort „entscheidend“ macht lediglich nochmals deutlich, dass die Möglichkeit der Mandatsrelevanz sorgfältig zu prüfen ist und nicht leichtfertig bejaht werden darf. In diesem Sinne hat aber die Rechtsprechung insbesondere mit der Figur des tendenzlosen Wahlfehlers schon vergleichsweise strenge Maßstäbe geschaffen. Folglich lässt sich weder aus dem Wortlauf der neu gefassten §§ 26 I Nr. 2, 50 Nr. 2 KWG noch aus historisch-teleologischer Sicht ein Bedürfnis nach einer Vereinheitlichung der Wahlprüfungsanforderungen für Landtagswahlen auf der einen Seite und Kommunalwahlen auf der anderen Seite ableiten.

---

[563] Vgl. zu diesen Gefahren oben, S. 110ff. und Knecht, in: HSGZ 2004, 334 [337].

[564] VGH Kassel, NVwZ 1992, 284 [285]; VGH Kassel, HSGZ 2002, 171 [180] mit entsprechenden Verweisen auf Urteile des Bundesverfassungsgerichts; vgl. auch VG Frankfurt, NVwZ 1997, 1240 [1242].

[565] Änderungsantrag der CDU-Fraktion zu dem Gesetzentwurf der Landesregierung für ein Gesetz zur Änderung der Hessischen Gemeindeordnung und anderer Gesetze, LT-Drs. 16/3307.

In diesem Sinne weist Schmidt zu recht darauf hin, dass der Gesetzgeber in § 26 I Nr. 2 KWG schlicht die Definition der Rechtsprechung übernommen habe, die herkömmlicherweise eine wahlrechtliche Erheblichkeit ausgemacht habe[566]. Die Norm sei nicht dahingehend zu verstehen, dass die Unregelmäßigkeit das Wahlergebnis „nachweisbar" beeinflusst haben müsse, da ein solcher Nachweis in der Praxis mit Rücksicht auf das Wahlgeheimnis gar nicht erbracht werden könne. Der Terminus „die das Wahlergebnis beeinflussen" sei im Sinne einer objektiven Geeignetheit zu verstehen, was bedeute, dass die Unregelmäßigkeit ihrem Wesen nach geeignet gewesen sein müsse, einen Einfluss auf das Wahlergebnis zu haben[567].
Dieser herkömmlichen Auslegung ist voll und ganz zuzustimmen.

B. Rechtsschutz – Die Geltendmachung der Anfechtungsgründe

Die Geltendmachung der Anfechtungsgründe erfolgt in zwei Schritten. Zunächst steht es den Wahlberechtigten nach § 25 KWG (§ 49 KWG i.V. mit § 25 KWG) frei, innerhalb von zwei Wochen nach Feststellung des Wahlergebnisses Einsprüche gegen die Gültigkeit der Wahl zu erheben (Einspruchsverfahren). Die Einsprüche sind gemäß § 25 II KWG beim Wahlleiter schriftlich oder zur Niederschrift einzureichen. Nach § 26 I KWG entscheidet dann über die Gültigkeit der Wahl und die eingegangenen Einsprüche die neu gewählte Vertretungskörperschaft selbst. Die Zuständigkeit der Gemeindevertretung, der Stadtverordnetenversammlung und des Kreistages bezieht sich nach § 49 S. 2 KWG auch auf die Gültigerklärung und Überprüfung von Einsprüchen im Rahmen von Direktwahlen. Gegen die Entscheidung der Vertretungskörperschaft steht den Beteiligten als zweiter Schritt, zusätzlich auch der Aufsichtsbehörde, nach § 27 KWG bzw. § 51 KWG der Weg zu den Verwaltungsgerichten offen (Wahlanfechtungsklage). Das Einspruchsverfahren als Verwaltungsverfahren ist grundsätzlich vom Anfechtungsverfahren als verwaltungsgerichtlichem Verfahren zu trennen.
Die Voraussetzungen für die beiden Verfahren sollen im Folgenden näher dargestellt werden.

I. Das Einspruchsverfahren

Die formellen Anforderungen an die Geltendmachung von Einsprüchen gegen die Gültigkeit von Wahlen auf kommunaler Ebene sind durch die Novellierungen aus dem Jahre 2005[568] erheblich verschärft worden. Dieser Befund lässt sich bereits anhand einer Gegenüberstellung der alten und neuen Fassung des § 25 KWG ableiten.

---

[566] Schmidt, in: Bennemann, § 26 KWG Rn. 57f.
[567] Schmidt, in: Bennemann, § 26 KWG Rn. 57f.
[568] Vgl. Gesetz zur Änderung der Hessischen Gemeindeordnung und anderer Gesetze, LT-Drs. 16/2463, Artikel 6 Nr. 14.

§ 25 KWG alt	§ 25 KWG neu
Einsprüche gegen die Gültigkeit der Wahl	**Einsprüche gegen die Gültigkeit der Wahl**
(1) Gegen die Gültigkeit der Wahl kann jeder Wahlberechtigte des Wahlkreises binnen einer Ausschlussfrist von zwei Wochen nach der Bekanntmachung des Wahlergebnisses Einspruch erheben. (2) Der Einspruch ist schriftlich oder zur Niederschrift beim Wahlleiter einzureichen.	(1) Gegen die Gültigkeit der Wahl kann jeder Wahlberechtigte des Wahlkreises binnen einer Ausschlussfrist von zwei Wochen nach der öffentlichen Bekanntmachung des Wahlergebnisses Einspruch erheben. Der Einspruch eines Wahlberechtigten, der nicht die Verletzung eigener Rechte geltend macht, ist nur zulässig, wenn ihn eins vom Hundert der Wahlberechtigten, mindestens jedoch fünf Wahlberechtigte unterstützen; bei mehr als 10.000 Wahlberechtigten müssen mindestens 100 Wahlberechtigte den Einspruch unterstützen. (2) Der Einspruch, ist schriftlich oder zur Niederschrift beim Wahlleiter einzureichen und innerhalb der Einspruchsfrist im Einzelnen zu begründen; nach Ablauf der Einspruchsfrist können weitere Einspruchsgründe nicht mehr geltend gemacht werden.

Die wesentliche Neuerung der Vorschrift des § 25 I KWG besteht darin, dass Einsprüche gegen die Gültigkeit von Kommunalwahlen nunmehr neben den bisher geltenden Zulässigkeitsvoraussetzungen von einem 1%-Quorum an Unterstützern, die dem Einspruch beitreten, abhängig gemacht werden. Dies gilt jedenfalls für jene Einsprüche, die nicht die Geltendmachung von eigenen Rechten zum Gegenstand haben. In diesen Fällen bedarf der Einspruch gegen die Gültigkeit einer Wahl der Unterstützung von 1% der Wahlberechtigten, bei mehr als 10.000 Wahlberechtigten der Unterstützung von mindestens 100 Wahlberechtigten. Daneben sind in § 25 II KWG (n.F.) weitere formelle Anforderungen (insbesondere Begründungspflicht[569], Wahlanfechtungsprinzip[570])

[569] Vgl. u.a. VGH Kassel, HSGZ 1997, 165; VGRspr. 1975, 17.
[570] VGH Kassel, HSGZ 2000, 277.

kodifiziert worden, die die Rechtsprechung schon bislang als Voraussetzung für eine später zulässige Wahlanfechtungsklage gefordert hat.
Demnach ergeben sich für die Zulässigkeit eines Einspruchs gegen die Gültigkeit der Wahl nunmehr folgende Voraussetzungen:

1. Einspruchsberechtigung

Einspruchsberechtigt sind gemäß § 25 I 1 KWG nach wie vor alle Wahlberechtigten des Wahlkreises, d.h. alle Personen, denen das aktive Wahlrecht nach § 30 HGO zusteht. Dabei spielt es keine Rolle, ob der Bürger von seinem Wahlrecht tatsächlich Gebrauch gemacht hat. Da keine Wahlpflicht besteht, können auch Nichtwähler Einsprüche gegen die Gültigkeit einer Kommunalwahl geltend machen. Ein nachträglicher Verlust des Wahlrechts[571] ist genauso unschädlich wie die Tatsache, dass der Einspruchsführer an der Unregelmäßigkeit beteiligt war[572]. Die Beschränkung der Einspruchsberechtigung auf Wahlberechtigte dient dem Zweck des Ausschlusses der Popularwahlanfechtung, so dass nur Personen, deren aktives oder passives Wahlrecht während einer Wahl berührt sein können, mit ihrem Namen und Ansehen für eine Wahlanfechtung einstehen sollen[573].
Für die Direktwahl erweitert § 49 KWG den Kreis der Einspruchsberechtigten zum einen um die Bewerber, die an der Wahl teilgenommen haben, zum anderen um die Bewerber eines zurückgewiesenen Wahlvorschlags[574]. Diese Vorschrift wird vor dem Hintergrund verständlich, dass bei den Direktwahlen das passive Wahlrecht nicht an die Wahlberechtigung in der jeweiligen Kommune geknüpft ist. § 39 II HGO verlangt von den Bewerbern lediglich, dass sie entweder die deutsche Staatsbürgerschaft im Sinne von Art. 116 I GG besitzen oder Unionsbürger sind und das fünfundzwanzigste Lebensjahr vollendet haben müssen. Die Bewerber müssen daher nicht ihren Wohnsitz in der Gemeinde oder Stadt haben, um deren Bürgermeisteramt sie sich bewerben. Um aber auch diesen Bewerbern eine Überprüfung der Wahl, an der sie selbst teilgenommen haben oder teilnehmen wollten, zu ermöglichen, ist die in § 49 KWG vorgesehen Erweiterung der Einspruchsberechtigung sinnvoll. Nur so lässt sich das ihnen zustehende passive Wahlrecht auch effektiv schützen.
Nicht in den Kreis der Wahlberechtigten fallen dagegen Parteien, Wählervereinigungen oder Fraktionen[575]. Der Einspruch eines Mitglieds dieser Vereinigun-

---

[571] Vgl. OVG Lüneburg, OVGE 23, 429ff.
[572] Vgl. OVG Münster, OVGE 14, 257ff.
[573] Schmidt, in: Bennemann, § 25 KWG Rn. 6.
[574] Vgl. dazu auch Birkenfeld-Pfeiffer/Gern, Kommunalrecht, Rn. 365; vgl. auch für Baden-Württemberg: Quecke/Pfeiffer, in: VBlBW 1989, 401 [408].
[575] Schmidt, in: Bennemann, § 25 KWG Rn. 9; anders dagegen in den Kommunalwahlgesetzen der Bundesländer von: Brandenburg, Niedersachsen, Sachsen-Anhalt, siehe Übersichtstabelle über die Regelungen in den anderen Bundesländern, S. 283ff.

gen in deren Namen ist daher als persönlicher Einspruch des Einspruchsführers zu behandeln[576].

2. Einspruchsbefugnis

Diese Voraussetzung ist neu in das Einspruchsverfahren aufgenommen worden (vgl. bereits oben). Der Einspruchsberechtigte muss entweder die Verletzung eigener Rechte geltend machen oder nachweisen, dass ein Prozent der Wahlberechtigten den Einspruch unterstützen. Die Neuregelung soll die Zahl der Wahleinsprüche einschränken und damit schneller für Klarheit sorgen, inwieweit das festgestellte Wahlergebnis Bestand hat. In der Begründung zur Gesetzesänderung heißt es dazu:
„Gesetzgeberischer Handlungsbedarf wird vor diesem Hintergrund nur dort gesehen, wo das derzeitige Regelwerk Gelegenheit zu Missdeutungen bietet oder wo die grundsätzlich objektive Zielrichtung der Wahlprüfung – die Gewährleistung der „richtigen" Zusammensetzung der Vertretungskörperschaft bzw. der Auswahl des „richtigen" Bürgermeisters oder Landrats – in Gefahr gerät, zugunsten individueller Interessen in den Hintergrund gedrängt zu werden. (...) Um deutlich zu machen, dass es sich bei der Wahlprüfung primär um ein objektives Verfahren handelt, bedürfen Einsprüche künftig grundsätzlich zusätzlich der Unterstützung weiterer Wahlberechtigter; sie müssen weiterhin begründet werden."[577]
Quecke/Pfeiffer haben es für die Rechtslage in Baden-Württemberg, wo es bereits seit 1968 ein solches Quorum in § 31 I 3 KWG BW gibt, mit anderer Formulierung auf den Punkt gebracht: „Es soll verhindert werden, dass ein einzelner Wahlberechtigter durch das Geltendmachen von Wahlfehlern, die ihn in seiner eigenen Rechtsstellung nicht betreffen, den Vollzug einer demokratischen Mehrheitsentscheidung zeitlich hinauszögern kann.(...) Der Landtag wollte hiermit der sog. „Oberschwäbischen Krankheit", nämlich willkürlichen oder querulatorischen Wahlanfechtungen, Einhalt gebieten"[578].
Angesichts der noch weitergehenden Forderungen des Hessischen Städtetages und des Hessischen Städte- und Gemeindebundes zur gesetzlichen Einschränkung von Wahlanfechtungsmöglichkeiten[579], kann man vielleicht zufrieden sein, dass der Gesetzgeber diesen Forderungen nicht nachgegeben hat und es bei den nunmehr geltenden Einschränkungen belassen hat. Dennoch ist den gesetzlichen Verschärfungen kritisch zu begegnen. Sicherlich ist dem Gesetzgeber in dem Willen zuzustimmen, die Möglichkeit der Wahlanfechtung auf ein

---

[576] Schmidt, in: Bennemann, § 25 KWG Rn. 9; Quecke/Pfeiffer, in: VBlBW 1989, 401 [408].
[577] Vgl. Gesetz zur Änderung der Hessischen Gemeindeordnung und anderer Gesetze, LT-Drs. 16/2463, Begründung, S. 10.
[578] Quecke/Pfeiffer, in: VBlBW 1989, 401 [409].
[579] Vgl. Ergebnisse des Anhörungsverfahrens zur Änderung der Hessischen Gemeindeordnung und anderer Gesetze, LT-Drs. 16/2463, Begründung, S. 19.

Maß zu beschränken, welches willkürliche, nicht-substantiierte und querulatorische Einsprüche möglichst ausschließt. Fraglich ist aber, ob der Gesetzgeber mit seinen Änderungen nicht über das selbst erklärte Ziel hinausgeschossen ist und die Anforderungen an die Einspruchseinlegung überspannt hat[580].
Auszugehen ist zunächst von der – auch vom Gesetzgeber betonten – Feststellung, dass der Wahlprüfung ein weitgehend objektiver Charakter zukomme, indem sie dem Schutz des öffentlichen Interesses an einer gesetzmäßigen Zusammensetzung der Vertretungskörperschaft bzw. einem gesetzmäßigen Wahlergebnis bei der Direktwahl diene[581]. Gerade aus diesem Grund sah die bisherige Gesetzeslage vor, dass die Anfechtungsberechtigung nicht von der Geltendmachung einer möglichen Verletzung eigener Rechte abhängig gemacht werden musste. Das Wahlanfechtungsverfahren kam insofern einer Popularklage nahe[582]. Dies korrespondiert mit dem Verständnis vom Wahlrecht als eines „status activus" bzw. grundrechtsgleichen Rechts, bei dem der Einzelne seine Freiheit im und für den Staat betätigt[583]. Dieser Status kann aber nur effektiv geschützt und gewährleistet werden, wenn auch der Einzelne in die Lage versetzt wird, Einsprüche gegen die aus seiner Sicht ungültige Wahl vorzutragen. In dieser Hinsicht erscheint die Einspruchsbefugnis nach der Wahl nur als Fortsetzung des Mitwirkungsrechtes vor der Wahl. In diesem Sinne hat auch Lang von der Doppelnatur des Wahlrechts auf die Doppelfunktionalität der Wahlprüfung geschlossen[584]. Mit der Einführung des Quorums wird die Verfolgung subjektiver Interessen im Zusammenhang mit der Ausübung des Wahlrechts aber gerade erschwert.
Indem der Gesetzgeber die Verletzung eigener Rechte bzw. die Unterstützung durch ein Mindestquorum von weiteren Personen zur Voraussetzung für eine Einspruchseinlegung erhebt, schließt er den Großteil der Bevölkerung aus bzw. macht die Einlegung von wesentlichen Anstrengungen abhängig, die dazu füh-

---

580 So auch: Foerstemann, Kommunalinfo Nr. 14, S. 3.

581 Grundlegend dazu das Bundesverfassungsgericht zur Bundestagswahl: BVerfGE 1, 430 [433]; bestätigt in: BVerfGE 35, 300 [301]; 37, 84 [89]; BVerfG, DVBl. 1992, 426 [427]; vgl. auch Schreiber, Handbuch des Wahlrechts zum Deutschen Bundestag, Kommentar, § 49 Rn. 11 m.w.N.; Lang, Subjektiver Rechtsschutz im Wahlprüfungsverfahren, Kapitel 3, hat freilich darauf hingewiesen, dass das Bundesverfassungsgericht seine Kernaussage, dass das Wahlprüfungsverfahren nur dem Schutz des objektiven Wahlrechts diene, bislang nicht hergeleitet und begründet habe. Er geht von einer Doppelnatur des Wahlrechts aus und schließt von dieser Doppelnatur des Wahlrechts auch auf eine Doppelfunktion der Wahlprüfung, um auch den subjektiven Rechtsschutzinteressen hinreichend Rechnung zu tragen. Mittlerweile betont aber auch das Bundesverfassungsgericht, dass das Wahlprüfungsverfahren auch dem Schutz subjektiver Rechte diene.

582 Vgl. in diesem Sinne: Weber, in: JuS 89, 902 [903] unter Hinweis auf Schmiemann, Wahlprüfung im Kommunalwahlrecht, S. 9.

583 Pieroth/Schlink, Grundrechte, Rn. 65; Franzke, in: DVBl. 1980, 731 [733]; sehr ausführlich dazu auch Lang, aaO, der die Doppelnatur des Wahlrechts betont.

584 Lang, aaO, S. 253. Nach seiner Auffassung sind nicht mandatsrelevante subjektive Wahlrechtsverletzungen vom Bundesverfassungsgericht im Tenor der Entscheidung festzustellen und die Klage im Übrigen abzuweisen, zusammenfassend.

ren werden, dass die Motivation zur Einlegung eines Einspruchs von vornherein stark sinken wird. Insofern wird zwar die Intention des Gesetzgebers voll erfüllt, gleichzeitig aber völlig außer Acht gelassen, dass die Position und die Interessen des einzelnen Wählers in den Hintergrund gedrängt werden.
Auch unter dem Gesichtspunkt des Bestandsinteresses an der Zusammensetzung der gewählten Körperschaft bzw. dem Ergebnis der Direktwahl ist der Neuregelung kritisch entgegenzutreten. Dadurch, dass sich möglicherweise Wähler, die Anlass für Bedenken gegen das Ergebnis der Wahl gehabt haben, von der Einspruchseinlegung abgehalten fühlen, besteht die Gefahr, dass der Bestand einer nicht gesetzmäßig zusammengesetzten Vertretungskörperschaft „zementiert" wird. Zu beachten ist nämlich, dass Anstoß für eine objektive (!) Wahlprüfung das Vorbringen von einspruchsberechtigten Bürgerinnen und Bürgern ist, die dadurch ihrer demokratischen Verantwortung gerecht werden und ihre Mitwirkungsrechte wahrnehmen. Begegnet der Gesetzgeber diesen verantwortungsbewussten Bürgern von vornherein mit Skepsis, hat dies auch Auswirkungen auf das öffentliche Interesse an der Garantie einer objektiven Wahlprüfung[585].
Für die Rechtslage in Baden-Württemberg ist die Regelung des Quorums freilich als verfassungsrechtlich unbedenklich eingestuft worden, da es sich bei dem Wahlanfechtungsverfahren um ein Verfahren eigener Art handele, das eine besondere Ausgestaltung erfahren dürfe[586]. Der Kommunalverfassungsgeber sei weder durch § 42 VwGO noch durch Art. 19 IV GG gebunden, da in einem Wahlprüfungsverfahren nicht subjektive Rechte, sondern Mängel des Wahlverfahrens geltend gemacht würden und die Gültigkeit der Wahl als solche Gegenstand der Wahlprüfung sei[587]. Dem kann unter Zugrundelegung der Doppelfunktion von Wahl und Wahlprüfung so nicht gefolgt werden.
Fraglich bleibt daneben aber auch, ob die bislang geltenden Anforderungen an die Einlegung eines Einspruchs nicht bereits ausgereicht hätten, um die intendierte, im öffentlichen Interesse stehende kurzfristige Klarheit über den Bestand der Wahl zu garantieren. Diesem Interesse diente bereits die knapp bemesse Einspruchsfrist von zwei Wochen gemäß § 25 I 1 KWG. Die Einspruchsführer müssen sich relativ schnell nach der Feststellung des Wahlergebnisses in der öffentlichen Bekanntmachung entscheiden, ob sie tatsächlich Einwände gegen die Gültigkeit der Wahl vortragen. Ebenfalls unter diesem Blickwinkel ist die nunmehr in § 25 II 2. HS. KWG kodifizierte Regelung zu sehen, nach der nach Ablauf der Einspruchsfrist weitere Einspruchsgründe nicht geltend gemacht werden können. Auch die Pflicht zur Begründung des Einspruchs

---

585 Keine Bedenken äußert dagegen: Meireis, in: Hessische Kommunalrechtsnovelle 2005, S. 54.
586 VGH BW, ESVGH 20, 38 [40]; Kunze/Merk/Quecke, § 31KWG Rn. 39.
587 VGH BW, ESVGH 20, 38 [40]; dem folgend für die hessische Rechtslage: Schmidt, in: Bennemann, § 25 KWG Rn. 12; ebenfalls zustimmend zur Einschränkung der Einspruchsberechtigung: Saftig, Kommunalwahlrecht, S. 414.

innerhalb der Einspruchsfrist (§ 25 II 1. HS KWG) begegnet der Gefahr einer gewillkürten oder querulatorischen Einspruchseinlegung.
Foerstemann gibt zu bedenken, dass der Einspruchsführer die Zweiwochenfrist schon bislang zur Sachverhaltsaufklärung, zur Einholung sachverständigen Rechtsrats, zur Überlegung, ob Einspruch eingelegt werden soll, und schließlich zur Abfassung und Begründung des Einspruchs benötigte[588]. „Wenn dann innerhalb der äußerst knappen Frist von 2 Wochen noch eine hohe Zahl von Unterstützungsunterschriften eingeholt werden soll, die unter dem ausformulierten und begründeten Einspruch anzubringen sind, dürften die so errichteten Hürden in der Mehrzahl der praktischen Fälle kaum noch zu überwinden sein“[589].
Als mögliche Reaktion zieht er daraus den Schluss, entweder die knappe Einspruchsfrist zu verlängern (vgl. etwa die Einspruchsfrist von einem Monat nach § 7 I WahlprüfungsG bei Landtagswahlen oder von zwei Monaten nach § 2 IV WahlprüfungsG bei Bundestagswahlen) oder die Zahl der Unterstützungsunterschriften zu senken[590]. Diesen Empfehlungen ist zuzustimmen, wenngleich an dieser Stelle die grundsätzlichen Bedenken gegen ein Unterstützungsquorum nochmals betont werden sollen.
Unabhängig von diesen grundsätzlichen Bedenken bleibt fraglich, wie die Anforderungen der beiden von § 25 I 2 KWG konkret normierten Alternativen zur Einspruchsbefugnis überhaupt erfüllt werden können.

a. Verletzung eigener Rechte
Zunächst kann die Geltendmachung eigener Rechte die Einspruchsbefugnis begründen, so dass geklärt werden muss, was darunter nach dem Willen des Gesetzgebers zu verstehen ist und wie weit der Begriff der „eigenen Rechte“ ausgelegt werden darf. Fraglich ist in diesem Zusammenhang insbesondere, ob es schon ausreicht, dass jeder Kandidat, der von seinem passiven Wahlrecht Gebrauch gemacht hat, aber nicht gewählt worden ist, sich auf die Verletzung eigener Rechte berufen kann. Dies hätte zur Folge, dass jeder Bürgermeister, Gemeindevertreter, Stadtverordnete oder Kreistagsabgeordnete, der für die Wahl nominiert worden ist, automatisch die Einspruchsbefugnis des § 25 I 2 KWG erhielte. Eine solche Interpretation von § 25 I 2 KWG zugrunde gelegt, wäre das 1%-Quorum von vornherein nur für diejenigen Wählerinnen und Wähler von Bedeutung, die lediglich von ihrem aktiven Wahlrecht Gebrauch gemacht haben.
Bei (noch) weiterer Auslegung könnte sogar der Verweis auf das aktive Wahlrecht als „Geltendmachung eigener Rechte“ verstanden werden. Dies würde den Bedenken begegnen, die gegen das Quorum vorgetragen werden können, da dadurch schließlich auch den aktiv Wahlberechtigten die Einspruchsbefug-

---

[588] Foerstemann, Kommunalinfo Nr. 14, S. 4.
[589] Foerstemann, Kommunalinfo Nr. 14, S. 4.
[590] Foerstemann, Kommunalinfo Nr. 14, S. 4; er schlägt vor das notwendige Quorum notfalls an der Zahl der gesetzlichen Vertreter nach § 38 I HGO zu orientieren.

nis zuerkannt würde. Eine solche Interpretation würde sich freilich über den klaren Willen des Gesetzgebers hinwegsetzen, der erkennbar nicht davon ausgegangen ist, die aktive Wahlberechtigung als „Recht“ im Sinne von § 25 I 2 KWG zu verstehen. Fraglich bleibt damit allein, wie die Wahrnehmung des passiven Wahlrechts hinsichtlich der normierten Rechtsverletzung zu behandeln ist.
Hilfreich könnte insofern der Blick auf § 31 I 3 KWG BW sein. Die inhaltsgleiche Regelung lautet dort im Wortlaut wie folgt:

„Der Einspruch eines Wahlberechtigten und Bewerbers, der nicht die Verletzung seiner Rechte geltend macht, ist nur zulässig, wenn ihm 1 vom Hundert der Wahlberechtigten, mindestens jedoch fünf Wahlberechtigte, bei mehr als 10.000 Wahlberechtigten mindestens 100 Wahlberechtigte beitreten.“

Die „Geltendmachung seiner Rechte“ ist dort im Sinne der Schutznormtheorie interpretiert worden. Zu untersuchen ist, ob im Falle eines Verstoßes gegen § 32 I KWG BW die jeweils verletzte Vorschrift subjektive Rechte begründet, indem sie neben dem öffentlichen Interesse an einem ordnungsgemäßen Wahlverfahren auch den Schutz des Einzelnen bezweckt[591]. Der Einspruchsführer muss dabei nicht tatsächlich in seinen Rechten verletzt sein, sondern eine solche Verletzung lediglich substantiiert behaupten können[592]. Diese Vorgaben entsprechen im Wesentlichen den Anforderungen der Schutznormtheorie[593]. Als mögliche Beispiele einer Rechtsverletzung gelten dabei unstreitig die Nichteintragung in das Wählerverzeichnis, die Zurückweisung der Stimmabgabe, der Ausschluss von der Sitzung über die Ermittlung und Feststellung des Wahlergebnisses, die Zurückweisung eines Wahlvorschlags oder die Streichung von der Bewerberliste[594].
§ 31 I 3 KomWG BW klärt ebenfalls unmissverständlich, dass selbst Bewerber, die sich auf ihr passives Wahlrecht stützen können, nicht automatisch eigene Rechte geltend machen. Auch sie sind unter Umständen auf die Unterstützung durch ein Prozent der Wahlberechtigten angewiesen. Quecke/Pfeifer folgern daraus, dass jedenfalls der unterlegene Bewerber auch ohne die erforderliche Anzahl von Beitrittserklärungen einspruchsberechtigt sei, während der erfolgreiche Bewerber keine Verletzung eigener Rechte geltend machen könne und damit das 1-Prozent-Quorum erfüllen müsse[595].

---

[591] Vgl. etwa: VGH BW, Urt. vom 24.8.1981, EKBW KomWG § 31 E 12, S. 4 (=BWGZ 1982, 574).
[592] Quecke/Pfeifer, in: VBlBW 1989, 401 [408].
[593] Vgl. etwa zur Schutznormtheorie beispielhaft: BVerwGE 107, 215 [220]; VGH Kassel, NVwZ 2001, 112.
[594] Vgl. zu diesen Beispielen Quecke/Pfeifer, in: VBlBW 1989, 401 [408]; Kunze/Merk/Quecke, § 31 KWG Rn. 37; Faiß, Kommunalwahlgesetz BW, § 31 Erl. 1.1.
[595] Quecke/Pfeifer, in: VBlBW 1989, 401 [408] unter Hinweis auf: VGH BW, Urt. vom 20.1.1981, ESVGH 31, 97. Das Urteil war freilich noch davon ausgegangen, dass auch dem

Der Wortlautvergleich mit § 25 I 2 KWG könnte die Schlussfolgerung nahe legen, dass sich der passiv Wahlberechtigte in Hessen im Unterschied zu Baden-Württemberg stets auf die Verletzung eigener Rechte stützen kann und daher das Quorum nicht erfüllen muss. Im Unterschied zur Regelung in Baden-Württemberg nennt § 25 I 2 KWG nämlich nur die Wahlberechtigten als diejenigen, die eigene Rechte geltend machen müssen oder das Quorum zu beachten haben; auf die Bewerber stellt die Vorschrift ausdrücklich nicht ab. Dies war in Hessen aber auch nicht notwendig, da die Bewerber zwingend selbst zum Kreis der Wahlberechtigten zählen (vgl. §§ 32 I HGO, 23 I HKO), so dass sie im Tatbestand von § 25 I 2 KWG nicht zusätzlich aufgeführt werden mussten[596]. Für diese Auslegung spricht auch § 49 KWG, der den Kreis der Einspruchsberechtigten ausdrücklich um die Bewerber bei Direktwahlen erweitert, die dort nicht zwingend wahlberechtigt sein müssen (vgl. bereits oben). Die Vorschrift weist jedoch ausdrücklich auf § 25 KWG hin, woraus der Schluss zu ziehen ist, dass nicht jeder Bewerber von vornherein eigene Rechte geltend macht, sondern unter Umständen ebenfalls auf die Unterstützung von einem Prozent der Wahlberechtigten angewiesen ist.

Die Vorschrift ist so zu interpretieren, dass jedenfalls der unterlegene Bewerber stets einspruchsbefugt ist. Er wird schon allein aufgrund seiner Niederlage daran interessiert sein, die Gültigkeit der Wahl feststellen zu können. Daher muss für ihn das wahrgenommene passive Wahlrecht generell ausreichen, um die Einspruchsbefugnis zu begründen[597]. Nur so lässt sich sein Wahlrecht effektiv schützen und den Vorgaben der Wahlgrundsätze auch prozessual Geltung verschaffen.

Für den siegreichen Kandidaten dürfte sich die Frage einer Einspruchseinlegung von vornherein nur in der Theorie stellen, da er am Bestand des Wahlergebnisses ein hohes Interesse haben wird. Sollte dieser aber – aus welchen Gründen auch immer – Einspruch einlegen wollen, wird man sein passives Wahlrecht allein nicht schon als Grund für eine Wahlanfechtung ausreichen lassen können. Hier ist eine weitergehende Begründung erforderlich, aus der

---

erfolgreichen Bewerber das Einspruchsrecht ohne Quorum zuerkannt wird. Dies ist jedoch aufgrund des nunmehr eindeutigen Wortlauts von § 31 I 3 KomWG B-W nicht mehr zutreffend, vgl. Änderung des KomWG durch das Gesetz vom 11.4.1983 (GBl S. 142). Anlass für die gesetzliche Korrektur in Baden-Württemberg war die Tatsache, dass zwar zunächst die Wahlanfechtung durch Wahlberechtigte stark nachließ, allerdings der Umfang der Wahlanfechtungen durch Bewerber stark anstieg, da diese eigene Rechte geltend machen konnten, vgl. Herb, in: VBlBW 1985, 321. Durch die jetzige Regelung stellt § 31 I 3 KWG BW klar, dass das 1%-Quorum grundsätzlich auch für Bewerber gilt.

[596] Ebenso: Schmidt, in: Bennemann, § 25 KWG Rn. 14.

[597] So wohl auch: Schmidt, in: Bennemann, § 25 KWG Rn. 14, der befürchtet, dass durch die Neuregelung die Zahl der Wahlanfechtungen nicht wirklich zurückgehen wird, da zukünftig Wahlanfechtungen wohl eher durch Wahlbewerber initiiert werden, da „diese kein entsprechendes Quorum nachweisen müssen (...). Einem Wahlbewerber wird es regelmäßig wesentlich leichter gelingen, einen Wahleinspruch geltend zu machen, der eine eigene Rechtsverletzung beinhaltet und zudem wahlrechtlich erheblich ist.“

sich eine mögliche Rechtsverletzung ergibt, wenn er nicht das 1%-Quorum erfüllen kann. Für ihn gelten daher die gleichen Anforderungen wie auch für den ausschließlich aktiv Wahlberechtigten, der die Unterstützung von einem Prozent der Wahlberechtigten erreichen muss.

b. Das 1%-Quorum

Derjenige, der nicht die Verletzung eigener Rechte geltend macht, muss die Unterstützung von einem Prozent der Wahlberechtigten einholen, um Einspruch einlegen zu können. Dabei legt § 25 I 2 KWG eine Mindestzahl von fünf Unterstützern fest und begrenzt nach oben die Zahl der Unterstützer bei mehr als 10.000 Wahlberechtigten auf 100.

Das Gesetz nennt keine zusätzlichen Voraussetzungen dafür, wie die notwendige Unterstützung durch weitere Wahlberechtigte durch den Einspruchsführer nachzuweisen ist. Insoweit kann aber auch hier auf die in Baden-Württemberg geltende Rechtslage zurückgegriffen werden[598]. Der VGH Baden-Württemberg hat dort relativ strenge Voraussetzungen an eine wirksame Beitrittserklärung aufgestellt und dies mit dem Zweck einer Beschleunigung des Verfahrens begründet. Dieser Zweck könne nicht erreicht werden, wenn sich die Einspruchsbehörde erst auf Grund zeitraubender Nachprüfungen die Gewissheit verschaffen müsse, ob der Beitretende seine Unterschrift tatsächlich in dem Bewusstsein geleistet habe, dem Einspruch eines ganz bestimmten Einspruchsführers beizutreten[599]. Deshalb müsse sich die Beitrittserklärung unmissverständlich auf den Wahleinspruch eines bestimmten Einspruchsführers beziehen. An der Zielrichtung der Beitrittserklärung dürfen sich daher keine Zweifel ergeben. Dies kann gewährleistet werden, indem der Beitretende auf den Namen des Einspruchsführers oder das Datum bzw. das Kennwort des Einspruchsschreibens Bezug nimmt[600]. Der Beitretende kann daher auf dem Einspruchsschreiben selbst unterschreiben oder auf einer gesonderten Beitrittserklärung. Eine Blankounterschrift, ohne dass der Mitunterzeichner weiß, mit welcher Begründung angefochten wird, ist jedenfalls nicht ausreichend[601].

Inwieweit eine Addition von Unterstützungsunterschriften zulässig ist, wird unterschiedlich beantwortet. Zum einen könnten mehrere Einsprüche, die für sich genommen das Quorum nicht erfüllen, zusammengerechnet werden, bis das Mindestquorum erreicht wird[602]. Dafür könnte spreche, dass das Einspruchspotential beschränkt und nicht beliebig vermehrbar ist. Der Erste, der Einspruch erhebt, schöpft dieses Potential weitgehend ab, so dass andere Ein-

---

[598] Vgl. Schmidt, in: Bennemann, § 25 KWG Rn. 16ff., der auch auf VGH BW, ESVGH 20, 38ff. abstellt.

[599] VGH BW, ESVGH 20, 38 [45]; VGH BW Urt. vom 26.3.1973, EKBW KomWG § 31 E 6.

[600] VGH BW, DÖV 1984, 947 (LS) = DVBl. 1985, 170.

[601] Kunze/Merk/Quecke, § 31 KWG Rn. 43.

[602] So wohl Allgeier, in: DÖD 2001, 265 [270f.].

spruchswillige das Nachsehen hätten[603]. Dem ist aber mit dem grundsätzlichen Einwand mangelnder Bestimmtheit der einzelnen Einsprüche im Hinblick auf das Gesamtquorum zu begegnen. Einsprüche werden sich nämlich regelmäßig auf unterschiedliche Wahlfehler beziehen, so dass jedem Einspruch ein bestimmter Anlass und eine bestimmte Begründung zugrunde liegt. Diese unterschiedliche Qualität der Einsprüche darf nicht einfach zugunsten der erforderlichen Quantität außer Acht gelassen werden[604].
Weiterhin muss das erforderliche Quorum nicht erst bei der Einspruchsentscheidung vorliegen, sondern bereits im Zeitpunkt des Ablaufs der Einspruchsfrist. Die Beitrittserklärung kann bis zum Ablauf der Einspruchsfrist zurückgenommen werden, nach Fristablauf nur noch dann, wenn der Beitretende durch Täuschung, Drohung oder andere ungesetzliche Mittel zur Abgabe der Beitrittserklärung bestimmt worden ist[605]. Eine Zurücknahme des Einspruchs aus anderen Gründen (Motivirrtümern) ist hingegen nicht möglich.

3. Einspruchsfrist

Der Einspruch ist gemäß § 25 I 1 KWG innerhalb von zwei Wochen nach der öffentlichen Bekanntmachung des Wahlergebnisses zu erheben. Bei der Berechnung der Frist wird daher gemäß § 31 I HVwVfG i.V. mit § 187 I BGB der Tag der öffentlichen Bekanntmachung nicht mitgerechnet.
Die Frist beginnt allerdings nur dann zu laufen, wenn die öffentliche Bekanntmachung die notwendigen Voraussetzungen des § 55 I KWO enthält. Zunächst müssen daher in der öffentlichen Bekanntmachung die in § 54 II 2, 3 KWO bezeichneten Angaben enthalten sein. Erst nach Kenntnis dieser Angaben wird mancher Wähler oder Bewerber entscheiden können, ob er Einspruch einlegen soll[606]. Außerdem ist in der öffentlichen Bekanntmachung auf die Fristdauer von zwei Wochen und die Behörde, bei der der Einspruch eingelegt werden muss, hinzuweisen. Des Weiteren muss nunmehr für den Adressaten erkennbar sein, in welchen Fällen dem Einspruch weitere Wahlberechtigte beitreten müssen und wie hoch die Zahl der Beitretenden sein muss. Fehlt eine der notwendigen Angaben in der Bekanntmachung, beginnt die Einspruchsfrist erst zu laufen, wenn der Mangel in der für die öffentlichen Bekanntmachung vorgeschriebenen Form behoben ist[607].
Der Einspruch kann sogar schon eingelegt werden, sobald das Wahlergebnis bekannt geworden ist, so dass der Tag nach der öffentlichen Bekanntmachung nicht abgewartet werden muss. Wortlaut und Sinn der Fristbestimmung zwingen nicht dazu, das Wort „binnen“ in § 25 I 1 KWG so auszulegen, dass neben

---

[603] Allgeier, in: DÖD 2001, 265 [270].
[604] So auch: Schmidt, in: Bennemann, § 25 KWG Rn. 18.
[605] VGH BW, ESVGH 20, 38 [45]; Schmidt, in: Bennemann, § 25 KWG Rn. 17.
[606] Kunze/Merk/Quecke, § 31 KWG Rn. 21.
[607] Kunze/Merk/Quecke, § 31 KWG Rn. 22.

dem Fristende auch bestimmt ist, wann frühestens der Wahleinspruch eingelegt werden darf[608].
Die Frist endet gemäß § 31 I HVwVfG i.V. mit §§ 187 I, 188 II BGB in der auf die öffentliche Bekanntmachung folgenden zweiten Woche mit dem Ablauf desjenigen Tages, der durch seine Benennung dem Tag der öffentlichen Bekanntmachung entspricht. Soweit es sich hierbei um einen Sonntag, einen gesetzlichen Feiertag oder einen Sonnabend handelt, endet die Frist mit dem Ablauf des nächstfolgenden Werktages (vgl. § 31 III HVwVfG).

Die Frist stellt eine Ausschlussfrist dar, so dass nach Ablauf der Einspruchsfrist keine weiteren Einspruchsgründe (auch nicht in einem sich anschließenden Verwaltungsprozess) mehr geltend gemacht werden können (materielle Präklusion oder Anfechtungsprinzip[609]). Dies wird in § 25 II 2. HS KWG nunmehr gesetzlich klargestellt. Schon bisher hatte der VGH Kassel das Prinzip der materiellen Präklusion auch ohne eindeutige gesetzliche Regelung vertreten[610]. Hintergrund der Regelung ist auch hier das öffentliche Interesse am Bestand des Wahlergebnisses, was dazu führt, dass die Entscheidung im Wahlprüfungsverfahren möglichst schnell erfolgen soll und nicht ständig herausgezögert wird durch immer neue, erst später vorgebrachte Wahleinwendungen[611]. Die materielle Präklusion ist mehrfach als verfassungsmäßig eingestuft worden, insbesondere verstoße die Vorschrift nicht gegen Art. 19 IV GG[612].
Die Erforderlichkeit einer solchen Ausschlussfrist ist zu bejahen (im Unterschied zum 1%-Quorum), da nur durch relativ eng bemessene Fristen das überwiegende öffentliche Interesse an einer möglichst raschen Klarstellung über die Gültigkeit der Wahl ausreichend berücksichtigt werden kann[613]. Bei einer Versäumnis der Frist kommt daher auch eine Wiedereinsetzung in den vorigen Stand nicht in Betracht.
Die materielle Präklusion hindert freilich nicht daran, dass die von vornherein geltend gemachten Anfechtungsgründe durch weitere Einzelheiten, Unterlagen und Überlegungen näher dargelegt und bewiesen werden[614]. Ausgeschlossen ist lediglich die Einbeziehung neuer, abgrenzbarer und eigenständiger Sachverhal-

---

[608] VGH BW, ESVGH 31, 97; Kunze/Merk/Quecke, § 31 KWG Rn. 23; a.A. für Art. 36 GWG Bay, Meixner/ Prandl/ Waltner, Rn. 3 zu Art. 36 GWG Bay.: „Eine Anfechtung vor Fristbeginn ist gegenstandslos".
[609] Schmidt, in: Bennemann, § 25 KWG Rn. 25.
[610] VGH Kassel, ESVGH 29, 171 [171]; DVBl. 1980, 66 [67]; HSGZ 2000, 277 [277]; übereinstimmend mit anderen Bundesländern, in denen eine ausdrückliche Regelung ebenfalls fehlt: vgl. OVG Lüneburg, DÖV 1985, 153 [155]; OVG Münster, OVGE 22, 66; 22, 141 [143]; OVG Koblenz, AS 2, 218 [221]; VGH München, VGHE 33, 68; OVG Saarlouis, AS 14, 200.
[611] Weber, in: JuS 1990, 291 [292].
[612] Vgl. etwa BVerwG NVwZ-RR 1989, 496 [496].
[613] Schmidt, in: Bennemann, § 25 KWG Rn. 17; Saftig, Kommunalwahlrecht, S. 242.
[614] VGH Kassel, HSGZ 2002, 171 [176].

te, die zu Überprüfung weiterer, bisher nicht geltend gemachter Wahlrechtsverstöße führen würden.

4. Einspruchsform

§ 25 II KWG schreibt vor, dass der Einspruch schriftlich oder zur Niederschrift beim Wahlleiter einzureichen ist. Im Unterschied zur Rechtslage in Baden-Württemberg sieht daher in Hessen bereits das KWG selbst konkrete Formvorschriften vor[615].
Schriftform ist auch dann gewahrt, wenn der Einspruchsführer den Einspruch mittels Telegramm, Fernschreiben oder Telebrief erhebt. Insofern kann auf die von der Rechtsprechung für die Rechtsmitteleinlegung aufgestellten Voraussetzungen verwiesen werden[616].

5. Einspruchsbegründung

Der Einspruch muss schließlich gemäß § 25 II KWG innerhalb der Einspruchsfrist mit Gründen versehen werden, so dass die bloße Erklärung „Ich erhebe Einspruch gegen die OB-Wahl in X“ als unzulässig zurückgewiesen werden müsste. Auch die Begründungspflicht hat zum Ziel, das öffentliche Interesse am Bestand eines Wahlergebnisses zu garantieren und vor willkürlichen Wahlanfechtungen zu schützen. Den Wahlprüfungsorganen soll nach Ablauf der Frist deutlich sein, welche Vorgänge zu kontrollieren sind und welche Tatsachen überprüft werden müssen.
Der Einspruchsführer muss daher hinreichend substantiiert geltend machen, worin der gerügte Wahlfehler liegt und aus welchen Gründen die Wahl für ungültig zu erklären ist. Dazu gehört eine Angabe der konkretisierten Tatsachen, aus denen die behauptete Verletzung abgeleitet werden kann[617]. Zwar genügen bloße Vermutungen und Andeutungen diesen relativ strengen Voraussetzungen nicht, jedoch darf man auch keine übertriebenen Anforderungen an Behauptungen stellen, da es dem Einspruchsführer regelmäßig schwer fallen dürfte, konkrete Angaben über von ihm vermutete Wahlfehler zu machen. Zumindest hinreichend nachvollziehbare Tatsachen sind aber erforderlich[618].
Die bereits oben behandelte materielle Präklusion führt nicht dazu, dass bereits geltend gemachte Anfechtungsgründe ergänzend dargelegt werden können, auch nachdem die Einspruchsfrist bereits abgelaufen ist. Verhindert werden soll lediglich, dass nachträglich völlig neue Tatsachen und Vorgänge vorgetragen werden.

---

615 In Baden-Württemberg sind diese freilich durch die Rechtsprechung aufgestellt worden, vgl. Quecke/Pfeifer, in: VBlBW 1989, 401 [406].
616 Vgl. BVerwG NJW 1978, 2110 [2110] zum Telegramm; BVerwGE 77, 38 [38] zum Telebrief; BVerfG, BayVBl. 1987, 732 [732] zum Fernschreiben.
617 Schmidt, in: Bennemann, § 25 KWG Rn. 24.
618 VG Gießen, HSGZ 1999, 68 [68f].

6. Entscheidung der Vertretungskörperschaft

Die neu gewählte Vertretungskörperschaft entscheidet gemäß § 26 I KWG über die nach § 25 I KWG fristgerecht eingelegten Einsprüche sowie die Gültigkeit der Wahl insgesamt. Folglich ist eine Beschlussfassung selbst dann erforderlich, wenn keine Einsprüche eingelegt worden sind. Obwohl keine allgemeine Wahlprüfung stattfindet, sondern nur über die tatsächlich vorgetragenen Behauptungen entschieden wird[619], kann die neu gewählte Vertretungskörperschaft daher von Amts wegen Unregelmäßigkeiten nachgehen und Prüfungen anstellen, wenn substantiierte Tatsachen ihr dafür einen konkreten Anlass geben[620].
Die Zuständigkeit über die Entscheidung der Gültigkeit der Wahl liegt in Hessen bei dem neu gewählten Kreistag bzw. der neu gewählten Gemeindevertretung (Stadtverordnetenversammlung). Eine Übertragung dieser Entscheidung an den Kreisausschuss nach § 29 I 2 HKO bzw. Gemeindevorstand (Magistrat) nach § 50 I 2 HGO oder einen Fachausschuss ist nicht möglich. Dies ergibt sich nicht bereits aus dem Katalog der ausschließlichen Zuständigkeiten in §§ 51 HGO, 30 HKO, sondern aus dem Gesamtzusammenhang anderer Normen, die die Entscheidung über die Wahlprüfung als ausschließliche Zuständigkeit der Vertretungskörperschaft selbst erscheinen lassen[621]. Schmidt weist zu recht darauf hin, dass aus § 57 KWO deutlich werde, dass durch die neu gewählte Vertretung nur in Ausnahmefällen ein Wahlprüfungsausschuss gebildet werden dürfe, in dem die Entscheidung über die Gültigkeit der Wahl bei schwierigen Sachverhalten sachlich vorbereitet werden könne[622]. Die endgültige Entscheidung verbleibt aber selbst in diesen Fällen bei der Vertretung. Diese soll grundsätzlich in der ersten Sitzung nach der Wahl, in schwierigeren Fällen spätestens in der zweiten Sitzung zu einer Entscheidung gelangen (vgl. § 57 II KWO).
An der Beratung und Beschlussfassung dürfen nach § 26 II KWG auch Mitglieder der Vertretungskörperschaft mitwirken, wenn sie durch die Entscheidung betroffen werden. Die Vorschrift stellt somit eine Ausnahme gegenüber den Regelungen über den Interessenwiderstreit nach § 25 HGO dar. Selbst derjenige Mandatsträger darf an der Entscheidung mitwirken, dessen Mandat durch die Entscheidung unmittelbar gefährdet ist[623]. Auch in Brandenburg, Mecklenburg-Vorpommern, Niedersachsen, Nordrhein-Westfalen, Sachsen-Anhalt und Schleswig-Holstein entscheidet die neue kommunale Vertretung, deren Wahl unter Umständen angefochten worden ist, über die Gültigkeit der Wahl[624].

---

619 Birkenfeld-Pfeiffer/Gern, Kommunalrecht, Rn. 347.
620 In diesem Sinne ist wohl auch der Hessische Verwaltungsgerichtshof zu verstehen, vgl. VGH Kassel, HSGZ 2000, 233 [233].
621 Schmidt, in: Bennemann, § 26 KWG Rn. 9f.
622 Schmidt, in: Bennemann, § 26 KWG Rn. 10.
623 Vgl. dazu: Schmidt, in: Bennemann, § 26 KWG Rn. 67, § 50 KWG Rn. 31.
624 Vgl. die Übersichtstabelle unten, S. 283ff.

Inwieweit diese Zuständigkeit der neu gewählten Gemeindevertreter, Stadtverordneten und Kreistagsabgeordneten unter dem Gesichtspunkt der Objektivität der Wahlprüfung als vorteilhaft angesehen werden kann, darf durchaus bezweifelt werden. Es grenzt an Naivität, wenn man von den frisch gewählten „Volksvertretern" erwartet, dass diese unvoreingenommen an die vorgebrachten Einsprüche herangehen und über die Gültigkeit ihrer Wahl objektiv entscheiden. Um es etwas plakativer auf den Punkt zu bringen: „Warum sollten sie sich den Ast abschneiden, auf dem sie alle gemeinsam als gewählte Vertreter sitzen?".
Die Regelung muss daher als wenig glücklich bezeichnet werden, zumal es eine Alternative zu dieser Zuständigkeit gibt. So liegt in anderen Bundesländern die Zuständigkeit nicht bei der neu gewählten Vertretungskörperschaft, sondern bei der jeweils zuständigen Aufsichtsbehörde (vgl. Baden-Württemberg, Bayern, Rheinland-Pfalz, Saarland, Sachsen und Thüringen[625]). Diese Regelung garantiert besser, dass das Einspruchsverfahren nicht als bloße Formalität einer sich möglicherweise anschließenden gerichtlichen Anfechtung vorgeschaltet ist, sondern der Einspruchsführer tatsächlich mit einer sachlichen und objektiven Beurteilung seines Vorbringens durch die Aufsichtsbehörde rechnen kann[626]. Zwar basiert auch die Wahlprüfung im Parlamentswahlrecht auf einer Prüfung durch die jeweils neu gewählten Parlamente[627], allerdings stehen dort alternative Modelle, also Aufsichtsbehörden über legislative Organe, von vornherein nicht zur Verfügung, so dass die Rechtslage nicht vergleichbar erscheint.
Insgesamt wäre daher eine Novellierung der hessischen Wahlprüfung im Hinblick auf die Zuständigkeiten angezeigt, um eine objektive und effektive Kontrolle der Einsprüche nicht erst im gerichtlichen Verfahren sicherzustellen[628].
Der Wahlleiter hat nach § 58 I KWO der Kommunalaufsichtsbehörde alle Beschlüsse, die nach § 26 KWG durch die neu gewählte Vertretungskörperschaft gefasst worden sind, zuzustellen. Ebenso sind der Einspruchsführer sowie der-

---

[625] Vgl. unten Übersichtstabelle, S. 283ff.

[626] Quecke/Pfeifer, in: VBlBW 1989, 401 [402] verteidigen die Regelung in Baden-Württemberg etwa mit Verweis auf eine „bestehende Interessenverflechtung bei den Mitgliedern der Vertretung", die wegen des großen überörtlichen Interesses an der Gültigkeit und der Ordnungsmäßigkeit der Wahl eine überörtliche Kontrolle durch die Rechtsaufsichtsbehörde rechtfertigen könne.

[627] Vgl. für die Bundestagswahl: § 1 Wahlprüfungsgesetz, Vorbereitung der Entscheidung des Bundestages durch den Wahlprüfungsausschuss, § 3 Wahlprüfungsgesetz ; vgl. für die Landtagswahl: Art. 78 HV Wahlprüfungsgericht, bestehend aus den beiden höchsten Richtern des Landes und drei vom Landtag gewählten Abgeordneten.

[628] Ähnliche Bedenken äußert Saftig, Kommunalwahlrecht, S. 412: *„Die Wahl ist also ein Element des Funktionierens unseres Gemeinwesens, des Staates. Somit muss auch bei der Berufung auf etwaig aufgetretene Wahlverletzungen der Staat in Form der Kommunalaufsichtsbehörde als erstes die Möglichkeit der Überprüfung des Wahlergebnisses erhalten. (...) Dieses Verfahren [Zuständigkeit der neu gewählten Vertretung] hat bei den Wahlen zum Bundestag oder bei den Wahlen zum Landtag seine Berechtigung, da diese Wahlen zu Legislativorganen stattfinden, die im Verwaltungsaufbau keine Aufsichtsbehörde über sich haben und die selbst als verfassungsgebendes Organ die Aufsicht über die staatliche Verwaltung führen."*

jenige Mandatsträger, dessen Mandat durch die Beschlüsse berührt wird, von der Beschlussfassung zu unterrichten.
Sämtliche rechtskräftigen Beschlüsse nach § 26 KWG sind schließlich gemäß § 58 II KWO durch den Wahlleiter öffentlich bekannt zu machen. Der jeweilige Inhalt der Entscheidung richtet sich nach den drei Tatbeständen des § 26 I KWG, so dass insoweit auf die Ausführungen oben verwiesen werden kann.

II. Die Wahlanfechtung

An das Einspruchsverfahren schließt sich für die Beteiligten die Frage an, wie sie gegen die Entscheidung der Gemeindevertretung bzw. des Kreistages weiter vorgehen können. In Betracht kommt insofern sowohl eine Überprüfung der Beschlussfassung im verwaltungsgerichtlichen Verfahren (1.) als auch ein weiteres Vorgehen vor den Verfassungsgerichten (2.)

1. Eröffnung des Verwaltungsrechtsweges

Gegen den Beschluss der jeweiligen Vertretungskörperschaft eröffnet § 27 KWG bzw. § 51 KWG den Beteiligten sowie der zuständigen Aufsichtsbehörde zunächst den Weg zu den Verwaltungsgerichten. Folgende Sachurteilsvoraussetzungen sind durch die Verwaltungsgerichte dabei zu berücksichtigen:

a. Statthafte Klageart

Die Frage, um was für eine Art von Klage es sich dabei handelt, lässt sich anhand des Wortlautes von § 27 KWG nicht eindeutig beantworten. Sie ist daher auch in Rechtsprechung und Literatur umstritten. Auch in anderen Bundesländern stellt sich dabei im Wesentlichen die Frage, ob es sich um eine Verpflichtungs- bzw. Anfechtungsklage[629], eine allgemeine Feststellungsklage[630] oder vielmehr um eine Klageart sui generis handelt[631]. Vereinzelt wird die Frage auch schlicht offen gelassen[632], da über die weiteren Sachurteilsvoraussetzungen dieser „Wahlanfechtungsklage" unabhängig von der Einordnung ins Klagesystem der VwGO Klarheit herrsche.
In einer wissenschaftlichen Untersuchung muss jedoch der Versuch einer ausdrücklichen Zuweisung zu einer bestimmten Klageart unternommen werden. Zum Teil beantworten die Wahlgesetze der Bundesländer die Frage der statthaften Klageart selbst, z.B. in Baden-Württemberg und Sachsen (Anfechtungs-

---

629 So Faiß, KWG BW, Kommentar, § 30 Erl. 5; Oehler, Bayerisches Kommunalrecht, Kommentar, Wahlgesetz, Art. 52 Erl. 2.
630 VG Frankfurt, NVwZ 1997, 1240 [1241].
631 Schmidt, in: Bennemann, § 27 KWG Rn. 1; gegen Anfechtungsklage: VGH Kassel, Hess. VGRspr. 1975, 17f; etwa auch: VGH Kassel, HSGZ 2005, 387 [390] mit dem Hinweis auf eine „Gestaltungsklage".
632 VG Wiesbaden, HSGZ 2005, 173 [178].

klage)[633], zum Teil lassen die gesetzlichen Regelungen das Problem – ähnlich wie in Hessen – auch unbeantwortet[634].
Dabei könnte im Hinblick auf die Regelungen in Baden-Württemberg und Sachsen entscheidend sein, dass in beiden Bundesländern nicht die neu gewählte Vertretung, sondern die Rechtsaufsichtsbehörde über die Gültigkeit der Wahl entscheidet, so dass aus diesem Grund die Rechtslage dort bereits nicht vergleichbar mit der hessischen Regelung sein könnte. Dabei bliebe aber unberücksichtigt, dass auch in Bayern, Rheinland-Pfalz, Saarland und Thüringen die Rechtsaufsichtsbehörde die für die Wahlprüfung zuständige Instanz ist und in diesen Bundesländern die gesetzliche Regelung gleichwohl nicht die Anfechtungsklage als statthafte Klageart bezeichnet. Aus diesem Grunde kann wohl die Frage der Prüfungszuständigkeit nicht entscheidend sein, wenn es um die Feststellung der statthaften Klageart geht.
Dementsprechend muss die Beantwortung der Frage am Wortlaut von § 27 S. 2 KWG selbst ansetzen:
Der Hinweis in § 27 S. 2 KWG, dass ein Widerspruchsverfahren gegen den Beschluss der Vertretungskörperschaft entgegen den §§ 68ff. VwGO nicht stattfindet, könnte im Umkehrschluss für eine Anfechtungs- bzw. Verpflichtungsklage sprechen, da es eines solchen Hinweises ansonsten nicht bedurft hätte[635]. Ein Vorverfahren ist nach § 68 I 1, II VwGO grundsätzlich nur vor einer Anfechtungs- bzw. Verpflichtungsklage erforderlich.
Auch die Formulierung, dass – in Abweichung zu den allgemeinen Vorschriften über das verwaltungsgerichtliche Verfahren – die Klage gegen die Vertretungskörperschaft zu richten ist, könnte als Ausnahme zu § 78 I Nr. 1 VwGO angesehen werden. Die Vorschrift klärt die Frage des Klagegegners ausschließlich in den Fällen der Anfechtungs- und Verpflichtungsklage (vgl. Überschrift 8. Abschnitt VwGO), indem sie das in § 78 I Nr. 1 VwGO enthaltene Rechtsträgerprinzip gesetzlich fixiert. Klagegegner ist nun nach § 27 S. 2 KWG aber gerade nicht der Rechtsträger der Vertretungskörperschaft, also die Gemeinde bzw. der Kreis, sondern die Vertretungskörperschaft selbst. Im Umkehrschluss daraus könnte sich ergeben, dass es im Kern um eine Anfechtungs- bzw. Verpflichtungsklage im Sinne von § 42 I VwGO geht, da § 27 S. 2 KWG ansonsten überflüssig sein könnte. Dabei würde man allerdings ausblenden, dass auch

---

633 Ausdrücklich als Anfechtungsklage deklariert: Baden-Württemberg § 30 II Kommunalwahlgesetz; Sachsen, § 26 III Kommunalwahlgesetz.

634 Wortlaut offen dagegen in: Bayern, § 52 I Kommunalwahlgesetz; Brandenburg, § 58 II Kommunalwahlgesetz; Mecklenburg-Vorpommern, § 45 II Kommunalwahlgesetz; Niedersachsen, § 49 II Kommunalwahlgesetz; Nordrhein-Westfalen, § 41 I Kommunalwahlgesetz; Rheinland-Pfalz, § 51 Kommunalwahlgesetz; Saarland, § 48 V Kommunalwahlgesetz; Sachsen-Anhalt, § 53 II Kommunalwahlgesetz; Schleswig-Holstein, § 40 I Kommunalwahlgesetz; Thüringen, § 33 I Kommunalwahlgesetz.

635 Entsprechende Hinweise finden sich auch in den Wahlgesetzen folgender Bundesländer: Bayern, § 52 I 2 Kommunalwahlgesetz; Brandenburg, § 58 II 2 Kommunalwahlgesetz; Nordrhein-Westfalen, § 41 I 2 Kommunalwahlgesetz; Rheinland-Pfalz, § 51 S. 2 Kommunalwahlgesetz; Thüringen, § 33 I 2 Kommunalwahlgesetz.

für alle anderen Klagearten der VwGO (allgemeine Leistungsklage, Fortsetzungsfeststellungsklage oder Feststellungsklage) das Rechtsträgerprinzip für die Bestimmung des Klagegegners herangezogen wird, entweder durch Bildung einer Analogie zu § 78 I Nr. 1 VwGO oder durch den aus § 78 I Nr.1 VwGO abgeleiteten Gedanken eines allgemeinen Rechtsträgerprinzips[636]. Insofern ist der Hinweis auf eine zu § 78 I Nr.1 VwGO abweichende Bestimmung des Klagegegners keineswegs überflüssig, denn das Rechtsträgerprinzip ist kein spezielles Merkmal von Anfechtungs- bzw. Verpflichtungsklage. Erst recht verbieten sich daher Rückschlüsse auf die nach §§ 27, 51 KWG einschlägige Klageart.

§ 27 S. 2 KWG könnte auch als bloße Klarstellung des Gesetzgebers interpretiert werden, demzufolge zusätzlich zum Einspruchsverfahren nicht auch noch Widerspruch gegen die Entscheidung der Vertretungskörperschaft eingelegt werden muss. In diesem Sinne wäre mit der Formulierung in § 27 S. 2 KWG keine Entscheidung für oder gegen die Anfechtungs- oder Verpflichtungsklage nach § 42 I VwGO verbunden.

Darüber hinaus könnte gegen eine Einordnung als Anfechtungs- oder Verpflichtungsklage der Wortlaut von § 27 S. 1 KWG selbst streiten, der schlicht von einer „Klage im Verwaltungsstreitverfahren" spricht, ohne die Terminologie der „Anfechtung" oder der „Verpflichtung" zu verwenden[637]. Auch der Hessische Verwaltungsgerichtshof hat die Einordnung als Anfechtungs- oder Verpflichtungsklage abgelehnt, wenngleich die Begründung für diese Ablehnung nicht überzeugen kann[638]. Er stützt seine Auffassung zum einen darauf, dass Wahlen zu Vertretungskörperschaften keine Verwaltungsakte seien, die deswegen auch nicht mit einer Anfechtungsklage nach § 42 I VwGO angegriffen werden könnten[639]. Eine solche Betrachtung lässt freilich außer Acht, dass Angriffspunkt für die Klage nicht die Wahl als solche, sondern die Beschlussfassung der Vertretungskörperschaft ist.

Demnach wäre zu untersuchen, inwieweit die Entscheidung der Gemeindevertretung bzw. des Kreistages die Merkmale eines Verwaltungsaktes nach § 35 HVwVfG erfüllt. Die Entscheidung nach § 26 bzw. § 50 KWG zielt darauf, die vorangegangene Wahl für gültig bzw. für ungültig zu erklären und notfalls auch eine Wiederholung der Wahl anzuordnen. Dementsprechend zielt sie auf die Setzung einer Rechtsfolge, so dass ihr Regelungscharakter im Sinne von § 35 S. 1 HVwVfG zukommt. Diese Entscheidung hat darüber hinaus Außenwirkung (immerhin betrifft sie mittelbar die Entscheidung einer Vielzahl von Wählerinnen und Wählern) und bewegt sich auf dem Gebiet des öffentlichen Rechts.

Problematisch könnte sein, inwieweit es sich tatsächlich um einen Einzelfall handelt, da unter Umständen über eine Vielzahl von Einsprüchen zu entschei-

---

636 Kopp/Schenke, VwGO, § 78 Rn. 2f.; Hufen, § 12 Rn. 45f.

637 Diesem Argument u.a. folgend: Schmidt, in: Bennemann, § 27 KWG Rn. 1.

638 VGH Kassel, Hess. VGRspr. 1975, 17f.

639 VGH Kassel, Hess. VGRspr. 1975, 17f.

den ist, ein sehr komplexer Vorgang zahlreicher Stimmabgaben überprüft wird und schließlich alle Wählerinnen und Wähler von der Entscheidung betroffen sind. Allerdings macht bereits § 35 S. 2 HVwVfG selbst Einschränkungen, was den Charakter der Einzelfall-Entscheidung angeht. Insofern ist hier darauf abzustellen, dass nur eine einzige (!) Wahl überprüft wird und der von der Entscheidung betroffene Personenkreis bestimmt (durch das Wählerverzeichnis) oder zumindest bestimmbar ist. Damit könnte zumindest ein Verwaltungsakt in Form einer Allgemeinverfügung nach § 35 S. 2 HVwVfG vorliegen.
Fraglich bleibt damit allein, inwieweit die jeweilige Vertretungskörperschaft die Voraussetzungen des Behördenbegriffs erfüllt. Nach § 1 IV VwVfG sind dies Stellen, die Aufgaben der öffentlichen Verwaltung wahrnehmen. Dazu gehört jede organisatorisch selbständige Instanz, wenn und soweit sie mit der Wahrnehmung von Verwaltungsaufgaben betraut ist, sogar Verfassungsorgane, Gemeindeorgane und Ausschüsse[640]. Die Gemeindevertretungen und die Kreistage haben vorliegend die Aufgabe, die Rechtmäßigkeit einer Kommunalwahl zu überprüfen. Gerade die Tatsache, dass in anderen Bundesländern für diese Aufgabe die Rechtsaufsichtsbehörde – unstreitig eine Behörde im Sinne von § 1 IV VwVfG – zuständig ist, beweist, dass auch die Vertretungskörperschaften hier als Behörden charakterisiert werden müssen.
Daher liegen alle Voraussetzungen eines Verwaltungsaktes nach § 35 HVwVfG vor[641]. Insoweit spricht alles dafür, die „Wahlanfechtungsklage" tatsächlich als Anfechtungsklage im Sinne von § 42 I VwGO zu interpretieren.
Der Hessische Verwaltungsgerichtshof lehnt die Einordnung als Anfechtungsklage jedoch weiter mit dem Argument ab, dass es im Wahlprüfungsverfahren nicht um die Verletzung subjektiver Rechte gehe, sondern Mängel des Wahlverfahrens geltend gemacht würden, und damit die Gültigkeit einer Wahl im Mittelpunkt stehe[642]. Daraus folgert er, dass der Landesgesetzgeber weder durch § 42 VwGO noch durch Art. 19 IV GG gebunden werde.
Dieser Argumentation folgt auch Schmidt, der die Klagen nach §§ 27, 50 KWG wegen ihrer „fehlenden subjektiv-rechtlichen Anreicherung" ebenfalls als Klagen sui generis einstuft[643].
Festzuhalten bleibt zunächst, dass es im Wahlprüfungsverfahren tatsächlich nicht in erster Linie um die Geltendmachung von eigenen Rechten geht, sondern das öffentliche Interesse am Bestand eines rechtmäßigen Wahlergebnisses und eines ordnungsgemäßen Wahlverfahrens im Vordergrund steht (vgl. aber oben die Ausführungen zum Doppelcharakter der Wahl[644]). Insofern unterscheidet sich die Konstellation vom gesamten Rest des verwaltungsprozessualen Systems in Deutschland, in dem es fast ausschließlich um die Verfolgung subjektiv-öffentlicher Rechte geht.

---

[640] Maurer, Verwaltungsrecht, § 9 Rn. 22.
[641] So auch: Weber, in: JuS 1990, 291 [292].
[642] VGH Kassel, Hess.VGRspr. 1975, 17 [18].
[643] Schmidt, in: Bennemann, § 27 KWG Rn. 1.
[644] Vgl. Fn. 581.

Fraglich ist aber zum einen, inwieweit diese Argumentation angesichts der jüngsten Änderungen des § 25 KWG noch zwingend ist, zum anderen, ob daraus überhaupt ein Argument gegen die Einordnung als Anfechtungsklage abgeleitet werden kann.
Zunächst kommt es nunmehr auch im Rahmen von § 25 KWG auf die Geltendmachung subjektiver Rechte bzw. die Erfüllung des 1%-Quorums an (vgl. oben). Daher ist die Hürde, die für das Erreichen eines zulässigen Klagebegehrens im Rahmen der Klagebefugnis zu überspringen ist, den Anforderungen des § 42 II VwGO angenähert. Zwar ist die „Wahlanfechtungsklage" für diejenigen Beteiligten, die nicht die Verletzung eigener Rechte geltend machen, sondern den Nachweis der Unterstützung durch ein Prozent der Wahlberechtigten erbringen, nach wie vor nicht „subjektiv-rechtlich angereichert", inwieweit in diesem Zusammenhang aber insgesamt noch von einer Popularklage gesprochen werden kann, ist fraglich.
Darüber hinaus ist die Argumentation des VGH Kassel gegen eine Anfechtungsklage im Sinne von § 42 I VwGO auch nicht zwingend. Aus meiner Sicht spricht nichts dagegen, die „Wahlanfechtungsklage" als Anfechtungsklage im Sinne von § 42 I VwGO einzuordnen. Dabei ist der Landesgesetzgeber allerdings frei – dies entspricht der Argumentation des VGH Kassel –, angesichts des besonderen Charakters der Wahlprüfung von den sonstigen Voraussetzungen der §§ 42 II, 68ff., 78 I Nr. 1 VwGO abzuweichen.
Hinsichtlich § 42 II VwGO bedeutet dies, dass neben der Verletzung eigener Rechte eben auch die Erfüllung des 1%-Quorums in Betracht kommt. Das Widerspruchsverfahren ist insofern entbehrlich, als vorliegend ein Einspruchsverfahren nach § 25 KWG der Erhebung der Anfechtungsklage vorgeschaltet ist. Und was die Abweichung zu § 78 I Nr. 1 VwGO betrifft, ist dies wegen der Entscheidungszuständigkeit der Vertretungskörperschaft zwingend.
Fraglich bleibt damit allein, inwieweit die Einordnung als Anfechtungsklage tatsächlich auch dem Klagebegehren des Klägers entspricht. Dies könnte insofern problematisch sein, als es ihm ja nicht nur um die Aufhebung des durch die Vertretungskörperschaft erlassenen Verwaltungsaktes gehen wird, sondern sein Begehren im Kern auf die Wiederholung der für ungültig erklärten Wahl zielt. Daher ist die Anordnung einer Wiederholungswahl das eigentliche Ziel des Klägers, soweit die Wahl vorher für gültig erklärt worden ist.
Diesem Begehren entspricht die ebenfalls in § 42 I VwGO verankerte Verpflichtungsklage auf Erlass eines Verwaltungsaktes. Ist die Wahl dagegen vorher für ungültig erklärt worden und durch die Vertretungskörperschaft selbst eine Wiederholungswahl angeordnet worden, dann wird es einem potentiellen Kläger (beispielsweise dem betroffenen Bewerber) darum gehen, die erlassene Anordnung der Wiederholung der Wahl aufheben zu lassen. Diesem Klagebegehren entspricht die Anfechtungsklage nach § 42 I VwGO.
Insgesamt bleibt damit festzuhalten, dass es im Kern immer um die Überprüfung eines Verwaltungsaktes geht, für den die VwGO statthafte Klagearten in § 42 I VwGO vorsieht. Dementsprechend verbietet sich ein Rückgriff auf § 43 I

VwGO[645]. Auch die Entwicklung einer (Gestaltungs-) Klage sui generis ist überflüssig. Letzten Endes stellt die „Wahlanfechtungsklage" eine modifizierte Verpflichtungs- bzw. Anfechtungsklage im Sinne von § 42 I VwGO dar, je nach dem, ob der Kläger eine Wiederholung der Wahl erreichen oder diese Anordnung gerade beseitigen lassen will.

b. Keine aufschiebende Wirkung der Wahlanfechtungsklage

Obwohl es sich bei den Entscheidungen der Vertretungskörperschaften daher um Verwaltungsakte im Sinne von § 35 VwVfG handelt, kommt der Wahlanfechtungsklage keine aufschiebende Wirkung nach § 80 I VwGO zu[646]. Weder der vorherige Einspruch noch die sich unter Umständen anschließende Klage können daher verhindern, dass die gewählten Gemeindevertreter, Stadtverordneten oder Bürgermeister ihre Arbeit aufnehmen.
Zwar ist dies nicht ausdrücklich gesetzlich festgelegt[647], jedoch folgt dies mittelbar aus anderen Vorschriften des KWG. Aus § 26 II KWG, demzufolge an der Entscheidung der Vertretungskörperschaft auch jene Mandatsträger teilnehmen, die von der Entscheidung betroffen sein können, folgt im Umkehrschluss, dass der Einspruch und die sich anschließende Klage gerade keine aufschiebende Wirkung entfalten können. Die Regelung würde ansonsten keinen Sinn machen. Ähnliches gilt für § 53 KWG, der die Amtshandlungen eines ins Amt eingeführten Bürgermeisters unberührt lässt, auch wenn seine Wahl für ungültig erklärt werden sollte.
Aussichtslos ist daher auch eine Anordnung im einstweiligen Rechtsschutz nach § 123 I VwGO, mit der erreicht werden soll, dass ein Mandatsträger bis zur Wiederholungswahl von der Ausübung seines Mandates ausgeschlossen wird. Eine einstweilige Anordnung nach § 123 I VwGO dient gerade dazu, Rechte vorläufig zu sichern. Im Rahmen der Wahlprüfung geht es aber gerade nicht allein um die Geltendmachung von Rechtsverletzungen, sondern in erster Linie um die objektive Richtigkeit des Wahlergebnisses[648].

c. Klagebefugnis

Klagebefugt sind nach § 27 S. 1 KWG alle Beteiligten sowie die Aufsichtsbehörde. Die Frage, wer zum Kreis der Beteiligten gehört, regelt nunmehr § 26 I KWG selbst. Demnach steht die Beteiligteneigenschaft dem Wahlberechtigten, der Einspruch erhoben hat, und dem Vertreter, dessen Wahl unmittelbar angefochten worden ist oder dessen Ausscheiden nach § 26 I 1 Nr. 1 KWG zu prüfen ist, zu.

---

645 So aber: VG Frankfurt, NVwZ 1997, 1240 [1241].
646 Vgl. Weber, in: JuS 1990, 291 [292].
647 Ausdrücklich dagegen in Niedersachsen: § 46 V Kommunalwahlgesetz.
648 Vgl. ausdrücklich: OVG Münster, DVBl. 1976, 396 [397]; Meyer, in: HdBkWP II, S. 79; Weber, in: JuS 1990, 291 [292].

d. Vorverfahren

Eines Vorverfahrens nach §§ 68ff. VwGO bedarf es nach § 27 S. 2 KWG nicht. Demzufolge kann der Beteiligte direkt Anfechtungsklage oder Verpflichtungsklage gegen den Beschluss der Vertretungskörperschaft erheben. Die Funktion des Vorverfahrens wird hier gerade durch das vorgeschaltete Einspruchsverfahren übernommen.

e. Klagegegner

Wie bereits oben erwähnt, ist die Klage gemäß § 27 S. 2 KWG – in Abweichung zu § 78 I Nr.1 VwGO – nicht gegen den Rechtsträger der handelnden Behörde, sondern gegen die zuständige Vertretungskörperschaft selbst zu richten. Demnach sind Klagegegner die Gemeindevertretung (Stadtverordnetenversammlung) oder der Kreistag.

Allerdings schadet eine fälschlicherweise gegen die Gemeinde (Stadt) oder den Kreis selbst gerichtete Klageschrift in der Regel nicht, wenn zu erkennen gewesen ist, gegen wen sich die Klage tatsächlich richten sollte[649]. Die Parteibezeichnungen sind als prozessuale Willenserklärungen nach ihrem erkennbaren objektiven Sinn auszulegen. Dem Kläger kann insofern die Gelegenheit eingeräumt werden, nachträglich die Vertretungskörperschaft als richtigen Klagegegner zu bezeichnen[650]. Das Verwaltungsgericht darf auf eine solche Klarstellung nach §§ 88, 86 III VwGO sogar hinweisen. Eine entsprechende Klarstellung stellt demnach auch keine Klageänderung im Sinne von § 91 VwGO dar[651].

Begründen lässt sich dieses sehr klägerfreundliche Vorgehen damit, dass das Verwaltungsprozessrecht ansonsten die Parteifähigkeit nach § 61 VwGO gerade nur den Selbstverwaltungsträgern als juristischen Personen selbst einräumt und nicht den einzelnen kommunalen Organen. Daher stellt die Konstellation des § 27 S. 2 KWG gerade eine Ausnahme dar[652], so dass die Klageschrift unter dem Gesichtspunkt, dass die Klage im Zweifel gegen den richtigen Beklagten gerichtet sein soll, ausgelegt werden darf[653].

f. Klagefrist

Die Klage ist nach § 27 S. 1 KWG innerhalb eines Monats nach Zustellung oder Verkündung des Beschlusses der Vertretungskörperschaft zu erheben. Für die Berechnung der Frist kann insofern auf die allgemeinen Grundsätze zu § 74 VwGO verwiesen werden.

---

[649] VGH Kassel, NVwZ 1991, 601 [602].

[650] VGH Kassel, NVwZ 1991, 601 [602].

[651] VGH Kassel, NVwZ 1991, 601 [602].

[652] Auch beim Kommunalverfassungsstreit können die kommunalen Organe freilich als Kläger und Beklagter auftreten.

[653] VGH Kassel, NVwZ 1991, 601 [602].

g. Allgemeines Rechtsschutzbedürfnis

Im Rahmen des allgemeinen Rechtsschutzbedürfnisses ist im Zusammenhang mit einer Wahlanfechtungsklage von den Gerichten bislang berücksichtigt worden, inwieweit der Kläger die Klage nur der Gestalt nach betreibt, tatsächlich jedoch andere Ziele verfolgt. Verneint wurde ein solches Interesse daher für den Fall, dass der Kläger nur die Erteilung von Auskünften oder die Einsicht in Aktenunterlagen begehrt[654].

h. Beiladung

Fast immer werden im Zusammenhang mit einer Wahlanfechtungsklage auch weitere Beteiligte nach § 65 II VwGO notwendig beizuladen sein. § 26 I KWG nennt nunmehr ausdrücklich die Personen, denen im Verwaltungsverfahren eine Beteiligtenstellung eingeräumt wird. Dieser Personenkreis wird vom Verwaltungsgericht auch zu berücksichtigen sein, wenn es um die Klärung der Frage geht, inwieweit die Entscheidung gegenüber anderen Personen nur einheitlich ergehen kann. Insbesondere der Vertreter, dessen Wahl unmittelbar angefochten oder dessen Ausscheiden zu prüfen ist, ist daher gemäß § 65 II VwGO notwendig beizuladen[655].

Dem VGH Kassel ist darin zuzustimmen, dass die noch nicht nachgerückten Listennachfolger und die ehrenamtlichen Mitglieder des Gemeindevorstandes (Magistrates) bzw. des Kreisausschusses nicht beigeladen werden müssen, falls die Wahl der entsprechenden Vertretungskörperschaft für ungültig erklärt werden soll[656]. Die noch nicht nachgerückten Listennachfolger sind weder Mitglied der Vertretungskörperschaft noch haben sie eine rechtliche Anwartschaft auf eine künftige Mitgliedschaft dergestalt erhalten, dass ihre Position automatisch und ohne das Dazwischentreten weiterer Umstände zu einem Mandat erstarkt. Im Hinblick auf die ehrenamtlichen Mitglieder von Gemeindevorstand und Kreisausschuss ist hingegen zu berücksichtigen, dass deren Amtszeit zwar auch mit der Auflösung der Vertretungskörperschaft endet, sie jedoch nicht automatisch ihre Rechtsstellung als Ehrenbeamte verlieren, da sie gemäß § 41 HGO zur Weiterführung der Amtsgeschäfte verpflichtet sind.

i. Materielle Präklusion und Anfechtungsprinzip

Im Hinblick auf den Umfang der gerichtlichen Entscheidung kann auf die Ausführungen oben im Zusammenhang mit dem Einspruchsverfahren verwiesen werden. Neue Gründe zur Wahlanfechtung können in dem Verfahren vor dem Verwaltungsgericht nicht mehr vorgebracht werden (vgl. oben, S. 202). Über Einwendungen gegen die Gültigkeit einer Kommunalwahl ist im Wahlprüfungsverfahren daher sachlich nur dann zu entscheiden, soweit der Wahlberechtigte den Sachverhalt, auf den er den geltend gemachten Wahlfehler stützt,

---

[654] VG Gießen, HessVGRspr. 1998, 55f.

[655] VGH Kassel, HSGZ 2005, 211,[215].

[656] VGH Kassel, HSGZ 2005, 211, [215].

innerhalb der Einspruchsfrist so substantiiert dargelegt hat, dass sich anhand dessen feststellen lässt, ob der Tatbestand des §§ 26 I Nr. 2 bzw. des 50 Nr. 2 KWG vorliegt[657].

2. Eröffnung des Verfassungsrechtsweges

Gegen die Entscheidungen der Verwaltungsgerichte im Wahlprüfungsverfahren könnte sowohl eine Grundrechtsklage vor dem Hessischen Staatsgerichtshof nach §§ 43ff. StGHG als auch eine Verfassungsbeschwerde vor dem Bundesverfassungsgericht nach Art. 93 I Nr. 4a GG, §§ 90ff. BVerfGG in Betracht kommen.

a. Verfahren vor dem Hessischen Staatsgerichtshof

Als Verfahren vor dem Hessischen Staatsgerichtshof bietet sich die Erhebung einer Grundrechtsklage nach Art. 131 I HV in Verbindung mit §§ 43ff. StGHG an. Dann müsste der Kläger die Verletzung von Grundrechten geltend machen können, die ihm durch die Hessische Verfassung in den Art. 1ff. HV garantiert werden[658].

Fraglich ist daher, inwieweit Unregelmäßigkeiten, die im Wahlverfahren aufgetreten sind, zu Grundrechtsverletzungen geführt haben können. Die Darstellung der zentralen Entscheidungen des VGH Kassel hat gezeigt, dass es im Kern meist um eine Verletzung der Wahlgrundsätze aus Art. 28 I 2 GG bzw. § 1 KWG ging. Das Kommunalwahlrecht selbst und damit die Wahlgrundsätze (für die Kommunalwahlen) genießen in Hessen aber keine ausdrückliche (!) landesverfassungsrechtliche Garantie mehr[659]. Der Hessische Staatsgerichtshof hat dieser Verfassungslage aber dadurch Rechnung getragen, dass er in ständiger Rechtsprechung die Wahlrechtsgrundsätze der allgemeinen und der gleichen Wahl als Unterfälle des allgemeinen Gleichheitsgrundsatzes angesehen und Normen des Kommunalwahlrechts an Art. 1 HV gemessen hat[660]. Diese Rechtsprechung ermöglicht es, die zentralen Fälle, in denen es um eine Verletzung der Chancengleichheit der Bewerber einer Wahl geht, mit dem Hinweis auf eine Verletzung von Art. 1 HV im Wege einer Grundrechtsklage vor den Hessi-

---

[657] VGH Kassel, HSGZ 2000, 277 [277].

[658] Vgl. im Einzelnen zu den Voraussetzungen der Grundrechtsklage: Hecker, Staats- und Verfassungsrecht, Rn. 444ff.

[659] Hess. StGH, StAnz. 1995, 892 [894]; Meyer, in: Meyer/Stolleis, S. 203f.; v. Zezschwitz, in: Zinn/Stein, Art. 137 Erl. I 2.; vgl. aber in der ursprünglichen Fassung: Art. 137 VI HV: „Die Grundsätze des Landtagswahlrechts gelten auch für Gemeinde- und Gemeindeverbandswahlen." Mit Verfassungsänderungsgesetz vom 22.7.1950 (GVBl. S. 131) wurde diese Vorschrift gestrichen. Damit sollte dem Gesetzgeber Gestaltungsfreiheit hinsichtlich des anzuwendenden Wahlrechts eingeräumt werden. Die Aufhebung hat jedoch zur Folge, dass seither das Kommunalwahlrecht keine ausdrückliche landesverfassungsrechtliche Garantie mehr besitzt.

[660] Hess. StGH, ESVGH 31, 161 [166] unter Hinweis auf zahlreiche weitere Entscheidungen; vgl. u.a. Hess. StGH, StAnz. 1995, 892 [894].

schen Staatsgerichtshof zu bringen. Gleiches gilt für die Freiheit der Wahl, die als Unterfall der allgemeinen Handlungsfreiheit gewertet werden kann. Sie umfasst gleichsam die Freiheit, vor unberechtigten, nicht rechtsstaatlichen Eingriffen der Staatsgewalt verschont zu bleiben und nicht durch Nachteile belastet zu werden, die nicht durch die verfassungsmäßige Ordnung begründet sind[661].
Dabei ist auch hier das Wahlanfechtungsprinzip zu beachten, nach dem nur jene Wahlfehler zum Gegenstand einer Grundrechtsklage gemacht werden können, die bereits im Einspruchsverfahren sowie im verwaltungsgerichtlichen Verfahren gerügt worden sind[662].
Zu beachten ist aber, dass die Zuständigkeit des Staatsgerichtshofs auf Maßnahmen oder Entscheidungen der Landesstaatsgewalt beschränkt ist. Dies gilt insbesondere für gerichtliche Entscheidungen. Prüfungsgegenstand kann daher allein die Entscheidung des höchsten in der Sache zuständigen Gerichts des Landes sein[663]. Nach § 44 I 3 StGHG ist daher die Grundrechtsklage unzulässig, wenn das höchste in der Sache zuständige Gericht kein Gericht des Landes Hessen ist. Die Klage ist hingegen zulässig, wenn keine Möglichkeit der Anrufung eines Gerichts mehr besteht.
Konkret bedeutet dies, dass auch bei Wahlprüfungsverfahren notfalls der Weg bis zum Bundesverwaltungsgericht ausgeschöpft werden muss. So lange Revisionsentscheidungen vor dem Bundesverwaltungsgericht noch möglich sind, ist der Weg zum Staatsgerichtshof verschlossen. Sollte die Revision vor dem Bundesverwaltungsgericht durch den VGH Kassel nicht zugelassen werden, ist dort eine Nichtzulassungsbeschwerde zu erheben[664]. Erst wenn diese Beschwerde zurückgewiesen wird, kann die Grundrechtsklage nach §§ 43ff. StGHG erhoben werden. Erklärt sich das BVerwG dagegen sachlich für zuständig, so scheidet eine Grundrechtsklage vor dem Staatsgerichtshof wegen § 44 I 3 StGHG endgültig aus.

b. Verfahren vor dem Bundesverfassungsgericht

Fraglich ist, inwieweit den Klägern auch der Weg zum Bundesverfassungsgericht offen steht. In Betracht kommt insofern nur eine Verfassungsbeschwerde nach Art. 93 I Nr. 4a GG in Verbindung mit §§ 90ff. BVerfGG. Im Grundsatz ist die Beschreitung dieses Weges auch möglich, da verwaltungsgerichtliche Entscheidungen im Wahlprüfungsverfahren wie alle anderen Entscheidungen der Verwaltungsgerichte auch als „Akte der öffentlichen Gewalt" der Verfassungsbeschwerde unterliegen[665].

---

[661] Hess. StGH, ESVGH 31, 161 [165].
[662] Hess. StGH, ESVGH 31, 161 [164].
[663] Hess. StGH, NJW 2001, 746 [746]; Hecker, a.a.O., Rn. 448.
[664] Hecker, a.a.O, Rn.455, der auch darauf hinweist, dass nach der von 1994 bis 2000 geltenden Fassung des StGHG die Grundrechtsklage bereits dann zulässig war, wenn das höchste in der Sache zuständige hessische Gericht ein Rechtsmittel nicht zugelassen hatte. Eine Nichtzulassungsbeschwerde war insofern entbehrlich.
[665] Jarass/Pieroth, Art. 93 GG Rn. 50; Pieroth/Schlink, Rn. 1127.

Damit bleibt die Frage zu beantworten, inwieweit dies auch für die besonders relevanten Fälle gilt, in denen es um eine Verletzung der Allgemeinheit und Gleichheit der Wahl geht.
Zunächst könnte eine Berufung auf Art. 38 I 1 GG nahe liegen, der in Art. 93 I Nr. 4a GG explizit genannt ist und dessen Verletzung daher direkt geltend gemacht werden kann. Allerdings gewährleistet Art. 38 I 1 GG die Wahlgrundsätze nur für die Bundestagswahlen. Auf Wahlen in den Ländern findet die Vorschrift keine Anwendung. Zwar fordert das Grundgesetz in Art. 28 I 2 GG auch für die Wahlen in den Ländern, Kreisen und Gemeinden, dass diese nach allgemeinen, unmittelbaren, freien, gleichen und geheimen Grundsätzen durchgeführt werden müssen, jedoch ist die Vorschrift in Art. 93 I Nr. 4a GG nicht enthalten. Dazu das Bundesverfassungsgericht: *„Während bei Bundestagswahlen die Verletzung aller fünf Wahlrechtsgrundsätze mit der Verfassungsbeschwerde gerügt werden kann (...), fehlt eine vergleichbare Gewährleistung, wenn es um die Durchsetzung dieser Grundsätze bei allgemeinen politischen Wahlen und Abstimmungen im Sinne von Art. 20 II 2 GG auf der Ebene der Länder geht.“*[666]
Auch eine analoge Anwendung hat das Bundesverfassungsgericht stets abgelehnt, da dies mit Rücksicht auf die Selbständigkeit der Verfassungsräume von Bund und Ländern nicht gerechtfertigt werden könne[667]. Art. 28 I 2 GG gelte zwar als Verfassungsgebot für die Abstimmungen und Wahlen in den Ländern, vermittele dem Einzelnen jedoch keine „mit der Verfassungsbeschwerde rügefähige subjektive Rechtsposition“[668].
Fraglich ist daher, inwieweit auch hier ein Rückgriff auf den allgemeinen Gleichheitssatz aus Art. 3 I GG möglich erscheint.
In seiner früheren Rechtsprechung hat das Bundesverfassungsgericht die Grundsätze der Allgemeinheit und Gleichheit der Wahl uneingeschränkt als Anwendungsfälle des allgemeinen Gleichheitssatzes aus Art. 3 I GG angesehen[669]. Dies ermöglichte insoweit also eine Verfassungsbeschwerde nach Art. 93 I Nr. 4a GG[670].
Diese Rechsprechung ist in der Literatur allerdings zusehends auf Kritik gestoßen[671], so dass sie vom Bundesverfassungsgericht nunmehr ausdrücklich aufgegeben wurde[672]:

---

666 BVerfGE 99, 1 [7].
667 BVerfGE 1, 208 [236]; 4, 31 [44]; 6, 121 [129f.]; 6, 445 [447].
668 BVerfGE 99, 1 [8].
669 Erstmals: BVerfGE 1, 208 [237, 242], zahlreiche weitere Nachweise in: BVerfGE 99, 1 [8]. Für die Grundsätze der Freiheit, der Unmittelbarkeit und der geheimen Wahl hat das Bundesverfassungsgericht freilich diese Möglichkeit von vornherein abgelehnt, vgl. BVerfGE 99, 1 [12].
670 Davon geht auch noch Weber, in: JuS 1990, 291 [295] aus, der auf die zahlreichen Nachweise dieser Rechtsprechung bei Seifert, BWahlR, Art. 38 GG Rn. 22 verweist.
671 Frowein, in: AöR 99 (1974), S. 72 [81], von Münch, in: von Münch/Kunig, 3. Aufl., Art. 38 GG Rn. 48; Jarass/Pieroth, Art. 38 GG Rn .7; Magiera, in: Sachs, Art. 38 GG Rn. 92; Murswiek, in: JZ 1979, 48 [50]; Roth, in: DVBl. 1998, 214 [216f.].

Das Verhältnis zwischen den speziellen Wahlrechtsgrundsätzen der Allgemeinheit und Gleichheit der Wahl und Art. 3 I GG könne nur aus dem Zusammenwirken der Art. 28 I 2, 38 I 1, 93 I Nr. 4a GG sowie dem bundesstaatlichen Prinzip beantwortet werden. Daraus ergebe sich, dass das Recht, die Beachtung aller fünf Wahlrechtsgrundsätze im Wege einer Verfassungsbeschwerde einzufordern, dem Bürger vom Grundgesetz nur gewährt worden sei, soweit es um politische Wahlen auf Bundesebene gehe (vgl. oben, Art. 93 I Nr. 4a GG i.V.m. Art. 38 I 1 GG)[673]. Für Wahlen auf Landesebene und kommunaler Ebene seien aber die Länder im Rahmen ihrer eigenständigen Verfassungsbereiche autonom und nur an die Vorgaben aus Art. 28 I 2 GG gebunden. In diesem Rahmen müssten sie aber das Wahlrecht gestalten und das Wahlprüfungsrecht organisieren[674], so das Bundesverfassungsgericht.
Diese objektivrechtliche Bindung an Art. 28 I 2 GG könne dabei sowohl im Wege einer abstrakten (Art. 93 I Nr. 2 GG) als auch konkreten Normenkontrolle (Art. 100 I GG) garantiert werden. Mit Blick auf die Autonomie der Länder beschränke sich das Grundgesetz aber auf diese objektivrechtliche Kontrolle und räume nicht auch jedem Bürger bei Wahlen im Land das Recht ein, die Beachtung der fünf Wahlrechtsgrundsätze mit der Verfassungsbeschwerde einzufordern. Stattdessen hätten die Länder Raum, den subjektiven Schutz des Wahlrechts zu ihren Volksvertretungen in Ausübung ihres Rechts auf Selbstorganisation durch die Gerichtsbarkeit des Landes zu gewährleisten[675].
Auch mit Rücksicht auf die Tatsache, dass für die Grundsätze der freien, unmittelbaren und geheimen Wahl ein Rückgriff etwa auf Art. 2 I GG durch das Bundesverfassungsgericht stets verneint worden sei, könne die Änderung der eigenen Rechtsprechung gerechtfertigt werden. Gründe für eine unterschiedliche Gewichtung der Wahlrechtsgrundsätze gebe es auch nicht[676].
Die Änderung der Rechtsprechung ist mit Rücksicht auf die Autonomie der Bundesländer zu begrüßen. Sie führt nunmehr dazu, dass bei den Kommunalwahlen die Wahlrechtsgrundsätze nicht mehr mit der Verfassungsbeschwerde beim Bundesverfassungsgericht eingefordert werden können. Insofern bleibt es den Bundesländern überlassen, ob sie im Anschluss an das verwaltungsgerichtliche Verfahren Möglichkeiten vorsehen, die Landesverfassungsgerichte wegen einer Verletzung der Grundrechte (Wahlrechtsgrundsätze) anzurufen. Soweit Bundesländer von dieser Möglichkeit keinen Gebrauch gemacht haben, verstößt dies nach zutreffender Meinung des Bundesverfassungsgerichts nicht ge-

---

672 BVerfGE 99, 1 [8ff.].
673 BVerfGE 99, 1 [11].
674 BVerfGE 99, 1 [11].
675 BVerfGE 99, 1 [12]; zustimmend: Dietlein, S. 203 [219f.]; Menzel, S. 310 und S. 526; Sturm, in: Sachs, Art. 93 GG Rn. 78; Vosskuhle, in: v. Mangoldt/Klein/Starck, Art. 93 GG Rn. 77; wohl ebenfalls zustimmend: Günther, § 43 StGHG, Rn. 21.
676 BVerfGE 99, 1 [13].

gen Art. 19 IV GG, da die Vorschrift keinen subjektiven verfassungsgerichtlichen Schutz verbürgt[677].
In Hessen kommt insofern jedoch – wie bereits dargelegt – eine Grundrechtsklage vor dem Hessischen Staatsgerichtshof nach Art. 131 I HV i.V.m. §§ 43ff. StGHG in Betracht.

III. Rechtsschutz außerhalb des Wahlprüfungsverfahrens

Im Folgenden sollen die Möglichkeiten des Rechtsschutzes jenseits des Wahlprüfungsverfahrens im Zusammenhang mit der Durchführung einer Kommunalwahl im Überblick dargestellt und untersucht werden. Den Ausgangspunkt dieser Überlegungen bildet § 28 KWG:

„Entscheidungen und Maßnahmen, die sich unmittelbar auf das Wahlverfahren beziehen, können nur mit den in diesem Gesetz und in der Kommunalwahlordnung vorgesehenen Rechtsbehelfen sowie im Wahlprüfungsverfahren angefochten werden."

Daher ist zunächst die Reichweite des § 28 KWG festzulegen (1.), im Anschluss sind die von KWG und KWO vorgesehenen Rechtsbehelfe zu benennen (2.), bevor schließlich der Frage nachgegangen werden soll, inwieweit der abschließende Charakter dieser Rechtsbehelfe mit der Garantie des Art. 19 IV GG bzw. § 40 I VwGO vereinbar ist (3.). Als problematisch könnte sich nämlich insofern erweisen, dass der Verweis des Klägers auf das Wahlprüfungsverfahren und die damit einhergehende gerichtliche Kontrolle nach (!) der Wahl sowie der nur unbefriedigende Schutz des Wählers und des Bewerbers gegen Entscheidungen der Wahlorgane vor (!) der Wahl unter dem Gesichtspunkt des effektiven subjektiven Rechtsschutzes nicht ausreichend sein könnte.

1. Reichweite des § 28 KWG

Die von § 28 KWG vorgesehene Beschränkung des Rechtsschutzes wird eng ausgelegt, indem darunter nur jene Entscheidungen und Maßnahmen fallen, die sich *unmittelbar* auf das Wahlverfahren beziehen. Dies umfasst Akte von Wahlorganen, die entweder vor, bei oder nach der Wahlhandlung im Rahmen eines konkreten Wahlverfahrens erlassen wurden und das Wahlverfahren unmittelbar betreffen[678]. Zu fordern ist daher jeweils ein konkreter Bezug zu einer unmittelbar anstehenden Wahl[679]. Dieser konkrete Bezug fehlt bei jenen Ent-

---

[677] BVerfGE 99, 1 [19].
[678] Bennemann, in: Bennemann, § 28 KWG Rn. 1
[679] Vgl. dazu die Beispiele bei Bennemann, in: Bennemann, § 28 KWG Rn. 1: Bestimmung der Wahlräume, Entscheidung über den Einsatz von Wahlgeräten, Zurückweisung von Wahlbriefen.

scheidungen und Maßnahmen, die nur bei Gelegenheit der Wahl ergehen[680]. Nicht von der Beschränkung des § 28 KWG umfasst sind damit auch Feststellungsbegehren, die Fragen betreffen, die bei künftigen Wahlen immer wieder auftreten könnten.

2. Die Rechtsbehelfe im Einzelnen

Der Rechtsschutz vor der Wahl ist auf die Fälle beschränkt, in denen die Eintragung in das Wählerverzeichnis (§ 8 KWG), die Ausstellung eines Wahlscheins (§ 9 KWG) oder die (Nicht-) Zulassung eines eingereichten Wahlvorschlags (§ 15 KWG) gerügt werden[681].

a. Rechtsschutz gegenüber dem Wählerverzeichnis (§ 8 III KWG)
Wer das Wählerverzeichnis für unrichtig oder unvollständig hält, dem eröffnet § 8 III 1 KWG i.V. mit § 13 KWO die Möglichkeit der Einspruchseinlegung beim Gemeindevorstand. Gegen diese Entscheidung wiederum steht die Beschwerde an den Gemeindewahlleiter nach § 8 III 2 KWG i.V. mit § 13 IV KWO offen[682]. Soweit die zur Begründung des Einspruchs behaupteten Tatsachen nicht offensichtlich sind, muss der Einspruchsführer die erforderlichen Beweismittel beibringen. Bennemann weist in diesem Zusammenhang zu recht auf die relativ kurzen Fristen für die Geltendmachung der Rechtsmittel hin, da der Gemeindevorstand durch § 13 III KWO verpflichtet sei, seine Entscheidung spätestens am zehnten Tag vor der Wahl zuzustellen[683], und der Gemeindewahlleiter spätestens am vierten Tag vor der Wahl entscheiden müsse.
Gegen die negative Entscheidung des Gemeindewahlleiters steht dann wegen § 28 KWG (vgl. auch § 13 IV 4 KWO) nur noch das Wahlprüfungsverfahren nach der Wahl (!), also der Einspruch gegen die Gültigkeit der Wahl sowie die Wahlanfechtungsklage zur Verfügung. Das KWG eröffnet in diesen Zusammenhang gerade nicht den Verwaltungsrechtsweg, wie ihn § 27 KWG vorsieht[684]. Regelungen in anderen Bundesländern enthalten dagegen ausdrückliche Bestimmungen, nach denen gegen die abschließende behördliche Entschei-

[680] Bennemann, in: Bennemann, § 28 KWG Rn. 1: Kündigung des Arbeitsverhältnisses wegen Tätigkeit als Wahlbewerber; Verbote von Veranstaltungen einzelner Parteien und Bewerber; Untersagung der Nutzung kommunaler Einrichtungen für einzelne öffentliche Veranstaltungen.
[681] Diese Möglichkeiten zählt auch Birkenfeld-Pfeiffer/Gern auf, vgl. Rn. 345; Bennemann, in: Bennemann, § 28 KWG Rn. 3.
[682] Vgl. dazu den Fall des VG Gießen, NVwZ-RR 1989, 367, den auch Weber, in: JuS 1990, 291 [293] als Vorlage heranzieht.
[683] Bennemann, in: Bennemann, § 8 KWG Rn. 51.
[684] In gleicher Weise versagen folgende Bundesländer die Eröffnung des Verwaltungsrechtsweges vor der Wahl: Niedersachen, § 46 IV KWG; Nordrhein-Westfalen, § 11 V KWG.

dung der Verwaltungsrechtsweg offen steht[685].
Sollte dabei tatsächlich ein Fehler im Wählerverzeichnis enthalten sein, läge zwar zunächst eine Unregelmäßigkeit im Sinne von § 26 I Nr. 2 KWG, § 50 Nr. 2 KWG vor, jedoch wäre eine Ergebnisrelevanz dieser Unregelmäßigkeit kaum zu bejahen, wenn man von der zu vernachlässigenden Ausnahme eines denkbar knappen Wahlergebnisses absieht. Damit stellt sich bereits hier die Frage, inwieweit die Versagung des Verwaltungsrechtsweges vor der Wahl als eine gegen Art. 19 IV GG verstoßende Lücke im subjektiven Rechtsschutzsystem anzusehen ist[686] Auf die Haltung des VGH Kassel wird in diesem Zusammenhang einzugehen sein.
§ 28 KWG steht allerdings einem Feststellungsbegehren eines Wählers nicht entgegen, der klären lassen möchte, inwieweit er für künftige Wahlen wahlberechtigt ist und deswegen ins Wählerverzeichnis aufgenommen wird. Insofern fehlt dem Begehren nämlich die Unmittelbarkeit nach § 28 KWG (vgl. oben)[687].

b. Rechtsschutz gegen die Versagung des Wahlscheins (§ 9 III KWG)
Auch gegen die Versagung des Wahlscheins ermöglicht § 9 III KWG i.V. mit § 21 KWO die Einspruchseinlegung und die sich daran anschließende Beschwerde beim Gemeindewahlleiter. Wiederum stehen gegen diese verwaltungsbehördlichen Entscheidungen keine weiteren verwaltungsgerichtlichen Rechtsbehelfe offen. Auch hier steht dem der eindeutige Wortlaut des § 28 KWG entgegen. Da es in der Regel wiederum nur um Einzelfälle gehen wird, könnte sich auch in diesem Zusammenhang (mangels Ergebnisrelevanz der Unregelmäßigkeit) der Verweis auf das Wahlprüfungsverfahren nach der Wahl als ungenügend bzw. unbefriedigend darstellen. Auch hier erscheint ein Eingriff in Art. 19 IV GG als nicht ausgeschlossen.
Zu beachten ist weiterhin, dass sich die Einspruchseinlegung nach § 9 III KWG nur auf die Fälle bezieht, in denen ein Antrag auf Erteilung eines Wahlscheins abgelehnt worden ist. Derjenige der die Erteilung eines Wahlscheins rügt, der eigentlich nicht hätte erteilt werden dürfen, kann ebenfalls nur eine Unregelmäßigkeit im Wahlverfahren nach der Wahl nach § 25 KWG geltend machen[688].

---

[685] Vgl. etwa: Baden-Württemberg, § 6 III KWG; Bayern, Art. 10 II GemeindeWG; Rheinland-Pfalz, § 14 III KWG. Vgl. auch VG Würzburg, NJW 1976, 1651 [1651], das auch eine einstweilige Anordnung im Hinblick auf die Eintragung in die Wählerliste zugelassen hat.; Prandl/Waltner/Bauer, Art. 10 GWG Bayern Rn. 6.
[686] In diesem Sinne auch: Weber, in: JuS 1990, 291 [293].
[687] Für die Frage der Wahlberechtigung bei einer künftigen Bundestagswahl in Bezug auf § 49 BWahlG: BVerwGE 51, 69 [72]; vgl. dazu auch: Weber, in: JuS 1990, 293 [294].
[688] Bennemann, in: Bennemann, § 9 KWG Rn. 46.

c. Rechtsschutz gegen die Nichtzulassung von Wahlvorschlägen (§ 15 III KWG)

Gegen die Nichtzulassung eines Wahlvorschlags sieht schließlich § 15 III KWG die Möglichkeit der Einlegung eines Einspruchs beim Wahlleiter vor. Der Einspruch ist innerhalb von zwei Tagen nach Verkündung der Entscheidung über die Zulassung (vgl. § 15 IV KWG) durch die Vertrauensperson des jeweiligen Wahlvorschlags einzulegen. Über den Einspruch entscheidet der Wahlausschuss. Auch hier gilt es zu beachten, dass § 15 III KWG nicht jene Fälle umfasst, in denen ein Wahlvorschlag fehlerhaft zugelassen worden ist oder einzelne Bewerber vom Wahlausschuss gestrichen worden sind. Auch insoweit ist auf das Wahlprüfungsverfahren nach der Wahl zu verweisen. Weder den Betroffenen noch den Vertrauenspersonen der entsprechenden Wahlvorschläge steht vor der Wahl ein Rechtsmittel gegen die Entscheidung des Wahlausschusses zur Verfügung[689].

Doch selbst der vorherige Rechtsschutz gegen die Nichtzulassung eines Wahlvorschlags ist nur unbefriedigend in § 15 III KWG normiert. Gegen die mündliche Entscheidung des Wahlausschusses (vgl. § 25 V KWO) kann innerhalb von zwei Tagen Einspruch eingelegt werden. Diese Frist läuft auch dann, wenn die Vertrauensperson des entsprechenden Wahlvorschlags nicht an der Sitzung des Wahlausschusses teilgenommen hat und daher keine Kenntnis von der Nichtzulassung hat. Über die weiteren formellen Anforderungen der Einspruchseinlegung enthält das Gesetz keine Aussagen[690].

Auch gegen die abschließende Entscheidung des Wahlausschusses ist der verwaltungsgerichtliche Rechtsschutz auf das Verfahren der Wahlprüfung nach der Wahl beschränkt. In Baden-Württemberg sieht das Kommunalwahlgesetz hingegen in § 8 III KWG auch für diese Fälle die Möglichkeit der Erhebung einer Anfechtungsklage bzw. Verpflichtungsklage vor.

Die Brisanz der Versagung vorherigen Rechtsschutzes in diesen Fällen ist jedoch weitaus geringer als in den oben dargestellten Situationen. Dies hängt damit zusammen, dass das Verfahren der Wahlprüfung hier wesentlich mehr Erfolg verspricht als beispielsweise bei der nicht ergebnisrelevanten Nichteintragung eines einzelnen Wählers ins Wählerverzeichnis. Bei der Nichtzulassung eines Wahlvorschlags wird man die Ergebnisrelevanz der Unregelmäßigkeit nämlich nur schwer verneinen können[691]. In diesem Sinne stellt sich der Verweis auf die Wahlprüfung unter Berücksichtigung des Art. 19 IV GG weniger problematisch dar.

---

[689] Bennemann, in: Bennemann, § 15 KWG Rn 11.

[690] Vgl. aber insoweit: Bennemann, in: Bennemann, § 15 KWG Rn. 13.

[691] So auch: Weber, in: JuS 1990, 291 [294] mit Verweis auf: Meyer, in: HdBkWP, § 27 S. 79.

3. Verfassungsmäßigkeit des § 28 KWG

Nunmehr soll geklärt werden, inwieweit der Ausschluss des Verwaltungsrechtsweges in den oben dargestellten Fällen unter Berücksichtigung von Art. 19 IV GG tatsächlich verfassungsgemäß ist. Dies hängt letzten Endes vom Verhältnis der Wahlprüfung, wie sie in den §§ 25, 27 KWG normiert ist, zur Garantie des subjektiven Verwaltungsrechtsschutz, wie ihn Art. 19 IV GG fordert, ab.
Ausgangspunkt für diese Untersuchung soll die Rechtsprechung zur Wahlprüfung im Parlamentswahlrecht sein. Das Bundesverfassungsgericht hat dort fast jeden Rechtsschutz außerhalb des Wahlprüfungsverfahrens verneint und die Frage insofern zu Lasten des Art. 19 IV GG entschieden. Die dem § 28 KWG entsprechende Regelung des § 49 BWahlG wurde als verfassungsrechtlich unbedenklich eingestuft. Begründet wurde diese rigorose Rechtsprechung[692] mit den Besonderheiten einer fristgebundenen Wahl, bei der verhindert werden müsse, dass das Verfahren als solches aufgehalten werde. Auch die Befürchtung, dass die Wahl angesichts ihres Charakters als Massenverfahren ansonsten nicht fristgerecht durchgeführt werden könnte, hat ihren Teil zur strengen Rechtsprechung beigetragen. Daher beschränke § 49 BWahlG auch die Überprüfung jener Wahlfehler, die die Verletzung subjektiver Rechte beinhalteten, auf das dem Bundestag sowie dem Bundesverfassungsgericht vorbehaltene Wahlprüfungsverfahren nach der Wahl, so das Bundesverfassungsgericht[693]. Die Rechtsverletzung und die Verfolgung subjektiver Rechte müssten im Wahlverfahren zurücktreten „gegenüber der Notwendigkeit, die Stimmen einer Vielzahl von Bürgern zu einer einheitlichen, wirksamen Wahlentscheidung zusammenzufassen“[694]. Das Bundeswahlgesetz und die Bundeswahlordnung kennen daneben – ähnlich wie die Kommunalwahlgesetze der Länder – nur wenige Rechtsbehelfe[695].
Diese Rechtsprechung ist in Teilen der Literatur, die der Garantie des Rechtsweges aus Art. 19 IV GG auch im Wahlverfahren Geltungskraft zuweisen will,

[692] So Hans Meyer, aaO., S. 74; eine ausführliche Analyse der Rechtsprechung des Bundesverfassungsgerichts findet sich bei: Lang, Subjektiver Rechtsschutz, S. 62ff. Er kritisiert den eindimensionalen Verfahrensgegenstand des Bundesverfassungsgerichts in den Verfahren der Wahlprüfung, die ausschließlich dem Schutz des objektiven Wahlrechts dienten. Er wendet sich aber ausdrücklich gegen eine Ausweitung des Rechtsschutzes vor Ablauf der Wahl, sondern versucht den subjektiven Rechtsschutz im Verfahren der Wahlprüfung zu verwirklichen, indem er dafür plädiert, die Entscheidungsformel des Bundesverfassungsgerichts bei der Feststellung subjektiver nicht mandatsrelevanter Verstöße zu verändern, vgl. Zusammenfassung, S. 349..

[693] BVerfGE 14, 154 [155]; 22, 277 [281]; 28, 214 [219]; 34, 81 [94]; 66, 232 [234].

[694] BVerfGE, 14, 154 [154f.]; vgl. weitere Nachweise bei Schreiber, Handbuch des Wahlrechts zum Deutschen Bundestag, Kommentar, § 49 BWG Rn. 11.

[695] Vgl. dazu Meyer, in: HStR III, § 46 Rn. 99.

auf Kritik gestoßen[696]. Zwar werden die Bestrebungen, den Rechtsschutz über das Wahlprüfungsverfahren zu reduzieren begrüßt und auch als notwendig eingestuft, jedoch dürften diese Beschränkungen nur so weit reichen, wie ein Gerichtsverfahren die Zielsetzung einer auf objektive Kontrolle der richtigen Zusammensetzung des Parlamentes gerichteten Wahlprüfung tatsächlich beeinträchtige[697]. Dies darf für den Verwaltungsrechtsschutz vor der Wahl durchaus bezweifelt werden, da die Entscheidung eines Verwaltungsgerichtes *vor* der Wahl über die Eintragung ins Wählerverzeichnis oder die Ablehnung eines Kandidaten oder einer Liste die Wahlprüfung *nach* der Wahl nicht tangiert[698].
Entscheidend ist nun aber, wie sich die entsprechende Rechtslage auf kommunaler Ebene darstellt. Die Kommunalwahlgesetze einzelner Bundesländer haben die Regelung des § 49 BWahlG zum Teil wörtlich übernommen (vgl. § 28 KWG)[699]. In gleicher Weise haben auch die Obergerichte der entsprechenden Bundesländer die Rechtsprechung des Bundesverfassungsgerichts zur Vereinbarkeit dieser Vorschriften mit Art. 19 IV GG auf die kommunale Ebene übertragen, indem auch hier der besondere Charakter der Wahl in den Mittelpunkt der Argumentation gestellt wurde, welcher eine Verfolgung subjektiver Interessen auch jenseits des Wahlprüfungsverfahrens verbiete[700].
Der VGH Kassel hat diese Rechtsprechung ebenfalls übernommen und verweist die Rechtskontrolle über die zahlreichen Einzelentscheidungen der Wahlorgane auf das nach der Wahl eröffnete Wahlprüfungsverfahren[701]. Der VGH Kassel wörtlich:
„Der vom BVerfG für Parlamentswahlen ausgesprochene Grundsatz, dass Entscheidungen und Maßnahmen, die sich unmittelbar auf das Wahlverfahren beziehen, nur mit den in den Wahlvorschriften vorgesehenen Rechtsbehelfen und im Wahlprüfungsverfahren angegriffen werden können (...), gilt uneingeschränkt auch für die aus Anlass und im Zusammenhang mit den hess. Kommunalwahlen sich ergebenden Wahlrechtsangelegenheiten. (...) Diese Sonderregelung [§28 KWG] schließt insbesondere die nach der VwGO möglichen Rechtsbehelfe vor Abschluss der Wahl in verfassungskonformer Weise aus."[702]

---

[696] Bettermann, in: AöR 96 (1971), 528 [543ff.]; Klein, in: Maunz-Dürig, Art. 41 GG Rn. 57; Schenke, in: BK, Art. 19 IV GG Rn. 242ff.; Jarass/Pieroth, Art. 41 GG Rn. 4; Maurer, Staatsrecht I, § 13 Rn. 48; Franzke, in: DVBl. 1980, 731 [733]; Haas, VBlBW 1990, 71f.; Olschewski, Wahlprüfung und subjektiver Rechtsschutz, 133ff.; Schenke, in: BK, Art. 19 IV GG Rn. 242ff.
[697] Meyer, in: HStR III, § 46 Rn. 103; auch: Schmidt-Aßmann, in: Maunz-Dürig, Art. 19 IV GG Rn. 34.
[698] So Meyer, in: HStR III, § 46 Rn. 103.
[699] Vgl. zu den anderen Bundesländern unten: Übersichtstabelle S. 283ff.
[700] Meyer, in: HdBkWP, § 27 S. 74; so auch: Bennemann, in: Bennemann, § 28 KWG Rn. 2; Hannappel/Meireis, Leitfaden Kommunalwahlen im Lande Hessen, 2001, Rn. 344; Saftig, Kommunalwahlrecht, S. 219.
[701] VGH Kassel, HessVGRspr. 1966, 17 [18]; VGH Kassel, DVBl. 1967, 629.
[702] VGH Kassel, DÖV 1966, 505 [506].

Die Verwaltungsentscheidungen von Gemeindevorstand und Gemeindewahlleiter können im anschließenden Wahlprüfungsverfahren voll umfassend überprüft werden, da sie weder in Bestandskraft erwachsen noch Präklusionswirkung entfalten[703]. Jeglicher Rechtsschutz durch einstweilige Anordnungen gegen Entscheidungen und Maßnahmen, die sich unmittelbar auf das Wahlverfahren beziehen, ist vor Abschluss der Wahl damit ausgeschlossen[704].
Ein Verstoß gegen Art. 19 IV GG oder § 40 VwGO liege deswegen nicht vor, da der Rechtsweg ja nicht ausgeschlossen werde, sondern schlicht auf das Wahlprüfungsverfahren nach der Wahl verwiesen werde[705]. Der VGH Kassel wörtlich: *„Da das Gemeinde- und Kreiswahlgesetz vor der Bekanntgabe des Wahlergebnisses dem Wahlberechtigten kein subjektiv öffentliches Recht auf materielle und formelle Nachprüfung der Entscheidungen der Wahlausschüsse und Wahlvorstände einräumt, sind auch einstweilige Anordnungen gegen Entscheidungen der Wahlvorstände und Wahlausschüsse während des Wahlverfahrens unstatthaft.“*[706] Der VGH Kassel hat sogar eine einstweilige Anordnung eines Verwaltungsgerichts, durch die der Wahlausschuss zur Zulassung eines Wahlvorschlags verpflichtet wurde, ihrerseits als mandatsrelevante Unregelmäßigkeit im Sinne von § 26 I Nr. 2 KWG eingestuft und die Wiederholung der Wahl angeordnet[707].
Dem Ausschluss jeglichen Rechtsschutzes vor der Wahl ist kritisch zu begegnen. Bereits der rigorosen Argumentation, es ginge nur um objektive Interessen und dem Wähler stünde kein subjektiv öffentliches Recht auf Nachprüfung der Entscheidungen der Wahlausschüsse beiseite, kann so nicht gefolgt werden. Gerade Art. 19 IV GG verbietet den Ausschluss des Rechtsweges unabhängig vom Zeitpunkt einer Verwaltungsentscheidung[708]. Der Rechtsweg wird auch nicht durch die derzeitigen Regelungen im Wahlprüfungsverfahren ausreichend garantiert. Bereits Weber und Meyer haben darauf hingewiesen, dass beispielsweise die Versagung des Rechtsschutzes gegen die Nichteintragung ins Wählerverzeichnis ex ante auch nicht durch das Wahlprüfungsverfahren ex post geheilt werde könne[709]. Gerade diese singulären Unregelmäßigkeiten werden in der Regel zu keiner Ergebnisrelevanz führen können, so dass der Wähler

---

[703] Hess. StGH, StAnz. 1993, 815; VGH Kassel, DÖV 1966, 505.
[704] VGH Kassel, HessVGRspr. 1966, 17 [18]; DVBl. 1967, 629.
[705] VGH Kassel, HessVGRspr. 1966, 17 [18].
[706] VGH Kassel, HessVGRspr. 1966, 17 [18].
[707] VGH Kassel, HessVGRspr. 1966, 17 [18].
[708] Für das Bundeswahlrecht kann man unter Umständen noch eine lex specialis Wirkung des Art. 41 GG zu Art. 19 IV GG ableiten (vgl. dazu Bettermann, in: AöR 96, 528 [530, 543ff.]), die für das Kommunalwahlrecht aber nicht weiterhilft, da sich Art. 41 GG ausschließlich auf das Bundeswahlrecht bezieht, vgl. Meyer, aaO, S. 76.
[709] Meyer, aaO, S. 76; Weber, in: JuS 1990, 291 [293]; ebenso gegen die Rechtsprechungspraxis und für die Zulässigkeit des verwaltungsgerichtlichen Rechtsschutzes: Saftig, Kommunalwahlrecht, S. 219; Spies, in: JuS 1992, 1036 [1037].

im Ergebnis ohne effektiven Rechtsschutz bleibt[710]. Verstärkt wird dieser Befund nun noch dadurch, dass die Voraussetzungen an die Einlegung eines Einspruchs nach § 25 KWG verschärft worden sind (vgl. oben, S. 191ff.). Freilich wird der nicht ins Wahlverzeichnis aufgenommene Wähler unter Verweis auf sein aktives Wahlrecht eine mögliche Rechtsverletzung im Sinne von § 25 S. 2 KWG in der Regel substantiiert darlegen können. Dennoch bleibt festzuhalten, dass § 28 KWG in der derzeitigen Version mit Art. 19 IV GG nicht in Einklang zu bringen ist[711]. Daran ändert auch die bereits oben angesprochene enge Auslegung des § 28 KWG nichts, dass vom Ausschluss nur jene Entscheidungen und Maßnahmen betroffen sind, die sich *unmittelbar* auf das Wahlverfahren beziehen, denn gerade für diese bleibt es beim fehlenden Rechtsschutz.
Die beiden oben genannten Autoren wollen daraus den Schluss ziehen, dass die entsprechenden landesrechtlichen Regelungen verfassungs- bzw. bundeskonform so auszulegen seien, dass der Verwaltungsrechtsweg in den fraglichen Fällen eröffnet sei, unabhängig davon, ob das einschlägige Landesrecht ihn ausdrücklich erwähne, nichts darüber sage oder ihn sogar indirekt ausschließe[712]. Demzufolge könnten auch einstweilige Anordnungen mit dem Antrag, ins Wählerverzeichnis aufgenommen zu werden, erhoben werden, so lange das Wählerverzeichnis noch nicht abgeschlossen sei. Zwar würde mit einer positiven verwaltungsgerichtlichen Entscheidung quasi die Hauptsache vorweggenommen[713], jedoch könne der damit verbundene Schutz des aktiven Wahlrechts – einem der wichtigsten politischen Rechte des Bürgers – eine solche Vorwegnahme legitimieren[714].
Im Ergebnis wäre eine solche Durchsetzung des effektiven Rechtsschutzes zu begrüßen, da auch in anderen Bundesländern die Besonderheiten einer fristgebundenen Wahl nicht durch die Einräumung vorherigen Rechtsschutzes gegen die Nichteintragung ins Wählerverzeichnis tangiert werden. Als problematisch könnte sich jedoch erweisen, dass eine verfassungskonforme Auslegung angesichts des eindeutigen Wortlautes des § 28 KWG in Hessen schwierig erscheint. Gerade der Umkehrschluss zu § 27 KWG, der den Verwaltungsrechtsweg im Wahlprüfungsverfahren eröffnet, und das Schweigen in den §§ 8, 9, 15 KWG können nicht darüber hinweg täuschen, dass der Gesetzgeber die jeweilige Entscheidung des Gemeindevorstandes bzw. des Gemeindewahlleiters als abschließend angesehen hat[715]. Dementsprechend schlagen Franzke und Weber

[710] Saftig, Kommunalwahlrecht, S. 220f. m.w.N. Ähnliches gilt für die fehlende Rechtswegeröffnung gegen Entscheidungen nach § 9 III KWG.
[711] In diesem Sinne auch: Borchmann/Breithaupt/Kaiser, S. 103f.
[712] Meyer, aaO, S. 76; Weber, in: JuS 1990, 291 [293].
[713] In diesem Sinne für die Entscheidung über die Zulassung von Wahlvorschlägen auch: VGH Kassel, DÖV 1966, 505 [506].
[714] Meyer, aaO, S 77.
[715] Demgegenüber ist eine verfassungskonforme Auslegung, die den Feststellungsantrag für künftige Kommunalwahlen beinhaltet, eher möglich (vgl. Weber, in: JuS 90, 291 [294]. § 28 KWG spricht nur von „Entscheidungen und Maßnahmen, die sich unmittelbar auf das *Wahlverfahren* beziehen". Soweit es jedoch um die Wahlberechtigung für künftige Wahlen geht,

für diese Fälle vor, dass das jeweilige VG das Verfahren auszusetzen habe und dem Bundesverfassungsgericht nach Art. 100 I GG die Frage vorzulegen habe, ob § 28 KWG mit Art. 19 IV GG bzw. § 40 I VwGO vereinbar sei[716].
Zunächst bleibt festzuhalten, dass tatsächliche Probleme um die Verfassungsmäßigkeit des § 28 KWG nur dort entstehen, wo der nachgelagerte Rechtsschutz im Wahlprüfungsverfahren die Beschränkungen im Rechtsschutz vor der Wahl nicht ausreichend ausgleichen kann. Dies betrifft vor allem jene Fälle, in denen zwar eine Unregelmäßigkeit festzustellen ist, die von § 26 I Nr. 2 KWG (§ 50 Nr. 2 KWG) geforderte Mandatsrelevanz aber verneint werden muss. Für die fehlerhafte (Nicht-) Zulassung von Wahlvorschlägen stellt sich dieses Problem nicht, da dort regelmäßig eine Mandatsrelevanz festgestellt und den subjektiven Rechtsschutzinteressen notfalls durch eine Wiederholung der Wahl Rechnung getragen werden kann[717]. Die von Meyer geltend gemachten Bedenken, die Konsequenzen einer Neuwahl mit ihrem ganzen Aufwand könnten das richterliche Kalkül beeinflussen und sich zu einer Schranke gegen die Neuwahlentscheidung verdichten, erscheinen in diesem Zusammenhang als überzogen[718].
Für die anderen Fälle, also insbesondere hinsichtlich der Beschränkungen bei der fehlerhaften Eintragung ins Wählerverzeichnis sowie der Erteilung von Wahlscheinen, stellt sich § 28 KWG aber tatsächlich als verfassungsrechtlich problematisch dar.
Zur Lösung der Problematik sind nur zwei Lösungswege denkbar: Entweder man setzt sich über den Wortlaut von § 28 KWG hinweg und eröffnet den Verwaltungsrechtsweg durch eine verfassungskonforme Auslegung im Lichte des Art. 19 IV GG, oder man versucht, auch in diesen Fällen den Rechtsschutz nach der Wahl (!) zu optimieren.
Einer verfassungskonformen Auslegung steht der eindeutige Wortlaut des § 28 KWG entgegen. Eine verfassungskonforme Auslegung hat vor dem Hintergrund stattzufinden, dass nur das Maximum dessen aufrechterhalten werden darf, was der Gesetzgeber gewollt hat[719]. Absolute Grenze einer verfassungskonformen Auslegung ist daher der Wortlaut einer Norm. Dieser Wortlaut kann hier eine Auslegung dahingehend, dass abweichend von § 28 KWG der verwaltungsgerichtliche Rechtsweg für Entscheidungen der Wahlorgane auch vor der Wahl eröffnet wird, nicht rechtfertigen.
Im Hinblick auf die enge Auslegung des Wortes „unmittelbar" in § 28 KWG kann diese Grenze eingehalten werden. Über diese Auslegung hinaus ist der § 28 KWG jedoch keiner verfassungskonformen Auslegung im Lichte des Art.

fehlt der von § 28 KWG vorausgesetzte unmittelbare Bezug zur konkret durchzuführenden Wahl.
[716] Franzke, in: DVBl. 1980, 731 [736]; Weber, in: JuS 1990, 291 [293f.].
[717] Ebenso: Saftig, Kommunalwahlrecht, S. 221
[718] Vgl. aber: Meyer, aaO, S. 79.
[719] BVerfGE 86, 288 [320]: Grundsatz der Normerhaltung.

19 IV GG zugänglich. Ansonsten würde ein Verstoß in den Kompetenzbereich der gesetzgebenden Gewalt die Folge sein.
Jedoch könnte eine Verfassungswidrigkeit des § 28 KWG dadurch abgewendet werden, dass für die nicht ergebnisrelevanten Unregelmäßigkeiten der Rechtsschutz nach der Wahl verbessert wird. In diesem Zusammenhang bietet sich der von Lang vorgeschlagene Lösungsweg an, der für die Bundestagswahlen die subjektiven Rechtsschutzinteressen im bestehenden Wahlprüfungsverfahren berücksichtigen will[720]. Nach seiner Auffassung ist schlicht der Urteilstenor bei nicht-ergebnisrelevanten Wahlrechtsverletzungen durch das Bundesverfassungsgericht zu modifizieren. Diese sollen vom Bundesverfassungsgericht festgestellt werden unter Abweisung der Beschwerde „im Übrigen"[721].
Auch für die Kommunalwahlen bietet sich ein solches Vorgehen an, durch das die Verwaltungsgerichte Unregelmäßigkeiten, die sich zwar nicht auf das Ergebnis ausgewirkt haben, durch die aber immerhin subjektive Rechtsschutzinteressen berührt worden sind, festgestellt werden könnten. Dies hätte insbesondere den Vorteil, dass den zuständigen Behörden und Wahlorganen für künftige Wahlen (!) deutlich vor Augen geführt werden könnte, wo Fehler im Wahlverfahren aufgetreten sind, die zwar für die betreffende Wahl zu keinen Konsequenzen geführt haben, die aber in der Zukunft zu beachten und abzustellen sind.
Für den Bürger, der fälschlicherweise nicht ins Wahlverzeichnis aufgenommen wurde oder dem kein Wahlschein erteilt worden ist, obwohl die Voraussetzungen dafür vorgelegen haben, erweist sich diese Entscheidung freilich nur als stumpfes Schwert, wenn man bedenkt, dass er auch im Nachhinein sein Wahlrecht nicht „zurückerhält". Lediglich für die Zukunft kann er Vorteile aus einer entsprechenden rechtskräftigen Feststellungsentscheidung des Verwaltungsgerichts gewinnen.
Insgesamt bietet daher auch eine Veränderung im bestehenden Wahlprüfungsverfahren keine Garantie dafür, den Anforderungen des Art. 19 IV GG gerecht zu werden. Daher sollte die Lücke im Rechtsschutzsystem durch den Gesetzgeber geschlossen werden, denn weder eine verfassungskonforme Auslegung noch Modifikationen in der Tenorierung der Wahlprüfungsklage können die gegen § 28 KWG vorgebrachten Bedenken überwinden. Die Gefahr, dass dadurch die besonderen Umstände einer fristgebundenen Wahl nicht ausreichend beachtet werden können, besteht nicht. Sichergestellt werden muss lediglich, dass entsprechende verwaltungsgerichtliche Entscheidungen vor Durchführung der jeweiligen Wahl ergehen. Dies kann jedoch durch die Normierung kurzer Fristen erreicht werden. Regelungen derjenigen Bundesländer, die schon jetzt den Verwaltungsrechtsweg für Entscheidungen und Maßnahmen der Wahlor-

---

[720] Lang, Subjektiver Rechtsschutz, S. 331ff.
[721] Lang, Subjektiver Rechtsschutz, S. 333ff.

gane vor der Wahl eröffnen, belegen die praktische Möglichkeit und könnten insofern als Vorbild dienen[722].

[722] Vgl. die Übersicht der Bundesländer am Ende.

Kapitel 3: Die Wahlanfechtung in den anderen Bundesländern sowie auf Landes- und Bundesebene

Im 3. Kapitel wird der Blick über Hessen hinaus in die anderen Bundesländer gelenkt und die entsprechenden Regelungen zur Wahlanfechtung werden im Überblick dargestellt. Insbesondere auf Unterschiede und Vorteile der anderen Systeme wird dabei eingegangen. Schließlich erfolgt ein Vergleich mit der Anfechtung von Wahlen auf staatlicher Ebene, zunächst im Hinblick auf die Prüfung der hessischen Landtagswahlen, im Anschluss hinsichtlich der Prüfung der Wahl zum Deutschen Bundestag.

A. Vergleich mit den anderen Bundesländern

Der Vergleich mit den anderen Bundesländern soll auf das für die Fragestellung Wesentliche beschränkt werden und nur die jeweiligen Regelungen zur Wahlanfechtung bzw. Wahlprüfung zum Gegenstand haben. Auf eine umfassende Darstellung der jeweiligen Kommunalverfassungssysteme wird daher verzichtet.

I. Baden-Württemberg

1. Kommunalverfassung

Die Kommunalverfassung Baden-Württembergs kann als Reinform der „Süddeutschen Ratsverfassung" interpretiert werden[723]. Sowohl der Bürgermeister als auch der Gemeinderat werden von den Bürgern nach den Grundsätzen der allgemeinen, unmittelbaren, freien, gleichen und geheimen Wahl gewählt[724]. Der Gemeinderat besteht aus dem Bürgermeister als Vorsitzendem und den ehrenamtlichen Gemeinderatsmitgliedern. Zwar ist formal der Gemeinderat das oberste Organ der Gemeinde, charakteristisch für die Kommunalverfassung ist aber die starke Stellung des Bürgermeisters, der im Gemeinderat und dessen Ausschüssen stimmberechtigt ist, die Verwaltung leitet und die Gemeinde nach außen vertritt.

2. Wahlsystem

Auch in Baden-Württemberg kommt bei der Gemeinderatswahl ein personalisiertes Verhältniswahlsystem nach freien Listen[725] zur Anwendung. Die Wahl-

---

[723] Vgl. zu entsprechenden Typen der Kommunalverfassungen: Schleberger, in: HdBkWP, Band 2, S. 197ff.; Schmidt-Jortzig, in: DÖV 1987, 281ff.; v. Mutius, in: Jura 1981, 126ff.; Birkenfeld-Pfeiffer/ Gern, Kommunalrecht, Rn. 36.

[724] Vgl. zur Kommunalverfassung in Baden-Württemberg: Gern, Kommunalrecht Baden-Württemberg; Quecke/Pfeifer, Das Kommunalwahlrecht in Baden-Württemberg.

[725] Deubert, LKV 1993, 331 [332].

vorschläge können gemäß § 8 KWG von Parteien, Wählergruppen und sonstigen Wählervereinigungen eingereicht werden. Gewählt wird gemäß § 26 II KWG nach den Grundsätzen der Verhältniswahl. Jeder Wahlvorschlag darf so viele Bewerber enthalten, wie es Gemeinderäte zu wählen gilt. Entsprechend der hessischen Regelung erhält jeder Wähler so viele Stimmen, wie Gemeinderäte zu wählen sind; jedem Bewerber können bis zu drei Stimmen gegeben werden (Kumulieren), und es können Bewerber unterschiedlicher Wahlvorschläge angekreuzt werden (Panaschieren).
Der Bürgermeister wird in Baden-Württemberg von den Bürgern in allgemeiner, unmittelbarer, freier, gleicher und geheimer Wahl auf 8 Jahre gewählt (§ 45 GO). Die Wahl ist nach den Grundsätzen der Mehrheitswahl durchzuführen. Gewählt ist, wer mehr als die Hälfte der gültigen Stimmen erhalten hat (§ 45 I GO). Für den Fall, dass keiner der Bewerber im ersten Wahlgang mehr als die Hälfte der gültigen Stimmen erhalten hat, findet frühestens am zweiten und spätestens am vierten Sonntag nach der Wahl Neuwahl statt, an der alle bisherigen Bewerber sowie auch Neubewerber teilnehmen können. Bei dieser Wahl entscheidet die höchste Stimmenzahl und bei Stimmengleichheit das Los (§ 45 Abs. 2 GO).

3. Rechtsschutz im Wahlprüfungsverfahren

Die zentralen Normen für die Wahlprüfung in Baden-Württemberg bilden die §§ 30, 31, 32 KWG. Die Gültigkeit der Gemeinde- und Kreiswahlen wird durch die Rechtsaufsichtsbehörde binnen einer Frist von einem Monat nach der öffentlichen Bekanntmachung des Wahlergebnisses von Amts wegen geprüft. Wenn die Wahl innerhalb dieser Frist nicht beanstandet wird, ist sie als gültig anzusehen.
Unabhängig davon kann jeder Wahlberechtigte oder Bewerber gemäß 31 I KWG binnen einer Woche nach der öffentlichen Bekanntmachung des Wahlergebnisses Einspruch bei der Rechtsaufsichtsbehörde erheben. Auch hier ist der Einspruch desjenigen, der nicht die Verletzung eigener Rechte geltend macht, allerdings an die Unterstützung durch ein Prozent der Wahlberechtigten gebunden[726].
Gegen die Entscheidung über den Einspruch können der Wahlberechtigte, der Einspruch erhoben hat, und der durch die Entscheidung betroffene Bewerber nach § 31 III KWG unmittelbar Anfechtungs- oder Verpflichtungsklage erheben. Auch gegen die Entscheidung der Rechtsaufsichtsbehörde steht dem von der Entscheidung betroffenen Bewerber nach § 30 II KWG die Anfechtungs- oder Verpflichtungsklage unmittelbar zur Verfügung. Demzufolge ist ein weiteres Vorverfahren nach §§ 68 ff. VwGO nicht erforderlich[727].

---

[726] Vgl. hierzu auch: VGH Baden-Württemberg, VBlBW 1991, 429ff.; vgl. im Einzelnen zum Einspruchsverfahren und der sich möglicherweise anschließenden Wahlanfechtung: Quecke/Pfeifer, § 31 KWG Rn. 1ff.
[727] Quecke/Pfeifer, § 30 KWG Rn. 37.

Gegenstand und Umfang der Prüfung werden in § 32 KWG festgelegt (Anfechtungsgründe). Demzufolge ist die Wahl für ungültig zu erklären, wenn ihr Ergebnis dadurch beeinflusst worden ist, dass

- bei der Wahl Bewerber oder Dritte strafbare Handlungen oder andere gegen ein Gesetz verstoßende Wahlbeeinflussungen begangen haben (§ 32 I Nr. 1 KWG) oder
- wesentliche Vorschriften über die Wahlvorbereitung, die Wahlhandlung oder über die Ermittlung und Feststellung des Wahlergebnisses unbeachtet geblieben sind (§ 32 I Nr. 2 KWG).

§ 32 II KWG behandelt Fälle, in denen Bewerber nicht wählbar waren, so dass dementsprechend nur die Zuteilung eines Sitzes (Gemeinderatswahl) oder die Wahl insgesamt für ungültig zu erklären ist (Bürgermeisterwahl). § 32 III KWG schließlich ermöglicht eine Neufeststellung des Wahlergebnisses, wenn die vorausgegangene Feststellung für fehlerhaft erachtet wird.
Den zentralen Anfechtungsgrund in § 32 I KWG bilden die „gegen ein Gesetz verstoßenden Wahlbeeinflussungen“[728]. Darunter können – analog zum Begriff der „Unregelmäßigkeit im Wahlverfahren“ in Hessen – insbesondere die Fälle gefasst werden, in denen gegen den Grundsatz der freien Wahl verstoßen oder die Chancengleichheit der Bewerber verletzt wurde (Neutralitätsgebot gemeindlicher Stellen)[729]. Die entsprechenden Wahlfehler führen jedoch nur dann zur Ungültigkeit der Wahl, wenn deren Ergebnis dadurch beeinflusst worden ist (Ergebnisrelevanz). Dies ist zu bejahen, wenn nicht nur eine theoretische, sondern eine konkrete und nach der Lebenserfahrung nicht ganz fern liegende Möglichkeit der Beeinflussung des Wahlergebnisses vorliegt[730].

4. Rechtsschutz außerhalb des Wahlprüfungsverfahrens

Die normative Zurückhaltung, auf die oben für die Rechtslage in Hessen im Hinblick auf den Rechtsschutz vor Durchführung der Wahl hingewiesen wurde, ist in Baden-Württemberg nicht vorzufinden. Im Hinblick auf die Gegenstände, die auch vorab überprüft werden können, sind die Regelungen weitgehend vergleichbar. So betrifft der vorherige Rechtsschutz die Fälle, in denen die Eintragung in das Wählerverzeichnis, die Ausstellung eines Wahlscheins, die Aushändigung der Briefwahlunterlagen, die Anerkennung eines eingereichten Wahlvorschlags oder die Streichung eines Bewerbers in Streit stehen. Gegen die entsprechenden außergerichtlichen Entscheidungen der Wahlorgane können die Betroffenen Widerspruch einlegen.
Im Unterschied zu Hessen ist jedoch auch der Verwaltungsrechtsweg gegen negative Entscheidungen der Wahlorgane eröffnet. So wird die Erhebung der Anfechtungs- oder Verpflichtungsklage gemäß § 6 III KWG gegen Entschei-

---

[728] Quecke/Pfeifer, § 32 KWG Rn. 43.
[729] Vgl. dazu die umfassenden Nachweise zur Rechtsprechung und entsprechende Fallgruppen bei: Quecke/Pfeifer, § 32 KWG Rn. 43ff.
[730] Zum Erheblichkeitsgrundsatz: Quecke/Pfeifer, § 32 KWG Rn. 108ff.

dungen betreffend die Eintragung ins Wählerverzeichnis, gemäß § 7 II KWG gegen die Versagung des Wahlscheins und gemäß § 8 IV KWG gegen die Zurückweisung von Wahlvorschlägen bzw. die Streichung einzelner Bewerber ermöglicht.

5. Bewertung

Der materielle Hauptanfechtungsgrund der „gegen ein Gesetz verstoßenden Wahlbeeinflussungen" ist sowohl terminologisch als auch inhaltlich geeignet, alle relevanten Wahlfehler abzudecken. Er entspricht daher dem hessischen Begriff der „Unregelmäßigkeit im Wahlverfahren".
Hinsichtlich des 1%-Quorums kann auf die bereits oben geltend gemachten Bedenken verwiesen werden. Erschwerend kommt hier noch die äußerst knapp bemessene Frist von nur einer Woche hinzu, die für die Geltendmachung von Einsprüchen gegen die Gültigkeit der Wahl verbleibt.
Positiv hervorzuheben ist hingegen die Regelung über die Zuständigkeit für die Wahlprüfung, die bei der Rechtsaufsichtsbehörde liegt. Vor dem Hintergrund des Art. 19 IV GG sind auch die gerichtlichen Rechtsschutzmöglichkeiten vor der Wahl zu begrüßen.

II. Bayern

1. Kommunalverfassung

Die bayrische Kommunalverfassung folgt ebenso wie die Verfassung Baden-Württembergs dem System der Süddeutschen Ratsverfassung. Der Rat der Gemeinde ist das Hauptorgan, das über alle Angelegenheiten der Gemeinde entscheidet[731]. Ihm steht der von der Bürgerschaft direkt gewählte Bürgermeister vor (vgl. Art. 31 I GO), der gleichzeitig Leiter der Gemeindeverwaltung ist. Durch die direkte Wahl erhält der mit eigenen Zuständigkeiten ausgestattete Bürgermeister eine starke Stellung gegenüber der Vertretungskörperschaft, zumal er in Eilsachen allein entscheiden kann.

2. Wahlsystem

Auch das bayrische Wahlsystem ist durch eine große Flexibilität gekennzeichnet. Im Grundsatz entspricht es gemäß Art. 34 I GLKrWG[732] einem modifizierten Verhältniswahlrecht[733].

---

[731] Der Gemeinderat führt in Städten die Bezeichnung „Stadtrat" und in Märkten die Bezeichnung „Marktgemeinderat", vgl. Art. 30 I GO. Im Einzelnen zur Wahl des Gemeinderats: Lissack, Bayerisches Kommunalwahlrecht, § 4 Rn. 58ff.
[732] GLKrWG = Gemeinde- und Landkreiswahlgesetz.
[733] Zu den Ausnahmen vgl. Art. 38 GLKrWG.

Die Gemeinderatsmitglieder werden gemäß Art. 31 II GO in ehrenamtlicher Eigenschaft auf die Dauer von 6 Jahren gewählt. Die Anzahl der Mandatsträger richtet sich nach der Größe der Gemeinde (Art. 31 II GO). Die allgemeinen Wahlgrundsätze aus Art. 28 I 2 GG wiederholen Art. 14 I der bayrischen Verfassung sowie Art. 22 GLKrWG. Auch wenn in Art. 14 bayr. Verfassung und Art. 22 GLKrWG der Grundsatz der freien Wahl nicht explizit aufgeführt ist, gilt er dennoch als Selbstverständlichkeit, da auch das bayrische Wahlsystem von diesem Grundsatz ausgeht[734].
Die Einzelheiten zum aktiven und passiven Wahlrecht regeln die Art. 1 – 3 GLKrWG bzw. Art. 21 GLKrWG; es ergeben sich insoweit keine Unterschiede zu den hessischen Regelungen. Die entsprechenden Bestimmungen zur Inkompatibilität finden sich in Art. 31 IV, III GO. Gewählt wird aufgrund von Wahlvorschlägen, die durch die politischen Parteien sowie durch Wählergruppen nach Art. 24ff. GLKrWG eingereicht werden können[735].
Der Wähler hat auch in Bayern so viele Stimmen, wie ehrenamtliche Mitglieder im Gemeinderat zu wählen sind (vgl. Art. 34 Nr. 1 GLKrWG). Diese Stimmen kann er mit bis zu drei Stimmen auf einzelne Bewerber kumulieren und auf verschiedene Wahlvorschläge verteilen (panaschieren). Auch die Möglichkeit einer unveränderten Annahme des Wahlvorschlags durch Ankreuzen der ganzen Liste besteht (vgl. Art. 34 GLKrWG).
Die Sitzverteilung erfolgt gemäß Art. 35 GLKrWG nach dem d'Hondtschen Höchstzahlverfahren. Eine 5%-Hürde hat es im bayrischen Kommunalwahlrecht nie gegeben.
Abweichend davon ermöglicht Art. 38 GLKrWG die Wahl nach den Grundsätzen der Mehrheitswahl, soweit kein oder nur ein Wahlvorschlag eingereicht wird. In diesem Fall erfolgt die Sitzverteilung nach der Reihenfolge der Stimmzahlen.
Auch der Bürgermeister wird zeitgleich mit dem Gemeinderat auf die Dauer von sechs Jahren gewählt[736]. Gewählt ist, wer mehr als die Hälfte der gültigen Stimmen in einem ersten Wahlgang erhält, vgl. Art. 46 I GLKrWG. Ansonsten findet ein zweiter Wahlgang statt, in dem die einfache Mehrheit der abgegebenen Stimmen ausreicht.

3. Rechtsschutz im Wahlprüfungsverfahren

Die zentralen Regelungen zur Überprüfung der Wahlen finden sich in den Art. 50ff. GLKrWG. Während in Art. 51 GLKrWG im Wesentlichen die formellen Anforderungen an die Anfechtung der Wahl durch einen Wahlberechtigten enthalten sind, normiert Art. 50 GLKrWG die Anfechtungsgründe sowie die Ü-

[734] Vgl. zu den Grundsätzen im Einzelnen: Meder, Die Verfassung des Freistaats Bayern, Art. 14 Rn. 1a ff., 10.
[735] Im Einzelnen zu den Voraussetzungen: Knemeyer, Bayerisches Kommunalrecht, 10. Aufl., Rn. 200.
[736] Zu möglichen Ausnahmen vgl. Art. 41 II, 43 GLKrWG.

berprüfung der Wahl von Amts wegen. Für die Überprüfung der Wahl ist die Rechtsaufsichtsbehörde zuständig. An sie sind auch die Einsprüche wegen der Ungültigkeit der Wahl zu richten.
Eine Überprüfung der Wahl findet unabhängig von der Tatsache, ob Einsprüche geltend gemacht wurden, von Amts wegen statt, vgl. Art. 50 I 1 GLKrWG. Art. 50 III GLKrWG sieht dabei für eine mögliche Berichtigung des Wahlergebnisses bzw. eine Ungültigerklärung der Wahl eine Frist von vier Monaten nach Verkündung des Wahlergebnisses vor. Die Frist ist als Ausschlussfrist anzusehen[737].
Daneben kann nach Art. 51 GLKrWG jeder Wahlberechtigte, bei der Wahl des Bürgermeisters bzw. Landrats auch jeder zugelassene Bewerber, innerhalb von 14 Tagen nach Verkündung des Wahlergebnisses die Wahl durch schriftliche Erklärung gegenüber der Rechtsaufsichtsbehörde anfechten. Auch hier gilt die Frist als Ausschlussfrist, so dass verfristet eingereichte Einsprüche nicht mehr berücksichtigt werden können[738]. Der Wahlanfechter muss die Umstände, auf die er die Wahlanfechtung stützt, durch genügend konkretisierte Tatsachen begründen. Verspätet vorgebrachte Tatsachen können allenfalls im Rahmen der Prüfung von Amts wegen berücksichtigt werden, so dass bei der Prüfung nach Art. 50 GLKrWG die Wahl unter Umständen wegen Gründen für ungültig erklärt wird, die bei der Wahlanfechtung als verspätet zurückgewiesen worden sind[739]. Weitere Anforderungen an die Wahlanfechtung (Quoren oder Ähnliches) kennt das bayrische Kommunalwahlgesetz nicht.

Art. 50 GLKrWG unterscheidet zwischen folgenden Anfechtungstatbeständen:
- Nach Art. 50 I GLKrWG ist die Berichtigung des vom Wahlausschuss festgestellten Wahlergebnisses möglich, falls es mit der für einzelne Wahlvorschläge oder Bewerber ermittelten Stimmenzahl nicht übereinstimmt.
- Art. 50 II 1 GLKrWG enthält den zentralen materiellen Anfechtungstatbestand. Soweit „Wahlvorschriften verletzt" wurden und es möglich ist, dass „bei Einhaltung der Wahlvorschriften ein anderes Wahlergebnis zustande gekommen wäre", ist die Wahl für ungültig zu erklären. Auf die Verletzung von „Wahlvorschriften" stellt auch Art. 51 GLKrWG ab, so dass der Begriff deckungsgleich zu Art. 50 II 1 GLKrWG verwendet wird[740]. Inhaltlich wird der Begriff bei weitem nicht so extensiv gefasst wie etwa der Begriff der „Unregelmäßigkeit" im hessischen Wahlprüfungsrecht. Bislang wurden darunter Fälle gefasst, in denen das Wahlgeheimnis nicht gewährleistet wurde, die Wahlfreiheit nicht gesichert war, Wahlvorschläge zu Unrecht zur Wahl zugelassen

---

[737] Oehler, Bayerisches Kommunalwahlrecht, Kommentar, Art. 50, S. 133.
[738] Oehler, Bayerisches Kommunalwahlrecht, Kommentar, Art. 51, S. 136.
[739] Oehler, Bayerisches Kommunalwahlrecht, Kommentar, Art. 50, S. 133.
[740] Prandl/Waltner/Bauer, GLKrWG, 16. Aufl., Art. 48 GLKrWG a.F. Nr. 7.

wurden oder eine unzulässige Wahlbeeinflussung nach Art. 20 III GLKrWG vorlag[741].

Die Verletzung der Wahlvorschrift führt jedoch auch hier nur dann zur Ungültigerklärung der Wahl, wenn die Sitzverteilung oder die Reihung der Listennachfolger hätte anders ausfallen können (Ergebnisrelevanz). Dabei wird nicht gefordert, dass das Wahlergebnis wirklich oder wahrscheinlich beeinflusst worden ist; es genügt die nicht zweifelsfrei auszuschließende Möglichkeit. Beeinflusst ist das Wahlergebnis nicht schon dann, wenn der eine oder andere Wahlvorschlag mehr oder weniger Stimmen erhalten hätte oder hätte erzielen können, ohne dass dies einen Einfluss auf die Zahl der Sitze und die Reihenfolge der Gewählten und der Listennachfolger hat[742].

- Art. 50 II 2 GLKrWG regelt schließlich den Fall, dass nur eine einzelne Person nicht wählbar war, so dass dementsprechend auch nur die Wahl insoweit für ungültig zu erklären ist[743].

Die Entscheidungen der Rechtsaufsichtsbehörde sind Verwaltungsakte (Berichtigungsbescheid bzw. Ungültigerklärung), die den Beteiligten bekannt zu geben sind. Art. 52 GLKrWG eröffnet gegen diese Entscheidungen den Verwaltungsrechtsweg mit der Maßgabe, dass ein Vorverfahren nach Art. 68 VwGO entfällt. Unstreitig anerkannt ist für die bayrische Rechtslage, dass es sich bei den entsprechenden Klagen um Anfechtungs- bzw. Verpflichtungsklagen nach Maßgabe der VwGO handelt[744]. Soweit der Kläger will, dass die Ungültigerklärung der Wahl durch die Rechtsaufsichtsbehörde aufgehoben wird, muss er daher Anfechtungsklage nach § 42 I 1. Fall VwGO erheben. Ist seine Wahlanfechtung hingegen durch die Rechtsaufsichtsbehörde zurückgewiesen worden, erhebt er Klage auf Verpflichtung der Behörde, die Wahl für ungültig zu erklären (Verpflichtungsklage in Form der Versagungsgegenklage nach § 42 I 2. Fall VwGO).

4. Rechtsschutz außerhalb des Wahlprüfungsverfahrens

Soweit Rechtsschutz außerhalb des Wahlprüfungsverfahrens geltend gemacht werden soll, unterscheidet auch das bayrische Kommunalwahlrecht zwischen Beschwerden gegen die Richtigkeit des Wählerverzeichnisses nach Art. 12 III GLKrWG, Beschwerden gegen die Erteilung eines Wahlscheins nach Art. 13 II

---

741 Prandl/Waltner/Bauer, GLKrWG, 16. Aufl., Art. 48 Nr. 7. GLKrWG a.F. Nr. 4.4.; Oehler, Bayerisches Kommunalwahlrecht, Kommentar, Art. 51, S. 135.

742 Oehler, Bayerisches Kommunalwahlrecht, Kommentar, Art. 50, S. 132.

743 Vgl. dazu auch: Oehler, Bayerisches Kommunalwahlrecht, Kommentar, Art. 50, S. 132, der auf die Frage eingeht, wie mit denen für die nicht wählbare Person abgegebenen Stimmen zu verfahren ist.

744 Oehler, Bayerisches Kommunalwahlrecht, Kommentar, Art. 50, S. 138f.; Prandl/Waltner/Bauer, GLKrWG, 16. Aufl., Art. 49 a.F. GLKrWG, Nr. 1.

GLKrWG und Einwendungen gegen die Ungültigerklärung eines Wahlvorschlags nach Art. 32 II GLKrWG.
Soweit es um die Richtigkeit und Vollständigkeit des Wählerverzeichnisses geht, kann gegen die Entscheidung der Rechtsaufsichtsbehörde nach Art. 12 III 4 GLKrWG der Verwaltungsrechtsweg beschritten werden. Auch hier entfällt das Vorverfahren nach § 68 VwGO. Als Klage kommt daher die Verpflichtungsklage in der Form der Versagungsgegenklage in Betracht. Außerdem kann ein Antrag auf Erlass einer einstweiligen Anordnung nach § 123 VwGO gestellt werden[745]. Eine entsprechende Möglichkeit sieht auch Art. 13 II 3 GLKrWG vor, der auf Art. 12 III GLKrWG verweist.
Gegen die Entscheidungen des Wahlausschusses zur Gültigkeit der Wahlvorschläge sieht das GLKrWG hingegen keine Eröffnung des Verwaltungsrechtsweges vor. Fehler in diesem Zusammenhang können nach Art. 32 III 4 GLKrWG nur im späteren Wahlprüfungsverfahren geltend gemacht werden.

5. Bewertung

Der Kreis der Anfechtungsberechtigten entspricht der hessischen Rechtslage und umfasst alle Wahlberechtigten, bei Direktwahlen auch die jeweils zugelassenen Bewerber. Den zentralen Hauptanfechtungsgrund bilden die „Verletzungen von Wahlvorschriften". Zwar ist die bayrische Rechtsprechung in der Auslegung dieses unbestimmten Rechtsbegriffs restriktiver als die Gerichte der anderen Bundesländer im Hinblick auf ihre Generalklauseln, jedoch wäre auch diese Vorschrift einer verfassungskonformen, weiten Auslegung zugänglich.
Auch im bayrischen Wahlprüfungsrecht fällt die Zuständigkeit der Rechtsaufsichtsbehörde positiv auf. Zwar wird verwaltungsgerichtlicher Rechtsschutz nur für die Berichtigung des Wählerverzeichnisses bzw. die Nichterteilung eines Wahlscheins gewährleistet, jedoch ist dies vor dem Hintergrund, dass für die Nichtzulassung eines Wahlvorschlags der nachträgliche Rechtsschutz ausreichenden Rechtsschutz bietet, gut vertretbar. Insofern sind nach der bayrischen Rechtslage die Minimalforderungen des Art. 19 IV GG umgesetzt.

III. Brandenburg

1. Kommunalverfassung

Die brandenburgische Kommunalverfassung stellt eine duale Rat- Bürgermeister-Verfassung mit zwei Spitzen dar[746]. Ihre Besonderheit besteht zunächst darin, dass die ehrenamtlichen Bürgermeister in Brandenburg zwar volksgewählt, aber kraft Gesetzes zugleich Vorsitzende der Gemeindevertretung sind (vgl. § 41 GO). Die zwei Spitzen kommen erst in größeren (amtsfreien) Städten zum

[745] Oehler, Bayerisches Kommunalwahlrecht, Kommentar, Art. 12 GLKrWG, Nr. 4.
[746] Nierhaus, Kommunalrecht für Brandenburg, Rn. 342.

Tragen. Dort wählt gemäß § 41 II GO die Gemeindevertretung aus ihrer Mitte den Vorsitzenden und seine Vertreter.
Auch in Brandenburg stehen somit zwei Organe im Mittelpunkt des Interesses: zum einen die Gemeindevertretung als zentrales Entscheidungsorgan für alle Angelegenheiten der Gemeinde (vgl. § 35 I GO), zum anderen der direkt gewählte Bürgermeister als im Wesentlichen Vorbereitungs- und Durchführungsorgan (vgl. § 63 GO).
Allerdings ist abweichend von anderen dualen Verfassungstypen die Stellung des hauptamtlichen Bürgermeisters in Brandenburg relativ schwach ausgeprägt, da sehr viele Entscheidungen (Geschäftsverteilung, Geschäfte der laufenden Verwaltung) zum Teil nur gemeinsam bzw. im Benehmen mit der Gemeindevertretung gefasst werden können[747].

2. Wahlsystem

Die Gemeindevertretung wird entsprechend den verfassungsrechtlichen Vorgaben des Art. 28 I 2 GG von den Bürgern auf die Dauer von fünf Jahren gewählt, § 33 GO i.V. mit § 4 KWG)[748]. Die Wahlperiode ist identisch mit der ebenfalls fünfjährigen Amtsperiode des ehrenamtlichen (!) Bürgermeisters, vgl. § 73 I KWG. Gewählt wird gemäß § 5 I KWG nach den Grundsätzen einer mit der Personenwahl verbundenen Verhältniswahl.
Jeder Wähler hat drei Stimmen (§ 5 II KWG), die er nur einem einzelnen Bewerber geben kann oder die auf Bewerber verschiedener Wahlvorschläge verteilt werden können. Auch in Brandenburg besteht daher die Möglichkeit des Kumulierens bzw. Panaschierens, wenngleich die Anzahl der Stimmen auf drei beschränkt ist und nicht der Anzahl der zu wählenden Vertreter entspricht[749].
Die Anzahl der Vertreter hängt gemäß § 6 GO von der Einwohnerzahl der Gemeinde ab. Die entsprechenden Regelungen zum aktiven und passiven Wahlrecht finden sich in den §§ 8, 11 KWG. Die Bestimmungen zur Inkompatibilität enthält § 12 KWG.
Wahlvorschläge können gemäß § 27 KWG von Parteien, politischen Vereinigungen, Wählergruppen und von Einzelbewerbern eingereicht werden. Allerdings muss der Wahlvorschlag eines Einzelbewerbers oder einer Gruppierung, die weder im Bundestag oder Landtag noch in der bislang gewählten Gemeindevertretung mit mindestens einem Vertreter repräsentiert war, gemäß § 35 VI KWG durch eine bestimmte Zahl von Bürgern unterstützt werden.
Der hauptamtliche Bürgermeister wird gemäß § 62 GO von den Bürgern für die Dauer von acht Jahren direkt gewählt. Die Wahl erfolgt nach den Grundsätzen der Mehrheitswahl. Gewählt ist, wer mehr als die Hälfte der abgegebenen gül-

---

[747] Vgl. im Einzelnen die Hinweise bei: Nierhaus, Kommunalrecht für Brandenburg, Rn. 345ff.
[748] Zu den Wahlgrundsätzen im Einzelnen vgl.: Potsdamer Kommentar zur Kommunalverfassung des Landes Brandenburg, § 33 GO Bbg, S. 175ff.
[749] Nierhaus, Kommunalrecht für Brandenburg, Rn. 372ff.

tigen Stimmen erhält, allerdings mit der Maßgabe, dass diese Mehrheit mindestens 15% der Wahlberechtigten umfasst. Verfehlen die Bewerber diese Mehrheit, so findet auch in Brandenburg eine Stichwahl zwischen den beiden Bewerbern mit den meisten Stimmen im ersten Wahlgang statt.

3. Rechtsschutz im Wahlprüfungsverfahren

Der sechste Abschnitt des Kommunalwahlgesetzes enthält in den §§ 55ff. KWG die zentralen Bestimmungen zur Wahlprüfung der Kommunalwahlen. Für die Bürgermeisterwahlen verweist § 79 KWG auf diese Regelungen.
Einspruchsberechtigt ist gemäß § 55 I KWG zum einen jede wahlberechtigte Person, zum anderen aber auch jede Partei, politische Gruppierung oder Wählergruppe, die einen Wahlvorschlag eingereicht hat, sowie jeder Einzelbewerber, der Wahlleiter und die für das Wahlgebiet zuständige Aufsichtsbehörde. Trotz des großen Kreises der Einspruchsberechtigten sieht das Gesetz keine weiteren Anforderungen an die Einlegung eines Einspruchs gegen die Gültigkeit der Wahl vor, also insbesondere kein Quorum oder die Geltendmachung subjektiver Rechte.
Über den Einspruch entscheidet gemäß § 56 I 1 KWG die neu gewählte Vertretung. Der Einspruch ist an den Wahlleiter (der Einspruch des Wahlleiters an die Vertretung) binnen einer Frist von zwei Wochen nach Bekanntgabe des Wahlergebnisses schriftlich und mit Begründung zu richten. Dieser leitet die eingereichten Einsprüche mit einer Stellungnahme an die Vertretung weiter. Diese entscheidet dann nicht nur über die eingereichten Einsprüche, sondern überprüft auch von Amts wegen die Gültigkeit der Wahl, nachdem ein von der Gemeindevertretung gewählter Ausschuss (Wahlprüfungsausschuss) eine Vorprüfung durchgeführt hat. In der öffentlichen Verhandlung der Gemeindevertretung sind die Beteiligten (Wahlleiter, Einspruchsführer und betroffene Vertreter) zu hören, vgl. § 56 II 2 KWG. § 56 III KWG enthält dabei eine besondere Bestimmung zum Interessenwiderstreit, nach der Beteiligte im Sinne von § 56 II 2 KWG an der Beschlussfassung in der Gemeindevertretung nicht teilnehmen dürfen.
Die materiellen Bestimmungen, die es durch die Gemeindevertretung zu prüfen gilt, nennt § 55 I 1 KWG:
- Zum einen ist zu prüfen, ob die Wahl „den gesetzlichen Vorschriften entsprechend" vorbereitet oder durchgeführt worden ist. Insbesondere Verstöße gegen ausdrückliche Bestimmungen zur Einhaltung des Verfahrens vor (Aufstellung der Kandidaten, Einreichung der Wahlvorschläge) und während der Durchführung der Wahl können unter diesen Wahlfehlertatbestand subsumiert werden. So fällt darunter beispielsweise § 40 I KWG, demzufolge das Wahlgeheimnis während der Stimmabgabe zu garantieren ist. Aber auch § 42 I KWG, der jede Form der unzulässigen Wahlpropaganda in der Umgebung des Wahllokals verbietet, stellt eine solche ausdrückliche gesetzliche Vorgabe an die Durchführung der Wahl dar.

- Zum anderen beinhaltet § 55 I a.E. KWG noch einen Auffangtatbestand für „andere unzulässige Beeinflussungen" der Wahl. In diesem Zusammenhang ist insbesondere an die Einhaltung der allgemeinen Wahlgrundsätze des § 33 GO zu denken. Auch die Überschreitung der Grenzen amtlicher Öffentlichkeitsarbeit sowie die Wahrung des Neutralitätsgrundsatzes gemeindlicher Organe sind hierunter zu fassen. Nicht zuletzt muss das Recht des Wählers auf eine chancengleiche Teilnahme an der Kommunalwahl sowie das Recht der Bewerber auf chancengleiche Behandlung beachtet werden[750].

Diese Wahlfehler führen jedoch nur dann zu einer Ungültigerklärung der Wahl und damit zu einer Wiederholungswahl nach § 53 I KWG, wenn dadurch die Wahl in ihrem Ergebnis beeinflusst worden ist, vgl. § 55 I a.E. KWG. Dieses Erfordernis der Ergebnisrelevanz konkretisiert § 57 I Nr. 4 KWG, indem er formuliert, dass die Wahlfehler derart schwer wiegen müssen, dass bei einer einwandfreien Durchführung der Wahl ein wesentlich anderes Wahlergebnis zustande gekommen oder festgestellt worden wäre. Ein wesentlich anderes Ergebnis dürfte stets dann vorliegen, wenn die Sitzverteilung in der Vertretungskörperschaft beeinflusst worden ist.

Gegen die Wahlprüfungsentscheidung der neu gewählten Vertretungskörperschaft eröffnet § 58 II KWG innerhalb eines Monats die Klage vor dem Verwaltungsgericht. Ein eindeutiger Hinweis auf die statthafte Klageart enthält das Gesetz nicht, allerdings sollen die allgemeinen Vorschriften zum verwaltungsgerichtlichen Verfahren mit der Maßgabe Anwendung finden, dass die Klage gegen die Vertretung zu richten ist und ein Widerspruchsverfahren nicht stattfindet. Analog zu den Erläuterungen zur hessischen Rechtslage kann daher auch hier von einer Anfechtungs- bzw. Verpflichtungsklage ausgegangen werden[751].

4. Rechtsschutz außerhalb des Wahlprüfungsverfahrens

Der Rechtsschutz außerhalb des Wahlprüfungsverfahrens ist auch in Brandenburg sehr restriktiv ausgestaltet und betrifft im Wesentlichen Rechtsbehelfe gegen das Wählerverzeichnis (§ 24 KWG Bbg) sowie die Zulassung von Wahlvorschlägen (§ 37 V KWG Bbg).

Gegen das Wählerverzeichnis kann nach § 24 S. 1 KWG Bbg bei der Wahlbehörde Einspruch eingelegt werden. Gegen ihre Entscheidung lässt § 24 S. 2 KWG Bbg die Beschwerde beim Kreiswahlleiter zu.

Gleiches gilt gemäß § 30 BbgKWahlV auch für die Versagung eines Wahlscheins. Gegen die Zurückweisung eines Wahlvorschlags kann nach § 37 V KWG Bbg u.a. die Vertrauensperson des Wahlvorschlags in der Sitzung des Wahlausschusses Beschwerde erheben. Über diese Beschwerde entscheidet in kreisangehörigen Gemeinden der Kreiswahlausschuss und in den kreisfreien

---

[750] Vgl. dazu auch: Nierhaus, Kommunalrecht für Brandenburg, Rn. 378f.

[751] Vgl. die Ausführungen auf S. 203ff.

Städten sowie Landkreisen der Landeswahlausschuss spätestens am vierundzwanzigsten Tag vor der Wahl. Nur der Wahlleiter und die Aufsichtsbehörde sind berechtigt, auch gegen die Zulassung eines Wahlvorschlags Beschwerde zu erheben, vgl. § 37 V 2 KWG Bbg.
§ 55 IV KWG Bbg schließt jeden darüber hinausgehenden (gerichtlichen) Rechtsbehelf unmissverständlich aus, indem er formuliert, dass Entscheidungen und Maßnahmen, die sich unmittelbar auf das Wahlverfahren beziehen, nur mit denen im KWG bzw. der KWO vorgesehenen Rechtsbehelfen angegriffen werden können. Insoweit sind die Rechtslage und die sich mit Blick auf Art. 19 IV GG daraus ergebenden Probleme mit der hessischen Rechtslage weitgehend vergleichbar, so dass insoweit auf die Ausführungen oben verwiesen werden kann.

5. Bewertung

Auffällig ist insbesondere der große Kreis von Einspruchsberechtigten, der auch Parteien und Wählergruppen umfasst. Ob dies angesichts der Tatsache, dass sich letzten Endes immer ein Einzelner finden wird, der notfalls auch „für die Partei“ Einspruchsgründe geltend macht, notwendig ist, darf durchaus bezweifelt werden. Andererseits erspart die Regelung den „Umweg“ über die Privatpersonen. Analog zur hessischen Rechtslage ist die Zuständigkeit der neu gewählten Vertretungskörperschaft für die Wahlprüfung sowie die fehlende gesetzliche Normierung einer eindeutigen Klageart zu bemängeln. Auch der unzureichende gerichtliche Rechtsschutz vor der Wahl kann nicht überzeugen.
Dem hessischen Begriff der „Unregelmäßigkeit“ entspricht der als Auffangtatbestand zu verstehende Begriff der „anderen unzulässigen Beeinflussungen“. Auch dieser Tatbestand ist einer verfassungskonformen, weiten Auslegung zugänglich.

IV. Mecklenburg-Vorpommern

1. Kommunalverfassung

Weitgehend vergleichbar mit den Vorgaben des brandenburgischen Kommunalrechts ist die Kommunalverfassung von Mecklenburg-Vorpommern (KV M-V[752]). Gemäß § 21 KV M-V sind Organe der Gemeinde die Gemeindevertretung und der Bürgermeister. Die Gemeindevertretung (Stadtvertretung[753]) ist nach § 22 I 1 KV M-V das oberste Organ der Gemeinde und für alle wichtigen Angelegenheiten der Gemeinde zuständig. Die Anzahl der „Spitzen“ der Ge-

[752] Die Kommunalverfassung Mecklenburg-Vorpommerns (KV M-V) besteht aus 5 Teilen, wobei Teil 1 die Gemeindeordnung und Teil 2 die Kreisordnung beinhaltet (insgesamt durchlaufende §§).
[753] In kreisfreien Städten kann nach § 22 I 3 KV M-V in der Hauptsatzung festgelegt werden, dass die Vertretung die Bezeichnung „Bürgerschaft“ führt.

meinde hängt wiederum von ihrer Größe ab. Während gemäß § 28 III, IV KV M-V in ehrenamtlich verwalteten Gemeinden der ehrenamtliche Bürgermeister den Vorsitz in der Gemeindevertretung übernimmt, wählt in hauptamtlich verwalteten Gemeinden die Vertretung ihren eigenen Vorsitzenden (in Städten: Stadtverordnetenvorsteher), vgl. § 28 II KV M-V. Folglich kann man im Hinblick auf die Kommunalverfassung Mecklenburg-Vorpommerns von einer dualen Rat-Bürgermeister-Verfassung mit ein oder zwei Spitzen sprechen.
Der (hauptamtliche) Bürgermeister ist gemäß § 38 II KV M-V im Wesentlichen mit der Vorbereitung und Durchführung der Beschlüsse der Gemeindevertretung befasst und für die Geschäfte der laufenden Verwaltung zuständig.
Die entsprechenden Vorschriften für die Organe des Kreises – Kreistag und Landrat – finden sich in den §§ 103ff. KV M-V.

2. Wahlsystem

Die Wahl der Gemeindevertretung erfolgt gemäß § 23 I KV M-V nach den verfassungsrechtlichen Wahlgrundsätzen für die Dauer von fünf Jahren[754]. Die Größe der Vertretungskörperschaft hängt gemäß § 4 KWG M-V von der Anzahl der Gemeindeeinwohner ab. Gewählt wird auch in Brandenburg aufgrund von Wahlvorschlägen nach den Grundsätzen einer mit der Personenwahl verbundenen Verhältniswahl, § 3 II KWG M-V.
Jeder Wahlberechtigte hat gemäß § 31 III KWG M-V drei Stimmen, die er auf den Bewerber eines Wahlvorschlags oder auf verschiedene Bewerber unterschiedlicher Wahlvorschläge verteilen kann (Kumulieren und Panaschieren). Regelungen zum aktiven und passiven Wahlrecht enthalten die §§ 7ff. KWG M-V. Die Inkompatibilität wird in § 25 KV M-V normiert.
Die Wahlvorschläge können durch Parteien, Wählergruppen und Einzelbewerber eingereicht werden (§ 20 I KWG M-V). Im Unterschied zur Regelung in Brandenburg benötigen auch Einzelbewerber keine Unterstützung durch weitere Wahlberechtigte, sondern können ihren Wahlvorschlag bereits durch die eigene Unterschrift einreichen (§ 22 IV KWG M-V).
Der ehrenamtliche Bürgermeister wird gemäß § 37 III KV M-V synchron zur Wahlperiode der Gemeindevertretung für die Dauer von fünf Jahren direkt durch die Bevölkerung gewählt. Die Wahlperiode des hauptamtlichen Bürgermeisters beträgt hingegen mindestens sieben und höchstens neun Jahren, vgl. § 37 II KV M-V. Sie wird durch die Hauptsatzung bestimmt. Gewählt wird gemäß § 64 I KWG M-V nach den Grundsätzen der Mehrheitswahl. Gewählt ist, wer im ersten Wahlgang mehr als die Hälfte der abgegebenen gültigen Stimmen erreicht; wird diese Mehrheit nicht erreicht, so findet eine Stichwahl zwischen den beiden Bewerbern mit dem höchsten Stimmergebnis statt, bei der die einfache Mehrheit ausreicht.

---

[754] Vgl. die entsprechenden Regelungen zur Kreistagswahl in: § 105 I KV M-V.

3. Rechtsschutz im Wahlprüfungsverfahren

Die Wahlprüfung wird in den §§ 43ff. KWG M-V geregelt. Die formellen Anforderungen enthält § 43 KWG M-V, während § 44 KWG M-V die inhaltliche Prüfung der materiellen Wahlfehlertatbestände definiert. Einspruchsberechtigt sind nur die Wahlberechtigten des Wahlgebietes und die Rechtsaufsichtsbehörde (§ 43 I KWG M-V). Der Einspruch muss innerhalb von zwei Wochen nach Bekanntmachung des Wahlergebnisses schriftlich oder zur Niederschrift unter Angabe von Gründen beim Wahlleiter erhoben werden. Die Frist ist eindeutig als Ausschlussfrist normiert, so dass verspätet vorgebrachte Einwendungen auch in einem anschließenden gerichtlichen Verfahren materiell präkludiert sind. Über die Einsprüche entscheidet gemäß § 44 I KWG M-V die neu gewählte Vertretung. An dieser Entscheidung können nach § 44 II KWG M-V selbst diejenigen Vertreter mitwirken, die von der Entscheidung betroffen werden[755].

Die inhaltlichen Anforderungen, die gemäß § 44 KWG M-V durch die neu gewählte Vertretung zu prüfen sind, entsprechen im Wesentlichen der hessischen Regelung in § 26 HGO.
Das Gesetz unterscheidet zwischen drei Tatbeständen:
- § 44 I Nr. 1 KWG M-V behandelt die Fälle, in denen ein gewählter Vertreter nicht wählbar war (Ineligibilität) oder aus anderen Gründen nicht zur Wahl hätte zugelassen werden dürfen. Er sieht als Rechtsfolge vor, dass die Vertretungskörperschaft das Ausscheiden des Betroffenen anzuordnen hat.
- § 44 I Nr. 2 KWG M-V kann wiederum als Auffangtatbestand für alle „Unregelmäßigkeiten" interpretiert werden, die „bei der Vorbereitung der Wahl oder bei der Wahlhandlung" (vgl. den hessischen Wortlaut: „beim Wahlverfahren") vorgekommen sind. Hierunter können sämtliche Verstöße gegen die Wahlgrundsätze aber auch Verletzungen formeller einfachgesetzlicher Regelungen während der Durchführung der Wahl subsumiert werden (vgl. insoweit die Auslegung unter der hessischen Rechtslage). Im Hinblick auf die Ergebnisrelevanz unterscheidet § 44 I Nr. 2 KWG M-V zwei Varianten: Es reicht aus, wenn entweder das „Wahlergebnis" oder „die Verteilung der Sitze" durch die Unregelmäßigkeit im Einzelfall beeinflusst worden sein können. Dies hat – vergleichbar zur hessischen Interpretation – zur Folge, dass eine tatsächliche Beeinflussung (kaum nachweisbar) nicht notwendig, wohl aber die nicht ganz fern liegende Möglichkeit einer solchen Beeinflussung zu fordern ist.
Liegen diese Voraussetzungen vor, so ist die Wiederholung der Wahl ganz oder teilweise anzuordnen.
- § 44 I Nr. 3 KWG M-V zielt schließlich auf Fehler bei der Feststellung des Wahlergebnisses. Diese haben zur Folge, dass die alte Feststellung aufzuheben und eine neue Feststellung anzuordnen ist.

---

[755] Vgl. insofern die abweichende Regelung in § 56 III KWG Bbg.

Nähere Regelungen für die Wiederholung der Wahl und die Neufeststellung des Wahlergebnisses enthalten die § 48 KWG M-V bzw. § 49 KWG M-V.
Liegt keiner der oben genannten Tatbestände vor, so hat die neu gewählte Vertretung gemäß § 44 I Nr. 4 KWG M-V die Wahl für gültig zu erklären.
Gegen den Beschluss der Vertretungskörperschaft eröffnet § 45 II KWG M-V den Verwaltungsrechtsweg. Die Klage kann innerhalb eines Monats nach Zustellung der Entscheidung an die Beteiligten erhoben werden. § 45 I KWG M-V definiert als Beteiligte den Einspruchsberechtigten (§ 43 I KWG M-V), den Bewerber, dessen Wahl für ungültig erklärt wurde, sowie die Rechtsaufsichtsbehörde.
Im Hinblick auf die statthafte Klageart schweigt das Gesetz. § 45 III KWG M-V erklärt lediglich, dass die „allgemeinen Grundsätze" über das verwaltungsgerichtliche Verfahren gelten, soweit sich aus dem Kommunalwahlgesetz nicht etwas anderes ergibt. Mangels konkreter Hinweise, wirft dies die Frage auf, ob ein Vorverfahren nach §§ 68ff. VwGO vor Klageerhebung durchzuführen ist. Während andere Kommunalwahlgesetze ein solches Vorverfahren definitiv ausschließen, enthält das KWG M-V dazu keine Aussage. Aus dem Gesamtzusammenhang des Gesetzes ergibt sich aber gerade, dass das vorgeschaltete Einspruchsverfahren (s.o.) als „Surrogat" für ein Vorverfahren nach §§ 68ff. VwGO zu interpretieren ist. Insofern ist die sofortige Möglichkeit der Klageerhebung geboten. Hinsichtlich der statthaften Klageart wird auf die Ausführungen zur hessischen Rechtslage verwiesen[756].

4. Rechtsschutz außerhalb des Wahlprüfungsverfahrens

Ausgangspunkt für die Reichweite des Rechtsschutzes außerhalb des Wahlprüfungsverfahrens ist § 46 KWG M-V. Danach sind Entscheidungen und Maßnahmen, die sich unmittelbar auf das Wahlverfahren beziehen, nur mit denen im KWG bzw. der KWO M-V vorgesehenen Rechtsbehelfen und im Wahlprüfungsverfahren anfechtbar. Insoweit ergibt sich die identische Problematik zur wortgleichen hessischen Regelung in § 28 HGO.
Weitere Rechtsschutzmöglichkeiten bestehen nach
- § 18 I KWG M-V durch Erhebung eines Einspruchs gegen das Wählerverzeichnis bei der Gemeindewahlbehörde (mit anschließender Beschwerdemöglichkeit beim Gemeindewahlausschuss),
- § 19 III KWG M-V durch Erhebung eines Einspruchs gegen die Versagung des Wahlscheins bei der Gemeindewahlbehörde (mit anschließender Beschwerdemöglichkeit beim Gemeindewahlausschuss) und
- § 26 IV KWG M-V gegen die Nichtzulassung (!) eines Wahlvorschlags für die Vertrauensperson (im Hinblick auf die Zulassung (!) eines Wahlvorschlags für den Wahlleiter). Über die Beschwerde nach § 26 IV KWG M-V entscheidet

[756] Vgl. S. 203ff.

gemäß § 26 V KWG M-V der Kreiswahlausschuss (kreisangehörige Gemeinden) bzw. der Landeswahlausschuss (kreisfreie Städte und Landkreise).
Zur Frage der Verfassungsmäßigkeit des § 46 KWG M-V und darüber hinausgehender Rechtsschutzmöglichkeiten wird auf die Erörterungen im Rahmen der Darstellung der hessischen Regelungen verwiesen[757].

5. Bewertung

Da die Rechtslage in Mecklenburg-Vorpommern weitgehend mit der hessischen Regelung vergleichbar ist, kann im Kern auf die zum Teil kritischen Ausführungen oben verwiesen werden. Im Unterschied zu Hessen ist jedoch eine Einspruchsbefugnis für die Einlegung des Einspruchs nicht erforderlich, was unter dem Gesichtspunkt des effektiven Rechtsschutzes positiv zu bewerten ist.
Negativ fallen hingegen die Zuständigkeit der Vertretungskörperschaft im Wahlprüfungsverfahren, das Fehlen eindeutiger gesetzlicher Hinweise auf die statthafte Klageart sowie der äußerst restriktive Rechtsschutz vor der Wahl auf.

V. Niedersachsen

1. Kommunalverfassung

Bis 1996 galt in Niedersachsen die Norddeutsche Ratsverfassung[758]. Als letztes Bundesland hat sich schließlich auch Niedersachsen von dieser Kommunalverfassung verabschiedet und ist dem Vorbild der süddeutschen Länder durch Einführung der (modifizierten) Süddeutschen Ratsverfassung gefolgt. Damit stehen sich nunmehr auch in Niedersachsen auf kommunaler Ebene zwei Organe gegenüber: Der von den Gemeindebürgern direkt gewählte Gemeinderat und der ebenfalls direkt gewählte Bürgermeister, der kraft Amtes ebenfalls Mitglied des Gemeinderates ist (vgl. § 31 I GO) Allerdings ist in Niedersachsen ein Fungieren des Bürgermeisters als Ratsvorsitzender nicht kraft Amtes vorgesehen, seine Wahl in diese Funktion jedoch optional möglich (vgl. § 43 I GO)[759].

2. Wahlsystem

Die Wahl des Gemeinderats[760] erfolgt gemäß § 33 GO nach den allgemeinen Grundsätzen für die Dauer von fünf Jahren. Die Größe des Gemeinderats hängt nach § 32 GO von der Zahl der Einwohner ab. Auch in Niedersachsen geht das

---

[757] S. 219ff.
[758] Vgl. Birkenfeld-Pfeiffer/Gern, Kommunalrecht, Rn. 34.
[759] Vgl. im Einzelnen zu den Besonderheiten der Niedersächsischen Gemeindeordnung: Ipsen, Niedersächsisches Kommunalrecht.
[760] Die Mitglieder des Gemeinderats tragen die Bezeichnung „Ratsherren" bzw. „Ratsfrauen".

Kommunalwahlgesetz von einer mit der Personenwahl verbundenen Verhältniswahl aus (vgl. § 4 II 1 KWG).
Jeder Wähler hat drei Stimmen, die er gemäß § 30 II KWG entweder einer oder verschiedenen Listen geben kann oder die er alternativ auf einen bzw. mehrere Bewerber verteilen kann. Die Berechnung der Sitzverteilung erfolgt gemäß § 36 II KWG nach dem Proportionalverfahren von Hare-Niemeyer[761]. Das aktive Wahlrecht erhalten bereits die Bürgerinnen und Bürger, die das 16. Lebensjahr vollendet haben (vgl. § 34 I 1 GO). Regelungen zum passiven Wahlrecht finden sich in § 35 GO, der allerdings die Vollendung des 18. Lebensjahrs voraussetzt. Die Inkompatibilität ist in § 35a GO normiert.
Während die Wahl des Bürgermeisters bislang gemäß § 61 I GO a.F. zeitgleich mit der Wahl des Gemeinderates stattfand[762], wird der Bürgermeister nunmehr für die Dauer von acht Jahren gewählt (vgl. 61 I GO). Gewählt ist, wer im ersten Wahlgang mehr als die Hälfte der abgegebenen gültigen Stimmen erreicht (§ 45g II 2 GO); wird diese Mehrheit nicht erreicht, so findet eine Stichwahl zwischen den beiden Bewerbern mit dem höchsten Stimmergebnis statt, bei der die einfache Mehrheit ausreicht (§ 45g II 3 GO).

3. Rechtsschutz im Wahlprüfungsverfahren

In den §§ 46ff. KWG finden sich die Regelungen zur Wahlprüfung. Die §§ 46, 47 KWG legen die formellen Anforderungen an die Einlegung eines Einspruchs gegen die Gültigkeit der Wahl fest, und § 48 KWG behandelt den Inhalt der Entscheidung über den Wahleinspruch. Einspruchsberechtigt sind gemäß § 46 I 3 KWG nicht nur die jeweils wahlberechtigten Personen, sondern auch die Parteien und Wählergruppen, die an der Wahl teilgenommen haben, sowie die Wahlleitung, die zuständige Kommunalaufsichtsbehörde und der Landeswahlleiter. Die Frist für die Geltendmachung des Wahleinspruchs beträgt gemäß § 46 III 1 KWG zwei Wochen nach der Bekanntmachung des Wahlergebnisses. Der Einspruch ist an die zuständige Wahlleitung zu richten.
Über den Wahleinspruch entscheidet nach § 47 I 1 KWG die Vertretung selbst. Sie hat auf Antrag nach § 47 II 1 KWG die Beteiligten (Wahlleitung, Einspruchsführer und vom Einspruch Betroffene) zu hören. Die Vertretung kann den Einspruch zum einen als unzulässig oder unbegründet zurückweisen (§ 48 I Nr. 1 und 2 KWG), zum anderen das Wahlergebnis neu feststellen bzw. die Wahl ganz oder teilweise für ungültig erklären (§ 48 II Nr. 1 und 2 KWG). In jedem Falle ist die Entscheidung nach § 48 III KWG zu begründen.
In materieller Hinsicht unterscheidet § 46 I 2 KWG zwischen zwei Anfechtungstatbeständen. Der Wahleinspruch kann entweder damit begründet werden, dass „die Wahl nicht den Vorschriften dieses Gesetzes oder der Verordnung

---

761 Vgl. zur Berechnung und Feststellung der Sitzverteilung: Ipsen, Niedersächsisches Kommunalrecht, Rn. 223ff.
762 Zu den Einzelheiten der Wahl vgl.: Thiele, Niedersächsische Gemeindeordnung, § 61 GO.

nach § 53 I entsprechend vorbereitet oder durchgeführt ist“ oder „in unzulässiger Weise in ihrem Ergebnis beeinflusst worden ist“.
Unter die erste Variante können insbesondere konkrete Verstöße gegen das KWG bzw. die KWO subsumiert werden. Die unzulässige Beeinflussung des Wahlergebnisses dürfte sich dagegen v.a. auf die Verletzung von Neutralitätspflichten und Verstöße gegen den Grundsatz der Chancengleichheit der Wahlbewerber beziehen. Das Gesetz formuliert die Ergebnisrelevanz insofern strenger als vergleichbare Vorschriften in anderen Bundesländern, da eine Beeinflussung des Wahlergebnisses danach positiv feststehen muss. Dies ergibt sich auch aus § 48 I Nr. 2 KWG, der vorschreibt, dass die Vertretung den Wahleinspruch dann zurückzuweisen hat, wenn der Rechtsverstoß das Wahlergebnis nicht oder nur unwesentlich beeinflusst *hat.* Allerdings lässt die Rechsprechung – abweichend zur Vorgabe des § 46 I KWG – auch hier die Möglichkeit einer Beeinflussung ausreichen: „Eine Beeinflussung in diesem Sinne liegt vor, wenn der Wahlfehler (...) von Einfluss war oder von Einfluss gewesen sein könnte. Dabei darf es sich nicht nur um eine theoretische Möglichkeit handeln; die Möglichkeit muss vielmehr eine nach der allgemeinen Lebenserfahrung konkrete und nicht ganz fern liegende sein.“[763]
Gegen die Entscheidung der Vertretung eröffnet § 49 II KWG die Klage beim Verwaltungsgericht innerhalb eines Monats nach Zustellung der Wahlprüfungsentscheidung.
Auch in Niedersachsen schweigt das Gesetz zu den weiteren Modalitäten der Klage, insbesondere zur statthaften Klageart und den Sachurteilsvoraussetzungen (Vorverfahren, Klagegegner). Insofern kann auf die entsprechenden Ausführungen oben verwiesen werden.

4. Rechtsschutz außerhalb des Wahlprüfungsverfahrens

In Niedersachsen formuliert § 46 II KWG unmissverständlich, dass Entscheidungen und Maßnahmen, die sich unmittelbar auf das Wahlverfahren beziehen, nur mit einem Wahleinspruch angefochten werden können. In Abweichung zu anderen Bundesländern, die wenigstens noch Rechtsbehelfe gegen die Nichtzulassung eines Wahlvorschlags, die Nichterteilung eines Wahlscheins oder die Berichtigung des Wählerverzeichnisses vorsehen, gewährleistet das KWG außerhalb des Wahlprüfungsverfahrens damit so gut wie keinen Rechtsschutz. Lediglich ein Antrag auf Berichtigung des Wählerverzeichnisses kann nach § 18 II 1 KWG gestellt werden. Falls die Kommune diesen Antrag für unbegründet hält, entscheidet darüber abschließend der Gemeindewahlausschuss (vgl. § 18 II 2 KWG). Zu beachten ist weiterhin, dass gemäß § 46 I 5 KWG der Wahleinspruch einer Person, die geltend macht, nicht im Wahlverzeichnis eingetra-

[763] Vgl. etwa OVG Lüneburg, 10 L 4498/97; VG Osnabrück, 1 A 126/01 unter Hinweis auf die ständige Rechtsprechung des Bundesverfassungsgerichts. So auch: Oebbecke, in: NVwZ 2007, 30 [32].

gen gewesen zu sein, dann ungültig ist, wenn sie insoweit keinen Antrag auf Berichtigung nach § 18 II 1 KWG gestellt hatte.
Diese Zurückhaltung muss vor dem Hintergrund des Art. 19 IV GG auf erhebliche Bedenken stoßen, zumal auch die Voraussetzungen im Wahlprüfungsverfahren selbst äußerst streng normiert sind. Die Verfassungsmäßigkeit des § 46 II KWG Nds. darf daher aus den oben genannten Gründen stark bezweifelt werden[764].

5. Bewertung

Zwar fällt die niedersächsische Regelung durch einen äußerst großen Kreis an Einspruchsberechtigten auf, jedoch ist ansonsten auf die zu den hessischen Normen vorgetragene Kritik zu verweisen. Insbesondere die Wahlprüfungszuständigkeit der neu gewählten Vertretung und die nur unzureichende Ausgestaltung des Rechtsschutzes im Vorfeld der Wahl stoßen auf erhebliche Bedenken. Der materielle Hauptanfechtungsgrund der „unzulässigen Beeinflussung der Wahl" ist einer weiten Auslegung zugänglich, so dass darunter Verstöße gegen die Wahlgrundsätze subsumiert werden können und insoweit eine umfangreiche Kontrolle der Wahl möglich ist.

VI. Nordrhein-Westfalen

1. Kommunalverfassung

Die seit 1. Oktober 1999 in Nordrhein-Westfalen geltende Gemeindeverfassung lehnt sich an das Modell der Süddeutschen Ratsverfassung an[765]. Oberstes Willensbildungs- und Beschlussorgan ist der Rat, der sich aus den von den Bürgern gewählten ehrenamtlichen Ratsmitgliedern zusammensetzt. Der Rat ist gemäß § 41 I GO für alle Angelegenheiten der Gemeindeverwaltung zuständig, soweit die Gemeindeordnung nichts anderes bestimmt. Neben dem Rat wählen die Bürger unmittelbar gleichlaufend mit der Ratsperiode den Bürgermeister. Dieser ist sowohl Leiter der Verwaltung (§§ 62 I 2, 73 II GO) als auch Vorsitzender des Rates (vgl. § 40 II 2 GO). Dort hat er grundsätzlich das gleiche Stimmrecht wie ein Ratsmitglied, es sei denn einer der in § 40 II 6 GO enumerativ aufgelisteten Fälle liegt vor[766].

---

[764] Vgl. S. 219ff.
[765] Buhren, Allgemeines Kommunalrecht Nordrhein-Westfalen, S. 43; vgl. insgesamt zur Kommunalverfassung Nordrhein-Westfalens: Erichsen, Kommunalrecht des Landes Nordrhein-Westfalen.
[766] Vgl. im Einzelnen zum Stimmrecht des Bürgermeisters im Rat: Articus/Schneider, GO für das Land Nordrhein-Westfalen, Kommentar, S. 211ff.

2. Wahlsystem

Die Ratsmitglieder werden gemäß § 42 I GO von den Bürgern nach den einschlägigen Wahlgrundsätzen für die Dauer von fünf Jahren gewählt. Das aktive Wahlrecht setzt gemäß § 7 KWG u.a. die Vollendung des 16. Lebensjahrs voraus. Die Zahl der zu wählenden Vertreter ergibt sich aus § 3 KWG in Abhängigkeit von der Bevölkerungszahl der Gemeinde. Die Voraussetzungen des passiven Wahlrechts nennt § 12 KWG, die Inkompatibilität ist in § 13 KWG geregelt.
Zur Kommunalwahl werden von den Parteien und sonstigen Wählergruppen Wahlvorschläge unterbreitet. Dabei können auch Einzelbewerber vorgeschlagen werden, sofern diese Wahlvorschläge von einer bestimmten Anzahl Wahlberechtigter des Wahlbezirks persönlich und handschriftlich unterzeichnet sind (vgl. § 15 II KWG). Jeder Wähler hat gemäß § 25 I 1 KWG eine Stimme, die er einem Bewerber zuteilen kann. Er wählt damit sowohl einen Kandidaten im Wahlbezirk als auch gleichzeitig die Partei oder Wählergruppe, die diesen Kandidaten aufgestellt hat.
Der Wahlausschuss teilt dazu das Wahlgebiet in Wahlbezirke ein. Die Zahl der Wahlbezirke wird bestimmt durch die Zahl der direkt zu wählenden Ratsmitglieder[767]. Sie entspricht der Hälfte der insgesamt zu wählenden Ratsmitglieder. Die Wahl in den Wahlbezirken erfolgt nach den Grundsätzen der Mehrheitswahl. Die weiteren Sitze werden nach dem Verhältniswahlsystem nach Hare/Niemeyer über die Reservelisten der Parteien und Wählergruppen vergeben (§ 3 IV i.V. mit § 33 KWG)[768].
Der Bürgermeister wird gemäß § 65 I KWG NRW ebenfalls für die Dauer von fünf Jahren zeitgleich mit dem Rat gewählt[769]. Die Wahl ist eine Mehrheitswahl. Haben mehrere Personen kandidiert, ist die Person zum Bürgermeister gewählt, die mehr als die Hälfte der gültigen Stimmen erhalten hat (§ 46 c I KWG). Hat kein Bewerber diese Mehrheit erreicht, findet eine Stichwahl zwischen den beiden Bewerbern mit dem höchsten Stimmergebnis im ersten Wahlgang statt.

3. Rechtsschutz im Wahlprüfungsverfahren

Die Regelungen zur Wahlprüfung finden sich in den §§ 39ff. KWG. § 39 KWG stellt die formellen Anforderungen an die Einlegung eines Einspruchs gegen die Gültigkeit der Wahl auf, während § 40 KWG die Anfechtungsgründe zum Ausdruck bringt. Gemäß § 39 I KWG kann jeder Wahlberechtigte, die für das Wahlgebiet zuständige Leitung der Parteien und Wählergruppen, die an der

[767] Eckhardt/Kleerbaum/Klieve, Kommunalverfassung NW, S. 28.
[768] Beispiele zur Berechnung der Sitzverteilung vgl. bei: Buhren, Gemeindeordnung für das Land Nordrhein-Westfalen. S. 46ff.
[769] Einzelheiten zur Wahl bei: Articus/Schneider, GO für das Land Nordrhein-Westfalen, Kommentar, S. 320ff.

Wahl teilgenommen haben, sowie die Aufsichtsbehörde Einspruch gegen die Gültigkeit der Wahl erheben. Die Frist beträgt einen Monat nach Bekanntgabe des Wahlergebnisses. Der Einspruch ist schriftlich oder zur Niederschrift zu erklären. Über den Einspruch entscheidet gemäß § 40 I KWG die neu gewählte Vertretung nach Vorprüfung durch einen hierfür gewählten Ausschuss.

In materieller Hinsicht sind folgende Tatbestände zu unterscheiden:
- Soweit ein Vertreter nicht wählbar war, ist das Ausscheiden dieses Vertreters anzuordnen (§ 40 I lit. a KWG).
- Zentraler Anfechtungstatbestand ist § 40 I lit. b KWG, demzufolge zu prüfen ist, ob „Unregelmäßigkeiten bei der Vorbereitung der Wahl oder der Wahlhandlung" aufgetreten sind, die im Einzelfall auf das Wahlergebnis im Wahlbezirk oder auf die Zuteilung der Sitze aus der Reserveliste von entscheidendem Einfluss gewesen sein können. Unter den Begriff der Unregelmäßigkeit können dabei insbesondere sittenwidrige Wahlbeeinflussungen durch erhebliche Verstöße gegen die Grundsätze der Freiheit oder Gleichheit der Wahl subsumiert werden[770]. Hinsichtlich der Ergebnisrelevanz wird zwischen einer Beeinflussung des Wahlergebnisses im Wahlbezirk und der Zuteilung aus der Reserveliste unterschieden. In beiden Fälle muss eine Beeinflussung des Wahlergebnisses jedoch nicht positiv feststehen, sondern möglich bzw. nahe liegend erscheinen. Liegen die Voraussetzungen vor, so ist die Wahl für ungültig zu erklären und eine Wiederholungswahl (§ 42 KWG) anzuordnen.
- Schließlich bezieht sich § 40 I lit. c KWG auf eine unrichtige Feststellung des Wahlergebnisses, zum Beispiel durch einen Rechenfehler. In diesem Fall ist die ursprüngliche Feststellung des Wahlergebnisses für ungültig zu erklären und eine Neufeststellung anzuordnen (§ 43 KWG).

Die Vertretung kann gemäß § 40 IV KWG beschließen, dass ein Mitglied, dessen Wahl für ungültig erklärt ist, bis zur Unanfechtbarkeit des Beschlusses nicht an der Arbeit der Vertretung teilnehmen darf. Dagegen eröffnet § 41 II KWG die Möglichkeit der einstweiligen Anordnung. Ansonsten sind die Vertreter allerdings nicht gehindert, an der Entscheidung mitzuwirken, selbst dann nicht, wenn sich die Feststellungen im Einzelfall auf ihre Wahl erstrecken (vgl. § 40 II KWG).

Gegen die Entscheidung der Vertretungskörperschaft eröffnet § 41 I KWG den Verwaltungsrechtsweg mit der Maßgabe, dass ein Vorverfahren nach den §§ 68ff. VwGO nicht stattfindet. Hinsichtlich der statthaften Klageart wird auf die Ausführungen oben verwiesen[771].

---

[770] Articus/Schneider, GO für das Land Nordrhein-Westfalen, Kommentar, S. 229.

[771] S. 203ff.

4. Rechtsschutz außerhalb des Wahlprüfungsverfahrens

Außerhalb des Wahlprüfungsverfahrens besteht zunächst die Möglichkeit, gemäß § 9 III KWG Einspruch gegen die Versagung des Wahlscheins einzulegen und gegen die Zurückweisung des Einspruchs gemäß §§ 9 III 2, 11 IV KWG Beschwerde bei der Aufsichtsbehörde einzulegen. Gleiches gilt gemäß § 11 I, II KWG für Einsprüche bzw. Beschwerden gegen die Richtigkeit des Wählerverzeichnisses. Auch gegen die Zurückweisung eines Wahlvorschlags kann nach § 18 IV KWG binnen drei Tagen nach Verkündung in der Sitzung des Wahlausschusses durch die Vertrauensperson des Wahlvorschlags, durch den Wahlleiter oder durch die Aufsichtsbehörde Beschwerde eingelegt werden[772]. Über die Beschwerde entscheidet bei kreisangehörigen Gemeinden der Kreiswahlausschuss, bei kreisfreien Städten oder Kreisen der Landeswahlausschuss. Alle Beschwerdeentscheidungen sind endgültig (vgl. § 11 V 1 ,18 IV 7 KWG). Allerdings steht den Beteiligten weiterhin die Erhebung eines Einspruchs im Wahlprüfungsverfahren nach § 39 II 1 KWG offen. Im Umkehrschluss bedeutet dies, dass verwaltungsgerichtlicher Rechtsschutz außerhalb des Wahlprüfungsverfahrens (§ 41 I KWG) nicht vorgesehen ist. Hinsichtlich der Probleme in Bezug auf Art. 19 IV GG wird nach oben verwiesen[773].

5. Bewertung

Auch in Nordrhein-Westfalen fällt der große Kreis an Einspruchsberechtigten auf, während weder die Zuständigkeit der Vertretungskörperschaft für die Wahlprüfung noch der Ausschluss jeglichen gerichtlichen Rechtsschutzes vor der Wahl überzeugen können. Der zentrale Anfechtungsgrund („Unregelmäßigkeiten“) deckt sich mit der hessischen Regelung. Allerdings wird das Erfordernis der Ergebnisrelevanz insoweit besser formuliert, als die „Unregelmäßigkeiten“ auf das Wahlergebnis von „entscheidendem Einfluss“ gewesen sein müssen. Auf die unpräzise hessische Formulierung an der entsprechenden Stelle in § 26 I Nr. 2 KWG wurde bereits oben ausführlich hingewiesen[774].

VII. Rheinland-Pfalz

1. Kommunalverfassung

Bis 1994 galt in Rheinland-Pfalz die dualistisch strukturierte „Rheinische Bürgermeisterverfassung“. Sie sah als Organe den von den Gemeindebürgern gewählten Gemeinderat und den Bürgermeister vor. Das besondere Charakteristikum dieser Verfassung war die starke Stellung des Bürgermeisters als gebore-

---

[772] Der Wahlleiter, die Aufsichtsbehörde und die oberste Aufsichtsbehörde können auch gegen die Zulassung eines Wahlvorschlags Beschwerde einlegen.

[773] S. 219ff.

[774] S. 69ff.

ner Vorsitzender des Gemeinderates und der Ausschüsse, als Leiter der Verwaltung und als Repräsentant und Vertreter der Gemeinde nach außen. Der Unterschied zu der vergleichbaren „Süddeutschen Bürgermeisterverfassung“ lag darin, dass der Bürgermeister nicht direkt von der Bevölkerung, sondern durch den Gemeinderat gewählt wurde. Mit Gesetz vom 05.10.1993 hat Rheinland-Pfalz durch die Einführung der Bürgermeister-Direktwahl Abstand von diesem Modell genommen[775]. Es gilt jetzt die Gemeindeordnung Rheinland-Pfalz in der Fassung vom 31. Januar 1994.
Gemäß § 28 GO sind weiterhin zwei Organe zu unterscheiden: Der Gemeinderat (in Städten Stadtrat) und der von den Bürgern direkt gewählte Bürgermeister. Die Aufgaben des Gemeinderates sind in § 32 GO definiert. Er legt die Grundsätze für die Verwaltung der Gemeinde fest und beschließt über alle Selbstverwaltungsangelegenheiten der Gemeinde, soweit der Bürgermeister nicht kraft Gesetzes zuständig ist. Der Bürgermeister, der weiterhin gemäß § 36 GO den Vorsitz im Gemeinderat führt, leitet nach § 47 I GO die Gemeindeverwaltung und vertritt die Gemeinde nach außen. Der Gemeinderat wählt darüber hinaus gemäß § 50 I GO die Beigeordneten, die als Vertreter des Bürgermeisters mit eigenen Geschäftsbereichen ausgestattet werden können.

2. Wahlsystem

Gemäß § 29 I 2 GO werden die Ratsmitglieder von den Bürgern der Gemeinde in allgemeiner, gleicher, geheimer, unmittelbarer und freier Wahl auf die Dauer von fünf Jahren gewählt. Die Größe der Vertretung ist abhängig von der Größe der jeweiligen Gemeinde (§ 29 II GO). Auch in Rheinland-Pfalz gilt das Wahlsystem des Kumulierens und Panaschierens. Gemäß § 32 I KWG hat jeder Wähler so viele Stimmen zur Verfügung, wie Ratsmitglieder zu wählen sind. Gewählt wird aufgrund von Listenwahlvorschlägen nach den Grundsätzen einer personalisierten Verhältniswahl[776] (soweit nur ein Wahlvorschlag eingereicht wird nach den Grundsätzen der Mehrheitswahl, vgl. § 33 KWG). Die verschiedenen Möglichkeiten der Stimmabgabe sind in § 32 I Nr. 2-6 KWG geregelt. Der Wähler kann danach den Wahlvorschlag insgesamt ankreuzen und damit unverändert annehmen, bis zu drei Stimmen auf einen einzelnen Bewerber kumulieren oder Bewerber unterschiedlicher Listen wählen (Panaschieren). Die Sitzverteilung wird gemäß § 41 KWG nach dem Hare-Niemeyer-Verfahren berechnet. Die materiellen Voraussetzungen des aktiven Wahlrechts sind in den §§ 1, 2 KWG normiert (Wahlrecht ab 18 Jahren), die Wählbarkeit- und Inkompatibilitätsvorschriften finden sich in den §§ 4, 5 KWG.
Die Amtszeit des direkt gewählten Bürgermeisters beträgt gemäß § 52 I GO acht Jahre. Die Wahl ist gemäß § 53 I 1 GO nach den Grundsätzen der Mehr-

[775] Vgl. GVBl. 1993, 481; Vgl. Birkenfeld-Pfeiffer/Gern, Rn. 42.
[776] Schuck/Unglaub, Kommunalwahlrecht in Rheinland-Pfalz, in: Praxis der Kommunalverwaltung, S. 14; Lukas, in: Kommunalverfassung Rhl.Pf., § 29 KWG Nr. 3.

heitswahl durchzuführen. Im ersten Wahlgang muss die Hälfte der gültigen Stimmen erzielt werden. Erreicht keiner der Bewerber diese Zahl, so findet zwischen den beiden Bewerbern mit der höchsten Stimmenzahl ein weiterer Wahlgang statt, bei dem dann die einfache Mehrheit genügt.

3. Rechtsschutz im Wahlprüfungsverfahren

Die Normen zur Wahlprüfung finden sich in den §§ 48ff. KWG und §§ 67ff. KWO. Gemäß § 48 KWG kann jeder Wahlberechtigte innerhalb von zwei Wochen nach der öffentlichen Bekanntmachung des Wahlergebnisses beim Bürgermeister Einspruch gegen die Gültigkeit der Wahl einlegen. Der Einspruch ist schriftlich zu erheben und zu begründen[777]. Über den Einspruch entscheidet die Aufsichtsbehörde. Verspätet vorgetragene Einspruchsgründe sind auch in einem sich an das Einspruchsverfahren anschließenden verwaltungsgerichtlichen Verfahren materiell präkludiert[778]. Losgelöst von der Einspruchfrist kann die Aufsichtsbehörde die Gültigkeit der Wahl gemäß § 49 II KWG aber auch von Amts wegen prüfen. Ergeben sich innerhalb von drei Monaten Zweifel an der Einhaltung von Wahlvorschriften, so hat die Aufsichtsbehörde zu entscheiden.

§ 50 KWG normiert die Entscheidungsmöglichkeiten der Aufsichtsbehörde und legt somit die materiellen Anfechtungstatbestände fest.
- Soweit rechnerische Fehler in der Zusammenstellung der Stimmzahlen, fehlerhafte Entscheidungen über die Gültigkeit von Stimmen oder eine unrichtige Berechnung der Sitzverteilung vorliegen, ist das Wahlergebnis gemäß § 50 I KWG neu festzustellen.
- Werden Fehler hinsichtlich des passiven Wahlrechts eines oder mehrerer Gewählter geltend gemacht, so ist die Wahl der betroffenen Person (en) gemäß § 50 II KWG für ungültig zu erklären.
- In § 50 III KWG ist schließlich der zentrale Anfechtungstatbestand normiert. Danach ist zu prüfen, inwieweit „erhebliche Verstöße gegen die Wahlvorschriften vorgekommen sind, die geeignet sein können, das Wahlergebnis wesentlich zu beeinflussen". Verstöße sind dann als erheblich anzusehen, wenn sie sich auf Vorschriften beziehen, die der Konkretisierung der Wahlrechtsgrundsätze oder der Durchsetzung des vom Gesetzgeber bestimmten Wahlsystems sowie einem gesicherten und geordneten Wahlverfahren dienen[779]. Darunter fallen insbesondere unzulässige Wahlbeeinflussungen (Verstöße gegen die Grundsätze der freien und gleichen Wahl), Verletzungen der Bestimmungen über die

[777] Schuck/Unglaub, Kommunalwahlrecht in Rheinland-Pfalz, in: Praxis der Kommunalverwaltung, S. 64.
[778] Schuck/Unglaub, Kommunalwahlrecht in Rheinland-Pfalz, in: Praxis der Kommunalverwaltung, S. 64.
[779] Vgl. im Einzelnen: Schuck/Unglaub/Nauheim-Skrobeck, Rheinland-Pfälzisches Kommunalwahlrecht, Erl. zu § 50 KWG.

Wahrung des Wahlgeheimnisses oder unkorrigierbare Fehler bei der Stimmenauszählung. Diese Fehler führen jedoch nur dann zur Ungültigkeit der Wahl, wenn der festgestellte Verstoß die Möglichkeit einer Sitzveränderung in sich birgt und nicht mit mathematischer Sicherheit ausgeschlossen werden kann, dass eine solche Veränderung auf Grund des Verstoßes ausgeschlossen ist (Ergebnisrelevanz)[780].
Soweit diese Voraussetzungen jedoch vorliegen, hat die Aufsichtsbehörde gemäß § 52 KWG eine Wiederholungswahl anzuordnen, die innerhalb von drei Monaten nach Rechtskraft der Entscheidung stattfinden muss.
Gegen die Entscheidung der Aufsichtsbehörde lässt § 51 KWG den Verwaltungsrechtsweg zu. § 51 S. 2 KWG ordnet an, dass das Vorverfahren nach der VwGO entfällt. Die statthafte Klageart ist die Anfechtungsklage[781]. Im Hinblick auf weitere Einzelheiten wird auf die Ausführungen oben verwiesen[782].

4. Rechtsschutz außerhalb des Wahlprüfungsverfahrens

Hinsichtlich des Rechtsschutzes außerhalb des Wahlprüfungsverfahrens zeigt sich das rheinland-pfälzische Kommunalwahlgesetz wesentlich offener als die vergleichbaren Vorschriften der anderen Bundesländer. § 13 KWG (§ 14 KWO) normiert Rechtsbehelfe gegen das Wählerverzeichnis. Demnach kann jeder, der das Wählerverzeichnis für unrichtig oder unvollständig hält, Einwendungen bei der Gemeindeverwaltung erheben. Gegen deren Entscheidung bzw. den Widerspruchsbescheid der Aufsichtsbehörde lässt § 13 II KWG den Verwaltungsrechtsweg zu. Auch gegen die Versagung eines Wahlscheins kann nach § 14 II KWG Klage beim Verwaltungsgericht erhoben werden. Hingegen stehen keine Rechtsbehelfe des Bürgers gegen die Nichtzulassung eines Wahlvorschlags zur Verfügung. Da hier aber regelmäßig eine Ergebnisrelevanz des Fehlers zu bejahen wird, scheint dies im Hinblick auf Art. 19 IV GG vertretbar. Berücksichtigt werden müssen in diesem Zusammenhang aber noch die Möglichkeiten der Aufsichtsbehörde nach 49 I KWG. Soweit bereits bei der Wahlvorbereitung Verstöße gegen Rechtsvorschriften festgestellt werden, die im Wahlprüfungsverfahren dazu führen können, die Wahl für ungültig erklären zu müssen, kann die Aufsichtsbehörde von ihren Instrumenten in den §§ 120ff. GO Gebrauch machen und notfalls die Wahl auf einen anderen Tag verschieben.

---

780 Schuck/Unglaub, Kommunalwahlrecht in Rheinland-Pfalz, in: Praxis der Kommunalverwaltung, S. 65.
781 Schuck/Unglaub, Kommunalwahlrecht in Rheinland-Pfalz, in: Praxis der Kommunalverwaltung , S. 65.
782 S. 203ff.

5. Bewertung

Die Regelungen zur Wahlprüfung in Rheinland-Pfalz können überzeugen. Die Zuständigkeit der Rechtsaufsichtsbehörde für die Wahlprüfung garantiert eine objektive und neutrale Kontrolle der Wahl. Auch die Beschränkung der Anfechtungsberechtigung auf die Wahlberechtigten ist nachvollziehbar, wenn man berücksichtigt, dass die Parteien und Wählergruppen über ihre Mitglieder ausreichend Gelegenheit zur Anfechtung der Wahl erhalten. Auch der umfassende gerichtliche Rechtsschutz im Vorfeld der Wahl ist vorbildlich, wenn man die restriktiven Möglichkeiten in den anderen Bundesländern vergleicht. Unter den Anfechtungsgrund der „erheblichen Verstöße gegen die Wahlvorschriften“ können wiederum sämtliche Verletzungen der Wahlgrundsätze gefasst werden, so dass der unbestimmte Rechtsbegriff einer entsprechenden verfassungskonformen, weiten Auslegung zugänglich ist.

VIII. Saarland

1. Kommunalverfassung

Auch im Saarland galt bis 1994 die „Rheinische Bürgermeisterverfassung“ (vgl. zu den Einzelheiten oben: Rheinland-Pfalz). Mit Gesetz vom 11.05.1994 wurde auch im Saarland die Direktwahl der Bürgermeister eingeführt. Nunmehr stehen sich gemäß § 29 I KSVG[783] zwei Organe gegenüber: der Gemeinderat (in Städten Stadtrat) und der von den Bürgern direkt gewählte Bürgermeister. Besonderes Kennzeichen der dualistischen saarländischen Bürgermeisterverfassung ist das rechtlich gleichwertige Gegenüberstehen dieser beiden Organe[784]. Im Gegensatz zu anderen Gemeindeverfassungen gibt es daher auch keine Allzuständigkeit des Rates mit dem Recht zur Rückholung einfacher Geschäfte der laufenden Verwaltung. Der Gemeinderat beschließt gemäß § 34 KSVG über alle Selbstverwaltungsangelegenheiten der Gemeinde, soweit sie nicht dem Bürgermeister übertragen sind. Über andere Angelegenheiten kann er nur beschließen, wenn besondere gesetzliche Vorschriften dies zulassen. Den Vorsitz im Gemeinderat führt gemäß § 42 I KSVG der Bürgermeister, allerdings ohne eigenes Stimmrecht.
Der Bürgermeister ist gemäß § 59 I KSVG der gesetzliche Vertreter der Gemeinde und leitet gemäß § 59 II KSVG die Gemeindeverwaltung. Ihm obliegt auch die Vorbereitung und Durchführung der Beschlüsse des Gemeinderats.
Weiterhin wählt der Gemeinderat gemäß § 65 I KSVG aus seiner Mitte ehrenamtliche Beigeordnete. Bei Gemeinden mit über 20.000 Einwohnern können

---

[783] KSVG=Kommunalselbstverwaltungsgesetz.
[784] Wohlfahrt, Kommunalrecht für das Saarland, Rn. 111, mit Verweis auf: OVG Saarland, AS 13, S. 284ff.

nach § 68 KSVG auch hauptamtliche Beigeordnete berufen werden. Auch sie werden vom Gemeinderat gewählt[785].

2. Wahlsystem

Der Gemeinderat wird gemäß § 32 KSVG von den Bürgern der Gemeinde nach den allgemeinen Wahlgrundsätzen gewählt. Seine Amtszeit beträgt nach § 31 I KSVG fünf Jahre. Die Anzahl der Mitglieder wird durch die Größe der Gemeinde bestimmt (vgl. 32 II KSVG). Gewählt wird gemäß § 2 KWG aufgrund von Wahlvorschlägen der Parteien und Wählergruppen (§§ 22ff. KWG) nach den Grundsätzen der Verhältniswahl. Wird nur ein oder kein gültiger Wahlvorschlag eingereicht, so gelten die Grundsätze der Mehrheitswahl. Im Gegensatz zu anderen Bundesländern kann sich der Wähler nur zwischen den starren Wahlvorschlägen entscheiden. Ein Kumulieren und Panaschieren von Stimmen ist nicht möglich (vgl. § 36 KWG). Die Berechnung der Sitzverteilung erfolgt gemäß § 41 II KWG nach dem Höchstzahlverfahren von d'Hondt[786]. Bei der Verteilung der Sitze werden nur diejenigen Wahlvorschläge berücksichtigt, die mindestens fünf vom Hundert der im Wahlgebiet abgegebenen Stimmen erzielt haben (5%-Klausel). Regelungen zum aktiven Wahlrecht finden sich in den §§ 13f. KWG (ab 18 Jahre). Das passive Wahlrecht und die Inkompatibilität ist in den §§ 16 bzw. 17 KWG geregelt.
Der Bürgermeister wird gemäß § 31 II KSVG für eine Amtszeit von acht Jahren gewählt. Die Wahl erfolgt gemäß § 72 II 1 KWG nach den Grundsätzen der Mehrheitswahl. Gewählt ist, wer im ersten Wahlgang mehr als die Hälfte der abgegebenen gültigen Stimmen erhält. Erreicht keiner der Bewerber diese Mehrheit, findet ein zweiter Wahlgang zwischen den beiden Bewerbern mit der höchsten Stimmenzahl statt, in dem dann die einfache Mehrheit ausreicht.

3. Rechtsschutz im Wahlprüfungsverfahren

Die Regelungen zur Wahlprüfung sind in den §§ 47ff. KWG enthalten. § 47 III KWG ermöglicht jedem Wahlberechtigten sowie dem Landeswahlleiter die Wahlanfechtung. Bei Bürgermeisterwahlen steht dieses Recht gemäß § 80 KWG auch dem Bewerber zu. Die Anfechtung ist gemäß § 47 III KWG bei der Kommunalaufsichtsbehörde schriftlich und mit Begründung einzulegen. Die Frist zur Einlegung der Anfechtung beträgt zwei Wochen nach der öffentlichen Bekanntmachung des Wahlergebnisses (vgl. § 47 V KWG). Die Zuständigkeit für die Überprüfung der geltend gemachten Anfechtungsgründe liegt nach § 48 I KWG bei der Kommunalaufsichtsbehörde. Diese überprüft die Wahl auch nur

---

785 Hinsichtlich weiterer Einzelheiten der Saarländischen Kommunalverfassung wird verwiesen auf: Wohlfahrt, Kommunalrecht für das Saarland.
786 Im Einzelnen zur Berechnung: Wohlfahrt, Kommunalrecht für das Saarland, Rn. 115.

im Umfang der Anfechtung und ihrer Begründung (vgl. § 48 I KWG), so dass eine Prüfung von Amts wegen nicht stattfindet[787].

In materieller Hinsicht hat sie folgende Voraussetzungen zu prüfen (Anfechtungstatbestände):
- Soweit bei einem Gewählten ein Mangel der Wählbarkeit vorgelegen hat, ist dessen Wahl gemäß § 48 II KWG für ungültig zu erklären.
- Die zentrale Frage liegt jedoch darin, ob gemäß § 47 II KWG gegen „wesentliche Wahlvorschriften" verstoßen wurde und die Möglichkeit besteht, dass durch den Verstoß „die Verteilung der Sitze beeinflusst worden ist". Unter den Begriff der „wesentlichen Wahlvorschriften" können insbesondere Verstöße gegen die Grundsätze der freien, gleichen und geheimen Wahl subsumiert werden. Damit fallen darunter auch Verletzungen des Neutralitätsgebots amtlicher Stellen und Verstöße gegen die Grundsätze der Chancengleichheit zwischen den Bewerbern[788]. Auch hier ist jedoch für eine Ungültigerkärung der Wahl Voraussetzung, dass zumindest die Möglichkeit der Auswirkung des Verstoßes auf die Sitzverteilung bejaht werden kann (Ergebnisrelevanz). Stellt die Kommunalaufsichtsbehörde einen solchen Verstoß fest, so erklärt sie die Wahl gemäß § 48 III KWG für ungültig, so dass eine Wiederholungswahl nach § 49 KWG zu erfolgen hat.
Zuvor hat die Aufsichtsbehörde jedoch zu prüfen ob – quasi als milderes Mittel – nicht eine Neufeststellung des Wahlergebnisses nach § 48 III 3, 4 KWG ausreichend ist. Dies wird insbesondere bei Rechenfehlern und Fehlern bei der Zuweisung von Mandaten an einzelne Wahlvorschläge möglich sein.
Gegen die Entscheidung der Kommunalaufsichtsbehörde ist gemäß § 48 V KWG die Klage im verwaltungsgerichtlichen Verfahren zulässig. Weitere Einzelheiten nennt das Gesetz in diesem Zusammenhang nicht, so dass insoweit auf die bereits oben mehrfach dargestellten Probleme hinsichtlich der statthaften Klageart sowie der weiteren Sachurteilsvoraussetzungen verwiesen werden kann[789].

4.Rechtsschutz außerhalb des Wahlprüfungsverfahrens

Die Möglichkeit, außerhalb des Wahlprüfungsverfahrens Rechtsschutz zu erlangen, ist angesichts des § 47 I KWG als gering einzustufen. Darin ist die mit der hessischen Rechtslage vergleichbare Regelung normiert, dass „Entscheidungen und Maßnahmen, die sich unmittelbar auf das Wahlverfahren beziehen" nur mit denen in KWG und KWO vorgesehenen Rechtsbehelfen angegriffen werden können.
Dabei sind folgende Rechtsbehelfe zu unterscheiden:

---

[787] Wohlfahrt, Kommunalrecht für das Saarland, Rn. 118.
[788] Wohlfahrt, Kommunalrecht für das Saarland, Rn. 118.
[789] Vgl. S. 203ff.

§ 19 I KWG ermöglicht zunächst den Einspruch gegen die Richtigkeit und Vollständigkeit des Wählerverzeichnisses beim Gemeindewahlleiter. Gegen dessen Entscheidung steht die Beschwerde beim Wahlbeschwerdeausschuss nach § 19 V KWG offen. Die gleiche Möglichkeit (Einspruch und Beschwerde) besteht gemäß § 21 III KWG auch gegen die Versagung des Wahlscheins. Schließlich ermöglicht § 28 II KWG die Beschwerde gegen die Zurückweisung eines Wahlvorschlags durch den Gemeindewahlausschuss. Auch über diese Beschwerde hat der Wahlbeschwerdeausschuss zu entscheiden. Der Gemeindewahlleiter kann zusätzlich auch gegen die Zulassung eines Wahlvorschlags Beschwerde einlegen. Nähere Regelungen zur Zusammensetzung und Funktion des Wahlbeschwerdeausschusses enthält § 10 KWG.
Mangels ausdrücklicher Hinweise steht der weitere Rechtsweg zu den Verwaltungsgerichten in diesen Fällen wegen § 47 I KWG nicht zur Verfügung, was auch hier mit Blick auf Art. 19 IV GG auf verfassungsrechtlichen Bedenken stoßen muss.

5. Bewertung

Die ausschließliche Anknüpfung der Einspruchsberechtigung an das aktive Wahlrecht kann überzeugen und ist vor dem Hintergrund, dass Parteien und Wählergruppen die Anfechtungsgründe über ihre Mitglieder geltend machen können, ausreichend. Zu begrüßen ist außerdem die Zuständigkeit der Rechtsaufsichtsbehörde für die Überprüfung der Einsprüche. Nur unzureichend normiert ist wiederum der Rechtsschutz im Vorfeld der Wahl, so dass auf die Bedenken im Zusammenhang mit der hessischen Rechtslage verwiesen werden kann. Die Verstöße gegen die „wesentlichen Wahlvorschriften" als Hauptanfechtungsgrund lassen eine weite Auslegung zu, so dass alle relevanten Verstöße gegen die Wahlgrundsätze unter den Tatbestand subsumiert werden können.

IX. Sachsen

1. Kommunalverfassung

Die Kommunalverfassung in Sachsen folgt dem dualistischen Modell der „Süddeutschen Ratsverfassung" mit seinen zwei, jeweils von der Bevölkerung gewählten, Organen Gemeinderat und Bürgermeister (vgl. § 1 IV GO). Der Gemeinderat (in Städten: Stadtrat, vgl. § 27 II GO) legt die Grundsätze für die Verwaltung fest und entscheidet gemäß § 28 I GO über alle Angelegenheiten, soweit nicht der Bürgermeister kraft Gesetzes zuständig ist. Er überwacht weiterhin die Ausführung seiner Beschlüsse und kontrolliert die Verwaltung (vgl. § 28 II GO). Den Vorsitz im Gemeinderat führt der Bürgermeister gemäß § 36 I GO als stimmberechtigtes Mitglied dieses Gremiums.
Entsprechend dem Modell der „Süddeutschen Ratsverfassung" ist auch der Bürgermeister mit umfangreichen Kompetenzen ausgestattet. Er fungiert ge-

mäß §§ 51 I 1, 53 GO als Leiter der Verwaltung und vertritt gemäß § 51 I 2 GO die Gemeinde nach außen. Weiterhin ist er nach § 52 I GO für die Vorbereitung und den Vollzug der Beschlüsse des Gemeinderates zuständig. Seine starke Stellung wird durch ein ihm nach § 52 II GO eingeräumtes umfangreiches Widerspruchsrecht vervollständigt. Als Unterstützung des Bürgermeisters können in Gemeinden mit mehr als 10.000 Einwohnern gemäß § 55 I GO hauptamtliche Beigeordnete gewählt werden; in kreisfreien Städten ist dies zwingend.

2. Wahlsystem

Gemäß § 30 I GO werden die Gemeinderäte von den Bürgerinnen und Bürgern nach den allgemeinen Wahlgrundsätzen gewählt. Ihre Amtszeit beträgt gemäß § 33 I GO fünf Jahre. Gewählt wird aufgrund von Wahlvorschlägen unter Berücksichtigung der Grundsätze der Verhältniswahl (vgl. § 30 II GO)[790]. Wird nur ein gültiger oder gar kein Wahlvorschlag eingereicht, findet eine Mehrheitswahl statt. Jeder Wahlberechtigte hat nach § 15 I KWG drei Stimmen. Diese kann er nach § 30 II 2 GO, § 15 V KWG einem einzigen Bewerber geben (Kumulieren) oder auf verschiedene Bewerbern einer Liste oder verschiedenen Listen verteilen (Panaschieren). Die Sitze werden auf die einzelnen Listen nach der auf sie entfallenden Gesamtstimmenzahl verteilt. Die Berechnung erfolgt gemäß § 22 KWG nach dem d'Hondtschen Höchstzahlverfahren. Die Bestimmungen zum aktiven Wahlrecht finden sich in den §§ 15f. GO, hinsichtlich des passiven Wahlrechts und der Inkompatibilität in den §§ 31 bzw. 32 GO.
Die Wahl des Bürgermeisters erfolgt gemäß § 51 III 1 GO für eine Amtszeit von sieben Jahren. Es gelten die Wahlgrundsätze der Mehrheitswahl (vgl. § 48 I 2 GO).
Auch in Sachsen ist im ersten Wahlgang nur gewählt, wer mehr als die Hälfte der gültigen Stimmen erreicht. Ansonsten findet ein zweiter Wahlgang zwischen den beiden erfolgreichsten Bewerbern statt, in dem dann die einfache Mehrheit genügt (§ 48 II GO).

3. Rechtsschutz im Wahlprüfungsverfahren

Die Vorschriften über die Wahlprüfung sind in den §§ 25ff. KWG niedergelegt. Die §§ 25, 26 KWG enthalten die formellen Regelungen, während die materiellen Anforderungen in § 27 KWG normiert sind.
Anfechtungsberechtigt sind gemäß § 25 I 1 KWG jeder Wahlberechtigte, jeder Bewerber sowie jede Person, auf die bei der Wahl Stimmen entfallen sind. Auch in Sachsen ist für die Geltendmachung eines Einspruchs, der nicht die Verletzung eigener Rechte zum Gegenstand hat, gemäß § 25 I 4 KWG die Unterstützung durch ein Prozent der Wahlberechtigten (bei mehr als 10.000 Wahlberechtigten mindestens 100 Wahlberechtigte) notwendig (1%- Quo-

[790] Vgl. im Einzelnen zum Wahlsystem: Gern, Sächsisches Kommunalrecht, Rn. 342ff.

rum)[791]. Die Problematik dieses Quorums wird in Sachsen noch durch die äußerst kurze Frist zur Geltendmachung der Einspruchsgründe verstärkt, da diese nach § 25 I 2 KWG nur eine Woche nach der öffentlichen Bekanntmachung des Wahlergebnisses beträgt. Einspruchsgründe, die danach geltend gemacht werden, sind gemäß § 25 I 3 KWG materiell präkludiert. Der Einspruch ist bei der Rechtsaufsichtsbehörde unter Angabe des Grundes einzulegen. Diese entscheidet gemäß § 26 I 1 KWG auch über die Gültigkeit der Wahl. Soweit die Wahl von der Rechtsaufsichtsbehörde nicht innerhalb eines Monats nach der öffentlichen Bekanntmachung des Wahlergebnisses beanstandet wird, ist die Wahl als gültig anzusehen (§ 26 I 1 KWG).

In materieller Hinsicht unterscheidet § 27 KWG folgende Tatbestände:
- Die zentrale Rolle nimmt zunächst § 27 I KWG ein. Diese Generalklausel differenziert zwischen zwei Varianten. Zum einen können „wesentliche Vorschriften über die Wahlvorbereitung, die Wahlhandlung oder über die Ermittlung und Feststellung des Wahlergebnisses" unbeachtet geblieben sein. Zum anderen können „Bewerber oder Dritte bei der Wahl eine gegen ein Gesetz, insbesondere die §§ 107, 107a, 107b, 107c, 108, 108a, 108b, 108d Satz 2 oder § 240 des Strafgesetzbuches verstoßende Wahlbeeinflussung begangen haben". Unabhängig davon, welche der beiden Varianten heranzuziehen ist, können unter diese Generalklausel insbesondere Verstöße gegen die Grundsätze der freien und gleichen Wahl subsumiert werden. Dazu gehören Verletzungen der Chancengleichheit der Bewerber und Verstöße gegen das Neutralitätsgebot amtlicher Stellen[792]. Voraussetzung dafür, die Wahl für ungültig zu erklären, ist aber, dass die Wahl durch die oben genannten Verstöße in „ihrem Ergebnis beeinflusst werden konnte" (Ergebnisrelevanz). Insoweit ist wieder auf die Wahrscheinlichkeit einer möglichen Beeinflussung abzustellen, die nicht tatsächlich festgestellt werden muss, aber jedenfalls nicht außerhalb jeglicher Lebenserfahrung liegen darf.
Liegen diese Voraussetzungen jedoch vor, ist die Wahl tatsächlich für ungültig zu erklären und gemäß § 29 I KWG eine Wiederholungswahl durch den Gemeinderat anzuordnen.
- Die Rechtsaufsichtsbehörde hat gemäß § 27 III KWG weiterhin zu prüfen, ob unter Umständen die Zuteilung eines Sitzes ungültig war, weil bei einem Gewählten das passive Wahlrecht nicht vorgelegen hat. Das gleich gilt für den Fall, dass der Gewählte zugunsten seiner eigenen Wahl eine unzulässige Wahlbeeinflussung begangen hat, auch wenn das Wahlergebnis dadurch nicht beeinflusst werden konnte. Diese zweite Variante verzichtet daher auf das Merkmal

---

[791] Gern, Sächsisches Kommunalrecht, Rn. 361. Hinsichtlich der Problematik des Quorums wird auf die Ausführungen oben verwiesen, S. 193ff.

[792] Vgl. dazu auch: Gern, Sächsisches Kommunalrecht, Rn. 342ff. Angesichts der Tatsache, dass § 27 I Nr. 2 KWG in erster Linie auf Straftatbestände abstellt, fallen Verstöße gegen das Neutralitätsgebot und sonstige unzulässige Wahlbeeinflussungen wohl eher unter § 27 I Nr. 2 KWG.

der Ergebnisrelevanz, soweit ein Bewerber für sich selbst in unzulässiger Weise beeinflussend aktiv geworden ist. Die Konsequenz aus einem solchen Verhalten kann sein, dass er sein Mandat in der Vertretungskörperschaft wieder verliert. In keinem anderen Kommunalwahlgesetz ist ein solcher Wahlfehlertatbestand normiert, der ausschließlich ein individuelles Fehlverhalten sanktioniert.

- Schließlich reagiert § 27 IV KWG wiederum auf eine unrichtige Feststellung des Wahlergebnisses. In einem solchen Fall ist die Feststellung des Wahlergebnisses aufzuheben. Nach § 30 KWG hat dann unverzüglich eine neue Feststellung durch den Gemeindewahlausschuss zu erfolgen.

Gegen die Entscheidungen der Rechtsaufsichtsbehörde steht nach § 25 III KWG der Verwaltungsrechtsweg offen. Als statthafte Klageart nennt § 25 III KWG die Anfechtungs- bzw. Verpflichtungsklage. Ein Vorverfahren nach §§ 68ff. VwGO findet nicht statt (vgl. „unmittelbar" in § 25 III KWG).

4. Rechtsschutz außerhalb des Wahlprüfungsverfahrens

Auch außerhalb des Wahlprüfungsverfahrens kann hinsichtlich des Rechtsschutzes von normativer Zurückhaltung keine Rede sein. Im Hinblick auf die Eintragungen oder Nichteintragungen in die Wählerverzeichnisse kann jeder Wahlberechtigte, der diese für unrichtig oder unvollständig hält, innerhalb der Auslegungsfrist gemäß § 4 III KWG ihre Berichtigung beantragen. Über den Antrag entscheidet der Bürgermeister[793]. Gegen dessen Entscheidung kann gemäß § 4 IV KWG Beschwerde bei der Rechtsaufsichtsbehörde eingelegt werden, deren Entscheidung wiederum im der Wege der Anfechtungs- bzw. Verpflichtungsklage überprüft werden kann. Gleiches gilt gemäß § 5 II KWG für die Versagung des Wahlscheins bzw. der Briefwahlunterlagen.

Umfangreicher als die vergleichbaren Vorschriften der anderen Bundesländer ist auch die Garantie des Rechtsschutzes für die Zulassung oder Zurückweisung von Wahlvorschlägen. Nach § 7 II KWG kann jeder Bewerber und Unterzeichner eines Wahlvorschlags gegen die Zulassung oder Zurückweisung eines Wahlvorschlags oder die Streichung eines Bewerbers (!) binnen drei Tagen nach der Entscheidung durch den Gemeindewahlausschuss Beschwerde bei der Rechtsaufsichtsbehörde einlegen. Auch gegen deren Entscheidung steht wiederum der Verwaltungsrechtsweg in Form der Anfechtungs- bzw. Verpflichtungsklage offen (vgl. § 7 II 3 KWG i.V. mit § 4 IV KWG). Das passive Wahlrecht wird folglich intensiv und umfangreich bereits vor Durchführung der Wahl geschützt.

Allerdings hat eine möglicherweise erhobene Klage vor dem Verwaltungsgericht in keinem der oben geschilderten Fälle aufschiebende Wirkung, so dass dem Institut des vorläufigen Rechtsschutzes nach § 123 VwGO besondere Bedeutung zukommen dürfte.

---

[793] Gern, Sächsisches Kommunalrecht, Rn. 352.

5. Bewertung

Zwar liegt in Sachsen die Zuständigkeit für die Wahlprüfung bei der Rechtsaufsichtsbehörde, jedoch ist zu kritisieren, dass auch hier die Geltendmachung von Einsprüchen, die nicht die Verletzung eigener Rechte zum Gegenstand haben, von der Unterstützung durch ein Prozent der Wahlberechtigten abhängt. Hingegen sind die eindeutigen Hinweise auf die statthafte Klageart in § 25 III KWG zu begrüßen. Ebenfalls positiv fallen die im Vergleich aller Bundesländer umfangreichsten Rechtsschutzmöglichkeiten im Vorfeld der Wahl auf. Hier wird dem Gesichtspunkt effektiven Rechtsschutzes aus Art. 19 IV GG umfassend Rechnung getragen. Auch die Anfechtungsgründe sind klar und verständlich geregelt und können alle relevanten Verstöße gegen die Wahlgrundsätze auffangen. Hervorzuheben ist schließlich der bereits oben dargestellte Anfechtungsgrund nach § 27 III KWG, der eine Reaktion auf die unzulässige Wahlbeeinflussung durch einen einzigen Bewerber ermöglicht, der zugunsten seiner eigenen Wahl beeinflussend tätig geworden ist. Eine vergleichbare Regelung gibt es in keinem anderen Bundesland.

X. Sachsen-Anhalt

1. Kommunalverfassung

Die Kommunalverfassung Sachsen-Anhalts lässt sich nicht eindeutig einem Verfassungstyp zuordnen. In den wesentlichen Grundzügen folgt sie aber dem Bild der „Süddeutschen Ratsverfassung“[794]. § 35 GO nennt als Verwaltungsorgane der Gemeinde den Gemeinderat und den Bürgermeister. Der Gemeinderat ist nach § 44 I GO das Hauptorgan der Gemeinde und für alle Angelegenheiten zuständig, soweit nicht der Bürgermeister kraft Gesetzes zuständig ist. Er überwacht die Ausführung seiner Beschlüsse und kontrolliert über den Bürgermeister die Gemeindeverwaltung. Mitglieder des Gemeinderates sind die Gemeinderäte (in Städten: Stadträte) und der Bürgermeister als stimmberechtigtes Mitglied (§ 36 I GO). Nur der ehrenamtliche Bürgermeister ist allerdings zugleich Vorsitzender des Gemeinderates, ansonsten wählt der Gemeinderat einen Vorsitzenden aus seinen eigenen Reihen (vgl. § 36 II GO)[795].

Der Bürgermeister vertritt und repräsentiert die Gemeinde nach außen. Darüber hinaus ist er für die Geschäfte der laufenden Verwaltung, den ordnungsgemäßen Gang der Verwaltung und deren innere Organisation zuständig (vgl. § 63 I GO). Nach § 65 GO können in Gemeinden mit mehr als 25.000 Einwohnern ein Beigeordneter, in kreisfreien Städten mehrere Beigeordnete gewählt werden.

---

[794] Nierhaus, Kommunalrecht für Brandenburg, Rn. 333; Birkenfeld-Pfeiffer/Gern, Kommunalrecht, Rn. 46.

[795] Zur Unterscheidung zwischen hauptamtlichen und ehrenamtlichen Bürgermeistern vgl. § 57 I GO.

2. Wahlsystem

Der Gemeinderat wird gemäß § 37 I GO in allgemeiner, freier, gleicher, unmittelbarer und geheimer Wahl für die Dauer von fünf Jahren gewählt. Gewählt wird aufgrund von Wahlvorschlägen nach den Grundsätzen der Verhältniswahl, soweit nur ein Wahlvorschlag eingereicht wird, nach den Grundsätzen der Mehrheitswahl (§ 37 II GO)[796]. Jeder Wähler hat drei Stimmen, die er gemäß § 32 II KWG einem einzelnen Bewerber geben (Kumulieren) oder auf Bewerber eines bzw. unterschiedlicher Wahlvorschläge verteilen kann (Panaschieren)[797]. Die Berechnung der Sitzverteilung erfolgt gemäß § 39 II KWG nach Hare/Niemeyer. Regelungen zum aktiven Wahlrecht finden sich in § 21 GO, hinsichtlich des passiven Wahlrechts und der Inkompatibilität in den §§ 39 bzw. 40 GO.
Der Bürgermeister wird gemäß § 58 I GO nach den Grundsätzen der Mehrheitswahl für eine Amtszeit von sieben Jahren gewählt. Im ersten Wahlgang ist gewählt, wer mehr als die Hälfte der gültigen Stimmen erzielt; soweit diese Mehrheit kein Bewerber erreicht, genügt im zweiten Wahlgang wiederum die einfache Mehrheit der abgegebenen Stimmen.

3. Rechtsschutz im Wahlprüfungsverfahren

In den §§ 50ff. KWG finden sich die Normen zur Wahlprüfung. Die formellen Anforderungen nennen die §§ 50, 51 KWG, die materiellen Voraussetzungen werden von § 52 KWG normiert.
Einspruchsberechtigt sind gemäß § 50 I KWG jeder Wahlberechtigte, jede Partei oder Wählergruppe, die einen Wahlvorschlag eingereicht hat, der zuständige Wahlleiter sowie die Kommunalaufsichtsbehörde. Der Einspruch ist schriftlich mit Begründung an den zuständigen Wahlleiter (dessen Einspruch an die Vertretung) zu richten. Die Frist zur Geltendmachung der Einspruchsgründe beträgt nach § 50 II KWG zwei Wochen nach Bekanntmachung des Wahlergebnisses. Zuständig für die Entscheidung über die Wahleinsprüche ist gemäß § 51 I KWG die neu gewählte Vertretung. Diese prüft die Gültigkeit der Wahl aber auch losgelöst von den geltend gemachten Einsprüchen.
In materieller Hinsicht ist durch den Einspruchsführer vorzutragen bzw. durch die neu gewählte Vertretung zu prüfen, ob „die Wahl nicht den Wahlvorschriften entsprechend vorbereitet oder durchgeführt oder in anderer unzulässiger Weise in ihrem Ergebnis beeinflusst worden ist". In erster Linie geht es daher auch an dieser Stelle wieder um die Frage, ob Verstöße gegen die Wahlgrundsätze festgestellt werden können (Verletzung der Chancengleichheit der Bewerber; Verstöße gegen das Neutralitätsgebot)[798]. Allerdings müssen die

[796] Einzelheiten zum Wahlsystem: Wiegand/Grimberg, Gemeindeordnung für das Land Sachsen-Anhalt, § 37 GO Rn. 1ff.
[797] Wiegand/Grimberg, Gemeindeordnung für das Land Sachsen-Anhalt, § 37 GO Rn. 8.
[798] Wiegand/Grimberg, Gemeindeordnung für das Land Sachsen-Anhalt, § 37 GO Rn. 2ff.

zugrunde liegenden Tatbestände so schwerwiegend sein, dass bei einwandfreier Durchführung der Wahl ein wesentlich anderes Wahlergebnis zustande gekommen wäre (§ 52 I Nr. 4 KWG). Erst die ernsthafte (und nicht nur theoretisch) in Betracht zu ziehende Möglichkeit der Auswirkung eines Wahlfehlers auf die konkrete Sitzverteilung (Mandatsrelevanz) kann dazu führen, eine Wahl ganz oder teilweise für ungültig zu erklären[799]. Soweit diese Mandatsrelevanz nicht festgestellt werden kann, sieht § 52 I Nr. 3 KWG allerdings eine andere Feststellung der Vertretung vor: In diesen Fällen ist folgender Beschluss zu fassen: *„Die Einwendungen gegen die Wahl sind begründet. Die ihnen zugrunde liegenden Tatbestände haben das Wahlergebnis nicht oder nur unwesentlich beeinflusst. Die Wahl ist gültig."* Damit kann zumindest der Fehler noch deutlich gemacht werden, ohne dass als Rechtsfolge schon unmittelbar die Ungültigerklärung der Wahl folgt.
Neben der Ungültigerklärung der Wahl, kann die Vertretung auch entscheiden, dass das Wahlergebnis neu festgestellt oder berichtigt wird (§ 52 I Nr. 4 a KWG). Dies ist als Minus gegenüber der Anordnung der Ungültigerklärung der Wahl anzusehen.
Gegen die Entscheidung der Vertretung steht gemäß § 53 II KWG innerhalb eines Monats nach Zustellung der Verwaltungsrechtsweg offen. Als statthafte Klageart kommen die Anfechtungs- bzw. Verpflichtungsklage in Betracht[800]. Der Beschluss des Gemeinderates über die Wahlprüfung erhält erst mit Bekanntgabe des Bescheids durch den Bürgermeister Außenwirkung und damit VA-Qualität im Sinne von § 35 S. 1 VwVfG. Ein Vorverfahren gemäß §§ 68ff. VwGO ist nicht notwendig.

4. Rechtsschutz außerhalb des Wahlprüfungsverfahrens

§ 50 IV KWG bildet den Ausgangspunkt für die Reichweite des Rechtsschutzes außerhalb des Wahlprüfungsverfahrens: *„Entscheidungen und Maßnahmen, die sich unmittelbar auf das Wahlverfahren beziehen, können nur mit den in diesem Gesetz vorgesehenen Rechtsbehelfen angefochten werden"*.
Im Hinblick auf die Richtigkeit des Wählerverzeichnisses kann jeder Wahlberechtigte nach § 19 I KWG Anträge auf Berichtigung beim Bürgermeister stellen. Soweit dieser den Antrag für unbegründet hält, hat der Gemeindewahlausschuss nach § 19 II KWG zu entscheiden. Gegen dessen Entscheidung sieht das Gesetz keinen weiteren Rechtsschutz (vor den Verwaltungsgerichten) vor. Vor dem Hintergrund des § 50 IV KWG ist die Entscheidung des Gemeindewahlausschusses damit abschließend.

---

[799] Wiegand/Grimberg, Gemeindeordnung für das Land Sachsen-Anhalt, § 37 GO Rn. 9.
[800] Vgl. im Einzelnen: Wiegand/Grimberg, Gemeindeordnung für das Land Sachsen-Anhalt, § 37 GO Rn. 9.

Gleiches gilt gemäß § 20 III KWG im Hinblick auf die Versagung des Wahlscheins. Auch in diesem Zusammenhang kann eine abschließende negative Entscheidung des Gemeindewahlausschusses nicht weiter angefochten werden. Schließlich steht für die Zurückweisung eines Wahlvorschlags durch den Wahlausschuss noch die Beschwerde beim Wahlausschuss (!) durch die Vertrauensperson nach § 28 VIa 1 KWG zur Verfügung. Soweit die Beschwerde zurückgewiesen wird, betont § 28 VIa 3 KWG nochmals, dass diese Entscheidung vorbehaltlich einer anderen Entscheidung im Wahlprüfungsverfahren endgültig ist.
Insgesamt sind damit die Möglichkeiten, bereits vor Durchführung der Wahl Rechtsschutz zu erlangen, äußerst begrenzt. Auch hier stellt sich daher die Frage der Vereinbarkeit dieser Rechtslage mit Art. 19 IV GG. Insoweit kann auf die Ausführungen oben verwiesen werden.

5. Bewertung

Positiv hervorzuheben ist § 52 I Nr. 3 KWG, der eine Feststellung nicht mandatsrelevanter Wahlfehler ermöglicht. Insbesondere zur Vermeidung künftiger Fehler und Verstöße gegen Wahlvorschriften ist eine solche gesetzliche Regelung zu begrüßen. Die große Zahl der Anfechtungsberechtigten fällt ebenfalls auf, allerdings ist dies – wie bereits mehrfach dargestellt wurde – nicht unbedingt erforderlich, da letzten Endes jede Partei oder Wählergruppe einen Einspruch auch über ein Mitglied geltend machen kann. Der in § 51 I KWG geregelte zentrale Anfechtungsgrund („nicht den Wahlvorschriften entsprechend") erfüllt die Anforderungen einer Generalklausel bzw. eines Auffangtatbestandes, so dass die Wahlgrundsätze auch hier umfassend berücksichtigt werden können.
Negativ fällt hingegen sowohl die Zuständigkeit der neu gewählten Vertretungskörperschaft für die Wahlprüfung als auch die restriktive Ausgestaltung des gerichtlichen Rechtsschutzes vor der Wahl auf.

XI. Schleswig-Holstein

1. Kommunalverfassung

Auch die Kommunalverfassung Schleswig-Holsteins folgt heute im Wesentlichen dem Modell der „Süddeutschen Ratsverfassung", wenngleich einige Abwandlungen festzustellen sind[801]. Organe der Gemeinde sind gemäß § 7 GO die Gemeindevertretung und der Bürgermeister (in Städten gemäß § 27 V GO die Stadtvertretung und der Bürgermeister). Seit 1.4.1998 wählen die Bürgerinnen

[801] Bis 1998 galt in den Städten Schleswig-Holsteins die „Unechte Magistratsverfassung", vgl. Böttcher, Kommunalrecht, Rn. 182.

und Bürger Schleswig-Holsteins in allen (hauptamtlich verwalteten) Gemeinden auch den Bürgermeister direkt[802].
Die Gemeindevertretung ist das Hauptorgan der Gemeinde und im Vergleich zu anderen Bundesländern, die auch dem Bild der „Süddeutschen Ratsverfassung“ folgen, mit umfangreichen Kompetenzen ausgestattet. Sie trifft alle für die Gemeinde wichtigen Entscheidungen und überwacht gemäß § 27 I 1 GO ihre Durchführung, soweit die Gemeindeordnung keine anderen Zuständigkeiten vorsieht. Im Einzelfall kann sie Zuständigkeiten auf ein anderes Organ übertragen (insbesondere den Bürgermeister), verfügt aber gemäß § 27 I 7 GO über ein jederzeitiges Rückholrecht, soweit das andere Organ noch nicht entschieden hat. Die Gemeindevertretung ist nach § 27 IV GO oberste Dienstbehörde und auch Dienstvorgesetzte des Bürgermeisters, soweit nichts anderes bestimmt ist. Der Bürgermeister nimmt an den Sitzungen der Gemeindevertretung nur Teil, ist aber kein stimmberechtigtes Mitglied der Vertretung, vgl. § 36 I GO. Er verfügt insoweit gemäß § 36 II GO über ein Rede- und Antragsrecht in der Gemeindevertretung. Den Vorsitz in der Vertretung führt nach § 33 I GO ein aus der Mitte der Gemeindevertretung gewähltes Mitglied.
Im Hinblick auf die Person und die Befugnisse des Bürgermeisters ist nach § 48 I GO zwischen hauptamtlich und ehrenamtlich verwalteten Gemeinden zu unterscheiden. In ehrenamtlich verwalteten Gemeinden ist der Vorsitzende der Gemeindevertretung für die Dauer der Wahlperiode zugleich der Bürgermeister der Gemeinde[803]. Seine Aufgaben ergeben sich aus § 50 GO[804]. Er leitet die Verwaltung nach den Grundsätzen und Richtlinien der Gemeindevertretung. Soweit die Gemeinde Beamte oder Angestellte beschäftigt, ist der Bürgermeister ihr Dienstvorgesetzter. Außerdem vertritt er gemäß § 51 I GO die Gemeinde nach außen.
In hauptamtlich verwalteten Gemeinden wird der Bürgermeister gesondert durch die Bürgerinnen und Bürger der Gemeinde gewählt. Seine Befugnisse ergeben sich aus § 55 GO[805]. Er leitet die Verwaltung der Gemeinde in eigener Zuständigkeit. Ihm obliegen daher auch die Geschäfte der laufenden Verwaltung und die Vertretung und Repräsentation der Gemeinde nach außen. Die Stellvertreter des Bürgermeisters werden gemäß § 57e GO aus der Mitte der Gemeindevertretung gewählt.
Besondere Regelungen gelten wiederum gemäß §§ 60ff. GO für die Verwaltung der Städte. Hier erhalten die Stellvertreter des hauptamtlichen Bürgermeisters die Bezeichnung „Stadtrat“.

---

[802] Gesetz vom 22.12.1995 (GS Schl.-H. II, Gl.Nr. 2020-20).
[803] Vgl. zum Wahlverfahren: Böttcher, Kommunalrecht, Rn. 257ff.
[804] Böttcher, Kommunalrecht, Rn. 263ff.
[805] Böttcher, Kommunalrecht, Rn. 269.

2. Wahlsystem

Auch die Wahlen zur Gemeindevertretung werden in Schleswig-Holstein nach einem vergleichsweise komplizierten Verfahren durchgeführt. Gemäß § 7 GKWG werden die Mitglieder der Gemeindevertreter als unmittelbare Vertreter aus den Wahlkreisen durch Mehrheitswahl und als Listenvertreter aus den Gemeindelisten des Gemeindegebietes durch Verhältniswahl bestimmt. Demzufolge sieht das GKWG ein gemischtes Wahlsystem vor, nämlich eine Mehrheitswahl mit Verhältnisausgleich[806]. Die Anzahl der jeweils durch Mehrheits- bzw. Verhältniswahl zu wählenden Vertreter ist in § 8 GKWG genau bestimmt und orientiert sich an der Einwohnerzahl der Gemeinde. Danach ist die Anzahl der durch Mehrheitswahl zu wählenden Vertreter stets größer als die der Listenvertreter. Die Anzahl der Wahlkreise wird in § 9 GKWG festgelegt. Mehrere Wahlkreise sind erst in Gemeinden mit mehr als 2.000 Einwohnern zu bilden. Jede wahlberechtigte Person hat nach § 9 IV GKWG so viele Stimmen, wie unmittelbare Vertreterinnen und Vertreter im Wahlkreis zu wählen sind. Für jeden Bewerber kann allerdings nur eine einzige Stimme abgegeben werden.

In den Wahlkreisen sind gemäß § 9 V GKWG jeweils jene Bewerber unmittelbar gewählt, die die meisten Stimmen erhalten haben. Im Anschluss daran findet gemäß § 10 GKWG der Verhältnisausgleich statt. An ihm nimmt jede politische Partei oder Wählergemeinschaft teil, die sich mit einer Liste an der Wahl beteiligt hat und unmittelbar einen Sitz errungen oder mehr als 5% der Stimmen erreicht hat. Zur Berechnung der Stimmen für den Verhältnisausgleich werden für jeden Listenwahlvorschlag die Stimmen zusammengezählt, die die unmittelbaren Bewerber der Partei oder Wählergruppe erhalten haben. Die Verteilung der restlichen Stimmen erfolgt dann nach dem d'Hondtschen Höchstzahlverfahren (§ 10 II GKWG)[807]. Aufgrund des komplizierten Wahlsystems ist nach § 10 IV GKWG die Entstehung von Überhang- und Ausgleichsmandaten möglich.

Die Regelungen zum aktiven Wahlrecht (ab 16 Jahren!) finden sich in den §§ 3f. GKWG. Das passive Wahlrecht und die Inkompatibilität werden von § 6 GKWG bzw. von § 31a GO und § 37a GKWG normiert.

Der ehrenamtliche Bürgermeister wird von der Gemeindevertretung gemäß §§ 33 III i.V. mit § 52 GO gewählt[808]. Der hauptamtliche Bürgermeister wird gemäß § 57 I GO direkt von den Bürgerinnen und Bürgern nach den Grundsätzen der Mehrheitswahl gewählt. Seine Amtszeit wird in der Hauptsatzung der Gemeinde geregelt und beträgt mindestens sechs und höchsten acht Jahre, vgl. § 57 IV GO. Gewählt ist gemäß § 47 GKWG, wer im ersten Wahlgang mehr als

---

[806] Böttcher, Kommunalrecht, Rn. 207.

[807] Zur Berechnung vgl.: Böttcher, Kommunalrecht, Rn. 217; Bracker/Dehn, Gemeindeordnung für Schleswig-Holstein, Kommentar, § 31 GO.

[808] Die Wahl erfolgt in mehreren Wahlgängen, vgl.: Böttcher, Kommunalrecht, Rn. 257ff.

die Hälfte der Stimmen erzielt, während im zweiten Wahlgang die einfache Mehrheit der abgegebenen gültigen Stimmen ausreicht[809].

3. Rechtsschutz im Wahlprüfungsverfahren

Die §§ 38ff. GKWG enthalten die Vorschriften zur Wahlprüfung. Während § 38 GKWG die formellen Anforderungen festlegt, bezieht sich § 39 GKWG auf den materiellen Prüfungsumfang.
Jeder Wahlberechtigte sowie die Kommunalaufsichtsbehörde können binnen eines Monats nach Bekanntmachung des Wahlergebnisses Einspruch gegen die Gültigkeit der Wahl erheben, § 38 I GKWG. Der Einspruch ist schriftlich oder zur Niederschrift beim Wahlleiter zu erheben.
Über den Einspruch entscheidet gemäß §§ 39 I GKWG, 66 GKWO die neu gewählte Vertretung, allerdings erst nach Vorprüfung durch einen von ihr gewählten Ausschuss. Die Vertretung überprüft die Gültigkeit der Wahl aber auch losgelöst von denen ihr vorliegenden Einsprüchen.

Folgende Tatbeständen können dabei festgestellt werden:
- Soweit bei einem Vertreter das aktive Wahlrecht nicht vorgelegen hat, ist gemäß § 39 Nr. 1 GKWG sein Ausscheiden anzuordnen.
- Gemäß § 39 Nr. 2 GKWG ist zu prüfen, ob „bei der Vorbereitung der Wahl oder bei der Wahlhandlung Unregelmäßigkeiten vorgekommen" sind, die das „Wahlergebnis im Wahlkreis oder die Verteilung der Sitze aus den Listen im Einzelfall beeinflusst haben können". Im Mittelpunkt des Interesses steht daher wieder der Begriff der „Unregelmäßigkeit", dessen Auslegung bereits oben ausgiebig erörtert wurde. Insoweit kann auf die Ausführungen an anderer Stelle verwiesen werden[810]. Im Hinblick auf die Mandatsrelevanz reagiert § 39 Nr. 2 GKWG allerdings auf die Besonderheiten des Wahlsystems, so dass darauf abzustellen ist, ob entweder das Ergebnis im Wahlkreis (Mehrheitswahl) oder die Verteilung der Sitze aus den Listen (Verhältniswahl) beeinflusst worden sein kann. In beiden Varianten ist daher wieder darauf abzustellen, inwieweit eine mögliche Veränderung in der Sitzverteilung nicht nur theoretisch, sondern ernsthaft in Betracht kommt.
Soweit diese Voraussetzungen jedoch vorliegen, hat eine Wiederholungswahl nach § 41 GKWG stattzufinden.
- Soweit sich schließlich mathematische Fehler bei der Berechnung der Stimmen bzw. bei der Berechnung der Sitzverteilung ergeben, ist die Feststellung des Wahlergebnisses nach § 39 Nr. 3 GKWG aufzuheben und eine neue Feststellung gemäß § 42 GKWG anzuordnen.
Liegt keiner der Tatbestände vor, so hat die neu gewählte Vertretung die Wahl gemäß § 39 Nr. 4 GKWG für gültig zu erklären.

---

[809] Weitere Einzelheiten bei: Böttcher, Kommunalrecht, Rn. 270ff.
[810] Vgl. S. 172ff.

Gegen die Entscheidung der Vertretung eröffnet § 40 GKWG den Verwaltungsrechtsweg. Klageberechtigt sind die Person, die Einspruch erhoben hat, die Person, deren Wahl für ungültig erklärt wurde, sowie die Kommunalaufsichtsbehörde. Die Frist zur Klageerhebung beträgt zwei Wochen. Zu weiteren Voraussetzungen enthält das Gesetz keine Angaben.

4.Rechtsschutz außerhalb des Wahlprüfungsverfahrens

Den Ausgangspunkt für die Reichweite des Rechtsschutzes außerhalb des Wahlprüfungsverfahrens bildet § 58 GKWG. Die Vorschrift beschränkt den unmittelbar auf das Wahlverfahren bezogenen Rechtsschutz wiederum auf die im Gemeinde- und Kreiswahlgesetz bzw. in der Gemeinde- und Kreiswahlordnung vorgesehenen Rechtsbehelfe. Demzufolge findet insbesondere ein gerichtlicher Rechtsschutz außerhalb des § 40 II GKWG nicht statt.
§ 17 I, II GKWG ermöglicht die Überprüfung des Wählerverzeichnisses durch den Wahlberechtigten sowohl im Hinblick auf die Richtigkeit und Vollständigkeit der Angaben zur eigenen Person als auch der Daten anderer eingetragenen Personen. Im letzteren Fall müssen allerdings Tatsachen glaubhaft gemacht werden, aus denen sich eine Unrichtigkeit oder Unvollständigkeit des Wählerverzeichnisses ergibt. § 14 GWKO sieht als Mittel für die Überprüfung den Einspruch beim Gemeindewahlleiter vor. Gegen dessen Entscheidung ermöglicht § 15 III GKWO die Beschwerde beim Gemeindewahlausschuss. Die Entscheidung des Gemeindewahlausschusses ist endgültig, § 15 III 4 GKWO.
Auch gegen die Versagung eines Wahlscheins sieht § 18 VII GKWO zunächst den Einspruch beim Gemeindewahlleiter und daran anschließend die Beschwerde beim Gemeindewahlausschuss vor.
Schließlich stehen der Vertrauensperson sowie dem Wahlleiter gegen die Nichtzulassung (!) eines Wahlvorschlags gemäß § 25 II 1 GKWG, § 30 GKWO innerhalb von drei Tagen nach der Verkündung der Entscheidung durch den Wahlausschuss die Beschwerde zu. Über die Beschwerde entscheidet nach § 25 III GKWG der Kreiswahlausschuss (bei kreisangehörigen Gemeinden) bzw. der Landeswahlausschuss (bei kreisfreien Städten und Kreisen). Der Wahlleiter kann gemäß § 25 II 2 GKWG zusätzlich auch Beschwerde gegen die Zulassung (!) eines Wahlvorschlags einlegen.

5. Bewertung

Vergleichbar mit der hessischen Regelung bildet der Begriff der „Unregelmäßigkeiten bei der Vorbereitung der Wahl oder bei der Wahlhandlung" den zentralen Anfechtungsgrund in Schleswig-Holstein. Insoweit kann auf die Möglichkeiten zur Auslegung dieses unbestimmten Rechtsbegriffs oben verwiesen werden. Auf Bedenken müssen auch hier die fehlenden Möglichkeiten zur gerichtlichen Geltendmachung von Verstößen im Vorfeld der Wahl sowie die Zuständigkeit der neu gewählten Vertretung für die Wahlprüfung stoßen.

XII. Thüringen

1. Kommunalverfassung

Die Kommunalverfassung Thüringens folgt dem Bild der „Süddeutschen Ratsverfassung“. Organe der Gemeinde sind gemäß § 22 I 1 ThürKO[811] der Gemeinderat und der Bürgermeister. Der Gemeinderat führt in Städten die Bezeichnung „Stadtrat“ (§ 22 I 3 ThürKO). Er ist für alle Aufgaben des eigenen Wirkungskreises der Gemeinde zuständig, soweit er die Entscheidung nicht übertragen hat oder der Bürgermeister kraft Gesetzes zuständig ist, vgl. § 22 III ThürKO. Gemäß dem Modell der „Süddeutschen“ Ratsverfassung gehört der Bürgermeister dem Gemeinderat als stimmberechtigtes Mitglied an und führt auch den Vorsitz in diesem Gremium. Das Amt des Bürgermeisters wird grundsätzlich hauptamtlich ausgeübt, es sei denn die Kommune hat weniger als 3000 Einwohner. In diesem Fall ist der Bürgermeister gemäß § 28 II ThürKO Ehrenbeamter.

Der Bürgermeister leitet die Gemeindeverwaltung, bestimmt die Geschäftsverteilung und vollzieht die Beschlüsse des Gemeinderats. Die laufenden Angelegenheiten des eigenen und übertragenen Wirkungskreises erledigt der Bürgermeister grundsätzlich in eigener Zuständigkeit, vgl. § 29 II ThürKO. Schließlich vertritt er die Gemeinde gemäß § 31 I ThürKO nach außen. Die Vertretung des Bürgermeisters erfolgt durch mindestens einen Beigeordneten (ehrenamtlich oder hauptamtlich), der vom Gemeinderat für die Dauer der Amtszeit (ehrenamtliche Beigeordnete) oder für sechs Jahre (hauptamtliche Beigeordnete) gewählt wird, vgl. § 32 ThürKO.

2. Wahlsystem

Der Gemeinderat wird gemäß § 23 I ThürKO nach den allgemeinen Wahlgrundsätzen für die Dauer von fünf Jahren gewählt. Die Anzahl seiner Mitglieder hängt nach § 23 III ThürKO von der Einwohnerzahl der Gemeinde ab. Gewählt wird nach den Grundsätzen der Verhältniswahl, es sei denn, im Wahlkreis wird nur ein oder gar kein gültiger Wahlvorschlag zugelassen. In diesem Fall findet eine Mehrheitswahl statt, vgl. § 13 ThürKWG. Jeder Wähler hat gemäß § 20 I ThürKWG drei Stimmen, die er einem einzigen Kandidaten geben kann (Kumulieren) oder auf unterschiedliche Kandidaten verschiedener Wahlvorschläge verteilen kann (Panaschieren). Schließlich kann er auch einen Wahlvorschlag unverändert annehmen, so dass die Stimmen auf die ersten drei Bewerber dieses Wahlvorschlags verteilt werden (vgl. zum Wahlverfahren § 20 ThürKWG). Die Berechnung der Sitzverteilung erfolgt gemäß § 22 I ThürKWG nach dem Verfahren von Hare/Niemeyer, wobei in § 22 II ThürKWG nach wie vor die 5%-Klausel verankert ist. In §§ 1, 2 ThürKWG

---

[811] ThürKO = Thüringer Kommunalordnung.

finden sich die Vorschriften zum aktiven Wahlrecht, § 12 ThürKWG regelt das passive Wahlrecht und § 23 IV ThürKO die Inkompatibilität.
Die Wahl des Bürgermeisters erfolgt nach den Grundsätzen der Mehrheitswahl, vgl. § 24 VI ThürKWG. Seine Amtszeit beträgt gemäß § 28 III 2 ThürKO sechs Jahre. Gewählt ist, wer in einem ersten Wahlgang mehr als die Hälfte der gültigen Stimmen erhält. Erreicht keiner der Bewerber diese Mehrheit, findet ein zweiter Wahlgang zwischen den beiden Bewerbern mit den meisten Stimmen statt. Hier reicht dann die einfache Mehrheit der abgegebenen gültigen Stimmen. Der ehrenamtliche Bürgermeister wird immer zugleich mit dem Gemeinderat gewählt. Seine Amtszeit beträgt analog zur Amtszeit des Gemeinderates gemäß § 26 ThürKWG fünf Jahre.

3. Rechtsschutz im Wahlprüfungsverfahren

Die Regelungen zur Wahlanfechtung und Wahlprüfung finden sich in den §§ 31ff. ThürKWG. Jeder Wahlberechtigte kann die Feststellung des Wahlergebnisses gemäß § 31 I ThürKWG binnen zwei Wochen (Anfechtungsfrist) nach Bekanntmachung des Wahlergebnisses durch schriftliche Erklärung bei der Rechtsaufsichtsbehörde anfechten. Diese entscheidet dann über die ihr vorgelegten Anfechtungsgründe. Daneben überprüft sie die Wahl gemäß § 32 II ThürKWG aber auch von Amts wegen, wobei sie nicht an die zweiwöchige Anfechtungsfrist gebunden ist. Eine Berichtigung des Wahlergebnisses bzw. eine Ungültigerklärung der Wahl ist jedoch auch in diesem Fall nur binnen einer Frist von drei Monaten nach der Bekanntmachung des Wahlergebnisses möglich (Ausschlussfrist), vgl. § 32 II ThürKWG. Diese Ausschlussfrist gilt allerdings nicht für die Fälle, in denen eine Wahlanfechtung vorliegt. In diesem Fall erklärt § 31 II ThürKWG lediglich, dass innerhalb von drei Monaten entschieden werden *soll.*

In materieller Hinsicht kann die Rechtsaufsichtsbehörde folgende Entscheidungen treffen:
- Soweit die Feststellung des Wahlergebnisses unrichtig war (v.a. Fehler bei der Stimmauszählung oder mathematische Fehler bei der Berechnung der Sitzverteilung), spricht die Rechtsaufsichtsbehörde gemäß § 31 II 2 ThürKWG die Verpflichtung zur Berichtigung des Wahlergebnisses aus.
- Soweit erhebliche Verstöße gegen die Wahlvorschriften vorgekommen sind, die geeignet sind, das Wahlergebnis wesentlich zu beeinflussen, ist die Wahl gemäß § 31 II 3 ThürKWG für ungültig zu erklären. Die zu prüfenden Wahlvorschriften werden dabei von § 31 I ThürKWG präzisiert, der formuliert, dass eine Wahlanfechtung wegen einer Verletzung des Kommunalwahlgesetzes bzw. der Kommunalwahlordnung (Wahlvorschriften) möglich ist. Demzufolge können sämtliche erheblichen Verstöße gegen das ThürKWG und die ThürKWO durch die Rechtsaufsichtsbehörde geprüft werden. Da sowohl in § 13 I ThürKWG (für die Wahlen des Gemeinderates) als auch in § 24 I ThürKWG

(für die Bürgermeisterwahlen) die Wahlgrundsätze formuliert sind, eröffnet dies insbesondere die Möglichkeit, Verstöße gegen die Grundsätze der freien und gleichen Wahl zum Gegenstand einer Wahlanfechtung zu machen. Insoweit kann auf die Darstellungen oben hinsichtlich der Chancengleichheit der Bewerber und dem Neutralitätsgebot gemeindlicher Organe und Amtsträger verwiesen werden.
In jedem Fall hat die Rechtsaufsichtsbehörde aber die Ergebnisrelevanz des Verstoßes zu prüfen. Kann diese nicht festgestellt werden, scheidet eine Ungültigerklärung der Wahl aus. Liegen die Voraussetzungen hingegen vor, so hat die Rechtsaufsichtsbehörde nach § 33 IV ThürKWG eine Nachwahl anzuordnen.
- Soweit schließlich eine Person gewählt wurde, der die Wählbarkeit fehlte, hat die Rechtsaufsichtsbehörde gemäß § 31 II 4 ThürKWG die Ungültigkeit der Wahl dieser Person zu erklären. Diese Feststellung kann die Rechtsaufsichtsbehörde nach § 32 II 3 ThürKWG ohne jede zeitliche Begrenzung treffen; die Ausschlussfrist gemäß § 32 II 2 ThürKWG gilt insoweit nicht.
Gegen die Entscheidungen der Rechtsaufsichtsbehörde eröffnet § 33 I 1 ThürKWG den Verwaltungsrechtsweg mit der Maßgabe, dass ein Vorverfahren nach § 68 I VwGO entfällt. Folglich kann im Hinblick auf die statthafte Klageart und die weiteren Sachurteilsvoraussetzungen einer solchen Klage auf die Ausführungen oben verwiesen werden[812].

4. Rechtsschutz außerhalb des Wahlprüfungsverfahrens

Im Vergleich zu den Kommunalwahlgesetzen anderer Bundesländer ist der Rechtsschutz außerhalb des Wahlprüfungsverfahrens im Kommunalwahlgesetz von Thüringen intensiver normiert. Nach §§ 6 IV 1 ThürKWG, 9 ThürKWO kann jeder Wahlberechtigte, der das Wählerverzeichnis für unvollständig oder unrichtig hält, innerhalb der Auslegungsfrist Einwendungen bei der Gemeinde erheben. Gegen die Entscheidung der Gemeinde eröffnet § 9 IV 2 ThürKWG den Verwaltungsrechtsweg mit der Maßgabe, dass ein Vorverfahren nicht stattfindet. Im Kern geht es daher um eine Anfechtungs- bzw. Verpflichtungsklage in Abhängigkeit vom Klagebegehren.
Gemäß § 7 I 2, 2. HS ThürKWG steht auch für die Nichterteilung eines Wahlscheins zunächst die Möglichkeit der Einwendung bei der Gemeinde, anschließend die Beschreitung des Verwaltungsrechtsweges zur Verfügung.
Schließlich ermöglicht § 17 IV ThürKWG Einwendungen gegen die Ungültigerklärung eines eingereichten Wahlvorschlages, die durch den jeweiligen Beauftragten der Partei oder Wählergruppe geltend gemacht werden können. Über die Einwendungen hat der Gemeindewahlausschuss zu entscheiden. Gegen dessen Beschlüsse steht allerdings vor Durchführung der Wahl kein weiterer

---

[812] Vgl. S. 203ff.

Rechtsschutz zur Verfügung. Insoweit ist der Kläger gemäß § 17 V ThürKWG auf das Wahlanfechtungsverfahren verwiesen.

5. Bewertung

Die Regelungen in Thüringen können weitgehend als vorbildlich bezeichnet werden. Sowohl die Zuständigkeit der Rechtsaufsichtsbehörde für die Wahlprüfung als auch der gerichtliche Rechtsschutz im Vorfeld der Wahl fallen positiv auf. Die Anfechtungsberechtigung steht allen Wahlberechtigten zu. Den materiellen Hauptanfechtungsgrund in § 31 II 3 ThürKWG bilden die „erheblichen Verstöße gegen die Wahlvorschriften", unter die auch Beeinträchtigungen der im ThürKWG normierten Wahlgrundsätze gefasst werden können. Eine für die umfassende Kontrolle der Wahl notwendige weite Auslegung des zentralen Anfechtungsgrundes ist daher möglich.

B. Vergleich mit Bundestags- und Landtagswahlen

I. Bundestagswahlen

Die Überprüfung der Bundestagswahlen[813] und der Rechtsschutz im Hinblick auf geltend zu machende Wahlfehler erfolgt – ähnlich wie bei den Kommunalwahlen – in einem zweistufigen Verfahren. Nach Art. 41 I 1 GG ist die Wahlprüfung zunächst Sache des Bundestages. Gegen seine Entscheidung steht jedoch gemäß Art. 41 II GG die Beschwerde an das Bundesverfassungsgericht zur Verfügung[814].
Der Bundestag überprüft die Gültigkeit der Wahl jedoch nicht von Amts wegen, sondern gemäß § 2 I WahlprüfG nur aufgrund der erhobenen Einsprüche. Einspruchsberechtigt sind nach § 2 II WahlprüfG jeder Wahlberechtigte, jede Gruppe von Wahlberechtigten und in amtlicher Eigenschaft jeder Landeswahlleiter, der Bundeswahlleiter und der Präsident des Bundestages. Der Einspruch muss schriftlich und mit Begründung beim Bundestag eingelegt werden. Die Frist für die Geltendmachung von Einsprüchen beträgt gemäß § 2 IV WahlprüfG zwei Monate nach dem Wahltag. Der Präsident des Bundestages hingegen kann zeitlich unbegrenzt Einspruch einlegen, falls ihm auch nach diesem Tag noch Umstände bekannt werden, die einen Wahlmangel begründen können. Bevor der Bundestag in seiner Gesamtheit nach § 13 WahlprüfG ent-

---

[813] Hinsichtlich des Wahlsystems wird auf die Darstellungen in anderen Standardwerken verwiesen: vgl. etwa: Maurer, Staatrecht I, § 13 Rn. 17ff.

[814] Vgl. dazu: Schreiber, Handbuch des Wahlrechts zum Deutschen Bundestag, § 49 Rn. 10, der die Regelung des Art. 41 GG als eine „Anordnung parlamentarischer Kontrolle und Selbstprüfung und anschließendem Verfassungsgerichtsverfahren" bezeichnet. Er geht auch auf die Abgrenzung zur Rechtslage der Weimarer Verfassung ein, die ein aus Mitgliedern des Reichstages und des Reichsverwaltungsgerichts bestehendes Wahlprüfungsgericht beim Reichstag kannte (vgl. Art. 31 WRV).

scheidet, bereitet ein Ausschuss des Bundestages die Entscheidung vor (Wahlprüfungsausschuss gemäß § 3 WahlprüfG)[815]. Der Beschluss des Bundestages ist den Beteiligten (§ 6 II, III WahlprüfG) mit einer Rechtsmittelbelehrung zuzustellen.

In materieller Hinsicht sind wiederum die bereits von den Kommunalwahlen bekannten Wahlfehlertatbestände zu unterscheiden. Allerdings ist auf Bundesebene eine Kodifikation des materiellen Wahlprüfungsrechts, d.h. der Grundsätze, nach denen die Wahlprüfungsinstanzen über die Gültigkeit der Bundestagswahlen entscheiden (Normen über die Wahlfehler und deren Folgen für die Gültigkeit der Wahl), nicht erfolgt[816]. Der Gesetzgeber hat sich ausschließlich auf reine Verfahrensbestimmungen beschränkt. Insoweit ist durch die Spruchpraxis der Wahlprüfungsinstanzen ein gewisses Gewohnheitsrecht entstanden, in dem sich der Grundsatz der Mandatsrelevanz als entscheidendes Kriterium entwickelt hat. Folglich stehen auch bei der Überprüfung der Bundestagswahlen im Wesentlichen die Wahlgrundsätze des Art. 38 I GG im Mittelpunkt des Interesses.
Insbesondere die ältere Rechtsprechung ging in diesem Zusammenhang davon aus, dass das Wahlprüfungsverfahren sowie das anschließende Beschwerdeverfahren vor dem Bundesverfassungsgericht von seiner Zielrichtung ausschließlich dem Schutz des objektiven Wahlrechts, d.h. der Gewährleistung der gesetzmäßigen Zusammensetzung des Bundestages, dienten. Das Ziel des Wahlprüfungsverfahrens und der Gegenstand der rechtlichen Beurteilung im Wahlprüfungsverfahren seien daher nicht der Schutz subjektiver Rechte der Wähler bzw. der Gewählten, sondern die Gültigkeit der Wahl als solche, so die ältere Rechtsprechung[817]. Mittlerweile hat sich die Rechtsprechung von einer solchen eindimensionalen Einordnung verabschiedet. Sie betont nunmehr die Doppelfunktionalität des Wahlprüfungsverfahrens: Es „dient auch der Verwirklichung

[815] Das Verfahren in diesem Wahlprüfungsausschuss ist formalisiert: Der Vorsitzende des Ausschusses bestimmt gemäß § 5 I WahlprüfG für jeden Einspruch einen Berichterstatter. Vor der Schlussentscheidung ist gemäß §§ 6f. WahlprüfG in jeder einzelnen Anfechtungssache Termin zur mündlichen Verhandlung anzuberaumen. Für das gesamte Verfahren gelten gemäß § 9 WahlprüfG die Vorschriften der Zivilprozessordnung entsprechend. Über das Ergebnis der Verhandlungen berät der Wahlprüfungsausschuss schließlich nach § 10 I WahlprüfG geheim. Der Beschluss des Ausschusses wird schließlich an den Bundestag weitergeleitet (§ 12 WahlprüfG), der dann nach § 13 WahlprüfG über den Antrag des Ausschusses entscheidet.
[816] Schreiber, Handbuch des Wahlrechts zum Deutschen Bundestag, § 49 Rn. 16, der dies auf die kaum zu überblickende Kasuistik möglicher Wahlrechtsverstöße zurückführt, die eine abschließende tatbestandliche Regelung unmöglich mache.
[817] Ständige Rechtsprechung des Bundesverfassungsgerichts, erstmals: BVerfGE 1, 208 [238], weitere Entscheidungen und umfassende Nachweise der Literatur, vgl. Schreiber, Handbuch des Wahlrechts zum Deutschen Bundestag, § 49 Rn. 11.

des subjektiven aktiven und passiven Wahlrechts“[818]. Vor dem Hintergrund, dass aber nach wie vor die Mandatsrelevanz den entscheidenden Ausschlag für den Erfolg des Wahlprüfungsverfahrens geben soll, bleibt festzuhalten, dass der Schutz subjektiver Rechts zwar auch gewährleistet wird, jedoch der objektive Charakter nach wie vor im Vordergrund steht. Dies wird vor allem daran deutlich, dass darauf hingewiesen wird, dass die Gefährdung der richtigen Zusammensetzung des Bundestages die entscheidende Frage für die Begründetheit des Wahlprüfungsverfahrens sei[819].

Demzufolge ist hinsichtlich jedes einzelnen Wahlfehlers zu prüfen, inwieweit dieser auf die gesetzmäßige Zusammensetzung des Bundestages, d.h. die konkrete Mandatsverteilung von Einfluss gewesen sein könnte (Mandatsrelevanz). In diesem Zusammenhang kann daher vom Prinzip der potentiellen Kausalität gesprochen werden. Die Erheblichkeit des Wahlfehlers findet ihre Rechfertigung im demokratischen Mehrheitsprinzip[820]. Die Verfolgung subjektiver Rechte müsse zurücktreten „gegenüber der Notwendigkeit, die Stimmen einer Vielzahl von Bürgern zu einer einheitlichen, wirksamen Wahlentscheidung zusammenzufassen“[821]. Die Wahl soll daher im Hinblick auf die Kompliziertheit ihres Vorgangs, die weit reichenden Auswirkungen eines Eingriffs, die Aufwendigkeit von Wiederholungswahlen und die verfassungspolitische Stellung des Bundestages möglichst aufrechterhalten werden.

Unregelmäßigkeiten sind deshalb dann nicht beachtlich, wenn die Möglichkeit, dass sie das Wahlergebnis beeinflusst haben können, nicht ernsthaft in Betracht kommt[822].

Soweit ein Wahleinspruch wegen fehlender Mandatsrelevanz durch den Bundestag zurückgewiesen wird, belassen es Wahlprüfungsausschuss und Parlament regelmäßig nicht bei der Zurückweisung, sondern stellen den Wahlfehler fest und wirken darauf hin, dass eine Wiederholung bei nachfolgenden Wahlen ausgeschlossen ist. Insoweit wird auch dem Doppelcharakter des Wahlprüfungsverfahrens ausreichend Rechnung getragen.

Schreiber und Lang regen in diesem Zusammenhang zu Recht an, es nicht bei der Darstellung in den Entscheidungsgründen zu belassen, sondern den Wahlfehler in der Entscheidungsformel „unter Zurückweisung des Einspruchs im Übrigen“ zum Ausdruck zu bringen[823]. Entsprechendes könnte dann auch für das Verfahren vor dem Bundverfassungsgericht gelten.

---

[818] BVerfGE 85, 148 [159]; Jarass/Pieroth, Art. 41 GG Rn. 1. Insbesondere Lang, a.a.O., hat darauf hingewiesen, dass im Wahlprüfungsverfahren auch der Schutz subjektiver Rechte gewährleistet werden müsste [vgl. dazu bereits die Ausführungen oben, Fn. 580].

[819] Jarass/Pieroth, Art. 41 GG Rn. 5 m.w.N.

[820] Badura, in: BK, Art. 38 GG Rn. 57, unter Hinweis auf: BVerfGE 29, 154 [165].

[821] BVerfGE 14, 154f., ebenfalls weitere Nachweise bei: Schreiber, Handbuch des Wahlrechts zum Deutschen Bundestag, § 49 Rn. 11.

[822] Schreiber, Handbuch des Wahlrechts zum Deutschen Bundestag, § 49 Rn. 11.

[823] Schreiber, Handbuch des Wahlrechts zum Deutschen Bundestag, § 49 Rn. 11; Lang, a.a.O, S. 142, 349.

Gegen den Beschluss des Bundestages ist nach Art. 41 II GG, § 48 BVerfGG die Beschwerde beim Bundesverfassungsgericht zulässig. Beschwerdeberechtigt sind derjenige, dessen Einspruch vom Bundestag verworfen bzw. zurückgewiesen worden ist, eine Fraktion des Bundestages oder eine Minderheit des Bundestages, die wenigstens zehn Prozent der gesetzlichen Mitgliederzahl des Bundestages umfasst. Der einzelne Abgeordnete ist nur dann beschwerdeberechtigt, soweit es ihm um die Überprüfung des Verlustes der Mitgliedschaft im Deutschen Bundestag geht[824]. Dem nicht gewählten Bewerber, der sich in den Bundestag einklagen will, steht die Beschwerdeberechtigung nicht zu; genauso wenig kann eine politische Partei eine Beschwerde gegen die Entscheidung des Bundestages erheben[825]. Die gesetzliche Regelung ist insoweit abschließend.
Die Frist zur Einlegung der Beschwerde beträgt nach § 48 I BVerfGG zwei Monate seit der Beschlussfassung im Bundestag. Innerhalb dieser Frist ist die Beschwerde auch zu begründen.
Eine Besonderheit gilt schließlich noch hinsichtlich der Beschwerdebefugnis der Wahlberechtigten. Ein Wahlberechtigter kann die Beschwerde nur dann erheben, wenn ihr gemäß § 48 I BVerfGG innerhalb der Beschwerdefrist mindestens 100 Wahlberechtigte beigetreten sind. Die Beitretenden müssen die Erklärung persönlich und handschriftlich unterzeichnen (§ 48 II BVerfGG) und ihren Beitritt auf die konkrete Beschwerde beziehen. Nach Ablauf der Beschwerdefrist eingereichte Beitrittserklärungen bleiben ohne rechtliche Relevanz[826]. Hintergrund des Unterschriftenquorums ist der Schutz des objektiven Wahlrechts. Es soll verhindert werden, dass das Bundesverfassungsgericht leichtfertig angerufen wird und sich mit völlig unbegründeten, querulatorischen oder unsachlichen Beschwerden einzelner Wahlberechtigter beschäftigen muss. Mit der Einhaltung des Unterschriftenquorums wird nach Auffassung des Bundesverfassungsgerichts deutlich, dass eine gewisse Anzahl Wahlberechtigter einen Grund zur Beschwerde sieht und damit der Angelegenheit Bedeutung zukommt[827].

Zwar wurde das Unterschriftenquorum in § 25 KWG im Zusammenhang mit der Einspruchsbefugnis bei hessischen Kommunalwahlen kritisch beurteilt[828], die genannte Kritik ist an dieser Stelle sachlich aber nicht gerechtfertigt. Der wesentliche Unterschied zwischen dem Unterschriftenquorum nach § 25 KWG und demjenigen in § 48 BVerfGG liegt darin, dass bei hessischen Kommunalwahlen die Unterstützungsunterschriften bereits für das Einspruchsverfahren notwendig sind, während § 48 BVerfGG dies erst für den gerichtlichen Rechtsschutz beim Bundesverfassungsgericht fordert. Die Hürde des „Unterschriften-

[824] Schreiber, Handbuch des Wahlrechts zum Deutschen Bundestag, § 49 S. 662.
[825] Schreiber, Handbuch des Wahlrechts zum Deutschen Bundestag, § 49 S. 662.
[826] BVerfGE 1, 430 [432]; 21, 359 [361]; 46, 201 [201f.]; 58, 172.
[827] BVerfGE 1, 430 [432]; vgl. auch: Schreiber, Handbuch des Wahlrechts zum Deutschen Bundestag, § 49 S. 662.
[828] Vgl. S. 191ff.

quorums“ besteht daher erst zu einem Zeitpunkt, zu dem der einzelne Wahlberechtigte bereits die Möglichkeit hatte, Bedenken gegen die Gültigkeit der Wahl beim Bundestag vorzutragen. Dies ist jedoch für den Wähler, der einen Einspruch gegen die Gültigkeit einer hessischen Kommunalwahl erheben will, von vornherein ausgeschlossen, wenn er nicht die notwendige Zahl an Unterstützern findet.

Darüber hinaus erscheint die Anzahl von 100 Beitrittserklärungen bei über 50 Millionen Wahlberechtigten im Verhältnis zum 1%-Quorum nach § 25 KWG als niedrige Hürde. Schließlich darf nicht unberücksichtigt bleiben, dass das Interesse am Bestand eines legislativen Organs auf der staatlichen Ebene und die nur begrenzt zur Verfügung stehenden Kapazitäten beim Bundesverfassungsgericht eine unterschiedliche Behandlung rechtfertigen können[829].

II. Hessische Landtagswahlen

Bedingt durch das Wahlprüfungsverfahren zur hessischen Landtagswahl von 1999 stand die hessische Regelung in letzter Zeit verstärkt in der öffentlichen Diskussion. Abweichend zur Rechtslage im Bund und den meisten anderen Bundesländern[830] übertragen Art. 78 HV und das dazu ergangene Wahlprüfungsgesetz die Wahlprüfung einem speziellen Wahlprüfungsgericht beim Landtag. Das Gericht besteht aus dem Präsidenten des VGH Kassel, des OLG Frankfurt sowie drei vom Landtag gewählten Mitgliedern (§ 1 WahlprüfG). Die vom Landtag zu wählenden Mitglieder werden gemäß § 2 I WahlprüfG aus dem Kreise der Abgeordneten nach den Grundsätzen der Verhältniswahl gewählt.

Im Zusammenhang mit der Überprüfung der Landtagswahl von 1999 wurden grundsätzliche Bedenken gegen die hessische Ausgestaltung der Wahlprüfung geltend gemacht. Das Bundesverfassungsgericht konnte einen Großteil der vorgetragenen Kritik jedoch mit den historischen Besonderheiten und der besonderen Funktion der Wahlprüfung entkräften[831]. Das Bundesverfassungsgericht hat jedoch den § 17 WahlprüfG a.F. als verfassungswidrig eingestuft. Dort war bestimmt, dass das Urteil des Wahlprüfungsgerichts mit seiner Verkündung rechtskräftig wird. Damit, so der erkennende Senat, werde der Entscheidung des Wahlprüfungsgerichts eine Rechtskraft beigemessen, die nur von unabhängigen staatlichen Gerichten im Sinne des IX. Abschnitts des Grundgesetzes herbeigeführt werden könne[832]. Da es sich bei dem Wahlprüfungsgericht aber um ein gemischtes Gremium handele, könne eine solche rechtskräftige Ent-

[829] Daher werden auch in der Literatur keine durchgreifenden verfassungsrechtlichen Bedenken geltend gemacht: Vgl. nur: Schreiber, Handbuch des Wahlrechts zum Deutschen Bundestag, § 49 S. 663.

[830] Vgl. bereits oben: parlamentarische Wahlprüfung mit Beschwerdemöglichkeit zum Bundesverfassungsgericht.

[831] BVerfGE 103, 111 [138f.].

[832] BVerfGE 103, 111 [139].

scheidung dort nicht getroffen werden, da niemand Richter in eigener Sache sein könne[833]. Da die drei Landtagsabgeordneten im Wahlprüfungsgericht aber über die Gültigkeit der Landtagswahl und damit auch über die Frage, ob sie ihre eigenen Mandate behalten können, entscheiden mussten, war § 17 WahlprüfG durch das Bundesverfassungsgericht für nichtig zu erklären[834]. Insofern kann beim „Wahlprüfungsgericht" auch nicht von einem „Gericht" im verfassungsrechtlichen Sinne des Art. 92 GG gesprochen werden, da aufgrund der Zusammensetzung des Gerichts einem Teil der Mitglieder die richterliche Unabhängigkeit fehlt[835].
Nunmehr formuliert § 17 WahlprüfG daher, dass gegen den Beschluss des Wahlprüfungsgerichts die Wahlprüfungsbeschwerde beim Hessischen Staatsgerichtshof zulässig ist (vgl. 52 StGHG). Dieser Beschwerde kommt gemäß § 17 S. 2 WahlprüfG aufschiebende Wirkung zu. Durch die Neuregelung wird nunmehr eine weitere Instanz in die Wahlprüfung aufgenommen, die gewährleistet, dass das Wahlprüfungsgericht nicht mit abschließender Rechtskraft über die Gültigkeit der Wahl entscheiden kann.

Das Wahlprüfungsgericht wird gemäß § 6 I WahlprüfG auf Einspruch und von Amts wegen tätig. Einspruchsberechtigt ist jeder Wahlberechtigte. Der Einspruch muss innerhalb eines Monats nach der Bekanntmachung des Wahlergebnisses beim Landtag in begründeter Form eingegangen sein (vgl. § 7 I WahlprüfG). Das Wahlprüfungsgericht verhandelt öffentlich. Soweit kein Einspruch eingelegt wird oder das Gericht die Wahlprüfung nicht von Amts wegen für erforderlich hält, weil keine Fehler bei der Feststellung des Wahlergebnisses ersichtlich sind, stellt das Gericht dies nach Ablauf der Einspruchsfrist fest (§ 8 I WahlprüfG). Ansonsten leitet das Gericht das Wahlprüfungsverfahren ein. In materieller Hinsicht entscheidet das Gericht gemäß § 15 I WahlprüfG dann über die Gültigkeit der Wahl (§ 15 I Nr. 1 WahlprüfG) und über die Frage, ob Abgeordnete ihren Sitz verloren haben (§ 15 I Nr. 2 WahlprüfG). Die inhaltliche Prüfung gibt Art. 78 II HV vor[836]:
Zunächst müssen entweder Unregelmäßigkeiten im Wahlverfahren oder strafbare oder gegen die guten Sitten verstoßende Handlungen festgestellt werden. Diese Wahlfehler führen jedoch nur dann zu einer Ungültigkeit der Wahl, wenn der jeweilige Verstoß für den Ausgang der Wahl erheblich ist, also eine Auswirkung auf das Wahlergebnis möglich erscheint (Mandatsrelevanz).
Die hier zu § 26 KWG bzw. § 50 KWG vertretene Auslegung der Begriffe der „Unregelmäßigkeit im Wahlverfahren" sowie der „gegen die guten Sitten ver-

---

833 BVerfGE 103, 111 [139f.].

834 BVerfGE 103, 111 [139]; vgl. dazu auch: Hecker, Staats- und Verfassungsrecht, Rn. 281. Vgl. zu Einwänden gegen die Zusammensetzung des Gerichts: Jung/Schon, in: ZRP 2001, 354 [357].

835 Hess. StGH, NJW 2000, 2891; BVerfGE 103, 111 [138]

836 Im Gegensatz zur Rechtslage auf Bundesebene, wo die wahlrechtlich relevante Verstöße nicht gesetzlich definiert werden.

stoßenden Handlungen“ kann auf Art. 78 HV übertragen werden[837]. Dem Begriff der „Unregelmäßigkeit“ kommt auch hier die Funktion eines Auffangtatbestandes zu, unter den auch Verstöße gegen die Wahlgrundsätze (insbesondere Freiheit und Gleichheit der Wahl) subsumiert werden können.

Die Rechtsprechung und Literatur freilich vertritt im Rahmen von Art. 78 II HV eine andere Auffassung und will Verstöße gegen die Wahlgrundsätze unter den Begriff der Sittenwidrigkeit fassen[838]. An dieser Stelle sollen daher nochmals die wesentlichen Merkmale dargestellt werden:

Unregelmäßigkeiten im Sinne von Art. 78 II HV umfassen den gesamten Wahlvorgang einschließlich einer eventuellen unzulässigen Wahlbeeinflussung vor dem Wahllokal. Verletzungen der Chancengleichheit der Bewerber sowie Verstöße gegen die Neutralitätspflicht staatlicher Stellen (amtliche Öffentlichkeitsarbeit) werden nicht unter den Begriff der „Unregelmäßigkeit“, sondern unter den Tatbestand der sittenwidrigen Handlungen gefasst[839]. Der Wahlfehlertatbestand sei erfüllt – so das Bundesverfassungsgericht – wenn „in erheblicher Weise gegen die Grundsätze der Freiheit oder Gleichheit der Wahl verstoßen wurde“[840]. Der Prüfungsumfang entspricht damit im Ergebnis der Rechtsprechung des Bundesverfassungsgerichts zu den materiellrechtlichen Anforderungen an die Wahlprüfung auf Bundesebene. Lediglich die tatbestandsmäßige Verortung weicht insoweit von den Vorgaben ab.

Der Begriff der „Sittenwidrigkeit“ ist daher nicht entsprechend dem BGB zu verstehen und somit nicht schon dann gegeben, wenn gegen „das Anstandsgefühl aller billig und gerecht Denkenden“ verstoßen wird[841]. Der Begriff der sittenwidrigen Handlungen ist vielmehr restriktiv auszulegen. Das Bundesverfassungsgericht rechtfertigt diese restriktive Auslegung vor dem Hintergrund des Interesses am Bestand eines gewählten Parlamentes: „Das Parlament soll indessen durch die Wahlprüfung in der Wahrnehmung seiner Aufgaben, insbesondere der Gesetzgebung und der Kontrolle der (...) Regierung möglichst nicht beeinträchtigt werden. Die Ungültigerklärung einer gesamten Wahl setzt einen erheblichen Wahlfehler von solchem Gewicht voraus, dass ein Fortbestand der in dieser Weise gewählten Volksvertretung unerträglich erschiene“[842].

Angesichts dieser Entscheidung des Bundesverfassungsgerichts hat das Wahlprüfungsgericht das Prüfungsverfahren zur hessischen Landtagswahl 2001 ein-

---

[837] S. 174ff.

[838] Bereits oben wurden die Unterschiede in der Auslegung deutlich gemacht, wobei sich dies ausschließlich auf Entscheidungen bezog, die nach der alten Fassung der §§ 26, 50 KWG getroffen worden sind.

[839] Hecker, Staats- und Verfassungsrecht, Rn. 278.

[840] BVerfGE 103, 111 [125].

[841] BVerfGE 103, 111 [133].

[842] BVerfGE 103, 111 [134].

gestellt[843]. Auch der Hessische Staatsgerichtshof hat die gegen die Einstellung des Verfahrens gerichtete Klage abgewiesen[844].

843 WPG, NJW 2001, 1054.
844 Hess. StGH, StAnz. 2002, 1186; kritisch zur Entscheidung: Hecker, Staats- und Verfassungsrecht, Rn. 280; ders., in: Kritische Justiz 2001, 227ff.

Zusammenfassung der Untersuchungsergebnisse

1. Die verfassungsrechtlichen Wurzeln des Kommunalwahlrechts liegen zum einen im Prinzip der repräsentativen Demokratie, das nach Art. 28 I 2 GG auch für die Wahlen auf kommunaler Ebene gilt, zum anderen in der Garantie der kommunalen Selbstverwaltung nach Art. 28 II 1 GG. Hier kann das Kommunalwahlrecht als Teil der Personalhoheit interpretiert werden.
Die beiden verfassungsrechtlichen Ursprünge stehen aber nicht gleichberechtigt nebeneinander, vielmehr besteht unter der Verfassungsordnung des Grundgesetzes eine einseitige Abhängigkeit der Selbstverwaltung von der Demokratie. Selbstverwaltung ist zwar auch unter einer nichtdemokratischen Staatsform möglich, sowie umgekehrt Demokratie auch ohne Selbstverwaltung praktiziert werden kann; in der Demokratie bedeutet Selbstverwaltung aber immer zugleich demokratische Selbstverwaltung. Die Ausgestaltung der kommunalen Selbstverwaltung in Art. 28 II 1 GG ist daher zwingend demokratischen Spielregeln unterzuordnen.

2. Die gesetzliche Grundlage für die kommunale Wahlprüfung in Hessen bilden die § 26 I Nr. 1 – 3 KWG im Hinblick auf die Wahlen zu den Vertretungskörperschaften bzw. § 50 Nr. 1 – 3 KWG im Hinblick auf die Direktwahlen. Dabei sind die § 26 I Nr. 2 KWG und § 50 Nr. 2 KWG als leges generales gegenüber den weiteren in den jeweiligen Tatbeständen normierten Anfechtungsgründen anzusehen. Soweit daher die Tatbestände aus § 26 I Nr. 1 oder 3 KWG bzw. § 50 Nr. 1 oder 3 KWG einschlägig sind, tritt der Anfechtungsgrund aus der jeweiligen Nr. 2 dahinter zurück.
Die beiden Normen werden durchweg in zwei Schritten geprüft. Zunächst gilt es, eine „Unregelmäßigkeit im Wahlverfahren" festzustellen, bevor die Frage der „Ergebnisrelevanz" in den Mittelpunkt der Untersuchung rückt.

3. Den zentralen Begriff in § 26 I Nr. 2 KWG bzw. § 50 Nr. 2 KWG bilden die „Unregelmäßigkeiten im Wahlverfahren". Dieser unbestimmte Rechtsbegriff ist durch den Hessischen Verwaltungsgerichtshof einer gefestigten Auslegung zugeführt worden.
Das „Wahlverfahren" wird weit interpretiert und umfasst daher nicht nur den eigentlichen Vorgang der Stimmabgabe, sondern auch das gesamte Vorfeld der Wahl, insbesondere den Wahlkampf.
Die inhaltliche Reichweite der „Unregelmäßigkeiten" lässt sich auf einige wesentliche Fallgruppen reduzieren, wobei Verstöße gegen die verfassungsrechtlichen Wahlgrundsätze im Mittelpunkt stehen: die Neutralität gemeindlicher Organe während des Wahlkampfes, die Chancengleichheit zwischen den Bewerbern und Kandidaten einer Wahl sowie die eher konkreten Verstöße gegen die formalen Verfahrensvorschriften des Kommunalwahlgesetzes und der Kommunalwahlordnung.

Die Fälle der sog. Scheinkandidaturen stellen keine „Unregelmäßigkeiten“ dar. Insofern bleibt es vor allem dem politisch interessierten Bürger vorbehalten, bereits im Vorfeld der Wahl sorgfältig abzuwägen, welchen Kandidaten er bei seiner Entscheidung das Vertrauen schenkt.

4. Die Einführung der „gegen die guten Sitten verstoßenden Handlungen“ in §§ 26, 50 KWG hat keine Veränderung des materiellen Wahlprüfungsrechts zur Folge. Der Begriff der „Unregelmäßigkeit im Wahlverfahren“ bleibt auch zukünftig der zentrale Oberbegriff für alle in Betracht kommenden Wahlfehler. Auch die wichtigen Fälle der Verstöße gegen die Wahlgrundsätze der Freiheit und Gleichheit der Wahl sind unter den Begriff der „Unregelmäßigkeit“ zu subsumieren und stellen grundsätzlich keine Sittenverstöße im Sinne von §§ 26, 50 KWG dar.

5. Zentrale Bedeutung für die Wiederholung einer Wahl kommt der Ergebnisrelevanz des Wahlfehlers zu. Ausreichend für einen auf das Ergebnis der Wahl relevanten Verstoß können Verschiebungen vertikaler (innerhalb eines Wahlvorschlags) und horizontaler Art (zwischen verschiedenen Wahlvorschlägen) sein. Auch nach der Neuformulierung in § 26 I Nr. 2 KWG bzw. § 50 Nr. 2 KWG liegt eine Mandats- bzw. Ergebnisrelevanz dann vor, wenn die Wahlfehler auf die konkrete Mandatsverteilung von Einfluss gewesen sind oder hätten sein können, wobei eine solche Möglichkeit nicht nur theoretisch bestehen darf, sondern nach allgemeiner Lebenserfahrung konkret sein muss und nicht ganz fern liegend sein darf. Dies bedeutet, dass auch im Hinblick auf die Mandatsrelevanz die zu Art. 78 II HV entwickelten strengen Kriterien nicht auf die Kommunalwahlen übertragbar sind.
Eine Verbesserung des Rechtsschutzes für nicht ergebnisrelevante Wahlfehler kann dadurch erreicht werden, dass die entsprechenden Fehler im Urteilstenor festgestellt werden, unter Abweisung der Klage „im Übrigen“.

6. Die Gewährleistung des Rechtsschutzes nach Abschluss der Wahl erfolgt in zwei Schritten. Zunächst kann Einspruch gegen die Gültigkeit der Wahl eingelegt werden (Einspruchsverfahren), im Anschluss steht der Weg zu den Verwaltungsgerichten offen (Wahlanfechtungsklage). Dieses gestufte Verfahren hat sich bewährt und sollte beibehalten werden.
Die Voraussetzungen zur Einlegung eines Einspruchs gegen die Gültigkeit der Wahl regelt § 25 KWG. Einspruchsberechtigt sind alle Wahlberechtigten, bei den Direktwahlen auch die Bewerber, die an der Wahl teilgenommen haben oder deren Wahlvorschlag zurückgewiesen wurde. Die Frist zur Geltendmachung des Einspruchs beträgt zwei Wochen nach der öffentlichen Bekanntmachung. Der Einspruch ist schriftlich oder zur Niederschrift beim Wahlleiter einzureichen und zu begründen.
Bedenklich erscheint die Einführung der Einspruchsbefugnis in § 25 I 2 KWG. Mit der Normierung des 1%-Quorums schießt der Gesetzgeber über das Ziel,

den Bestand einer Wahl frühzeitig sichern zu wollen, hinaus und stellt an die Einlegung eines Einspruchs gegen die Gültigkeit der Wahl überhöhte Anforderungen. Dies lässt sich auch vor dem Hintergrund einer wachsenden Zahl von Wahlprüfungsverfahren nicht mehr rechtfertigen. Das Quorum ist daher abzulehnen. Kurze Fristen sowie strenge Substantiierungsvoraussetzungen reichen aus, um das Wahlprüfungsverfahren vor unberechtigten Interessen zu schützen.
Über den Einspruch und die Gültigkeit der Wahl beschließt die (neu gewählte) Vertretungskörperschaft. Vorzugswürdig erscheint eine Zuständigkeit der kommunalen Aufsichtsbehörden, die eine objektive und neutrale Prüfung sicherstellen könnten.

7. Wird der Einspruch zurückgewiesen, kann zunächst der verwaltungsgerichtliche, unter Umständen auch der verfassungsgerichtliche Rechtsweg beschritten werden.
Die Wahlanfechtungsklage stellt eine modifizierte Verpflichtungs- bzw. Anfechtungsklage im Sinne von § 42 I VwGO dar, je nach dem, ob der Kläger beabsichtigt, eine Wiederholung der Wahl anordnen oder diese Anordnung beseitigen zu lassen.
Bei den Kommunalwahlen können die Wahlrechtsgrundsätze nicht mehr mit der Verfassungsbeschwerde beim Bundesverfassungsgericht geltend gemacht werden. Insofern bleibt es den Bundesländern überlassen, ob sie im Anschluss an das verwaltungsgerichtliche Verfahren Möglichkeiten vorsehen, die Landesverfassungsgerichte wegen einer Verletzung der Grundrechte (Wahlrechtsgrundsätze) anzurufen.
In Hessen kommt eine Grundrechtsklage vor dem Hessischen Staatsgerichtshof nach Art. 131 I HV i.V.m. §§ 43ff. StGHG in Betracht.

8. Der Rechtsschutz außerhalb des Wahlprüfungsverfahrens ist vom Gesetz auf die Fälle beschränkt, in denen die Eintragung in das Wählerverzeichnis (§ 8 KWG), die Ausstellung eines Wahlscheins (§ 9 KWG) oder die (Nicht-) Zulassung eines eingereichten Wahlvorschlags (§ 15 KWG) gerügt werden (vgl. § 28 KWG). Dies ist vor dem Hintergrund des Art. 19 IV GG als verfassungsrechtlich bedenklich zu werten. Andere Bundesländer beweisen in diesem Zusammenhang, dass die hinter den restriktiven Möglichkeiten des Rechtsschutzes stehenden Argumente nicht zwingend sind. Insbesondere an dieser Stelle ist daher der hessische Gesetzgeber gefragt, der durch die Zulassung gerichtlichen Rechtsschutzes vor der Wahl den Anforderungen des Art. 19 IV GG gerecht werden muss.

9. Der Vergleich mit der kommunalen Wahlprüfung in den anderen Bundesländern zeigt, dass die hessische Regelung hinsichtlich der Anfechtungsgründe überzeugen kann. Die Normierung von jeweils drei Anfechtungstatbeständen in § 26 KWG bzw. § 50 KWG ist übersichtlich und umfasst alle relevanten Wahlfehler. Zum Teil finden sich auch in den entsprechenden Tatbeständen der an-

deren Bundesländer vergleichbare Regelungen und Formulierungen. Insgesamt fällt auf, dass jedes Bundesland auf eine Generalklausel bzw. einen Auffangtatbestand als Anfechtungsgrund zurückgreifen kann.
Die Gegenüberstellung hat aber auch ergeben, dass die hessische Regelung im Vergleich zu anderen Bundesländern sowohl hinsichtlich der Einspruchsvoraussetzungen im Wahlprüfungsverfahren als auch hinsichtlich des Rechtsschutzes außerhalb des Wahlprüfungsverfahrens verbesserungswürdig ist. Im Einzelnen kann an dieser Stelle auf die synoptische Gegenüberstellung am Ende verwiesen werden.

10. Eine unterschiedliche Behandlung der Wahlprüfung bei Kommunalwahlen gegenüber der Wahlprüfung bei Parlamentswahlen (Wahlen zum Bundestag und Landtag) ist gerechtfertigt. Eine Übertragung der vom Bundesverfassungsgericht zur Hessischen Landtagswahl 1999 aufgestellten (strengen) Kriterien auf die Kommunalwahlen war daher nicht zwingend. Folglich sind an die Wiederholung einer Kommunalwahl keine erhöhten Anforderungen zu stellen, wie dies von der Rechtsprechung für die Parlamentswahlen gefordert wird.
Dies ist zwar bislang vom VGH Kassel nur für die Direktwahlen entschieden worden, jedoch auch für die Wahlen der Vertretungskörperschaften gut vertretbar.
Daran hat auch die Novellierung der §§ 26, 50 KWG nichts verändert, denn damit war keine Veränderung des materiellen Wahlprüfungsrechts verbunden.

Bundes-land	Einspruchsberechtigung	Einspruchsfrist	Einspruchsbefugnis	Prüfungszuständigkeit	Prüfungsmaßstab [„Generalklausel"]	Rechtsweg und Klageart
Baden-Württemberg	jeder Wahlberechtigte und jeder Bewerber, § 31 I 1 KWG	1 Woche nach der öffentlichen Bekanntmachung des Wahlergebnisses, § 31 I 1 KWG	Verletzung eigener Rechte oder 1%-Quorum, § 31 I 2 KWG	Rechtsaufsichtsbehörde, § 30 I KWG; Prüfung auch von Amts wegen	Nichtbeachtung „wesentlicher Vorschriften über die Wahlvorbereitung, die Wahlhandlung oder über die Ermittlung und Feststellung des Wahlergebnisses", § 32 I Nr. 2 KWG	Anfechtungs- oder Verpflichtungsklage § 31 III KWG
Bayern	jeder Wahlberechtigte und jeder Bewerber, § 51 S. 1 GLKrWG	14 Tage nach Verkündung des Wahlergebnisses, § 51 S. 1 GLKrWG	-	Rechtsaufsichtsbehörde, § 50 I 1 GLKrWG Prüfung auch von Amts wegen	„Verletzung wahlrechtlicher Vorschriften", § 51 S. 1 GLKrWG	Eröffnung des Verwaltungsrechtswegs, § 52 I 1 GLKrWG Anfechtungs- oder Verpflichtungsklage (Rspr.)

Branden-burg	jede Wahlberechtigte Person, jede Partei, politische Vereinigung oder Wählergruppe, die einen Wahlvorschlag eingereicht hat, jeder Einzelbewerber, Wahlleiter; Aufsichtsbehörde § 55 I KWG	2 Wochen nach Bekanntgabe des Wahlergebnisses, § 55 II KWG	-	neu gewählte Vertretung, § 56 I KWG Prüfung auch von Amts wegen (Wahlprüfungsausschuss)	Verstoß gegen gesetzliche Vorschriften oder Beeinflussung des Wahlergebnisses in anderer unzulässiger Weise, § 55 I KWG	Klage vor dem Verwaltungsgericht, § 58 II KWG
Mecklen-burg- Vor-pommern	jeder Wahlberechtigte und die Rechtsaufsichtsbehörde, § 43 I KWG	2 Wochen nach Bekanntmachung des Wahlergebnisses, § 43 I KWG	-	neu gewählte Vertretung, § 44 I KWG	„Unregelmäßigkeiten bei der Vorbereitung der Wahl oder der Wahlhandlung“, § 44 I KWG	Klage vor dem Verwaltungsgericht, § 45 III KWG
Nieder-sachsen	jede wahlberechtigte Person, jede Partei oder Wählergruppe, die einen Wahlvorschlag eingereicht hat, der zuständige Wahlleiter, die zuständige Aufsichtsbehörde, § 46 I KWG	2 Wochen nach Bekanntmachung des Wahlergebnisses, § 46 II KWG	-	neu gewählte Vertretung, § 47 I KWG	Verstoß gegen gesetzliche Vorschriften bei der Vorbereitung und Durchführung der Wahl oder unzulässige Beeinflussung des Ergebnisses in anderer Weise, § 46 I KWG	Klage vor dem Verwaltungsgericht, § 49 II KWG

Nord-rhein-Westfalen	jeder Wahlberechtigte, Leitung der Parteien und Wählergruppen, die an der Wahl teilgenommen haben; Aufsichtsbehörde, § 39 I KWG	1 Monat nach Bekanntgabe des Wahlergebnisses, § 39 I KWG	-	neu gewählte Vertretung, § 40 I KWG	Unregelmäßigkeiten bei der Vorbereitung der Wahl oder der Wahlhandlung, § 40 I lit. b KWG	Klageerhebung möglich, § 40 I 1 KWG *(Eröffnung des Verwaltungsrechtswegs ergibt sich mittelbar aus § 40 I 3 KWG)*
Rhein-land-Pfalz	jeder Wahlberechtigte, § 48 S. 1 KWG	2 Wochen nach der öffentlichen Bekanntmachung des Wahlergebnisses, § 48 S. 1 KWG	-	Aufsichtsbehörde, § 48 S. 2 KWG Prüfung auch von Amts wegen	erhebliche Verstöße gegen Wahlvorschriften bei der Wahl, § 50 III KWG	Eröffnung des Verwaltungsrechtswegs, § 51 I KWG
Saarland	jeder Wahlberechtigte, Landeswahlleiter, § 47 III KWG	2 Wochen nach der öffentlichen Bekanntmachung des Wahlergebnisses, § 47 IV KWG	-	Kommunalaufsichtsbehörde, § 48 I KWG	Verstoß gegen wesentliche Wahlvorschriften, § 46 II KWG	Klage im verwaltungsgerichtlichen Verfahren, § 48 V KWG
Sachsen	jeder Wahlberechtigte, jeder Bewerber und jede Person, auf die bei der Wahl Stimmen entfallen sind,	1 Woche nach der öffentlichen Bekanntmachung, § 25 I 1 KWG	Verletzung eigener Rechte oder 1%-Quorum, 25 I 3 KWG	Rechtsaufsichtsbehörde, § 26 I 1 KWG	Nichtbeachtung „wesentlicher Vorschriften über Wahlvorbereitung, die Wahlhandlung oder die Ermittlung und Feststellung des Wahler-	Anfechtungsklage, § 26 III KWG

	§ 25 I 1 KWG				gebnisses“, § 27 I KWG	
Sachsen-Anhalt	jeder Wahlberechtigte, jede Partei oder Wählergruppe, die einen Wahlvorschlag eingereicht hat, der Wahlleiter, Kommunalaufsichtsbehörde, § 50 I KWG	2 Wochen nach Bekanntgabe des Wahlergebnisses, § 50 II KWG	-	neu gewählte Vertretung, § 51 I 1 KWG Prüfung auch von Amts wegen	Nichtbeachtung der Wahlvorschriften bei Vorbereitung und Durchführung der Wahl; Beeinflussung der Wahl in anderer unzulässiger Weise, § 50 I KWG	Klage vor dem Verwaltungsgericht, § 53 II KWG
Schleswig-Holstein	jeder Wahlberechtigte, Kommunalaufsichtsbehörde, § 38 I GKWG	1 Monat nach Bekanntmachung des Wahlergebnisses § 38 I GKWG	-	neu gewählte Vertretung, § 39 I GKWG Vorprüfung durch Ausschuss Prüfung auch von Amts wegen	Unregelmäßigkeiten bei der Vorbereitung der Wahl oder bei der Wahlhandlung, § 39 GKWG	Klage vor dem Verwaltungsgericht, § 40 I GKWG
Thüringen	jeder Wahlberechtigte und bei Direktwahlen auch jeder Bewerber, § 31 I KWG	2 Wochen nach Bekanntmachung der Feststellung des Wahlergebnisses, § 31 I KWG	-	Rechtsaufsichtsbehörde, § 32 KWG Prüfung auch von Amts wegen	Verletzungen der Bestimmungen des KWG oder KWO, § 31 I KWG	Eröffnung des Verwaltungsrechtswegs, § 33 I KWG

Bundesland	Rechtsschutz gegen Richtigkeit des Wählerverzeichnisses	Rechtsschutz gegen Versagung des Wahlscheins	Rechtsschutz hinsichtlich Zulassung von Wahlvorschlägen
Baden-Württemberg	Antrag auf Berichtigung, § 6 II 3 KWG **Anfechtungs- und Verpflichtungsklage**, § 6 III KWG	Antrag auf Berichtigung **Anfechtungs- und Verpflichtungsklage**, § 7 II KWG	**Anfechtungs- und Verpflichtungsklage**, § 8 IV KWG
Bayern	Beschwerde, Art. 12 III GLKrWG **Verwaltungsrechtsweg**, Art. 12 III 4 GLKrWG	Beschwerde, Art. 13 II GLKrWG **Verwaltungsrechtsweg**, Art. 12 III GLKrWG	Beschwerde gegen die Ungültigerklärung eines Wahlscheins, Art. 32 II GLKrWG
Brandenburg	Einspruch, § 24 S. 1 KWG Beschwerde, § 24 S. 2 KWG	Einspruch, § 30 KWahlV Beschwerde, § 30 KWahlV	Beschwerde, § 37 V KWG
Mecklenburg-Vorpommern	Einspruch, § 18 I KWG Beschwerde	Einspruch, § 19 III KWG Beschwerde	Beschwerde, § 26 IV KWG
Niedersachsen	Antrag auf Berichtigung, § 18 II 1 KWG	-	-

Nordrhein-Westfalen	Einspruch, § 9 III KWG Beschwerde, § 9 III 2, 11 IV KWG	Einspruch und Beschwerde, § 11 I, II KWG	Beschwerde, § 18 IV KWG
Rheinland-Pfalz	Einwendung, § 13 I KWG **Verwaltungsrechtsweg**, § 13 II KWG	Einwendung, § 14 I KWG RP **Verwaltungsrechtsweg**, § 14 II KWG	-
Saarland	Einspruch, § 19 I KWG Beschwerde, § 19 V KWG	Einspruch und Beschwerde, § 21 III KWG	Beschwerde, § 28 II KWG
Sachsen	Antrag auf Berichtigung, § 4 III KWG Beschwerde, § 4 IV KWG **Anfechtungs- und Verpflichtungsklage** § 4 IV KWG	Antrag auf Erteilung, Beschwerde **Anfechtungs- und Verpflichtungsklage** § 5 II KWG	Beschwerde gegen Zulassung (!) und Nichtzulassung, § 7 II KWG **Anfechtungs- und Verpflichtungsklage** § 7 II KWG
Sachsen-Anhalt	Antrag auf Berichtigung, § 19 I KWG	Antrag auf Erteilung, abschließende Entscheidung durch Gemeindewahlausschuss, § 20 III KWG	Beschwerde, § 28 VIa 1KWG
Schleswig-Holstein	Einspruch, § 14 GKWO Beschwerde, § 15 III GKWO	Einspruch und Beschwerde, § 18 VII GKWO	Beschwerde, §§ 25 II 1, 30 GKWO
Thüringen	Einwendungen, §§ 6 IV 1 KWG **Verwaltungsrechtsweg**, § 9 IV 2 KWG	Einwendungen und anschließend **Verwaltungsrechtsweg**, § 7 I 2, 2. HS KWG	Einwendungen, § 17 IV KWG

Literaturverzeichnis

Adrian, Ulrike	Anmerkung zum Urteil des VGH Kassel 8 UE 4368/98, in: HSGZ 1999, S. 197ff.
	Stellungnahme zu den Anmerkungen von Knecht zum Urteil des VGH Kassel vom 2003-07-10, 8 UE 2947/01, in: HSGZ 2004, S. 339ff.
Adrian, Ulrike/ Heger, Johannes	Erfahrungsbericht des Hessischen Städte- und Gemeindebundes e.V. dem Dezember 2001, Sonderdruck, in: HSGZ Dezember 2001.
Allgeier, Edwin	Wahlanfechtung im Kommunalrecht, Rechtsgrundlagen, Rechtsanwendung, Beispiele, in: DÖD 2001, 265ff.
Alternativ-Kommentar	Kommentar zum Grundgesetz für die Bundesrepublik Deutschland, Herausgeber: Eberhard Denninger, Neuwied [zit.: Bearbeiter, in: AK-GG, Art. Rn.].
von Arnim, Hans Herbert	Möglichkeiten unmittelbarer Demokratie auf Gemeindeebene, in: DÖV 1990, S. 85ff.
	Reform der Gemeindeverfassung in Hessen, in: DÖV 1992, S. 330ff.
	Gemeindliche Selbstverwaltung und Demokratie, in: AöR 1988, S. 1ff.
	Scheinkandidaturen bei Kommunalwahlen in Rheinland-Pfalz, in: DÖV 1991, S. 737ff.
von Arnim, Hans Herbert/ Kriele, Martin	Pro & Contra; Volksbegehren und Volksentscheide, in: ZRP 2002, S. 492.

Articus, Stephan	Gemeindeordnung für das Land Nordrhein Westfalen, Kommentar; 2. Aufl., Stuttgart 2004.
Bennemann, Gerhard / Borchmann, Michael [Hrsg.]	Kommunalverfassungsrecht Hessen, Kommentare, Loseblatt-Ausgabe, Wiesbaden [zit.: Bearbeiter, in: Bennemann, § Rn.].
Berghäuser, Klaus	Eine Frage der Wahrheit?, in: NVwZ 2003, S. 1085ff.
	Neutralitätsgebot und Chancengleichheit in der kommunalen Direktwahl - ein Verwaltungsgericht verirrt sich, in: HSGZ 2001, S. 419ff.
Bethge, Herbert	Examensklausur Öffentliches Recht, Zum Rechtsschutz kommunaler Gebietskörperschaften gegen unrichtigen Ortsnamensgebrauch durch die Deutsche Bundesbahn, in: Jura 1985, S. 44ff.
Bettermann, Karl August	Die Rechtsweggarantie des Art 19 Abs 4 GG in der Rechtsprechung des Bundesverfassungsgerichts, in: AöR 96 (1971), S. 528ff.
Birkenfeld-Pfeiffer, Daniela/ Gern, Alfons	Kommunalrecht Hessen; 4. Aufl., Baden-Baden 2005.
Bleckmann, Albert	Staatsrecht I: Staatsorganisationsrecht, Köln [u.a.] 1993.
	Staatsrecht II: Die Grundrechte; 4. Aufl., Köln [u.a.] 1997.
	Die Zulässigkeit des Volksentscheides nach dem Grundgesetz, in: JZ 1978, S. 217ff.
Blümel, Willi	Gemeinden und Kreise vor den öffentlichen Aufgaben der Gegenwart, in: VVDStRL 36 [1978], 171ff.

Böckenförde, Ernst-Wolfgang | Demokratie als Verfassungsprinzip, in: Handbuch des Staatsrechts der Bundesrepublik Deutschland [Hrsg. Josef Isensee], Band 1; Heidelberg 1987, § 22, S. 887ff.
[zit.: Böckenförde, in: HdBStR I, § Rn.].

Demokratische Willensbildung und Repräsentation, in: Handbuch des Staatsrechts der Bundesrepublik Deutschland [Hrsg. Josef Isensee], Band 3; Heidelberg 2005, § 34, S. 31ff.
[zit.: Böckenförde, in: HdBStR III, § Rn.].

Mittelbare/repräsentative Demokratie als eigentliche Form der Demokratie, in: Festschrift für Kurt Eichenberger zum 60. Geburtstag, Basel [u.a.], S. 301ff.

Böttcher, Günter | Kommunalrecht, Schleswig-Holsteinisches Landesrecht; Baden-Baden 1999.

Das Bonner Grundgesetz – Kommentar [Herausgeber: von Mangoldt, Hermann; Klein, Friedrich; Starck, Christian] | Kommentar zum Grundgesetz, begründet von Herman von Mangoldt, fortgeführt von Friedrich Klein; 5. Aufl., München 2005
[zit.: Bearbeiter, in: BK, Art. Rn.].

Borchmann, Michael | Unzulässige Wahlbeeinflussung durch Bürgermeister, in: DVP 2000, S. 254ff.

Borchmann, Michael/ Breithaupt, Dankwart/ Kaiser, Gerrit | Kommunalrecht in Hessen; 3. Aufl., Köln [u.a.] 2006.

Bracker, Reimer/ Dehn, Klaus-Dieter | Gemeindeordnung für Schleswig-Holstein, Kommentar; Wiesbaden 2000.

Breer, Dietmar Die Mitwirkung von Ausländern an der politischen Willensbildung in der Bundesrepublik Deutschland durch Gewährung des Wahlrechts, insbesondere des Kommunalwahlrechts, in: Schriften zum Öffentlichen Recht, Bd. 422, Berlin 1982.

Brohm, Winfried Öffentliches Baurecht; 4. Aufl., München 2006.

Bryde, Brun-Otto Ausländerwahlrecht und grundgesetzliche Demokratie, in: JZ 1989, S. 257ff.

Bugiel, Karsten Volkswille und repräsentative Entscheidung: Zuverlässigkeit und Zweckmäßigkeit von Volksabstimmungen nach dem Grundgesetz, Baden-Baden 1991.

Buhren, Gert D. Allgemeines Kommunalrecht Nordrhein-Westfalen: Grundriss für die Ausbildung und Fortbildung; 7. Aufl., Deutscher Gemeindeverlag, 2004.

Burkholz, Bernhard Teilnahme von Unionsbürgern an kommunalen Bürgerentscheiden?, in: DÖV 1995, S. 816ff.

Degenhart, Christoph Staatsorganisationsrecht; 22. Aufl., Heidelberg, 2006
[zit.: Degenhart, Staatsrecht, Rn.].

Deubert, Michael Gedanken zum Kommunalwahlrecht in Deutschland, Für ein personalisiertes Verhältniswahlrecht nach freien Listen, in: LKV 1993, S. 331ff.

Dietlein, Johannes Die Grundrechte in den Verfassungen der neuen Bundesländer - Zugleich ein Beitrag zur Auslegung der Art. 31 und 142 GG; München 1993.

Dreier, Horst [Hrsg.] — Grundgesetz: Kommentar; 2. Aufl., Tübingen 2006 [zit.: Bearbeiter, in: Dreier, Art. Rn.].

Das Demokratieprinzip des Grundgesetzes, in: Jura 1997, S. 249ff.

Dreßler, Ulrich — Anmerkungen zur Wiederholung der Oberbürgermeisterwahl vom März 1998 in Bad Homburg nach der Revisionsentscheidung des Bundesverwaltungsgerichts vom 8.4.2003, in: HSGZ 2003, S. 198ff.

Eckhardt, Michael/Kleerbaum, Klaus-Viktor — Die neue Kommunalverfassung in NW: Text und Erläuterung der neuen Gemeinde- und Kreisordnung; Bonn 1994.

Engelken, Klaas — Einbeziehung der Unionsbürger in kommunale Abstimmungen (Bürgerentscheide, Bürgerbegehren)?, in: NVwZ 1995, S. 432ff.

Erichsen, Hans-Uwe — Repetitorium - öffentliches Recht, Die Wahlrechtsgrundsätze des Grundgesetzes, in: Jura 1983, S. 635ff.

Kommunalrecht des Landes Nordrhein-Westfalen; 2. Aufl., Siegburg 1997.

Erichsen, Hans-Uwe / Ehlers, Dirk [Herausgeber] — Allgemeines Verwaltungsrecht; 13. Aufl., Berlin 2006. [zit.: Bearbeiter, in: Erichsen/Ehlers, § Rn.].

Erichsen, Hans-Uwe/ Weiss, Richard — Kommunale Selbstverwaltung und staatliche Organisationsvorgaben; Köln [u.a.] 1995.

Faiß, Konrad — Kommunalwahlgesetz Baden-Württemberg mit Kommunalwahlordnung, Kommentar; Wiesbaden 2004.

Fischer, Hans-Georg — Rechtsschutz der Bürger bei Einwohneranträgen sowie Bürgerbegehren und Bürgerentscheid, in: DÖV 1996, S. 181ff.

Foerstemann, Friedhelm — Foerstemann, Kommunalinfo Nr. 14; 28.10.2004; www.foerstemann.de

Forsthoff, Ernst — Lehrbuch des Verwaltungsrechts; 10. Aufl., München 1973.

Franzke, [ohne Vornamen] — Der Schutz des aktiven Wahlrechts durch die Verwaltungsgerichte, in: DVBl. 1980, S. 731ff.

Frenz, Walter — Der Schutz der kommunalen Organisationshoheit, in: VerwArch 86 (1995), S. 378ff.

Frotscher, Werner — Direkte Demokratie in der Weimarer Verfassung, in: DVBl. 1989, S. 541ff.

Selbstverwaltung und Demokratie, in: Festgabe zum 70. Geburtstag für v. Unruh, Selbstverwaltung im Staat der Industriegesellschaft; Heidelberg 1983, S. 127ff.

Die parteienstaatliche Demokratie - Krisenzeichen und Zukunftsperspektiven, in: DVBl. 1985, S. 917ff.

Stadtparlament und Stadtregierung: Eine Entscheidung des Bundesverfassungsgerichts zugunsten des repräsentativ-demokratischen Prinzips auf kommunaler Ebene, in: ZParlR 1976, S. 494ff.

Frotscher, Werner/ Pieroth, Bodo — Verfassungsgeschichte; 6. Aufl., München 2007.

Frowein, Jochen — Die Rechtsprechung des Bundesverfassungsgerichts zum Wahlrecht, in: AöR 99 (1974), S. 72ff.

Gern, Alfons — Deutsches Kommunalrecht; 3. Aufl., Baden-Baden 2003
[zit.: Gern, Deutsches Kommunalrecht, Rn.].

Kommunalrecht einschließlich kommunales Abgabenrecht [Baden-Württemberg]; 7. Aufl., Baden-Baden 1998
[zit.: Gern, Kommunalrecht Baden-Württemberg, Rn.].

Sächsisches Kommunalrecht; München 1994
[zit.: Gern, Sächsisches Kommunalrecht, Rn.].

Glauben, Paul J. — Die Scheinkandidatur: eine Untersuchung des Rechtsbegriffs und der verfassungsmäßigen Möglichkeiten von Bundes- und Landesgesetzgeber, sie zu verhindern; Mainz 1990.

Wahlanfechtung wegen Scheinkandidatur, in: NVwZ 1991, S. 545ff.

Günther, Herbert — Verfassungsgerichtsbarkeit in Hessen; Kommentar zum Gesetz über den Staatsgerichtshof; Baden-Baden 2004.

Haas, Klaus — Die öffentlich-rechtliche Aufsichtsarbeit in der Zweiten juristischen Staatsprüfung;
(Lösung der Klausur in VBlBW 1990, 35), in: VBlBW 1990, S.71ff.

Hannappel, Wolfgang / Meireis, Rolf — Leitfaden für die Vorbereitung und Durchführung der Kommunalwahlen im Lande Hessen 2001; Mainz 2000.

Heberlein, Horst	Die Rechtsprechung des BVerfG und des BVerwG zur "kommunalen Außenpolitik", in: NVwZ 1992, S. 543ff.
Hecker, Wolfgang	Staats- und Verfassungsrecht, Hessisches Landrecht; Baden-Baden 2002.
	Das Verfahren der Wahlprüfung in den Bundesländern, in: Kritische Justiz 2001, S. 227ff.
Hendler, Reinhard	Selbstverwaltung als Ordnungsprinzip: zur politischen Willensbildung und Entscheidung im demokratischen Verfassungsstaat der Industriegesellschaft; Köln 1984.
	Das Prinzip Selbstverwaltung, in: Handbuch des Staatsrechts der Bundesrepublik Deutschland [Hrsg. Isensee]; Band 4, Heidelberg [u.a.] 1990, S. 1133ff. [zit.: Hendler, in: HdBStR IV, § Rn.].
Herb, Wolfgang	Wahlanfechtung und Zulassungsbeschränkungen bei Bürgermeisterwahlen, in: VBlBW 1985, S. 321ff.
Hesse, Konrad	Grundzüge des Verfassungsrechts der Bundesrepublik Deutschland; 20. Aufl., Heidelberg 1999 [zit.: Hesse, Verfassungsrecht, Rn.].
Hochstadt, Steffen/ Noack, Harald	Falsche Werbeaussagen im Wahlkampf als Unregelmäßigkeit der Wahl, in: VR 2000, S. 128ff.
Hoppe, Werner	Der Anspruch der Kommunen auf aufgabengerechte Finanzausstattung, dargestellt am Beispiel der StadtUmland-Problematik, in: DVBl. 1992, S. 118ff.
Hufen, Friedhelm	Verwaltungsprozessrecht; 6. Aufl., München 2005.

Ipsen, Jörn — Staatsorganisationsrecht; 14. Aufl., Neuwied 2002 [zit.: Ipsen, Staatsrecht I, Rn.].

Niedersächsisches Kommunalrecht; 3. Aufl., Stuttgart 2006.

Jarass, Hans D. /Pieroth, Bodo — Grundgesetz für die Bundesrepublik Deutschland, Kommentar; 8. Aufl., München 2006 [zit.: Jarass/Pieroth, Art. Rn.].

Jung, Franz-Josef/ Schon, Ingo — Die Hessische Wahlprüfung nach der Entscheidung des BVerfG, in: ZRP 2001, S. 354ff.

Klein, Hans H. — Demokratie und Selbstverwaltung, in: Festschrift für Forsthoff, S. 165ff.; München 1974.

Knecht, Ingo — Die umstrittene Darmstädter Oberbürgermeisterwahl - Anmerkung zu VGH Kassel - Urteil vom 10.7.2003 (8 UE 2947/01), in: HSGZ 2004, S. 334ff.

Knemeyer, Franz-Ludwig — Die duale Rat-Bürgermeister-Verfassung als Leitverfassung nach den Kommunalverfassungsreformen, in: JuS 1998, S. 193ff.

Bayerisches Kommunalrecht; 10. Aufl., Stuttgart 2000.

Kommunalverfassungsrecht Rheinland-Pfalz — Kommentar, Stand: 2006, Loseblattausgabe [zit.: Bearbeiter, in: Kommunalverfassung Rhl.-Pf., § Rn.].

Kopp, Ferdinand/ Schenke, Wolf-Rüdiger — Verwaltungsgerichtsordnung; 14. Aufl., München 2005.

Krause, Peter — Verfassungsrechtliche Möglichkeiten unmittelbarer Demokratie, in: Handbuch des Staatsrechts der Bundesrepublik Deutschland [Hrsg. Josef Isensee], Band 3, § 35, S. 55ff.
[zit.: Krause, in: HdBStR III, § Rn.].

Kunig, Philip — Fragen zu den Wahlrechtsgrundsätzen, in: Jura 1994, S. 554ff.

Kunze, Richard/ Merk, Alfred/ Quecke, Albrecht — Das Kommunalwahlrecht in Baden Württemberg, Kommentar zum Kommunalwahlgesetz und zur Kommunalwahlordnung; 4. Aufl., Stuttgart 1989.

Lang, Heinrich — Subjektiver Rechtsschutz im Wahlprüfungsverfahren; Berlin 1997.

Lehngut, Gerold — Allgemeinpolitische Erklärungen und Beschlüsse von Gemeinden, in: DÖV 1989, S. 655ff.

Leibholz, Gerhard — Die Repräsentation in der Demokratie, 1973.

Leibholz, Gerhard/ Rinck, Hans J. — Grundgesetz für die Bundesrepublik Deutschland, Kommentar an Hand der Rechtsprechung des Bundesverfassungsgerichts; 4. Aufl., Köln 1971
[zit.: Leibholz/Rinck, Art. Rn.].

Lissack, Gernot — Bayerisches Kommunalrecht; 2. Aufl., München 2001.

Mager, Ute — Die Kontrolle der innerparteilichen Kandidatenaufstellung im Wahlprüfungsverfahren, in: DÖV1995, S. 9ff.

Maunz, Theodor / Dürig, Günther [Begründer] — Grundgesetz-Kommentar, Loseblatt-Sammlung in mehreren Bänden; München
[zit.: Bearbeiter, in: Maunz/Dürig, Art. Rn.].

Maurer, Hartmut | Grundlagen, Verfassungsorgane, Staatsfunktionen; 4. Aufl., München, 2005 [zit.: Maurer, Staatsrecht I, § Rn.].

Allgemeines Verwaltungsrecht; 16. Aufl., München 2006.

Plebiszitäre Elemente in der repräsentativen Demokratie, Heidelberg 1997.

Verfassungsrechtliche Grundlagen der kommunalen Selbstverwaltung, in: DVBl. 1995, S. 1037ff.

Mayer, Thomas | Direkte Demokratie als Chance für die politische Kultur, in: ZRP 1993, S. 330ff.

Meder, Theodor | Die Verfassung des Freistaats Bayern: Handkommentar; 4. Aufl., Stuttgart 1992.

Meis, Christiane | Verfassungsrechtliche Beziehungen zwischen Bund und Gemeinden, Baden-Baden 1989.

Meireis, Rolf | Kommunales Wahlrecht, in: Die Hessische Kommunalrechtsnovelle 2005; Stuttagart 2005, S. 39ff.

Menzel, Jörg | Landesverfassungsrecht; Verfassungshoheit und Homogenität im grundgesetzlichen Bundesstaat; Stuttgart [u.a.] 2002.

Meyer, Hans | Kommunalwahlrecht, in: Handbuch der kommunalen Wissenschaft und Praxis, Band 2, Herausgeber: Günter Püttner; Berlin [u.a.] 1982 [zit.: Meyer, in HdBkWP, § 27 S.].

Meyer, Hans — Wahlgrundsätze, Wahlverfahren, Wahlprüfung, in: Handbuch des Staatsrechts, Band 3, § 46, S. 543ff.
[zit.: Meyer, in: HStR III, § 46 Rn.].

Meyer, Hans/ Stolleis, Michael [Hrsg.] — Staats- und Verwaltungsrecht für Hessen; 5. Aufl., Baden-Baden 2000.

Meyer-Teschendorf, Klaus G/ Hofmann, Hans — Teilnahme von Unionsbürgern nicht nur an Kommunalwahlen, sondern auch an kommunalen Plebisziten?, in: ZRP 1995, S. 290ff.

von Münch, Ingo/ Kunig, Philip [Hrsg.] — Grundgesetz-Kommentar in drei Bänden; 4./5. Aufl., München 2003
[zit.: Bearbeiter, in: von Münch/Kunig, Art. Rn.].

Murswiek, Dietrich — Die Verfassungswidrigkeit der 5%-Sperrklausel im Europawahlgesetz, in: JZ 1979, S. 48ff.

von Mutius, Albert — Kommunalrecht, ein Lehr- und Lernbuch; München 1996.

Grundstrukturen der Kommunalverfassungen in der Bundesrepublik Deutschland, in: Jura 1981, S. 126ff.

Nierhaus, Michael — Kommunalrecht für Brandenburg; Baden-Baden 2003.

Oehler, Gerhard — Bayerisches Kommunalwahlrecht, Kommentar; München 2001.

Oebbecke, Janbernd — Der Grundsatz der gleichen Wahl im Kommunalwahlrecht, in: Die Verwaltung 1998 (31), S. 219ff.

Amtliche Äußerungen im Bürgermeisterwahlkampf, in: NVwZ 2007, S.30ff.

Olschewski, Bernd Dietrich — Wahlprüfung und subjektiver Wahlrechtsschutz; Berlin 1969.

Pagenkopf, Hans — Kommunalrecht; 2. Aufl., Köln [u.a].

Palandt [Begründer] — Bürgerliches Gesetzbuch, Kommentar; 65. Aufl., München 2006 [zit.: Palandt-Bearbeiter, § Rn.].

Pappermann, Ernst — Das Namensrecht der kommunalen Gebietskörperschaften, in: DÖV 1980, S: 353ff.

Pestalozza, Christian — Der Popularvorbehalt: direkte Demokratie in Deutschland, Berlin 1981.

Neues Deutschland - in bester Verfassung?, in: Jura 1994, S. 561ff.

Pieroth, Bodo/ Schlink, Bernhard — Grundrechte; 22. Aufl., Heidelberg 2006.

Potsdamer Kommentar — Kommentar zur Kommunalverfassung des Landes Brandenburg, von Michael Muthe [u.a.]; Vieslbach/Erfurt 1995 [zit.: Bearbeiter, in: Potsdamer Kommentar].

Prandl, Josef/Waltner, Georg/ Bauer, Martin — Gemeinde- und Landkreiswahlgesetz mit Wahlordnung: Kommentar; 16. Aufl., München 1995.

Püttner, Günther — Zum Verhältnis von Demokratie und Selbstverwaltung, in: Handbuch der kommunalen Wissenschaft und Praxis, Herausgeber: Günther Püttner, Band 2; 2. Aufl., Berlin [u.a] 1982, S. 3ff.

Püttner, Günther/ Kretschmer, Gerald — Die Staatsorganisation: Lernbuch zum Staatsrecht; 2. Aufl., München 1993.

Püttner, Günther/ Jacoby, Peter — Die politische Bürgermitwirkung, in: Handbuch der kommunalen Wissenschaft und Praxis, Band 2; Berlin [u.a.] 1982, S. 26ff.

Püttner, Günther	Kommunale Selbstverwaltung, in: Handbuch des Staatsrechts, Band 4; Heidelberg 1999, § 107, S. 1171ff. [zit.: Püttner, in: HdBStR IV, § Rn.].
Quecke, Albrecht / Pfeifer, Herbert	Die Prüfung und Anfechtung von Kommunalwahlen, in: VBlBW 1989, S. 401ff.
Quecke, Albrecht [Begr. Kunze, Richard]	Das Kommunalwahlrecht in Baden-Württemberg; 4. Aufl., Stuttgart 1989.
Rauber, David-Nicolai	Wahlen, Wahrhaftigkeit im Wahlkampf und Verwaltungsgerichtsbarkeit, in: NJW 2003, S. 3609ff.
Ridder, Helmut	Vom freien Mandat zur Freiheit vom Mandat, in: DÖV 1970, 617ff.
Rittstieg, Helmut	Juniorwahlrecht für Inländer fremder Staatsangehörigkeit, in: NJW 1989, S. 1018ff.
Röger, Ralf	Der neue Artikel 28 Absatz 1 Satz 3 GG - Vorläufiger Abschluß der langjährigen Diskussion um ein Kommunalwahlrecht für Ausländer, in: VR 1993, S. 137ff.
Roth, Gerald	Zur Durchsetzung der Wahlrechtsgrundsätze vor dem Bundesverfassungsgericht, in: DVBl 1998, S. 214ff.
von Rotteck, Karl/ Welcker, Karl-Theodor	Das Staatslexikon oder Encyclopädie der Staatswissenschaften, Band 5, Altona 1837.
Sachs, Michael [Herausgeber]	Grundgesetz, Kommentar; 3. Aufl., München 2003 [zit.: Bearbeiter, in: Sachs, Art. Rn.].
Sacksofsky, Ute	Die Kopftuch-Entscheidung – von der religiösen zur föderalen Vielfalt, in: NJW 2003, S. 3297ff.

Saftig, Alexander — Kommunalwahlrecht in Deutschland; Baden-Baden 1990.

Schleberger, Erwin — Die Kommunalverfassungssysteme im Überblick, in: Handbuch der kommunalen Wissenschaft und Praxis, Herausgeber: Günther Püttner, Band 2; Berlin [u.a.] 1982, S. 197ff.

Scheuner, Ulrich — Pressefreiheit, in: VVDStrL 22 (1965), S. 1ff.

Schmidt-Aßmann, Eberhard — Kommunalrecht, in: Schmidt-Aßmann/ Badura, Peter - Besonderes Verwaltungsrecht, 13. Aufl., Berlin 2005.

Schmidt-Bleibtreu, Bruno/ Klein, Franz/ Brockmeyer, Hans Bernhard — Kommentar zum Grundgesetz; 11. Aufl., Neuwied 2007, [zit.: Bearbeiter, in: Schmidt-Bleibtreu/ Klein, Art. Rn.].

Schmidt-Jortzig, Edzard — Kommunalrecht; Stuttgart [u.a.]1982.

Kommunale Organisationshoheit: staatliche Organisationsgewalt und körperschaftliche Selbstverwaltung; Göttingen 1979.

Verfassungsmäßige und soziologische Legitimation gemeindlicher Selbstverwaltung im modernen Industriestaat, in: DVBl. 1980, S. 1ff.

Gemeindeverfassungstypen in der Bundesrepublik Deutschland, in: DÖV 1987, S. 281ff.

Schmiemann, Klaus — Wahlprüfung im Kommunalwahlrecht, unter besonderer Berücksichtigung der neueren Wahlprüfungsrechtsprechung; Siegburg 1972.

Schmitt, Carl — Verfassungslehre; 5. Aufl., Berlin 1970, unveränderter Nachdruck der 1928 erschienenen 1. Aufl.
[zit.: Schmitt, Verfassungslehre, S.].

Schneider, Gerhard/ Dreßler, Ulrich/ Lüll, Jürgen — Hessische Gemeindeordnung, Kommentar, Loseblatt-Sammlung, Mainz: Deutscher Gemeindeverlag
[zit.: Schneider/Dreßler/Lüll, § Anm.].

Schoch, Friedrich — Erklärung des Gemeindegebiets zur „atomwaffenfreien Zone" – BVerwG, NVwZ 1991, 682, in: JuS 1991, S. 728ff.

Scholz, Rupert — Verfassungswidriges Ausländerwahlrecht, in: Festschrift für Günter Dürig zum 70. Geburtstag; München 1990, S. 367ff.

Schreiber, Wolfgang — Novellierung des Bundestagswahlrechts, in: NJW 1985, S. 1433ff.

Handbuch des Wahlrechts zum Deutschen Bundestag, Kommentar; 7. Aufl., Köln 2002.

Schuck, Paul/ Unglaub, Manfred — Das Kommunalwahlrecht in Rheinland-Pfalz, in: Praxis der Kommunalverwaltung, Landesausgabe Rheinland-Pfalz; Loseblattsammlung; Wiesbaden.

Seifert, Karl-Heinz — Bundeswahlrecht: Wahlrechtsartikel des Grundgesetzes, Bundeswahlgesetz, Bundeswahlordnung und wahlrechtlichen Nebengesetze; 3. Aufl., München 1976.

Spies, Ute — Bürgerversammlung – Bürgerbegehren – Bürgerentscheid: Elemente direkter Demokratie, dargestellt am hessischen Kommunalrecht, Stuttgart 1999.

Spies, Ute — Der praktische Fall - Öffentliches Recht - Das verwehrte Kommunalwahlrecht, in: JuS 1992, S. 1036ff.

Stein, Ekkehart/ Frank, Götz — Staatsrecht; 20. Aufl., Tübingen 2007 [zit.: Stein/Frank, Staatsrecht, Rn.].

Steiner, Udo [Herausgeber] — Besonderes Verwaltungsrecht, ein Lehrbuch; 8. Aufl., Heidelberg 2006 [zit.: Bearbeiter, in. Steiner, VerwR BT, Rn.].

Stern, Klaus — Das Staatsrecht der Bundesrepublik Deutschland,
Band 1, Grundbegriffe und Grundlagen des Staatsrechts; 2. Aufl., München 1984
Band 3, Allgemeine Lehren der Gundrechte, 1. Halbband; München 1988
[zit.: Stern, Staatsrecht I/ III1, § Rn.].

Die Verfassungsgarantie der kommunalen Selbstverwaltung, in: Handbuch der kommunalen Wissenschaft und Praxis, Band 1, Berlin [u.a.] 1981, S. 206ff. [zit.: Stern, in: HdBkWP, S.].

Stober, Rolf — Kommunalrecht in der Bundesrepublik Deutschland; 3. Aufl., Stuttgart 1996.

Tettinger, Peter J. — Besonderes Verwaltungsrecht, Kommunalrecht, Polizei- und Ordnungsrecht; 7. Aufl., Heidelberg 2004.

Thiele, Robert — Niedersächsische Gemeindeordnung; 32. Aufl., 2006.

von Unruh, Georg-Christoph — Demokratie und kommunale Selbstverwaltung, in: DÖV 1986, S. 217ff.

Waechter, Kay — Kommunalrecht; 3. Aufl., Köln 1997 [zit.: Waechter, Kommunalrecht, Rn.].

Waechter, Kay — Einrichtungsgarantien als dogmatische Fossilien, in: Die Verwaltung 1996 (29), S. 47ff.

Weber, Hermann — Grundfälle zum Rechtsschutz im Kommunalwahlrecht, insbesondere zur Wahlprüfung, in: JuS 1989, S. 902ff.; S. 977ff.; 1990, S. 291ff.

Wehr, Matthias — Direkte Demokratie – von der Weimarer Verfassung zum Grundgesetz, in: JuS 1998, S. 411ff.

Werner, Tim C. — Wählerverhalten bei der Bundestagswahl 2002 nach Geschlecht und Alter, Ergebnisse der repräsentativen Wahlstatistik, in: Wirtschaft und Statistik 2003, S. 171ff.

Wiegand, Bernd/ Grimberg, Michael — Gemeindeordnung für das Land Sachsen Anhalt: Kommentar; 2. Aufl., München 1997.

Wieland, Wolfgang/ Albin, Wolf — Demokratiedefizite aus einer Verlängerung der Wahlperiode können aufgefangen werden, in: ZRP 2006, S. 76ff.

Wohlfahrt, Jürgen — Kommunalrecht für das Saarland; 3. Aufl., Baden-Baden 2003.

Wolff, Hans-Julius/ Bachof, Otto/ Stober, Rolf — Verwaltungsrecht: ein Studienbuch, Band 2, 6. Aufl., München 2000 [zit.: Wolff/Bachof/Stober, VerwR II, § Rn]

Band 1, 11. Aufl., München 1999 [zit.: Wolff/Bachof/Stober, VerwR I, § Rn].

Zinn, Georg August/ Stein, Erwin — Die Verfassung des Landes Hessen, Kommentar; Bad-Homburg 1954.

Zuleeg, Manfred — Einwanderungsland Bundesrepublik Deutschland, in: JZ 1980, S. 425ff.

Gesetz zur Änderung der Hessischen Gemeindeordnung und anderer Gesetze (LT-Drs. 16/2463) einschließlich sämtlicher Änderungsanträge

Landtagsinformationssytem Hessischer Landtag: www.hessischer-landtag.de: LT-Drs. 16/2463.

Schriften zum deutschen und europäischen öffentlichen Recht

Herausgegeben von Prof. Dr. Steffen Detterbeck

Band 1 Henry Roth: Berufs- und Erwerbsunfähigkeit. Renten- und Versorgungsansprüche nach geltendem und reformiertem Recht. 2000.

Band 2 Astrid Lediger: Die Entschädigung der Bundestagsabgeordneten. 2001.

Band 3 Uwe Chojetzki: Der kirchliche Dienst in der Sozialversicherung. 2001.

Band 4 Christopher Breith: Die Fernsehschutzliste. Übertragung von Großereignissen nach § 5a RfStV. 2002.

Band 5 Lars-Henrik Rode: § 40 VwVfG und die deutsche Ermessenslehre. 2003.

Band 6 Steffen Detterbeck / Martin Will: Die Handwerksinnungen in der staatlichen dualen Ordnung des Handwerks. Zur Frage einer Innungspflichtmitgliedschaft und eines Kammerbeitrags-Bonussystems für Innungsmitglieder. 2003.

Band 7 Christiane Vesting: Die vertragliche und außervertragliche Haftung der EG nach Art. 288 EGV. Unter Berücksichtigung der prozessualen Durchsetzungsmöglichkeiten. 2003.

Band 8 Christian Hanf: Rechtsschutz gegen Inhalts- und Nebenbestimmungen zu Verwaltungsakten. 2003.

Band 9 Guido H. Friedrich: Der vorhabenbezogene Bebauungsplan gemäß § 12 BauGB nach der Novellierung 2001. Inhalt, Chancen und Risiken des Planungsinstrumentes. 2003.

Band 10 Lars Friedrichsen: Umweltbelastende Vorhaben und Alternativen in der Planfeststellung. Unter besonderer Berücksichtigung der Vorgaben aus der UVP-Richtlinie, dem UVPG sowie der FFH-Richtlinie bzw. den §§ 32 ff. BNatSchG. 2005.

Band 11 Nikolaus Lindner: Die Europäische Transparenzrichtlinie und der öffentlich-rechtliche Rundfunk in Deutschland. Auswirkungen der Richtlinie 2000/52/EG zur Änderung der Richtlinie 80/723/EWG über die Transparenz der finanziellen Beziehungen zwischen den Mitgliedstaaten und den öffentlichen Unternehmen („Transparenzrichtlinie") auf die öffentlich-rechtlichen Rundfunkanstalten in Deutschland. 2005.

Band 12 Gunter Fleck: Verleihung des Körperschaftsstatus an Religions- und Weltanschauungsgemeinschaften in einer multikulturellen Gesellschaft. Ein Vorschlag de lege ferenda zu Art. 140 GG i.V.m. Art. 137 Abs. 5 S. 2 WRV. 2005.

Band 13 Philipp Förster: Die unmittelbare Drittwirkung der Grundfreiheiten. Zur Dogmatik des Adressatenkreises von Pflichten aus EG-Grundfreiheiten. 2007.

Band 14 Barbara Löhr: Die Rechte des Menschen in der Verfassung des Landes Hessen im Lichte des Grundgesetzes. 2007.

Band 15 Christian Lewke: Der verfassungsrechtliche Kulturauftrag des öffentlich-rechtlichen Rundfunks. Eine funktionsbezogene Betrachtung des Mediums in seiner Bedeutung für Individuum, Gesellschaft, Kunst, Wissenschaft und Religion. 2007.

Band 16 Jens Mischak: Die kommunale Wahlprüfung. Dargestellt unter besonderer Berücksichtigung der hessischen Kommunalverfassung. 2008.

www.peterlang.de